개정 정본 이상문학전집
03
수필 · 기타
The Complete Works of Lee Sang : Essays, etc.

저자

이상 金海卿, Lee Sang

1910년 9월 23일 서울에서 태어났다. 신명학교와 동광학교·보성고보를 거쳐 경성고등공업학교를 졸업하였다. 1930년 소설 「12월 12일」의 발표를 시작으로 이후 일문시 「이상한 가역반응」·「조감도」 등을 발표하는 등 본격적인 창작에 나서게 된다. 1933년 각혈로 배천온천에 요양을 가서 금홍을 만났으며, 서울에 돌아와 동거를 하게 된다. 그녀와의 삶을 바탕으로 「지주회시」·「날개」·「봉별기」를 썼다. 1934년 『조선중앙일보』에 「오감도」를 발표하였으나 독자들의 거센 반발로 15편 연재로 그만두게 된다. 1935년에는 성천을 기행하였으며, 이를 바탕으로 「산촌여정」과 「권태」를 내놓게 된다. 1936년에 『시와 소설』을 편집하였고, 「날개」를 발표하여 일약 문단의 총아로 떠올랐으며, 「위독」·「동해」·「종생기」 등 뛰어난 작품들을 창작하였다. 10월에 동경으로 건너갔으며, 「실화」·「동경」 등을 창작하였다. 1937년 2월 불령선인으로 체포되었으며, 4월 17일 동경제대 부속병원에서 생을 마감하였다.

주해자

김주현 金宙鉉, Kim Ju-hyeon

밤하늘에 별이 하늘 가득 빛나는 소백산 자락 부석에서 태어났다. 자라면서 가통을 적실히 지켜나가라는 가친의 뜻을 따라 학문의 길로 접어들었다. 이상, 김동리, 최인훈 등에 깊은 관심을 갖고 연구하였으며, 최근 신채호를 비롯한 애국계몽기 문인들에 대해 집중 연구를 하고 있다. 저서로는 『이상 소설 연구』, 『신채호문학연구초』, 『김동리 소설 연구』, 『실험과 해체-이상 문학 연구』, 『계몽과 혁명-신채호의 삶과 문학』, 『화두를 찾아서-문학의 화두, 삶의 화두』, 『신채호 문학 주해』, 『선금술의 방법론-신채호의 문학을 넘어』, 『선금술의 방법론 2-춘원, 이상과 동리의 문학을 넘어』, 『계몽과 심미-한국 현대 작가·작품론』 등이 있고, 엮은 책으로는 『이상단편선-날개』, 『백세 노승의 미인담』, 『단재신채호전집』, 『그리운 그 이름, 이상』(공편) 등이 있다.

개정 정본 이상문학전집 3
수필·기타

초판 발행	2009년 12월 30일
2판 1쇄 발행	2025년 5월 30일
지은이	이상
주해	김주현
펴낸이	박성모
펴낸곳	소명출판
출판등록	제1998-000017호
주소	서울시 서초구 사임당로14길 15 서광빌딩 2층
전화	02-585-7840
팩스	02-585-7848
이메일	somyungbooks@daum.net
홈페이지	www.somyong.co.kr
ISBN	979-11-5905-249-1 04810
	979-11-5905-252-1 (전3권)
정가	24,000원

ⓒ 김주현, 2005·2009·2025

잘못된 책은 구입처에서 바꾸어드립니다.
이 책은 저작권법의 보호를 받는 저작물이므로 무단전재와 복제를 금하며,
이 책의 전부 또는 일부를 이용하려면 반드시 사전에 소명출판의 동의를 받아야 합니다.

이미지로 보는 이상

1929년 경성고등공업학교 졸업앨범 속의 이상

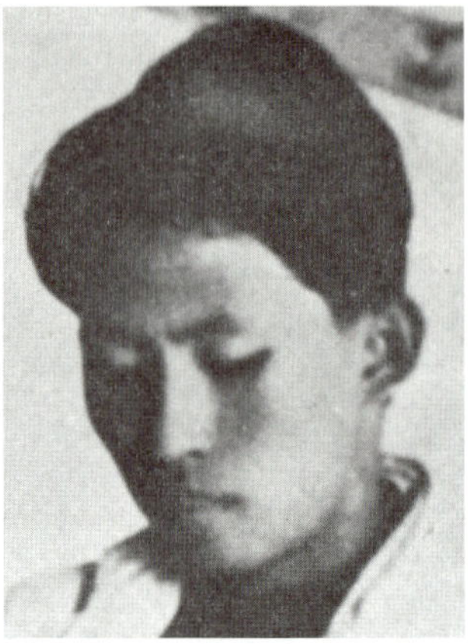

이상의 여러 사진들

보성고보 시절의 이상

이상이 3세부터 생활했던 백부의 집(통동 154번지)

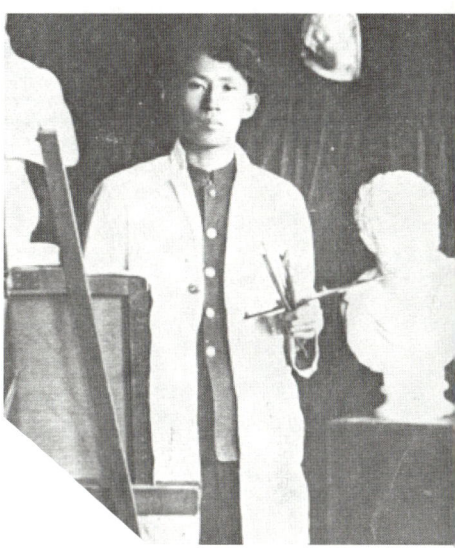
경성고등공업학교 실습실에서의 이상

경성고등공업학교 시절의 이상

교내 전시회에서 찍은 사진

총독부 기수 시절의 이상

이미지로 보는 이상

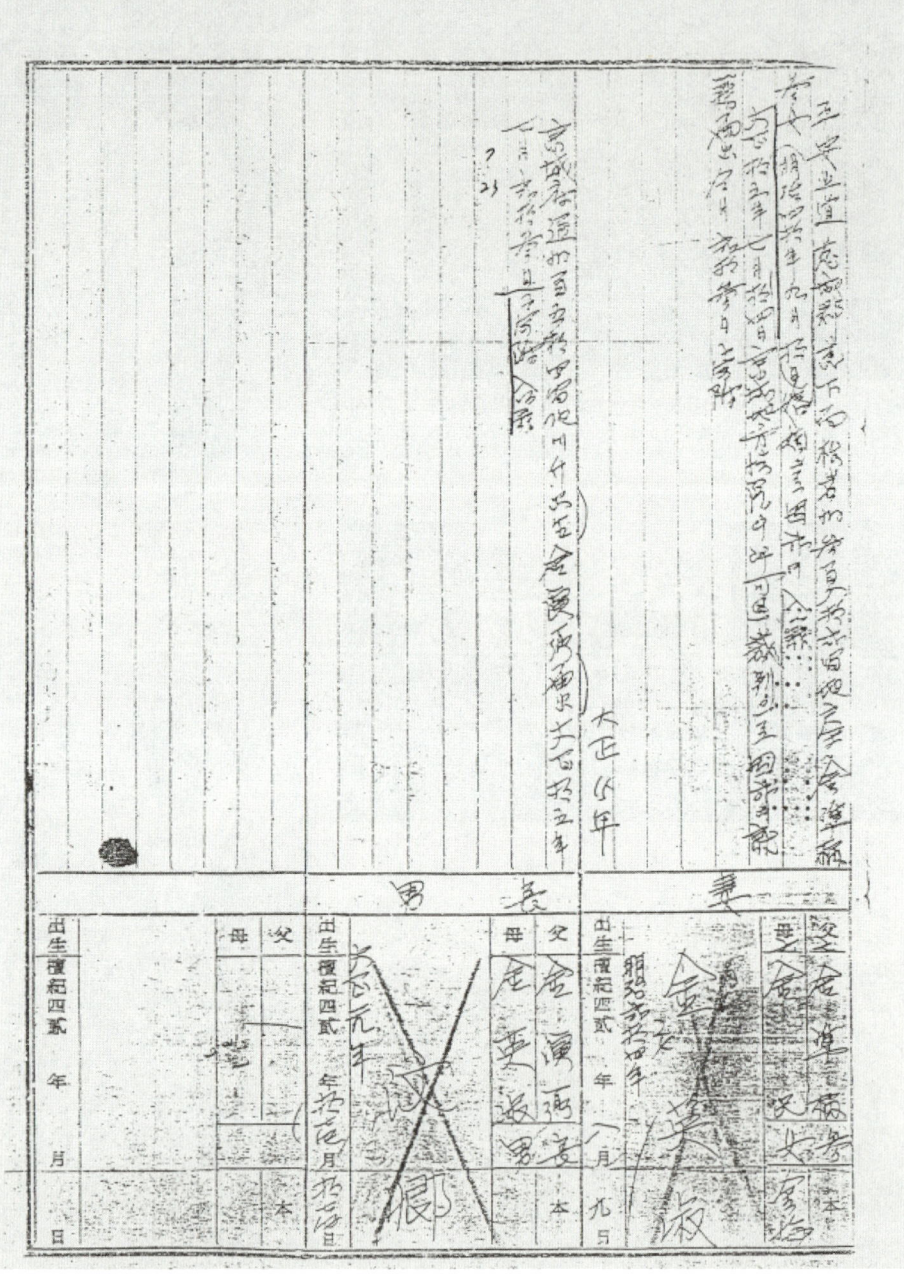

이상의 백부 김연필의 호적등본

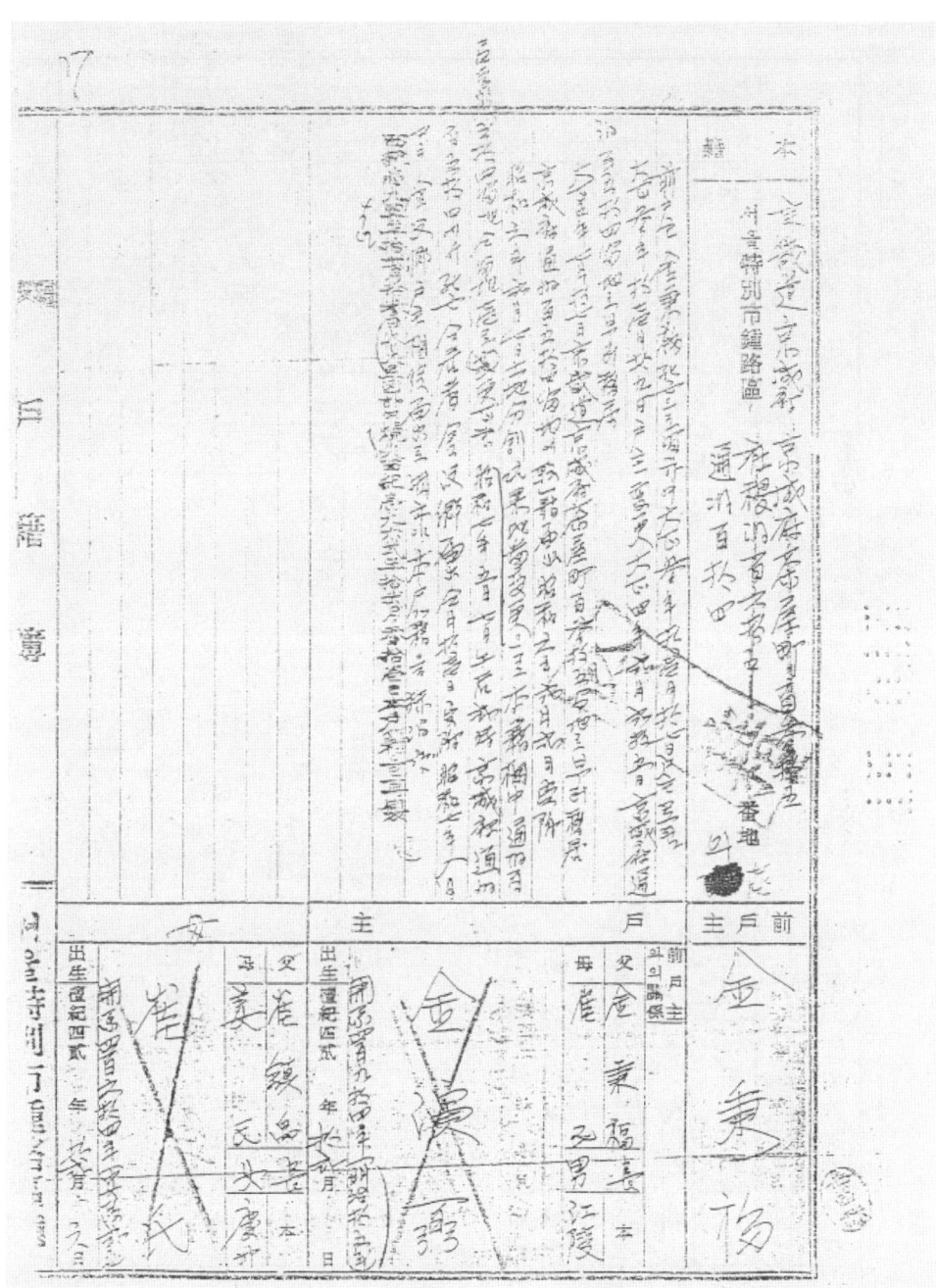

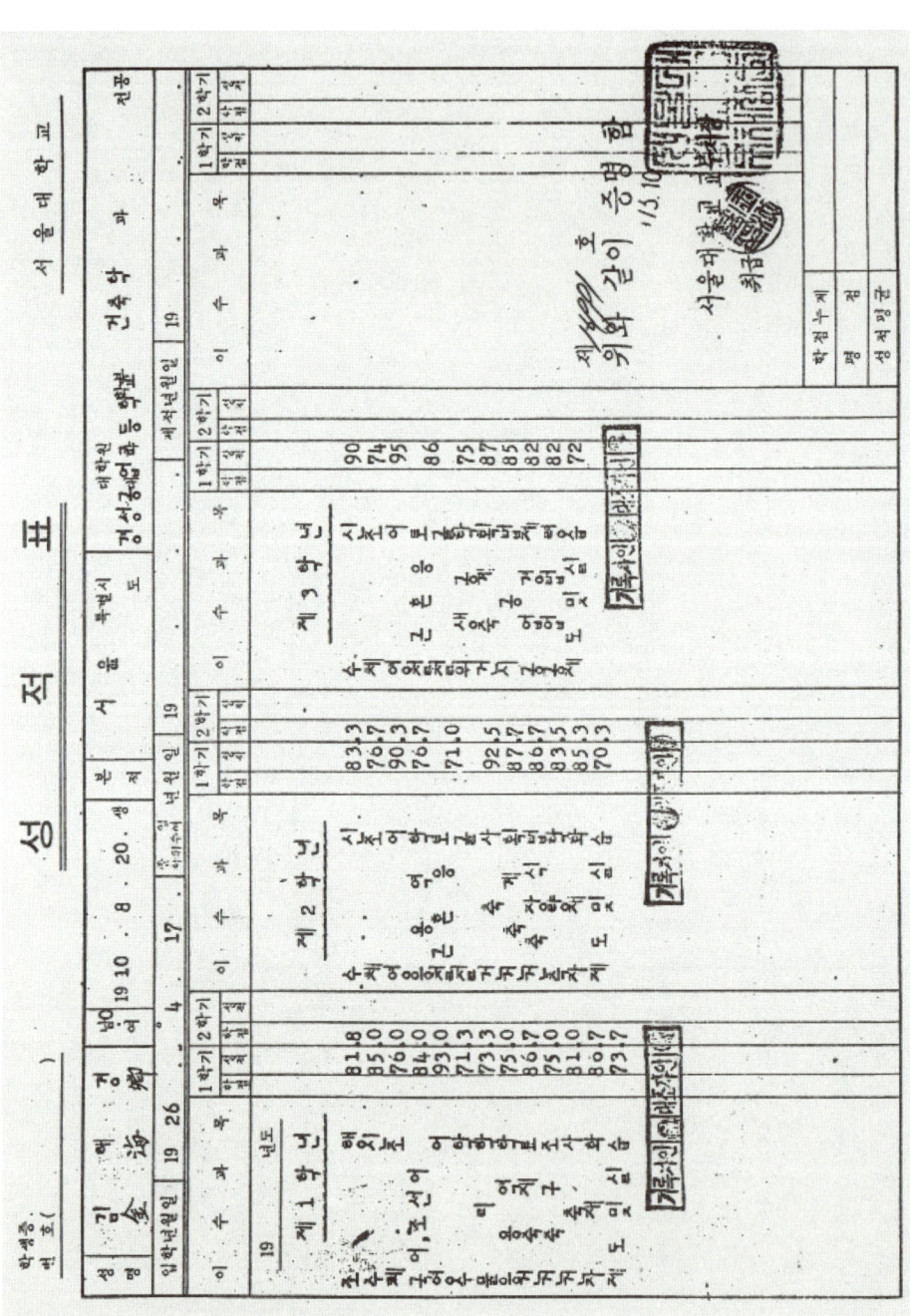

경성고등공업학교 시절의 이상 성적표

총독부 기수 시절 건축 실습에 열중하고 있는 이상

24세의 이상

이상이 '이것은 누구던가?'라는 제목을 붙인 사진
(앞줄 왼쪽에서 세 번째가 이상)

제비다방 시절의 이상

창문사 시절의 이상

이상이 그린 자화상

1931년 조선미술전람회에 출품된 이상의 「자상」

『청색지』(1939.5)에 실린 이상의 자화상

19세 때, 이상이 그린 자화상
(어머니 박세창 소장)

줄 르나르의 『전원수첩』(1934) 속표지에 실린 이상의 자화상. 시인 강민이 소장하고 있으며, 『독서생활』(1976.11)에 소개.

『조선과건축』 표지 도안(1등, 1930)

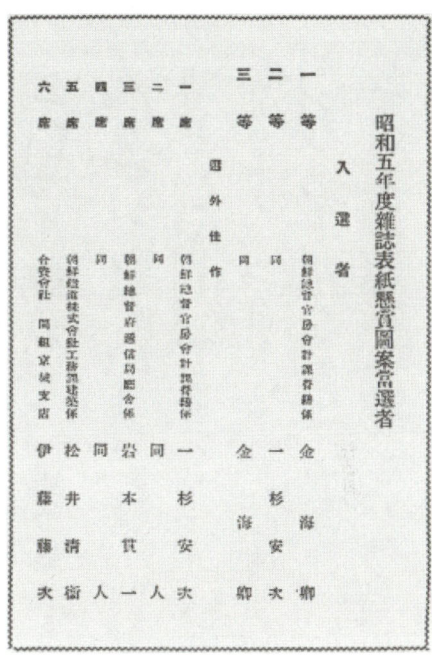

소화5년(1930) 『조선과건축』 표지 도안 당선자

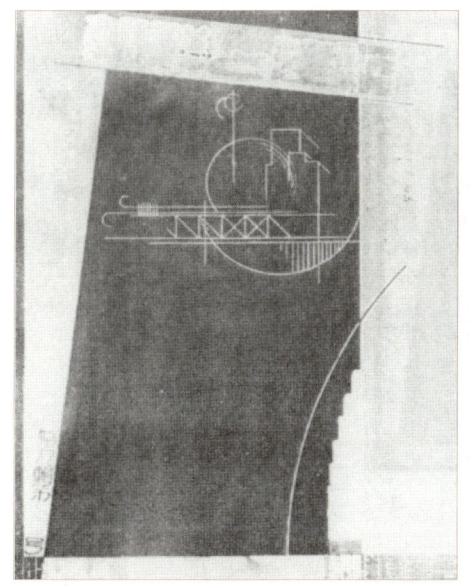

『조선과건축』 표지 도안(3등, 1930)

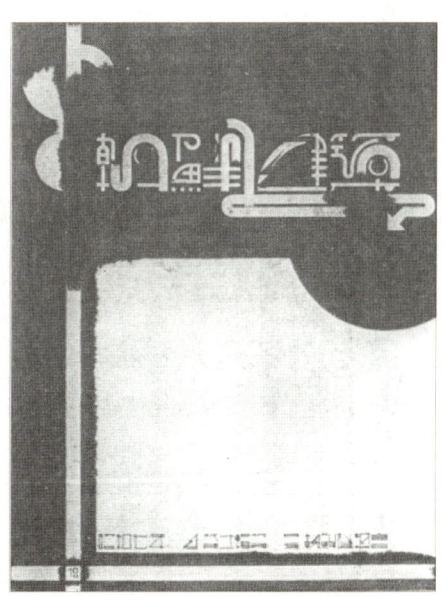

『조선과건축』 표지 도안(4등, 1932)

1937년 2월 8일 이상이 동생 운경에게 보낸 엽서

이상의 자필 유고 「공포의 기록」

이상의 아포리즘, 삽화, 기타

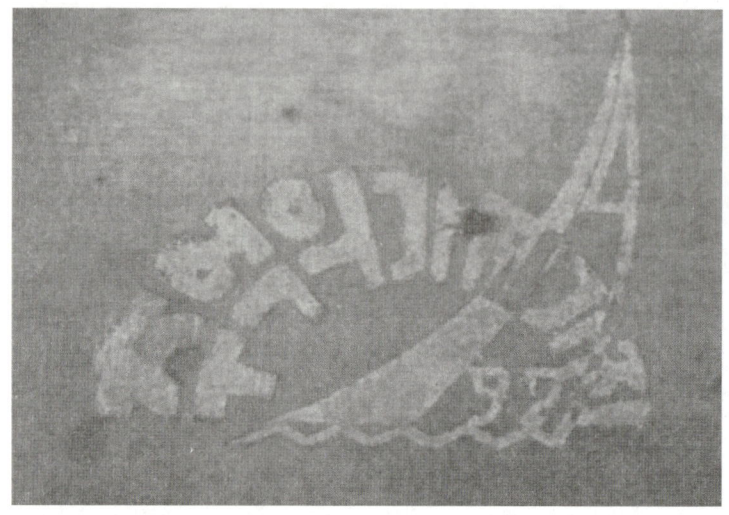

이상이 도안한 경성고등공업학교 졸업앨범 표지

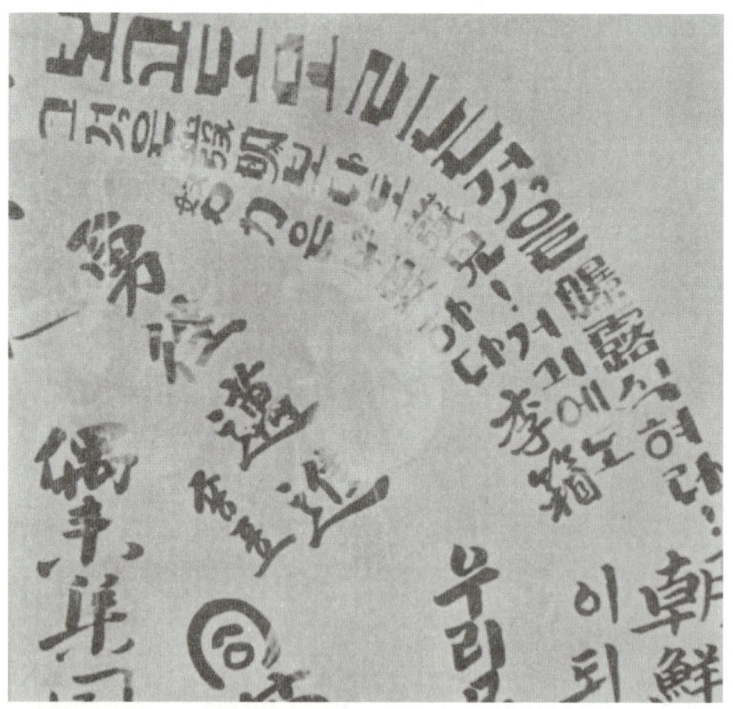

이상이 경성고등공업학교 졸업앨범에 남긴 아포리즘

◀ 이상이 樂浪파라 카페에 한 낙서 1

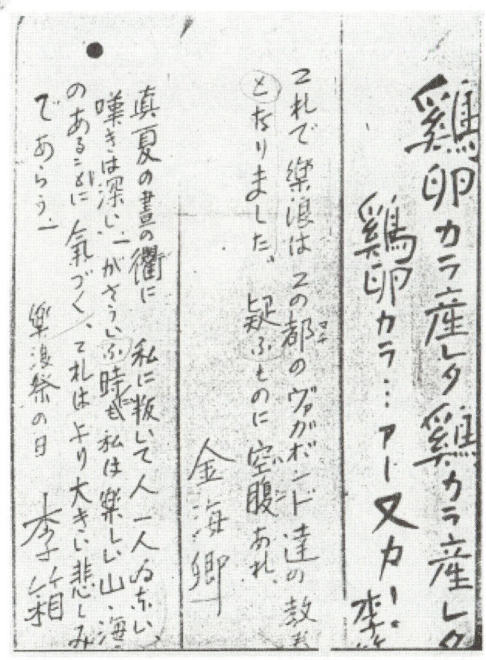

▲ 이상이 樂浪파라 카페에 한 낙서 2

이상이
「소설가 구보씨의 일일」에 그린 삽화
(『조선중앙일보』, 1934.8.2)

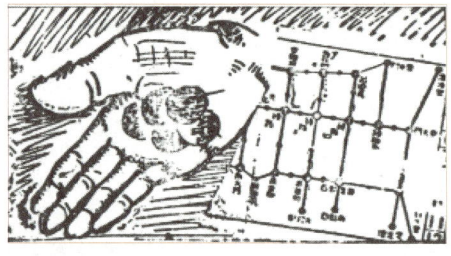

이상이
「소설가 구보씨의 일일」에 그린 삽화
(『조선중앙일보』, 1934.8.7)

이상이
「소설가 구보씨의 일일」에 그린 삽화
(『조선중앙일보』, 1934.8.11)

이상이
「소설가 구보씨의 일일」에 그린 삽화
(『조선중앙일보』, 1934.8.20)

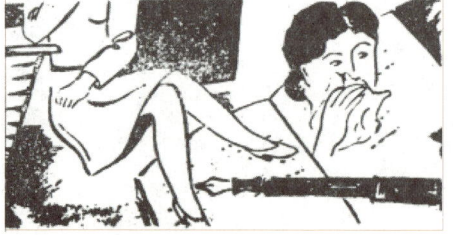

이상이
「소설가 구보씨의 일일」에 그린 삽화
(『조선중앙일보』, 1934.9.15)

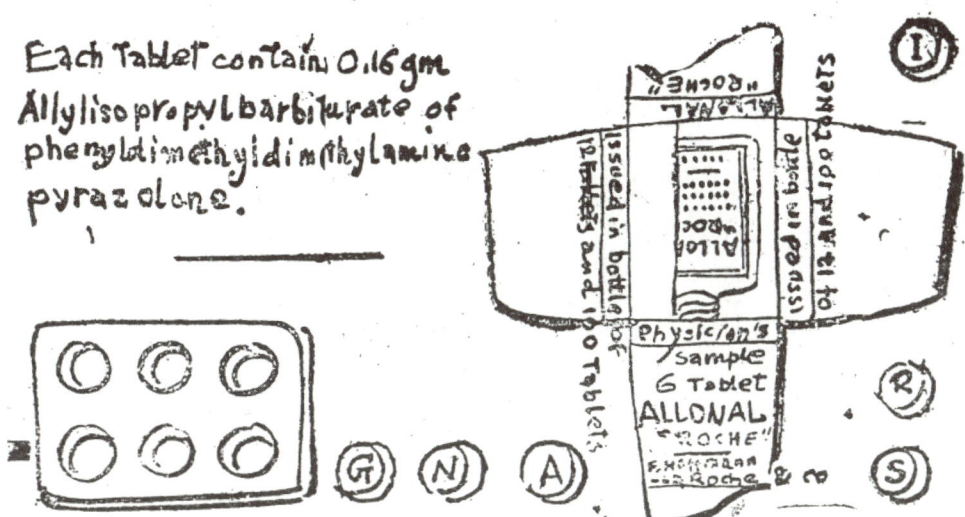

「날개」 속의 삽화 1(『조광』, 1936.9)

「날개」 속의 삽화 2(『조광』, 1936.9)

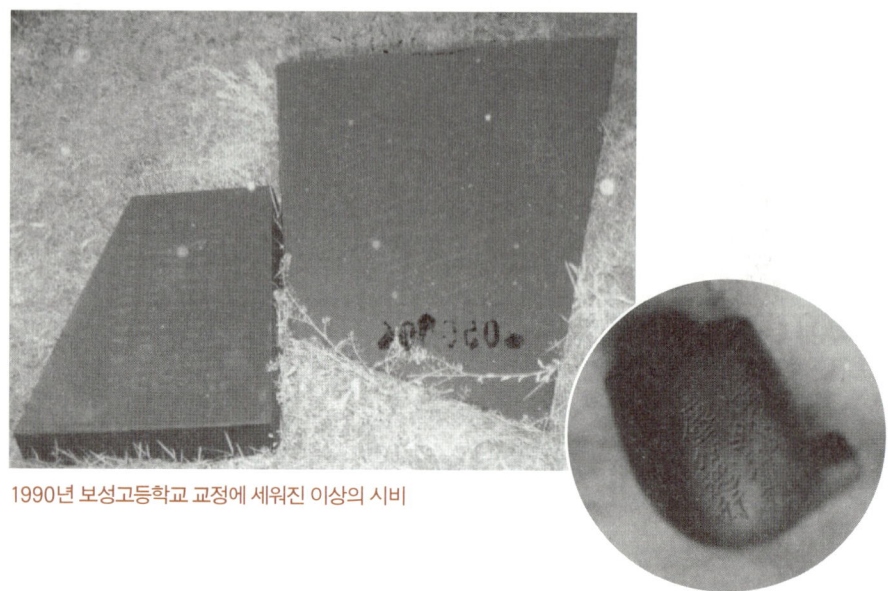

1990년 보성고등학교 교정에 세워진 이상의 시비

이상의 유품 파이프

1990년 보성고등학교 교정에 세워진 이상의 문학비

개정 정본 이상문학전집

03
수필 · 기타
The Complete Works of Lee Sang : Essays, etc.

이상 지음
김주현 주해

정확한 원전이야말로 연구에 있어서 토대가 되며, 온전한 주석은 연구의 시금석이다. 연구자에게 무엇보다도 필요하고 소중한 것이 있다면, 온전한 전집을 구비하는 일일 것이다. 이상을 공부하면서 온전한 전집을 마련하는 일이 무엇보다 시급하다는 것을 깨달았다. 전집을 내겠다고 나선 지 6년, 그러나 모든 게 지지부진이었다. 처음 3차례의 교정쇄는 연구실 한켠에서 색을 바래가고 있었다. 전집이 지닌 문제점들과 마주할수록 용기와 자신감은 사라져만 갔다. 누군가가 이 일을 대신해준다면 하는 바람이 간절했고, 왜 굳이 하겠다고 나섰던가 후회도 막심했다. 그러나 누군가는 해야 한다는 당위성과 연구자로서의 소명의식 때문에 또 다시 지리하고도 어려운, 조심스러우면서도 벅찬 작업에 스스로를 내맡길 수밖에 없었다.

이제까지 이상전집은 세 차례에 걸쳐 나왔다. 임종국의 부단한 노력으로 전집『이상전집』전3권, 태성사, 1956이 처음 나왔다. 그는 작품들을 일일이 수합하고, 그리고 직접, 또는 동료들의 힘을 빌어 일문시들을 번역하여 우리 앞에 내놓았다. 그로 인해 이상은 먼지 쌓인 잡지 속에서 우리들 곁으로 걸어 나왔고, 연구의 세례를 받게 되었다. 그는 최초 발표지면을 원전으로 삼고, 원전에 있어서 인쇄상의 오식임이 명백한 것은 정정訂正하였다. 그리고 번역에 있어서는 '원작자라면 어떻게 썼을까?' 하는 데 주안점을 두고, 대담한 의역意譯도 하였으며, 가능한 한 이상의 언어와 문체로 하였다. 그리고 이상의 사진첩에서 나온 미발표 유고를 발굴하여 번역·소개하고, 일문시는 원전을 그대로 제시하는 등 자료 고증 및 제시의 정확성을 위해서도 노력하였다. 그러나 일부 작품은 전달과정에 있어서 적지 않은 오류를 드러내고 있으며, 일문시 번역도 오역 등의 여러 문제점을 내포하고 있다.

이어령은 기존 전집을 보완하여 새로이 전집『이상소설전작집』1·2권, 『이상수필전작집』, 『이상시전작집』, 갑인출판사, 1977~1978을 간행했다. 그는 원전과 일일이 대조하여 어구 하나에도 손상이 가지 않도록 바로 잡고, 일획일점一劃一點이라도 조심하여 이상의 실험적인 문체나 색다른 양식을 살려내도록 노력했다. 그리고 문학사상자료조사연구실에서 찾아낸 자료들, 이를테면 '낡은 신문철과 묵은 잡지, 심지어 유족의 다락까지 뒤져내어 찾아낸 육필원고, 가명이나 무기명으로 된 원고, 사진, 유품앨범 등을 종합하여 편함으로써, '구슬이 서말이라도 꿰어야 보배'라는 진리를 실천해 보여주었다. 그는 주석작업에도 각고의 노력을 기울여 좋은 성과를 가져왔다. 그러나 전집은 새로 얻어진 자료의 풍성함 이면에 불철저하게 이뤄진 자료조사로 인해 새로운 문제점들이 발생하게 되었다.

세 번째로 나온 것이 문학사상사판 이상전집이다. 시집『이상문학전집』1, 문학사상사, 1989은 이승훈, 소설집·수필집『이상문학전집』2·3, 문학사상사, 1991·1993은 김윤식의 노력으로 이뤄졌다. 이들은 갑인출판사판에 소개된 작품들을 토대로 하였으며, 전집 발간 이후에 소개된 유고들을 수합하여 전집의 얼개를 갖추고, 여기에다 주해와 해설을 첨부하였다. 그것은 한편으로는 기존의 연구성과를 반영시키고, 또 한편으로는 편자들의 적절한 해설을 첨부함으로써 이상 문학의 이해 및 연구의 기초 자료들을 풍부하게 제시하였다는 장점을 갖고 있다. 전집이 판을 달리해 오면서 발굴과 연구성과를 적절하게 반영시킨 사실이야말로 다른 전집에서는 찾기 어려운 모범적인 사례로 평가된다. 그러한 노력들로 이상은 우리 근대문학에서 가장 중요한 작가 가운데 하나로 자리매김되었다. 그러나 다른 한편으로 각각의 전집이 선행 전집의 문제를 되풀이하는 오류를 낳고 말았다.

온전한 전집, 정본이라고 내세울 만한 전집을 만들고 싶었다. 편집자들의 '미스의 전무'를 위한 노력과 '일획일점에 대한 고려'에도 불구하고, 기존 전집들은 정전으로서의 가치를 상당 부분 상실하고 있다. 이번 전집은 그것에 대한 문제제기로서의 성격을 띤다. 작품이 전집에 실리면서 와전된 것은 물론이거니와 이상의 작품이라고 하기에는 어려운 작품들마저 전집에 들어 있다. 또한 원의와는 거리가 먼 내용들이 들어 있는 번역작품도 원전인 양 자리하고 있다. 전집은 그런 점에서 원전비평의 대상이 되어야 한다. 원전확정 작업이 먼저 수행되고 난 이후에 전집이 묶여져야 바른 순서인데, 오히려 지금의 전집은 그 반대에 해당되는 셈이다. 그래서 전집의 오류가 연구의 오류로 이어지는 악순환이 계속되고 있다. 이제라도 그러한 오류를 바로 잡아 보자는 것이 이 전집의 의도이다. 이번 전집은 정확한 원전을 제시하고, 보다 풍부한 주해를 달아 정본으로서의 이상 문학전집을 추구하였다. 이를 위해 다음과 같은 원칙에 입각하였다.

첫째, 구득 가능한 모든 작품은 최초 발표본을 토대로 하여 편집 과정에서 빚어질 수 있는 오류를 최소화하였다. 그리고 표기체는 발표 당시의 표기로 하였다. 동일 작품 내에서의 서로 다른 표기도 그대로 썼고, 띄어쓰기·기호·문단·문장부호 등도 그대로 따랐다. 다만 작가의 또는 식자공의 오식으로 명확히 판단되는 것은 고치되 주해를 달았다.

둘째, 모든 작품들은 원문의 저자명, 발표시기를 부기하였다. 이상의 본명이나 필명이 아닌 이름으로 발표되었거나 유고로 소개된 작품들은 소개 과정과 실린 배경을 밝혀 텍스트 확정에 도움을 주고자 하였으며, 일단 전집에 실어두었다. 모든 일문 작품은 한글 번역 뒤에 번역자를 밝혔고, 번역 내용이 서로 다른 경우는 같이 실어두었다. 그리고 기존 전집에 실렸지만 이상의 창작이 아닌 것으로 확실히 판단되는 작품은 이 전집에서 제외시켰지만, 미확정된 작품들은 실어둠으로써 추후 텍스트 확정을 기다리기로 했다. 그리고 기존 전집에 빠진 몇 작품과 최근 발굴된 작품은 포함시켰다.

셋째, 내용 중 특이사항에 대해서는 주해를 달았다. 어렵거나 난해한 것, 애매한 것을 우선적으로 주석 대상으로 삼았으며, 또한 작품의 이해에 필요한 정보 역시 주석에서 제공하였다. 번역된 작품의 내용 중 원의와 많이 다른 것은 주석으로 밝히었고, 또한 원전과의 비교를 위해, 확인 가능한 일문 원전은 부록으로 실어두었다. 그리고 최초 발표본이 전집 수용 과정에서 변개된 것은 밝혀두었으며, (참고로 임종국 편 전집은 전집(1)로, 이어령 편은 전집(2)로, 이승훈·김윤식 편은 전집(3)으로 약술했다) 보다 완전한 주석을 위해 전집(2)와 전집(3)의 주석에 도움받기도 했다.

넷째, 작품 전체를 3권으로 나뉘어 제1권은 시군으로, 제2권은 소설군으로, 제3권은 수필군 기타로 분류했다. 각 권의 작품 배열순서는 창작시기와 발표시기를 동시에 고려했으며, 부분적으로는 작품의 형식과 내용을 고려했다.

기존 전집이 나와 있지만 원전수집과 주석작업 모두 녹록치 않은 작업이었다. 어느 하나 만만하지 않았던 것이다. 원전은 도서관을 찾아다니며 확보하고, 더러는 수소문을 해서 개인 연구자로부터 얻기도 하였다. 몇 작품은 끝내 구할 수 없었고, 또한 구한 것도 원전의 상태가 좋지 않아 몇 번이나 발걸음을 다시 하기도 하고, 또 마이크로 필름이나 전자 파일 등을 보아가며 마무리를 했다. 주석 작업 역시 난관이었다. 이상은 괴짜 작가인 데다가 스스로도 5개 국어, 또는 7개 국어를 하겠다고 장담하지 않았던가. 그의 기호들을 이해하기 위해 책상에는 늘 국어·방언·한문 사전은 물론이고 일본어·중국어·영어·불어 사전을 펼쳐놓았다. 백과사전과 영화·의류·약품 등의 각종 사이트를 찾아 인터넷을 주유하고, 신문·잡지·연구서 등을 찾아 도서관을 드나들고, 지인들에게 심심찮게 폐를 끼치기도 했다. 그의 작품은 고유어·사투리·한자어 등과 수많은 외래어·외국어에다 시대어·기능어·전문어, 심지어 자신의 신조어 등이 등장하는, 그야말로 각종 기호의 실험장, 또는 그 성채였던 것이다.

지난 한 해 나는 연구실에서 죽은 이상과 고투를 벌였다. 이상은 자기의 성채에 함부로 침입하지 못하도록 무수한 방해물과 엄폐물을 설치하고, 온갖 위장

술을 부려놓았던 것이다. 마무리를 한다고 했지만 미흡하기 이를 데 없다. 아직 이 전집에서 제대로 해결하지 못한 것들이 많이 있다. 그리고 기존 전집의 오류를 극복하려 했지만, 나 또한 그러한 전철을 밟고 있는 것은 아닌지 두려움이 앞선다. 이제 그런 부분은 가혹한 비판과 따끔한 질책을 기다릴 수밖에 없다. 그것들이 보다 좋은 전집을 발간하는 데 도움이 될 것이라 믿어 의심치 않는다.

이 전집의 발간은 이상전집 편집자들, 이를테면 임종국·이어령·이승훈·김윤식 등 선학의 노력이 없었다면 불가능했다. 그들이 작은 과오가 있다 해서 그들의 큰 업적이 부정될 수 없다. 그리고 사에구사를 비롯하여, 이상 문학의 3세대 연구자, 이를테면 김성수·남금희·박현수·안미영·이경훈·조해옥 등의 텍스트 연구성과에 힘입은 바 크다. 일문시 해독에는 이금재 교수의 도움이 있었다. 그리고 여기에 일일이 기록할 수는 없지만, 후배·제자들의 도움에 힘입었다. 이들이 있었기에 전집이 빛을 볼 수 있게 되었다. 이들 모두에게 감사를 드린다.

2005년 3월, 伏賢 언덕에서
김주현

증보판 전집에 부쳐

작업을 합리적으로 못하는 나는 이번에도 적잖은 애로를 겪었다. 한 번 해도 될 일을 몇 번이나 해야 했다. 이상한 것은 꼭 확인을 해야 직성이 풀렸기에 주석 작업은 실로 외롭고 힘든 싸움이었다. 이 책은 지난 10여 년 내가 고군분투해 온 기록이다. 아, 이제 해방이 되는구나.

뒤에 오는 자는 행복하다. 이전 사람의 과오를 거울삼을 수 있기 때문이다. 정본 전집에서 이전 전집의 과오를 많이 극복했지만, 나의 실수 또한 적지 않았음을 고백하지 않을 수 없다. 이번 개정 및 증보판 작업을 통해 이전 전집 간행자들의 고뇌와 노고를 새삼 확인하였다. 그들의 고민을 함께 하고, 나의 부족함을 채워가면서 주석들을 보태나갔다. 그래서 정본을 포함한 모든 전집들의 오류를 상당 부분 걷어낼 수 있었음을 정말 다행스럽게 생각한다.

이상은 여전히 문제적이다. 「'종생기' 주석」김윤식에서부터 최근 「'실화'를 위한 몇 가지 주석」권영민에 이르기까지 이상 문학에 대한 주석 작업은 과히 주석학이라 할만치 그 넓이와 깊이를 더해왔다. 이상전집 발간에는 이 두 은사님의 영향이 자못 크다. 또한 정선태 선생의 도움에 감사하지 않을 수 없다. 정본이 나왔을 때 내가 미처 확인하지 못한 실수들을 그는 일일이 지적해주었다. 그들 덕분에 나는 책 전체를 다시 검토할 기회를 마련했으며, 이전의 단견과 미상한 것들을 많이 불식시킬 수 있게 되었다.

이상의 언어는 광대무쌍했으며, 과히 독보적이었다. 이번 작업에서 그의 어휘들에 대해 또 한번 감탄하지 않을 수 없었다. 그의 어휘를 새롭게 많이 밝혀내었지만, 여전히 미해결의 것들이 남아 있다. 뎃도마수, 데림프스 등 일부 어휘에 대해 주석을 달지 못했다. 그리고 「권두언」, 「현대미술의 요람」, 「논단시감」 등에 대해 저자확정을 제대로 내리지 못했다. 1998년 『조선과 건축』을 뒤져가며 「권두언」 저자확정에 열을 올렸지만 구체적 근거를 찾지 못했다. 그래서 이상의 학창 생활에 대해 누구보다 잘 알고 있던 고공 건축학과 동기 오오스미大隅彌次郎를 찾아 나섰지만, 그도 1995년에 이미 타계하고 말았다는 소식을 접했다. 그때의 망연함이란……조금 더 일찍 서둘렀다면……아쉬움과 낭패감으로 한동안 마음이 아렸다.

이번에도 이상의 누이 김옥희를 찾았다. 이미 90이 넘은 나이, 살아있다면 만나서 이상에 대해 듣고 싶었고, 그녀가 간직한 엽서를 통해 이상의 일본 하숙집 주소를 확인하고 싶었다. 그런데 아직 그녀를 찾지 못했다. 어쩌면 이러한 것들은 쓸데없는 변명이자 어림없는 회피일지도 모른다. 그러나 이 책이 나온 후에라도 김옥희가 아니라면 그녀의 가족이라도 찾을 것이다. 그리고 저자 미정의 작품들에 대해 언제까지라도 손 놓고 있지는 않을 것이다. 「논단시감」은 문체나 사상 등 여러 측면에서 이상 작품이 아닐 가능성이 크지만, 앞의 두 작품은 여전히 근본적인 저자 확정이 요구되는 상황이다. 천하의 형안이 나와 이 문제를 간단히 해결해주길 기대해 본다.

이번 주석 작업 역시 백과전서적 지식 전달에 초점을 맞추었다. 가능하면 주관적 의견은 피하고, 객관적 정보 전달에 애썼다. 작품을 지나치게 도해해놓았다는 비난을 받을지라도 해석과 판단은 온전히 연구자나 독자의 몫으로 남기고 싶다.

이제 이상으로부터 벗어나리라.

2009년 3월
복현 언덕에서 김주현

개정판에 부쳐

최근 박수연 교수로부터 연락을 받았다. 내가 김수영이 번역한 작품으로 소개한 「모색」 등 수필 3편을 실제로 김구용이 번역했다는 것이었다. 그가 보내준 자료를 통해 나의 오류를 알 수 있었고, 다른 한편으로 전집을 낼 때 더욱 신중하고 치밀해야겠다라는 생각이 들었다. 전집 발간자로서의 책임감을 느끼며, 이번에 그 부분들을 수정하였다.

정본전집2006 및 증보 정본전집2009에서 이상이 김기림에게 보낸 사신들을 전집(1)과 전집(2)를 토대로 제시하였는데, 2010년대 초반 『여성』을 뒤지다가 김기림이 소개해놓은 이상 편지들을 모두 볼 수 있었다. 다행히 이번에 그것들로 새롭게 소개했다. 이 편지들을 보면 편집자에 의해 와전되거나 조금씩 수정 및 변형된 부분들을 엿볼 수 있다.

이번 판에 비록 짧은 텍스트이지만, 이상이 박태원의 결혼식 방명록에 쓴 글을 넣었다. 그리고 조연현 소장 일문 유고 노트에서 「무제3」, 「무제4」를 발굴하여 전집에 원문과 번역을 실었다. 유고 노트에서 번역되지 않고 남아 있던 것인데, 따로 제목이 없어 순서대로 그렇게 제목을 달았다. 아마도 전자는 작품의 내용에서 가져와서, 그리고 후자는 낙서가 덧씌워져 원문 독해에 어려움이 있어 번역에서 빠졌던 것이 아닐까 추측된다. 그것들은 알아보기조차 어려운데, 모우리 후우카毛利風香, 일본 재야 연구자, 김도경경북대 기초교육원 선생이 일문 입력과 번역에 도움을 주었고, 김경남경북대 사학과 교수가 감수하여 주어 감사드린다.

한편 「논단시감」은 전집에서 뺐다. '송해경'이 김해경이상이 아닐뿐더러 내용상, 문체상 이상과는 거리가 멀기 때문이다. 그런데 여전히 제대로 저자 확정이 되지 않은 「현대 미술의 요람」과 『조선과 건축』 권두언은 전집에 그대로 남겨놓았다. 이 작품들의 저자를 누군가 확정해주길 기대하며 2판을 내보낸다.

2025년 3월
만오원晩悟園에서 김주현

차 례

- 003 · 이미지로 보는 이상
- 021 · 정본 전집을 위하여
- 025 · 증보판 전집에 부쳐
- 027 · 개정판에 부쳐

수필 기타

- 035 · 血書三態
- 044 · 散策의가을
- 047 · 山村餘情
- 062 · 西望栗島
- 064 · 早春点描
- 085 · 女像四題
- 087 · 내가좋아하는花草와내집의花草
- 088 · 藥水
- 091 · EPIGRAM
- 093 · 幸福
- 098 · 가을의探勝處
- 099 · 秋燈雜筆
- 113 · 十九世紀式
- 116 · 倦怠
- 130 · 슬픈이야기
- 140 · 病床以後
- 146 · 東京(遺稿)
- 152 · 얼마 안되는 辨解(혹은 一年이라는 題目)
- 160 · 무제
- 163 · 이 兒孩들에게 장난감을 주라
- 168 · 暮色

171·	무제2
174·	어리석은 夕飯
186·	첫번째 放浪
208·	恐怖의 記錄(서장)
212·	恐怖의 城砦
216·	夜色
219·	무제3
220·	무제4
222·	鳥瞰圖作者의말
224·	文學을 버리고 文化를想像할수업다
229·	文學과政治
232·	나의愛誦詩
233·	아름다운조선말
235·	編輯後記
237·	배의 역사
241·	낙랑 파라의 새로움
242·	아포리즘, 낙서, 기타
244·	동생玉姬보아라
253·	私信(二)
256·	私信(三)
260·	私信(四)
262·	私信(五)
265·	私信(六)
266·	私信(七)
271·	私信(八)
274·	私信(九)
276·	私信(十)
277·	권두언 1
278·	권두언 2
279·	권두언 3
280·	권두언 4
282·	권두언 5
283·	권두언 6

284 ·	권두언 7
285 ·	권두언 8
286 ·	권두언 9
287 ·	권두언 10
288 ·	권두언 11
289 ·	권두언 12
290 ·	권두언 13
291 ·	권두언 14
293 ·	現代美術의搖籃

원문 일문 수필 기타 ──

323 ·	낙서 기타
324 ·	樂浪パーラの新らしさ
325 ·	무제3
326 ·	무제4
327 ·	卷頭言(一)
328 ·	卷頭言(二)
329 ·	卷頭言(三)
330 ·	卷頭言(四)
332 ·	卷頭言(五)
333 ·	卷頭言(六)
334 ·	卷頭言(七)
335 ·	卷頭言(八)
336 ·	卷頭言(九)
337 ·	卷頭言(十)
338 ·	卷頭言(十一)
339 ·	卷頭言(十二)
340 ·	卷頭言(十三)
341 ·	卷頭言(十四)
343 ·	연보로 보는 이상

수필 기타

血書三態[1]

李　箱

오스카・와일드

　내가불너주고십흔일홈은「旭」[2]은아니다. 그러나그일홈을旭이라고불너두자. 一千九百三十年만하야도 旭이제女形斷髮[3]과가티 限업시純眞하얏고 또旭이藝術의길에精進하는態度 熱情도亦是純眞하얏다. 그해에 나는하마하드면[4]죽을번한重病에누엇슬째 旭은나에게 주는形言하기 어려운愛情으로하야 쓸쓸한東京生活에서 몃個月이못되여 하로에도 두장 석장의葉書를 마치結婚式場에서花童[5]이 꼿닙팔을걸어가면서 헷쓰리는 可憐함으로 나에게날녀주며 連絡船甲板上에서 興奮하얏섯느니라.

　그러나旭은 나의病室에낫하나기前에 그故鄕群山에서 足部[6]에쇠危險한切開手術을밧고 그또한孤寂한病室에서 그沒落하여가는家庭을생각하며 그의病勢를근심하며 숨히지안코 그花辨[7]가튼葉書를나에게주엇다.

　네가 足部의完治를 엇기도前에 너는너의풀죽은아버지를爲하야 마음에업는심바람[8]을하얏스며 最後의秋收를守衛하면서苦로운격난[9]도만히하얏고 그것들

1　이 작품은 『신여성』(1934.6)에 발표된 것으로 『문학사상』(1979.11)에 발굴・소개되었으며, 이후 전집(3)에 실렸다. 그러나 현대체로 옮기는 과정에서 여러 군데 오류가 발생하였으며, 여기에서는 최초 발표본을 싣고, 그러한 오류를 주석에서 교정했다.
2　旭 : 문종혁의 「심심산천에 묻어주오」(『여원』, 1969.4)에 따르면, '욱'은 문종혁 자신을 지칭한다고 한다.
3　女形斷髮 : 여자의 머리처럼 뒤를 짧게 자른 머리. 전집(2) 주 참조.
4　하마하드면 : 하마터면.
5　花童 : 의식(儀式) 때에 앞에 나가 그 행사의 주인공에게 꽃다발을 드리는 어린 아이.
6　足部 : 주로 발에서 발목까지의 부분을 이름.
7　花辨 : '花瓣'의 오식인 듯. 꽃의 수술과 암술을 보호하는 화관의 낱낱의 조각. 꽃잎. 꽃판.
8　심바람 : 심부름.

記憶이 오늘네가그때 나에게준葉書를ᄭᅵ집어내여볼것까지도업시 나에게는새롭다. 그러나 그秋雨霏霏[10]거리는멧날의生活이 나에게서부터 그 푸라토닉한愛情[11]을 어느달은한군데에다옴기게된 첫原因이엿는가한다.

旭은 그後머지아니하야 손바닥을 툭툭털듯이 거벼운몸으로 畵具의殘骸를질머지고 다시나의 가난한살님속으로 ᄯᅩ나의愛情속으로 기여들어오는것가티하면서 석겨들어왓다. 우리는 그狹窄한[12]單間房안에百號[13]나훨신넘는 캄바스[14]를버틔여놋코 마음가는데까지 自由로히奔放스러히 創作生活을하엿스며 渾然한[15]靈의抱擁가운데에 오히려서로를닛는[16] 沒我[17]의境地에놀수잇섯느니라.

그러나 旭 너도亦是 그부터올나오는[18]불가튼熱情을 能히斷片斷片으로 토막처노흘수잇는冷膽한一面을가진 怜悧한書生이엿다.

官能僞造

生活에 免許가업는旭의 눈에 賣春婦와聖母의區別은어려웟다. 나는 그때 創作도아니오 隨筆도아닌「목노의마리아」라는글을 퍽길게 써보든中이오 ᄯᅩ그中에 敍景的인것의멧장을 旭에게보낸일도잇섯다. 巷間에서 늘目睹하는「言爭하는마리아群像」보다도 훨신淸楚하야 가장대리석에 갓가운마리아를 麻浦江邊목노술

---

9 격난 : 激亂. 몹시 심한 난리.
10 秋雨霏霏 : 가을 비가 부슬부슬 내리는 모양.
11 푸라토닉한애정 : Platonic love. 육체를 무시한 순수하고 정신적인 연애.
12 狹窄한 : 몹시 좁은.
13 百號 : 162.2cm×130.3cm
14 캄바스 : 캔버스(canvas)의 오식. 유화(油畵)를 그릴 때 쓰는 천으로 무명이나 삼베 따위의 천에 카세인이나 아교를 바르고, 그 위에 아마유와 아연화 따위를 덧칠하여 만든 화포(畵布).
15 渾然한 : 다른 것이 조금도 섞이지 아니한, 모나지도 아니하고 결점도 없는.
16 닛는 : 전집(3)은 '잇는'으로 오기. 여기에서는 '연결하는(잇는)'이라는 뜻이 아니라 '망각하는(잊는)'이라는 뜻.
17 몰아 : 沒我. 자기를 잊고 있는 상태.
18 그부터올나오는 : 그 붙어 올라오는. 전집(3)은 '그부터 올라오는'으로 띄어쓰기 오류.

집[19]에서 차잣다는이야기다. 이「목노의마리아」數章이 旭에게 그風前燈火가튼 秘密을이야기하야도조흔理由와勇氣와安心을주엇든지 그는 밤이이슥하도록 나를함부로길거리로쓸고다니면서 그길고도事情만흔이야기를나에게 들녀주엇다. 그것은 너무도씀찍하야서 나에게 發狂의조희한장距離에接近할수잇게한 그런 이야기인데 要컨댄 旭의童貞[20]이天生賣春婦에게獻上되고말앗다는 해피―엔드.[21] 집에돌아와서 郵票싹지만한寫眞한장과 삼팔수건[22]에적힌血書하나와 싹독잘나내인머리카락한다발을 愼重한態度로 나에게보혀주엇다.

寫眞은 너무작고희미하고하야서 그人相[23]을再現식히기도어려운것이엿고 머리는 恰似 演劇할새쓰는 촤푸린[24]의鬚髥보다는 조곰클가말가한것이엿고 그러나血書만은썩美術的으로된것인데 旭의藝術의天分[25]이充分히낫하낫다고볼만한 可謂傑作의 部類에들어갈수잇섯다. 勿論그것은 그賣春婦氏의作品은아니고 旭自身의自作自藏[26]인것이엿다. 삼팔핸커취프[27]한복만[28]에다가 鮮明한隸書[29]로

罪

이럿케한字를썻슬짜름 勿論 落款[30]도업섯다.[31]

---

19 목노술집 : 목로(선술집에서 술잔을 놓기 위하여 쓰는, 널빤지로 좁고 기다랗게 만든 상)를 차려 놓고 술을 파는 집.
20 童貞 : 이성과 한 번도 성교(性交)를 하지 아니하고 그대로 지키고 있는 순결.
21 해피―엔드(happy end) : 행복한 결말.
22 삼팔 수건 : 중국에서 나던 명주의 한 가지인 삼팔주(三八紬)로 만든 수건.
23 그人相 : 그 사람의 모습, 생김새.
24 촤푸린 : Charles Spencer Chaplin(1889~1977) 영국의 희극배우·영화감독·제작자. 콧수염, 실크 해트, 모닝 코트, 지팡이 등을 이용한 거지 신사의 분장과 연기로 그의 독특한 개성을 창조하여 세계적인 인기인이 되었으며, 희극 배우로써 전 세계인들에게 웃음을 선사했다.
25 天分 : 타고난 재질이나 직분.
26 自作自藏 : 스스로 짓고 스스로 감춤.
27 핸커취프(handkerchief) : 손수건.
28 한복만 : '한복판'의 오식으로 보임. 전집(3)은 '한복판'으로 수정.
29 隸書 : 전서(篆書)보다 간략하고 해서(楷書)에 가까운 글씨체로, 진나라 운양의 옥사(獄事) 정막이 번잡한 전서를 생략하여 만든 것인데, 노예와 같이 천한 일을 하는 사람도 이해하기 쉽도록 한 글씨라는 뜻이며, 팔체서의 하나.
30 落款 : 글씨나 그림을 완성한 뒤에 아호나 이름을 쓰고 도장을 찍는 일. 또는 그 이름이나 도장.
31 문종혁도 자신의 글에서 "스물 두 살 ― 나는 창녀의 방에서 나의 손가락을 잘랐다. 그리고 죄

이것이 내가 이 世上에 誕生하야서 참 처음으로 目睹한 血書엿고 그런 후로 나의 旭에게 對한 純情의 友愛도 어느듯 가장 文學的인 態度로 조곰식 變하여갓다. 다섯해 歲月이 지나간 오늘 엊그젯게 하마하드면 나를 背叛하려 들든 너를 나는 오히려 다시 그러든 날의 純情에 갓가운 友情으로 사랑하고 잇다. 그만큼 너의 現在의 環境은 너로하야금 너의 潔白함과 너의 無辜함[32]을 如實히 나에게 이야기하야 주고 잇는 까닭이다.

하이드 씨

내가 부를 일홈은 勿論 小霞는 아니올시다. 그러나 小霞라고 불은들 엇더케습니까. 小霞! 運命에 對하야 「마소히스트」[33]들에게 性慾이란 무엇이겟습니까. 性慾! 性慾은 그럼 弄談입니까. 性慾에는[34] 정말 「스토―리―」[35]가 업습니까. 太古에는 정말 人類가 長壽하얏겟습니까.

小霞! 나에게는 내가 藝術의 길을 것는데 所謂 後見人[36]이 너무 업섯습니다. 그래서 내가 일즉이 「세사니슴」[37]을 알앗슬 적에 벌서 性慾을 倂發的[38]으로 알앗습니다. 이 神聖한 破片이오 對他에 失禮의인 自尊心을 抑制할만한 아모런 後見人의 監視가 全然 업섯습니다.

賣春婦에게 對한 私私로운 思想 그것은 生活에서 엇는 老練에 鞭撻되여 가며[39] 몹시

(罪)라는 혈서를 썼다" 하고 적어 놓았다.
32 無辜함 : 아무런 잘못이나 허물이 없음.
33 마소히스트(masochist) : 이성으로부터 신체적·정신적인 고통을 받음으로써 성적 쾌감이나 만족을 느끼는 피학대 성욕도착자.
34 性慾에는 : 전집(3)은 '성욕에게'로 오식.
35 스토―리(story) : 이야기, 줄거리.
36 後見人 : 뒤를 보아주는 사람. 여기에서는 '조력자' 정도를 의미.
37 세사니슴(Cezannism) : 자연을 단순화된 기본 형체로 집약하고, 기본 형태와 원리에 충실했던 폴 세잔의 회화기법을 말함. 「현대미술의 요람」에도 '세사니슴'이 나온다. 전집(3)은 사디슴(sadism, 성적 대상에게 고통을 줌으로써 성적인 쾌감을 얻는 이상 성행위로 가학증 또는 학대음란증)으로 오식.
38 倂發的 : 두 가지 이상의 일이 한꺼번에 일어나는.
39 鞭撻되여가며 : 鞭撻되여가며. '편달'은 채찍으로 때리는 것, 잘 할 수 있도록 따끔하게 나무라는

潛行的⁴⁰으로進化하야가는것이엿습니다. 그리기에 映畵로된「스틔븐슨」⁴¹의「지킬」博士와「하이드」氏⁴²一篇이 그가장手段的⁴³인데 그칠 藝術的香氣水準이 퍽나즌것이라고해서 참아「올타可하다」소리를 입밧게못내여놋는것이아니겟습니까. 事實에 小霞의境遇를말치안코 나에게는 가장적은「지킬」博士와 훨신만흔「하이드」氏를所有하고잇다고 告白하고십습니다. 나는勿論小霞의境遇에서도 相當한⁴⁴「지킬」博士와 相當한「하이드」를보기는 봅니다만은 그러나小霞가 퍽普遍的인熱情을 얼는斷片으로 四捨五入式終結을지여버릴수잇는能한手腕이 잇는데反對로 나에게는 倫敦⁴⁵市街에끗업시繼續되는 안개가티 거기조차「컴마」나「페리오드」⁴⁶를찍을才操가엇습니다.

日常生活의重壓이이나에게 敎養의淘汰를不得已⁴⁷하게하고잇스니 또한不得已 나의貧弱한二重性格을「지킬」博士와「하이드」氏에서「하이드」氏와「하이드」氏로 이럿케進化시키고잇습니다.

惡 靈 의 感 傷

發狂에서조희한장距離에接近할수잇는機會를 어린애가튼意志밧게所有하지 못한 나는퍽실혀합니다. 그러나 거기酷似한⁴⁸ 弄談을즐겨합니다. 이것은 小霞!

것을 뜻한다. 여기에서는 '지도되어 가며', '길들어 가며' 정도의 뜻.
40 潛行的 : 남모르게 비밀리에.
41 스틔븐슨 : Robert Louis Balfour Stevenson(1850~1894) 영국의 소설가, 시인. 대표작으로『보물섬』(1883),『지킬 박사와 하이드 씨』(1886) 등이 있다. 지킬 박사와 하이드 씨는 한 인간의 이중적 성격을 보여주는 인물로, 지킬 박사는 선하지만 하이드 씨는 악의 분신이다.
42 「지킬」博士와「하이드」氏 : 스티븐슨의 원작『지킬 박사와 하이드 씨』를 바탕으로 1931년 마물리언(Rouben Mamoulian) 감독이 파라마운트사에서 만든 영화를 말하는 듯.
43 手段的 : 목적을 이루기 위한 방편과 관련되는.
44 相當한 : 전집(3)은 누락. 일정한 액수나 수치 따위에 해당하는.
45 倫敦 : 영국의 수도 '런던'.
46 컴마 페리오드 : 쉼표나 마침표.
47 不得已 : 이것과 더불어 바로 이어지는 '不得已'도 원문은 '不得己'로 오식.
48 酷似한 : 서로 같다고 할 만큼 아주 많이 닮은.

自贖⁴⁹인가요. 意味의延長이조곰도업는 單純하고도正直한 弄談 性慾! 外國人의 親切을 生理的으로 조곰더즐거워하는나는 賣春婦에게서 國際的인親切과好意를늣김니다. 小霞! 小霞도 그런簡單한弄談과外交는즐기십네다그려.

  教養은우리들에게餘分의常識을賦與하얏습니다. 그래서그三人의賣春婦의손에무든 붉은잉크에對하야서 너무無關心하얏습니다. 나종에 붉은잉크가血液의 色相과恰似한가아닌가를 試驗한것인줄알앗슬째에 暴笑를禁치못하는가운데도 그들의그런常識과우리의이런常識과는 永遠히交涉이 잇슬수업다는것을깨달으면서 요사이더욱이 이럿케나와훨신다른世界에사는사람의心理에 藝術的 關心을퍽가지게된나로서 絶望的인 寒心을늣겻습니다. 勿論 붉은잉크와피와는 近似하지도 안은것이니까 그네들도大槪는그血書가 붉은잉크는안인 무슨가장 피에갓가운 ― 僞造라고치고보아도 ― 材料로써진것이라는것은깨달앗슬것인데도 피빗나는잉크가잇느냐는둥 다른김생 例를들면 쥐나닭이나그런것들의피도사람피와빗갈이가트냐는둥 그째에내마음은何如튼 小霞의마음은 엇더하엿습니까. 자 이것좀보세요하고 及其也집어내여온것이봉투속에든한장白紙 우리들이 鑑定하기도前에 亦是 그네들은議論이紛紛하지안슴데까. 그血書는果然 퍽 文學的인것으로 闌潔⁵⁰明確 實로點하나씩을餘裕가업는完全한傑作이라고나는 보앗습니다. 曰 ―

   사랑하는장귀남씨
   나의타는열정을
   당신에게바치노라
   계유세정월모일⁵¹
    × × ×

  나는그째 우리들의弄談이얼마나 逢辱을當하고잇는가를늣겻습니다. 小霞! 小霞는

---

49 自贖 : 스스로 속죄함.
50 闌潔 : 簡潔의 오식인 듯.
51 계유세정월모일 : 癸酉歲正月某日. 계유년 1월 아무 날. 여기서 계유년은 1933년임.

그째퍽紳士的인謙遜을보히십데다만은 小霞의입맛이쓴것쯤은 나도알수잇습데다. 何如間 이「아리스」나라[52] 가튼 不可思議한나라에提出된外交文書에 우리들이가지고잇는法律을適用하려고하는것은 徒勞[53]요無效일줄압니다.

그네들은입을모아 그잇흔날그發信人이살고잇고 또經營하고잇는店鋪에旺臨하시겟다는 決議를하고잇는것을보앗는데 좀나도쌀아가서그天才의얼굴을좀실토록보고오고십헛습니다. 그런데그天才는 ― 그中의한분이그것이確實히 사람의피라는鑑定을바든다음별안간막 술을퍼붓듯이마시는것을나는말닐가말가하고잇다가 흐지부지그만두엇습니다만은 ― 나희四十가량이나되는 어룬이시라고그리지안읍데까.

우리들의 藝術的實力은 ― 表現程度는 ― 수박것할기정도밧게아니되나보더이다. 나는거리로쫏겨나와서 엉엉울고십흔것을 참억지로참앗습니다.

血 書 其 三

이것이 내가平生에 세번째求景한血書인데나는이런 또 익살마즌腰折할[54] 血書는일즉이이야기도못들어보앗다. W카페주인이 글세이것좀 보세요하고보혀주면서하는말이 그漢江에가싸저自殺한女給은自己안해 ― 妾 ― 인데 마음이 洋처럼順하고 부첫님처럼착하고 또불상하고 또自己를다시업시사랑하얏고한데 자동차運轉手하나이쒸여들어와 살살 쏘이다가 말을잘안들으니까 이싸위僞造血書를보내서 좀 놀내게한다는것이 그만마음이弱한 Y子가보고 너무 지나치게놀나서 그가정말죽는다는줄알고 그만 겁결에 저럿케제가먼저죽어버렷스니 생사람만하나잡고 그는 여전히쌘쌘히살아서 자동차를쌩쌩거리고 다니니 이런원통하고분할데가어데쏘잇습니까. 그리면서 글세 이게무슨血書ㅂ니까하고 하이

---

52 루이스 캐롤(1832~1898)의 대표작 가운데 하나인 『이상한 나라의 앨리스』에 나오는 이상한 나라를 말한다.
53 徒勞 : 헛수고.
54 腰折할 : 너무 우스워서 허리가 꺾일 지경인.

얀봉투속에서쓰내는簿記紙[55]든가無地[56]든가 편지한장을쓰집어내여보여준다.

펜으로자듸잘게 만지장서[57] 셋들셋들 是非曲直이썩壯觀이엿다. 나는첫머리 두어줄 읽어나려가다가 욕주가리[58]가나서 그만두고 大體피가어듸잇느냐고 이것은펜글시지어듸血書냐고그랫드니 이게卽血書라는卽피를내엿다는證據란말이지오하며 저쯧흐머리[59]로썩혀잇는 서너방울썰어저잇는 指紋무든 피자죽을 가르친다. 코피가난는지 코피치고도너무分量이적고 빈대지나가는것을아마터쓰려죽인모양인지 正體자못不明이다. 그런데 그章末에 曰 이血書가당신에게配達되는째는 나는벌서이世上사람이아니고樂園에가잇슬것이라고 ― 要컨댄 樂園會館[60]에愛人이 대신하나생겻단말인지도 몰을일이다.

그런데 Y子는죽엇다. 정말그편지가配達되자죽엇다. 그래이편지한장이 ×× 꾀 ― 사람하나를죽일수가잇슬가. 정말 이편지에 무섭고 겁이나고쌈짝놀내서 죽엇슬가. 나는쏘다른○○소들에게서―

두사람은情死를約束하고 自動車로 漢江人道橋건너싸지나갓다[61] 自動車는돌오돌아갓다. 人道橋를걸어오며 두사람은死의法悅[62]을마음쩟늣겻겟지. 마즈막으로擧行되는 달콤한눈물의키쓰. Y子는먼저신발을벗고 스푸링오―버[63]를벗고 정말물로쒸여들엇다. 그 무시무시한落下 그쓲찍쓲찍한 물결째여지는소리 죽엄이라는것은무섭다. 무섭다. 그번개가튼恐怖가瞬間 그男子의머리에스치며그로하야금 Y子의뒤를싸라썰어지는勇氣를막앗다.

---

55 簿記紙 : 돈의 출납이나 재산의 증감 등을 일정한 방식으로 정리하여 적는 장부의 종이.
56 無地 : 전체가 한 가지 빛깔로 무늬가 없는 종이, 또는 옷감.
57 만지장서 : 滿紙長書. 사연을 많이 담은 긴 편지. 전집(3)은 '만리장서'(萬里長書 : 아주 긴 글)로 오식.
58 욕주가리 : 욕지거리, 즉 '욕설'의 속된 말.
59 쯧흐머리 : 전집(3)은 '끄트러미'로 오식.
60 樂園會館 : 1932년 인사동에 문을 연 카페. 일본 기생 출신의 미인과 여배우를 여급으로 끌어들여 인기를 누렸음(이이화).
61 지나갓다 : 전집(3)은 '지나갔다.'로 처리. 그러나 '…지나갔다(가) 自動車는 도로 돌아갔다'는 뜻.
62 法悅 : 깊은 이치를 깨달았을 때의 사무치는 기쁨.
63 스푸링오―버(spring overcoat) : 봄 잠바, 봄 외투.

半쪽만남은것가튼 엇던男子한사람이 구두와外투를 派出所에屆出⁶⁴하얏다. 그사람은 이무서운弄談을消橰⁶⁵하려고 自棄的으로 自動車에 速力을놋는다.

그도그럴것이지 W카페主人은 Y子의동생○○學校在學하는勤勉한 少年學徒에게 참아름다운마음으로 學資를支出하야주고잇다한다.

(畢)

— 발표지면 : 『新女性』, 1934.6

64 屆出 : '신고(申告)함'을 뜻하는 종전의 용어.
65 消橰 : 소모(消耗)의 오식으로 보임. 후자는 '써서 없애다'는 뜻.

散策의가을[66]
= 散步 · 가을 · 例 =

李 箱

女人 유리장속에 가만이 너어둔 간쓰메밀크[67] 그러치 구녕을 뚫지 않으면 밀크는 안나온다 단紅白 或은 綠 이렇게 色色이 칠로 발녀놓은렛델[68]의 아름다움 外에 그리고 意外에도 묵직한 抱甕의즐거움밖에는 없는법이니 여기가을과 空虛가있다.

×

비오는 百貨店에 寂!사람이없고 百貨가 내그림자나 조용이 保存하고있는 거리에 女人은 희붉은 종아리를 걸어칙겨 연분紅스카아트[69] 밑에 얕으막이 묵직이흔들니는 曲線! 라듸오는 店員代表 설없게[70] 哀愁를 높이노래하는 가을숨이는거리에 世上것 다버려도 좋으나 단하나 가지가지果일보다 훨신맛남직한 桃色종아리 고것만은 참내여놓기가아깝구나

×

윈도오[71]안에 石膏 — 武士는 수염이 없고옉이너스[72]는 분안발는살갈[73]이 차즐길없고 그리고 그長황한姿勢에 斷念이없는 윈도오안에 石膏다.

---

66 하동호에 의해 『문학사상』(1977.8)에 현대체로 소개되었다.
67 간쓰메밀크(かんづめ milk) : 캔에 든 밀크, 캔 우유.
68 렛델(letter 네) : 라벨, 꼬리표, 레테르.
69 스카아트(skirt) : 스커트, 치마.
70 설없게 : 서럽게.
71 윈도오(window) : 창문, 장식창, 진열창.
72 옉이너스(Venus) : 원래는 그리스신화에 나오는 사랑과 미(美)와 풍요(豊饒)의 여신을 일컫지만, 여기서는 대리석으로 만든 비너스상을 일컫는 것으로 보인다.
73 살갈 : 살결. 전집(2·3)은 '살갗'으로 수정.

×

　소오다[74]의맛은 가을이 서껴서 靜脈注射처럼차고 유니폼[75]少女들 허리에 번적번적하는 깨끗한반드[76] 물방울 낙수지는 유니폼에 벌거버슨팔목 皮膚는 包裝紙보다 정한[77]包裝紙고 그리고 유니폼은 皮膚보다 정한皮膚다. 百貨店새물건包裝 ─ 반드를 끈아풀처럼 꾀여들고 바뿌게걸어오는 상자속에는 물건보다도 훨신훨신 好奇心이 더들었으리라.

×

　여름은갔는데 검둥寫眞은 왜허물이 안벗나. 잘된寫眞에 간즐간즐한少女 마음이 蒼白한月光아래서 感光紙[78]에 분발르는 생각많은초저녁.

×

　果실가개는 문이닫혔다. 유리창안쪽에 果실呼吸이 어려서는 살작 香蕉[79]에 복송아 ─ 秘密도가렸으니 인제는 아모도 果실사러오지는않으리라. 果실은 마음껏 굴러보아도좋고 덜익은수박같은 主人머리에 부듸처보아도좋것만 果실은 黙黙! 복송아에香蕉에 복송아에香蕉에 복송아에 바나나에─

×

　印刷所속은죄左다. 職工들얼골은 모도 거울속에있었다. 밥먹을때도 ──이 왼손이다. 아마 또 내눈이 왼손잡이였는지 몰으지만 나는 쉽살이 왼손으로 職工과握手하였다. 나는 巧妙하게左된智識으로 職工과 會話하였다 그들休憩와對坐하야 ─ 그런데 왼일인지 그들의敍述은 右다. 나는 이 尨大한 左와右의交叉에서 속거북하게 卒倒할것같길내 그냥 門밖으로뛰여나갔더니 果然한발자곡 지났을적에 職工은 一齊이 右로돌아갔다. 그들이 閑人과對話하는것은 똑職場밖

74　소오다(soda) : 소다, 나트륨화합물.
75　유니폼(uniform) : 정하여진 규정에 따라 입도록 한 옷. 제복.
76　반드(band) : 가죽, 천 등으로 좁고 길게 만든 띠.
77　정한 : 淨한, 깨끗한.
78　感光紙 : 감광제를 바른 종이. 주로, 양화(陽畵)를 만드는 데 쓰임.
79　香蕉 : 전집(2·3)에서는 '香薰'으로 잘못 적고 있다. 중국어로 '바나나'를 뜻함.

에있는條件인것을 알수있었다.

×

淸溪川헤버러진 수채속으로 飛行機에서 廣告삐라. 鄕國의童孩는 거진 삐라[80] 같이 삐라를주으려고떼지었다 헤여젔다 지저분하게 훗날닌다 마꾸닝[81] 蛔虫驅除 그러나 한童孩도 그것을읽을줄몰은다. 鄕國의童孩는 죄다[82] 蛔虫이다. 그래서 겨우수채구녕에서 노느라고 배앞은것을 니저버린다. 童孩의兩親은 쓰레기래서 너이童孩를내어다 바렸는지는 몰으지만 빼빼말는 송사리처럼 統制없이 왱왱거리면서 잘도논다.

×

롤너스케이트[83]場의 요란한風景, 라듸오效果처럼 이것은 또 季節의왼季節僞造일가. 月色이풀으니 그것은 恰似郊外의音響! 그런데 롤너스케이트場은 겨을 ― 이땀흘니는 겨을앞에서서 찍걱이녀름은 소름끼치며 땀흘닌다. 어떻게 저렇게 겨을인체 잘도하는 複寫氷판[84] 우에 너이人間들도 結局알고보면 人間模型인지 누가아느냐.

― 발표지면 : 『新東亞』, 1934.10

---

80 삐라(pira) : 영어 'bill'에서 나온 말로 전단지, 광고지, 포스터 등을 뜻한다.
81 마꾸닝(macnin) : 맥닌. 해인초(海人草)로 만든 회충 구충약.
82 죄다 : 남김없이 모조리.
83 롤너스케이트(roller skate) : 바닥에 네 개의 작은 바퀴가 달린 스케이트. 주로 시멘트 바닥이나 아스팔트 위에서 탄다.
84 複寫氷판 : 모조빙판, 인조빙판.

山村餘情
— 成川紀行[85]中의 멧 節 —

李　箱

香氣로운MJR[86]의味覺을니저버린지도二十餘日이나됩니다. 이곳에는新聞도잘아니오고遞傳夫[87]는잇다금『하도롱』[88]빗消息을가저옵니다. 거기는누에고치와옥수ヽ의事緣이적혀잇슴니다. 마을사람들은멀니썰어저사는一家째문에愁心이生것나봄니다. 나도都會에남기고온일이걱정이됨니다.

건너편八峰山에는노루와멧도야지가잇담니다. 그리고祈雨祭[89]지내든개골창까지나려와서 가제를잡어먹는『곰』을본사람도 잇슴니다. 動物園에서밧게볼수업는 김승, 山에잇는 김승들을사로 잡아다가 動物園에 갓다 가둔것이아니라, 動物園에잇는 김승들을 이런山에다 내여노아준것만갓흔錯覺을작고만늣김니다. 밤이되면, 달도업는금음漆夜에八峰山도 사람이寢所로드러가듯이 어둠속으로아조업서저버립니다.

그러나空氣는水晶처럼맑아서 별빗만으로라도 넉ヽ이 조와하는『누가』福音[90]도읽을수잇슬것갓슴니다. 그리고쏘참 별이 都會에서보다 갑절이나더만이 나옴

85　成川紀行 : 이상은 1935년 9월에서 10월 사이 원용석이 있던 성천을 방문하여 3주 가량 머무른 것으로 보인다.
86　MJR : 전집(1·2·3)은 'MJB'로 수정하였고, 전집(2·3)은 '커피의 일종'으로 설명하고 있다. R은 B의 오식으로 보이며, MJB는 맥스(Max), 매니(Mannie)와 애디 브랜든스타인(Eddie Brandstein) 형제가 설립한 커피회사에서 만든 커피의 제품명이다.
87　遞傳夫 : 전집(1)은 '遞信夫'로 수정. 오늘날의 우체부를 의미.
88　하도롱 : 포장지로 사용하는 질긴 지질의 편면광택지(片面光澤紙). 화학 펄프를 쓰고 갈색으로 착색하여 뜬다. 영어의 하드롤드지(hard rolled paper)의 변화된 말로, 겉포장·사용 봉투용지로서 제2차 세계대전 전까지 제조 및 사용됨.
89　祈雨祭 : 나라와 민간에서 비오기를 기원하는 제사.
90　누가福音 : 신약 성서 중의 셋째 편. 누가의 저작으로 사복음서 가운데 하나. 예수의 생애와 가르침이 자세히 기록되어 있음.

니다. 하도 조용한 것이 처음으로 별들의 運行하는 기척이들니는것도갓슴니다.

客主ㅅ집房에는 石油燈盞을켜놋슴니다. 그 都會地의夕刊과 갓흔그윽한내음새가 少年時代의꿈을불음니다. 鄭兄[91]!그런石油燈盞밋헤서밤이이슥하도록『호까』— 煙草匣紙 — 부치든생각이남니다. 벼쌩이가한마리燈盞에올나안저서그 연둣빗色彩로혼곤한내꿈에마치英語『틔』字를쓰고근너긋듯이 類달른記憶에다는군데군데『언더라인』[92]을하야놋슴니다쓸퍼하는것처럼 고개를숙이고都會의女車掌이車票찍는소리갓흔그聲樂을가만이듯슴니다. 그러면그것이또理髮所가위소리와도갓하짐니다. 나는 눈까지감ㅅ고가만이또仔細이 들어봄니다.

그리고備忘錄을끄내여 머루ㅅ빗잉크로山村의詩情을起草함니다.

그적게新聞을씨저버린

째무든흰나비

鳳仙花는아름다운愛人의귀처럼생기고

귀에보이는지난날의記事

얼마잇스면목이마름니다. 자리물[93] — 深海처럼가라안즌冷水를마심니다. 石英質[94]鑛石내음새가나면서肺腑에寒暖計갓흔길을[95] 늣김니다. 나는白紙우에그싸늘한曲線을그리라면그릴수도잇슬것갓슴니다.

靑石언즌 집웅에별빗이나려쏘이면 한겨울에장독터지는것갓흔소리가남니

---

91 鄭兄 : 매일신보 기자이자 소설가였던 정인택(1909~1952)을 지칭하는 것으로 보임.
92 언더라인(underline) : 강조나 주의 환기를 위해 단어나 문장 아래 긋는 밑줄. 구문조판(歐文組版)에서 원고 지정이나 교정시에 해당 자구를 이탤릭체로 하라는 것을 지시하기 위해 그 밑에 긋는 줄. 인쇄물에서 사진이나 삽화 밑에 인쇄해 넣는 사진설명, 또는 그림설명(caption).
93 자리물 : 잠자리에서 마시기 위하여 머리맡에 떠 놓는 물. 자리끼.
94 石英質 : 이산화규소로 이루어진 규산염 광물질을 이름. 석영은 삼방 정계에 속하는 알파형과 육방 정계에 속하는 베타형이 있는데 대개 화강암, 유문암, 변성암, 퇴적암 따위에 들어 있으며, 유리 광택이 있어 수정이라고 함. 광학 기계, 유리, 도기 따위를 만드는 데 쓴다.
95 긴을 : 전집(1·2·3)은 '길을'로 수정.

다. 버레소리가 요란함니다. 가을이 이런時間에 葉書한장에 적을만큼式 오는까닭입니다. 이런새참무슨才操로光陰을헤아리겟슴닛가? 脈膊소리가 이房안을房채時計를만들어버리고 長針과短針의나사못이도라가느라고 兩쪽눈이 번갈나간즐∨⁹⁶함니다. 코로機械기름내음새가 드나듭니다. 石油燈盞밋헤서 조름이오는氣分입니다.

『파라마운트』⁹⁷會社商標처럼 생긴 都會少女가나오는꿈을조곰꿈니다. 그리다가 어느사이에 都會에 남겨두고온가난한食口들을 꿈에봄니다. 그들은捕虜들의寫眞처럼나란이 늘어슴니다. 그리고내게걱정을식힘니다. 그리면그만잠이 깨어버림니다.

죽어버릴까 그런생각을하여봄니다. 壁 못에걸닌⁹⁸다해여진내저고리를처다 봄니다. 西道千里를 나를짜라여기와잇슴니다. 그려!

燈盞심지를도두고 備忘錄에불을켠다음⁹⁹ 鐵筆로群靑빗 『모』를 심어감니다. 不幸한人口가그우에하나∨誕生함니다. 稠密한人口가—.
來日은盡終日 花草만보고놀니라, 脫脂綿에다『알콜』을무처서 왼갓근심을문질느리라, 이런생각을먹슴니다. 너무도꿈자리가뒤숭々하야서그리는것임니다. 花草가피여만발하는꿈『그라비아』¹⁰⁰原色版꿈 그림册을보듯이즐겁게꿈을꾸고 십슴니다. 그리면簡單한說明을爲하야 爽快한詩를지어서 七『포인트』¹⁰¹活字로配置하는것도좃슴니다.

都會에華麗한故鄕이잇슴니다 濶葉樹만으로된山이 故鄕의視覺을가려버린

---

96 ∨:'∨'은 2글자 또는 3글자의 반복에 사용하였으며, '々'은 한 글자 반복에 사용되었다.
97 파라마운트 : 1914년에 설립된 미국의 영화 회사 Paramount Pictures Corporation을 뜻함.
98 걸닌 : 원문은 '걷닌'으로 오식. '못에 걸린 다 해여진'.
99 備忘錄에 불을켠다음 : 이것은 내용상 '불을 켠 다음 備忘錄에'로 보아야 할 것이다. 내용이 조판과정에서 도치된 것으로 볼 수 있다. 전집(1·2·3) 모두 후자로 수정.
100 그라비아(gravure) : 그라비어 인쇄, (사진 제판에 의한) 요판(凹版) 인쇄.
101 포인트(point) : 활자 크기의 단위, 1인치의 약 1/12.

이山村에 八峰山 허리를넘는 鐵骨電信柱[102]가 消息의題目만을符號로傳하는것 갓습니다.

아츰에 볏헤시달녀서 마당이부시럭거리면 그소리에잠을깨임니다. 하로라는 『짐』이 마당에가득한가운데 샛빩안잠자리가病菌처럼活動임니다. 끄지안코잔 石油燈盞에 불이 그저켜진채消失된밤의痕跡이 낡은족기『단초』처럼 남아잇슴 니다. 昨夜를訪問할수잇는『요비링』[103]입니다. 지난밤의體溫을房안에내여던진 채 마당에나스면 마당한모퉁이에는 花壇이 잇슴니다. 불타오르는듯한맨드래 미꼿 그리고鳳仙花.

地下에서 쌀아올니는 이花草들의 情熱에 呼吸이더워오는것갓슴니다. 여기處 女손톱씃헤 물들을 鳳仙花中에는 힌것도석겻슴니다. 힌鳳仙花도붉게물들까[104] — 조금 이상스러울것업시 힌鳳仙花는 쏙두서니[105]빗으로 곱게물듭니다.

수ㅅ쌍울타리에『어렌지』[106]빗 여주[107]가열렷슴니다. 당콩[108]넝쿨과 어우러 저서『세피아』[109] 빗을背景으로하는一幅의屛風임니다. 이싯호로는호박넝쿨 그 素朴하면서도大膽한 호박꼿에『스파르타』[110]式 쑬벌이 한머리[111]안자잇슴니다.

---

102 鐵骨電信柱 : 전집(1)은 '鐵骨電柱'로 수정, 한 글자 누락.
103 요비링(よびりん) : 초인종.
104 물들까 : 원문은 '물늘까'로 오식.
105 쏙두서니 : 산이나 들에 절로 나는데, 줄기는 네모지고 짧은 가시가 있으며, 잎은 네 잎씩 돌려 나고, 여름에 노란 꽃이 핀다. 뿌리는 물감의 원료로 쓰거나 한방에서 '천근(茜根)'이라 하여 약 재로 쓴다.
106 어렌지(orange) : 오렌지.
107 여주 : 쌍떡잎식물 박목 박과의 덩굴성 한해살이 풀.
108 당콩 : 강낭콩의 다른 말. 콩과의 한해살이풀. 줄기가 덩굴을 이루고 여름에 흰색 또는 자주색 꽃이 총상(總狀) 꽃차례로 피며, 열매는 꼬투리로 맺히는데 그 안의 종자를 식용으로 한다.
109 세피아(sepia) : 수채화 따위에 쓰이는 그림물감의 한 가지. 오징어의 먹물에서 뽑아 만든 암갈 색의 물감.
110 스파르타 : 고대 그리스의 도리아 족이 펠로폰네소스 반도 중부의 라코니아 지방에 세운 도시 국가. 귀족 정치를 실행하여 본토인을 노예화하고 자국민에게 강력한 군국주의식 교육을 시행.

濃黃色에 反映되여『세실·B·데밀』[112]의 映畵처럼 華麗하며 黃金色으로 侈奢합니다. 귀를기우리면『르넷산스』[113] 應接室에서들리는 扇風機소리가남니다.

野菜『사라다』[114]에노히는『마스파라가스』[115] 입사귀갓흔 쏘무슨 花草가 잇슴니다. 客主집 아해에게 물어봄니다.『기상꼿』— 妓生花란말임니다. 무슨꼿이피나 — 眞紅비단꼿이핀담니다.

先祖가指定하지아니한『조셋트』[116]치마에『외스트민스터』[117] 卷煙[118]을 감아노은것갓흔 都會의 妓生의 아름다움을 聯想하여봄니다. 薄荷보다도 훈운한『리그레추윙껌』[119] 내음새 둑거운帳簿를넘기는듯한 그입맛다시는소리 — 그러나

기원전 5세기에 펠로폰네소스 전쟁에서 아테네를 격파하고 그리스의 패권을 잡았으나 점차로 쇠퇴하여 기원전 146년에 로마에게 망하였다.

111 한머리 : 한 마리. 이상은 '마리'와 같은 개념으로 '머리'를 쓰고 있다.

112 세실·B·데밀 : Cecil Blount De Mille(1881~1959) 미국의 영화제작자·감독. 주요 작품으로 「우자(愚者)의 낙원」(1921) 「십계(十戒)」(1923) 등이 있다.

113 르넷산스(Renaissance 프) : 14세기~16세기에, 이탈리아를 중심으로 하여 유럽 여러 나라에서 일어난 인간성 해방을 위한 문화 혁신 운동. 도시의 발달과 상업 자본의 형성을 배경으로 하여 개성·합리성·현세적 욕구를 추구하는 반(反)중세적 정신 운동을 일으켰으며, 문학·미술·건축·자연 과학 등 여러 방면에 걸쳐 유럽 문화의 근대화에 사상적 원류가 됨. 여기서는 르네상스 건축물을 뜻하는 것으로 보인다.

114 사라다(salad) : 샐러드. 채소·과일·육류 제품을 골고루 섞어 마요네즈나 드레싱으로 간을 맞추어 먹는 서양음식.

115 마스파라가스 : '아스파라가스'의 오식인 듯. 후자는 외떡잎 식물로 백합과의 여러해살이 풀.

116 조셋트 : Josette는 운동복, 바지감, 셔츠, 가방, 재킷 등에 사용하는 견고하고 정교하게 제작한 면능직의 일종. 전집(2)는 '지금의 쉬폰과 비슷한 우아한 여름 옷감'으로 설명. 한 연구자(박현수)는 '여름철 여성 의류에 많이 쓰이는 옷감(Georgette)'로 설명. 조젯은 날줄이 왼쪽으로, 씨줄은 오른쪽으로 되게 번갈아 꼬아서 짠 견포나 면포로 물속에 들어가면 급히 수축되고 말려서 다리면 늘어난다. '조셋트'는 의미상 'Georgette'일 가능성이 있다.

117 외스트민스터(Westminster) : 영국의 브리티시 아메리카 컴퍼니(런던)제(製)의 담배. 오리엔트종(種), 즉 터키종의 대표적인 제품으로 제2차 세계대전 전부터 널리 알려졌으며, 원엽(原葉)은 터키·그리스·흑해 연안 등지에서 생산되며, 니코틴 함유량은 비교적 적고 독특한 향기로 유명하다.

118 卷煙 : 궐련. 얇은 종이로 말아 놓은 담배.

119 리그레추윙껌(Wrigley chewing gum) : 1890년대 초반 윌리엄 위그리(William Wrigley, Jr.)가 회사를 설립하여 츄잉껌을 본격 생산, 미국 전역에 판매하였는데, 그의 판매 전략은 이익의 대부분을 광고에 투자함으로써 소비자들로부터 'Wrigley 츄잉껌'을 전세계적으로 인식시켰다.

山村餘情

아마여기필妓生씃은 分明히蕙園[120]그림에서 보는것갓흔 — 或은우리가少年時代에 보든썰々 人力車에 紅日傘[121]바든 至今은 지난날의 揷畵인 妓生일것갓습니다.

청둥호박[122]이 열렷습니다 호박쇠자리[123]에 무시루썩[124] — 그훅々씨치는 구수한김에 조차서 曾祖할아버지의 시골쑤기亡靈들은 正月初하롯날 寒食날 오시는것입니다. 그러나 저國家百年의基盤을 생각케하는 넙적하고도 묵직한安定感과 沈着한色彩는 『럭비』球를안ㅅ고쒸는 이『제너레숀』[125]의젊은勇士의 굵직한팔둑을 기다리는것도 갓습니다.

유자가익으면 썹질이 벌어지면서 속이비저나온담니다. 하나를싸서 실찟헤매여서 房에다가걸어둠니다. 물방울저 썰어지는 豊艶한味覺밋헤서 鉛筆가치 瘦瘠[126]하야가는 이몸에 조곰식 조곰식 살이오르는것갓습니다. 그러나 이野菜도 果實도 아닌 『유모리스』[127]한 容積에 香氣가업습니다. 다만 세수비누에 한겹식∨解消되는 내都會의肉香이 房안에 徊徘[128]할샏입니다.

八峰山올나가는 草徑入口모통이에 崔××頌德碑와 쏘××××아모게의 永世不忘碑가 航空郵便『포스트』처럼 서잇습니다 듯자니 그들은다아즉도 生存하야

---

120 蕙園 : 조선 시대 풍속화가 신윤복(1758~?)의 호. 김홍도 김득신과 함께 풍속화의 대가로 꼽히며 특히 미인도에서는 유려한 필선과 해학 넘치는 구성으로 빼어난 기량을 과시했다. 대표작으로는 「혜원전신첩」, 「미인도」와 「풍속도첩」 등이 있다.
121 紅日傘 : 의장으로 쓰던 붉은 빛깔의 햇빛 가리개 큰 양산.
122 청둥호박 : 늙어서 겉이 굳고 씨가 잘 여문 호박.
123 호박쇠자리 : 호박고자리, 즉 호박을 얄팍하게 썰어서 말린 것.
124 무시루썩 : 가늘게 썬 무를 멥쌀 가루에 섞어서 찐 떡.
125 제너레숀(generation) : 세대.
126 瘦瘠 : 몸이 마르고 파리함.
127 유모리스(humorous) : 익살스런, 웃기는.
128 徊徘 : '徘徊'를 자리 바꾸어 식자한 것.

게시다함니다 우습지안슴닛까.

　教會가보고십헛슴니다 그래서『에루살렘』聖域을數萬里 써러져잇는 이마을의 農民들까지도 사랑하는神압헤서 悔改하고십헛슴니다 발길이讚頌歌소리나는곳으로감니다『포푸라』[129] 나무밋헤『염소』한머리를 매여노앗슴니다 舊式으로 수염이낫슴니다 나는 그압헤 가서 그聰明한瞳孔을 드려다 봄니다.『세루로이드』[130]로 만든精巧한구슬을『오브라ー드』[131]로 싼것가치맑고 透明하고[132] 쌔끗하고아름답슴니다. 桃色눈자위가 움즉이면서 내三停[133]과 五岳[134]이 고루지못한 貧相을 업수녁이는中임니다.

　옥수ㅅ밧은一大觀兵式[135]입니다 바람이불면甲冑[136]부딋치는소리가 우수ㅅ납니다.『카ー마인』[137]빗 쏙구마[138]가 뒤로휘면서너울거립니다. 八峰山에서銃소리가들녓슴니다. 壯嚴한[139] 禮砲소리가分明합니다. 그러나 그것은내

129　포푸라(poplar) : 버드나무과의 낙엽교목. 강변, 촌락 부근에 풍치목으로 많이 심으며, 이태리포플러가 유명하다.
130　세루로이드(celluloid) : 니트로셀룰로오스와 장뇌(樟腦)를 3:1의 비율로 섞어서 만든 플라스틱의 한 가지로 순수한 것은 무색투명하나, 충전제(充塡劑)를 가하여 반투명·불투명 제품도 있다.
131　오브라ー드(オブラート) : 가루약 따위를 싸는 얇은 막.
132　透明하고 : 전집(1)은 '聰明하고'로 오식.
133　三停 : 관상학에서 얼굴을 3등분하여 위에서부터 상정(上停)·중정(中停)·하정(下停)으로 나누어 관찰하는데, 상정(上停)은 이마의 위쪽 머리털이 나기 시작한 부분부터 눈썹 위까지의 부위로 보통 '이마'라고 하는 부위, 중정(中停)은 산근(콧마루와 두 눈썹 사이)에서부터 코끝까지의 부위이니 보통 '코'의 부위, 하정(下停)은 인중에서 지각까지, 즉 코 바로 아래부터 턱까지의 부위를 말한다.
134　五岳 : 관상학에서, 사람의 '이마·코·턱·좌우의 광대뼈'를 이르는 말.
135　觀兵式 : 지휘관이 군대를 사열하는 의식. 열병식과 분열식이 있다.
136　甲冑 : 갑옷과 투구.
137　카ー마인(carmine) : 선인장과의 식물에 기생하는 연지벌레의 암컷을 건조시켜 얻는 염료. 예전에는 양모·명주 등을 알루미늄 매염(媒染) 등으로 홍색을 염색하는 데 사용되었는데 현재는 잘 쓰이지 않는다.
138　쏙구마 : 꼬꼬마, 지난날, 말총으로 만든 기다란 삭모(槊毛). 군졸이 쓰는 벙거지 뒤에 늘어 뜨리던 것.
139　壯嚴한 : =莊嚴한.

겻헤서 小鳥의肝을 썰어트린 空氣銃소리엿습니다. 그러면옥수ㅅ밧헤서 白, 黃, 黑, 灰, 또 白, 가지各色의 개가 퍽여러마리 列을지여서 거러나옵니다.『센슈알』140한 季節의興奮이 이『코삭크』141 觀兵式을 한層더 華麗하게합니다.

山蔘이 풀어저흘으는시내징검다리우에는 白菜씨슨자최가 잇습니다. 풋김치의 淸新한味覺이 眼藥 『스마일』142을 聯想식힘니다. 나는그火成岩143으로 반들반들한 징검다리우에 쌔쑤러진 N字로쏘쿠리고안젓노라면 視野에 물동이를이고躊躇하는두젊은 새악씨가잇습니다. 나는未安해서 이러나기는 낫스면서도 일부러 마조보면서 그리로걸어갑니다. 스침니다.『하도롱』빗皮膚에서 푸성키내음새가 납니다.『고ㅅ아』144빗입설은 머루와다래로저젓습니다. 나를아니보는 瞳孔에는 精製된蒼空이『간쓰메』145가되여잇습니다.

M百貨店『미소노』146 化粧品『스위―트껄』147이 신은양말은 이새악씨들의 皮膚色과 쪽갓흔小麥빗이엿습니다. 쌔쓰름이 부친超流線型帽子· 고양이배에『화―스너』148를裝置한갑붓한『핸드쌕』─ 이럿케都會의斬新하다는女性들을 聯想하야봅니다 그리고 새벽『아스팔트』를구르는 蒼白한工場少女들의回蟲149과갓흔 손까락을聯想하야봅니다. 그온갓階級의都會女人들軟弱한皮膚우에는 그네들의 貧富를뭇지안코 온간육중한指紋을늣기지안슴닛가.

그러나가난하나마 무명가치튼ㅅ한皮膚우에 汚點이업고『추윙껌』『초골레이

---

140 센슈알(sensual) : 관능적인, 육감적인.
141 코삭크(Cossak) : 카자흐(Kazakh)의 영어식 이름. 중앙 아시아의 북부에 있는 나라.
142 스마일(Smile) : 안약의 상품명.
143 火成岩 : 땅속의 마그마가 분출하여 식어서 굳은 바위.
144 고ㅅ아 : 코코아(cocoa). 카카오의 씨를 볶아 껍질을 벗겨 내고, 지방분을 제거하여 가루로 만든 것.
145 간쓰메(かんづめ) : 통조림.
146 미소노 : 1930년대 무렵의 일제 화장품 이름. 전집 (2)주 참조.
147 스위―트껄(sweet girl) : 귀여운 소녀, 예쁜 소녀.
148 화―스너(fastener) : 지퍼(zipper)·클립(clip)·단추·스냅 등의 잠그는 물건.
149 回蟲 : 蛔蟲.

트』代身에 웅어리¹⁵⁰는쌔여먹고 달적지근한¹⁵¹ 쇠아리를불며¹⁵² 숭굴숭굴한¹⁵³ 이시골새악시들을 더나는끔즉이 알고십습니다. 祝福하여주고십습니다. 敎會는보이지안습니다. 都會人의狡猾한視線이 수집어서수풀사이로 숨어버리고 鐘ㅅ소리의 餘韻만이近處에 내음새처럼남어서徘徊하고잇습니다. 或그것은安息을 일흔내魂이들은바 幻聽에 지나지 앗는지도¹⁵⁴ 모릅니다.

조밧 한복판에 놉흔쏑나무가잇습니다. 쏑짜는새악시가電工夫처럼 놉히 나무우에올낫습니다. 純白의 가장貪스러운 果實이 열럿습니다 둘이서는 나무에오르고 하나이 나무밋헤서 다랭이¹⁵⁵를 채우고잇습니다. 한두닙만짜도 다랑이가 철々 넘는民謠¹⁵⁶의 舞台面입니다.

조이삭은 다말나죽엇습니다 『콜크』¹⁵⁷처럼 가벼운이삭이근심스럽게 고개를숙엿습니다. 오-비야좀오려무나 海綿¹⁵⁸처럼 물을쌜아드리고 십허죽겟슴니다. 그러나하늘은 禁한듯이구름이업고 푸르고 맑고 쏘부숭∨하니 깁지못한 쑤리의 SOS¹⁵⁹가 岩盤아래를 흐르는 地下水에 다다르겟슴닛가.

두少年이 고무신을버서들고 시내물에발을잠가 고기를잡습니다. 地上의怨恨이 숨여흐르는靜脈— 그不吉하고 毒한물에엇썬 魚族이 살고잇는지— 시내는

---

150 웅어리 : 과실의 씨가 박힌 부분. 여기서는 꽈리 열매를 말하며, 그것은 장과로 둥글고 지름이 1.5cm 정도로 빨갛게 익으며 먹을 수 있다.
151 달적지근한 : 달짝지근한, 즉 약간 달콤한 맛이 있는. 전집(2·3)은 '달절지근한'으로 오식.
152 불며 : 꽈리 열매가 빨갛게 익은 다음 씨를 빼내어 입에 넣고 공기를 채웠다가 아랫입술과 윗니로 지긋이 누르면 소리가 나는데 이것을 '꽈리불기'라고 한다.
153 숭굴숭굴한 : 얼굴 생김새가 귀염성이 있고 너그럽게 생긴, 성질이 까다롭지 않고 수더분하며 원만한, 크게 탈이 없이 수수하게 잘 자란.
154 앗는지도 : 의미상 '안앗는지도'에서 안이 실수로 빠졌거나, '안는지도'의 오식으로 보임. 전집 (1·2·3)은 '않았는지도'로 수정.
155 다랭이 : '대바구니'를 뜻하는 것으로 보임.
156 民謠 : "도라지 도라지 도라지 심심산천의 도라지, 한두 뿌리만 캐어도 대바구니 철철철 다 넘는다" 하는 「도라지 타령」을 지칭.
157 콜크(cork) : 코르크 참나무의 겉껍질의 안쪽에 있는 탄력 있는 조직.
158 海綿 : 목욕해면을 볕에 쬐어 섬유상(纖維狀)의 골격만 남긴 것. 미세한 구멍이 많이 뚫려 있고, 부드러우며 탄력이 좋아서 수분을 잘 빨아들인다.
159 SOS : '살려달라'는 외침, 구조 요청.

大地의身熱¹⁶⁰을쏠코 벌판 기우러진方向으로 흐르고잇슴니다. 그것은 가을의 風說¹⁶¹입니다.

가을이 올터인데 와도조흐냐고 쏘근쏘근하지안슴니가. 조이삭이初禮청¹⁶² 新婦가 절할째 나는소리가치 부수ㅅ구김니다 老獪한¹⁶³ 바람이 조입새에게 爛熟을催促하는¹⁶⁴것입니다. 그러나조의마음은 푸르고 焦燥하고어림니다.

조밧흘어즈러트린者는누구냐 — 已往한될¹⁶⁵조여든 — 그런마음으로그랫나요 몹시어즈러트려노앗슴니다 누에 — 戶ㅅ에 누에가잇슴니다 조이삭보다도 굵직한누에가 샵時間에쏭닙을먹슴니다이健康한味覺은 王侯¹⁶⁶와가치至尊스럽우며 侈奢스럽슴니다. 새악시들은 쏭심부름하는 것으로 몸의마즈막光榮을삼슴니다. 그러나쏭이써러젓슴니다. 온갓幣帛¹⁶⁷이동이난것과가치 새악시들의 惜熱¹⁶⁸은허둥지둥하는것입니다.

×

夜陰을타서 새악시들은輕裝으로나슴니다. 얼골의 紅潮가 가르치는 方向으로 — 쏭나무에 優勝盃가 노혀잇슴니다. 그리로만가면 되는것 임니다. 조밧흘 짓밟슴니다. 紫外線에맛잇게 쯰슬는 새악시들의 발이 그대로 조이삭을뭇질느고 『스크람』¹⁶⁹임니다. 그리하야 하늘에다을至誠이 天高馬肥 蠶室안에잇는 聖스러운 貴族家畜들을 살찌게하는것입니다.『코렛트』¹⁷⁰夫人의『牝猫』¹⁷¹를 생각

---

160 身熱 : 병으로 인하여 오르는 몸의 열.
161 風說 : 바람처럼 떠도는 소문. 풍문.
162 初禮청 : '醮禮廳'과 음가가 같아 그렇게 쓴 듯. 전통적인 혼례를 올리는 장소.
163 老獪한 : 경험이 많고 교활한.
164 催促하는 : 빨리 하도록 조르는.
165 已往한될 : 전집(1)에서는 '已往안될'로 수정.
166 王侯 : 제왕과 제후.
167 幣帛 : 신부가 처음으로 시부모를 뵐 때 큰절을 하고 올리는 물건, 또는 혼인 전에 신랑이 신부 집에 보내는 예물.
168 惜熱 : 애석해 하는 열기. 전집(1·2·3)은 情熱로 쓰고 있으나, 이는 오식.
169 스크람(scrum) : 여럿이 팔을 꽉 끼고 뭉치는 일.
170 코렛트 : Sidonie Gabrielle Colette(1873~1594). 프랑스의 여류소설가. 대표작으로는 『셰리』 (1920), 『청맥(青麥)』(1923), 『암코양이』(1933) 등이 꼽힌다.

게하는 말캉∨한『로맨스』[172]입니다.

簡易學校겻집 길가에서 들여다보이는房에 틀이쩌들고 잇습니다. 편발處女[173]가 맨발로 機械를건드리고잇습니다, 그러면 機械는 허리를 스치는 가느다란실이간즈럽다는듯이 깔〃∨ 大笑하는것입니다. 우스며 지근대이며 名産××明紬가 짜여나오니 열대자[174]수건이 省墓갈째입을째〃[175]를 만들고 시집사리서름을시처주고 쓰꿈과 꿈을 抹消하는 씨레배씨[176]도되고 ― 이러케실업슨 내 幻戲입니다.

담배가가[177] 겻房안에는 오늘 黃昏을미리가저다노앗습니다 침〃한 몃『가론』[178]의 空氣속에 生〃한 針葉樹가 鬱蒼합니다 黃昏에만 사는移民갓흔 異國草木에는 純白의 갸름한 열매가 無數히 열렷습니다 고치 ― 歸化한『마리아』[179]들이 最新智慧의 果實을 端麗한[180] 맵시로 싸고잇습니다. 그아들의 不幸한最後를 슯허하며『그리스마스추리』[181]를 헐어드러가는『피에다』[182]畵幅全圖입니다.

學校마당에는『코스모스』가 피여잇고 生徒들은 글을배오고 잇습니다. 그들은熱心히簡單한算術을노아[183] 그들의 正直과淳朴을智慧와 狡猾로 換算하고잇

---

171 『牝猫』: 콜레트의 대표작 가운데 하나인『암코양이』(1933).
172 로맨스(romance) : 남녀 사이의 사랑 이야기, 또는 연애 사건.
173 편발處女 : 전집(1)은 '편발處子'로 수정. 지난날 관례(冠禮)를 하기 전, 머리를 땋아 늘이고 다니던 처녀.
174 열대자 : 열댓자. 열다섯자.
175 째〃 : 때때옷. 알록달록한 빛깔로 곱게 지은 어린아이의 옷.
176 씨레배씨 : 쓰레받기.
177 담배가가 : '가가'는 가게의 원말로, 담배가게를 말함. 전집(1·2·3)은 '담배가게'로 수정.
178 가론(gallon) : 액체의 부피 단위.
179 마리아(Maria) : 성모 마리아, 즉 예수의 어머니.
180 端麗한 : 단정하고 아름다운.
181 그리스마스추리(Christmas tree) : 크리스마스 때에 여러 가지 장식으로 꾸미는 나무.
182 피에다 : 그리스도교 미술에 자주 표현되는 주제로, 보통 성모 마리아가 죽은 예수의 시신을 무릎에 안은 구도를 특히 이렇게 표현한다.
183 노아 : 원문은 '노마'로 오식. 오늘날의 표기로 '놓아'.

습니다. 嘆息할利息算¹⁸⁴이 아니겟슴닛가. 族譜를 씨저버린것과갓흔 흰나비가 두어마리 白墨내음새나는 花壇우에서 飜覆¹⁸⁵이無常함니다. 坐軟式『테니스』공의 마개쏩는소리가 音響의 痕跡이 되여서는等高線의 各點모양으로 남어잇는 것갓슴니다. 이마당에서 오늘밤에金融組合宣傳活動寫眞會가 열님니다. 活動寫眞? 世紀의寵兒 — 온갓 藝術우에 君臨하는『넘버』第八藝術의勝利. 그高踏的이고도 蕩兒的인 魅力을무엇에다 比하겟슴닛가. 그러나이곳 住民들은 活動寫眞에 對하야한낫童話的인 꿈을가진채잇슴니다. 그림이 움즉일수잇는 이것은 참 紅毛¹⁸⁶오랑캐의妖術을 배와가지고온것 갓흐면서도 갓지안은 同胞의 부러운재간임니다.

活動寫眞을 보고난다음에 맛보는淡泊한虛無 — 莊周의 胡蝶夢¹⁸⁷이 이러하얏슬것임니다. 나의 동글납작한 머리가 그대로『카메라』가되여疲困한『짜불랜즈』¹⁸⁸로나마 몃번이나 이옥수〻 무르 넉어가는 初秋의情景을撮影하얏스며 映寫하얏든가 —『후래슈빽』¹⁸⁹으로 흐르는 열분哀愁 — 都會에 남아잇는 몃孤獨한『팬』에게보내는 斷腸의『스틸』¹⁹⁰이다.

밤이되엿슴니다. 초열흘갓가운달이 초저녁이 조곰지나면 나옴니다 마당에 멍석을펴고 傳說갓흔 市民이 모혀듭니다 蓄音機압헤서 고개를갸웃거리는北極

---

184 利息算 : 이식을 계산하는 산법. 원금(元金)과 보합(保合)과 기간(期間)의 사이에 성립하는 함수 관계를 써서 보합고·합계고(合計高)·잔고(殘高) 등을 산출하는 계산법.
185 飜覆 : 원래 의미는 '이미 한 것을 고치거나 바꾸어 처음과 다른 내용이 되게 하는 것'이지만, 여기서는 '이리저리 서로 오르락내리락하며 나는 모습'을 비유.
186 紅毛 : 머리털이 붉다는 뜻에서, 서양 사람을 낮잡아 '紅毛人'이라 지칭함.
187 胡蝶夢 : 장자가 꿈속에 나비가 되어 꽃들 사이로 즐겁게 날아다녔는데, 깨어 생각해 보니 현실의 자신(장자)이 꿈속에서 나비가 된 것인지, 아니면 자신이 원래 나비였는데 장자 자신이 꿈인지 구분이 되지 않았다는 이야기.
188 짜불랜즈(double lens) : 이중 렌즈.
189 후래슈빽(flashback) : 장면의 순간적인 전환을 반복하는 수법.
190 스틸(steal) : 영화의 한 장면(a still photograph).

『펭귄』[191] 새들이나 무엇이 다르겟슴닛가. 짧고도기다란人生을 적어나려갈 便箋紙[192] —『스크린』[193]이 薄暮속에서『바이오그래피』[194]의 豫備表情임니다. 내 가잇는 건너편 客主집에는都會風女人도 왓나봅니다. 사투리의 合音이 마당안에서 들님니다.

始作임니다. 釜山棧橋가 낫하남니다. 平壤牧丹峰[195]임니다. 鴨綠江鐵橋가 歷史的으로 도라감니다. 拍手와喝采 — 泰西의 名監督이 바야흐로 顔色이업슴니다. 十分休憩時間에 組合理事의 通譯附演說[196]이 잇섯슴니다.

달은 구름속에잇슴니다. 禁煙 — 이라는 늣김임니다. 演說하는 理事 얼골에 電燈이[197]『스폿트』[198]도 빗첫슴니다. 山川草木이 다 驚動할일임니다. 電燈 — 이곳村民들은 ××行自動車『헷드라이트』[199] 外에 電燈을 본일이업슴니다. 그 눈이부시게 밝은 光線속에서 蒼白한 理事는降壇[200] 하얏슴니다. 愚昧한 百姓들은 이理事의 雄辯에한사람도 拍手치 안앗슴니다[201] — 勿論 나도 그愚昧한 百姓中의 하나일수밧게업섯슴니다마는 —.

밤열한時나 지나서 映畵鑑賞의밤은『해피엔드』[202]엿슴니다. 組合員들과 映寫技士는 이村唯一의 飮食店에서 慰勞會를 열엇슴니다. 나는 客舍로돌아와서 죽어가는 燈盞심지를 도두고 讀書를 始作하얏슴니다. 그것은 이웃房에 묵고게신 老紳

---

191 펭귄(penguin) : 펭귄새.
192 便箋(びん-せん)紙 : 편지지.
193 스크린(screen) : 화면, 영사막.
194 바이오그래피(biography) : 전기, 일대기, 전기적 형식.
195 牧丹峰 : 전집(1·2·3)은 '牡丹峰'으로 표기. 평양 대동강의 북안에 있는 해발 96m의 낮은 언덕.
196 通譯附演說 : 통역이 붙은 연설.
197 電燈이 : 전집(1·2·3)은 '電燈의'로 수정.
198 스폿트(spot) : 빛으로 주사할 때 화소(畵素)에 해당하는 크기의 빛의 점을 말한다.
199 헷드라이트(headlight) : 전조등.
200 降壇 : 단상을 내려옴.
201 안앗슴니다 : 전집(1)은 '않습니다'로 '앗'을 누락.
202 해피엔드(happyend) : 행복한 결말.

士께서 내懶惰[203]와 憂蔚[204]을訓戒하는뜻으로 빌녀주신 幸田露伴[205] 博士의 지은바『人의道』라는 珍書[206]입니다. 개가 멀니서 쓴일사이업시 니여 지저대임니다. 그윽한『하이칼나』[207] 芳香을못니저 群衆은 아즉도 헤여지지안앗나봅니다.

　구름이 거치고 달이 나왓슴니다. 버레가 舞踏會의 窓문을 열어노흔것처럼 왓작 요란스럽슴니다. 아지못하는 路傍의人을 思慕하는都會人의인 鄕愁가잇슴니다. 新刊雜誌의 表紙와가티 新鮮한 女人들 ―『넥타이』와 同甲인 紳士들 그리고 蒼白한여러동모들 ― 나를기다리지안는 故鄕 ― 都會에 내裸體의말슴을 飜案하야보내주고십슴니다. 잠 ― 聖經을 探字하다가 업질러버린印刷職工이 아무러케나 주서담은 支離滅裂[208]한 活字의꿈 나도갈갈이 찌어진 使徒가되여서 세 번[209]아니라 열번이라도 굼는家族을 모른다고그럼니다.

　근심이 나를除한世上보다큼니다. 내개閘門[210]을열면 廢墟가된이肉身으로 근심의潮水가숨여들어옵니다. 그러나 나는 나의『메소이스트』[211] 甁마개를 아즉 쏩지는안슴니다 근심은나를싸고돌며 그리는동안에 이肉身은風磨雨洗[212]로 저절로다말라 업서지고말것임니다

　밤의 슯흔空氣를原稿紙우에 깔고蒼白한동모에게 편지를씀니다. 그속에는自

203　懶惰 : 전집(1)은 '懶怠'로 오식.
204　憂蔚 : 憂鬱.
205　幸田露伴 : 일본의 소설가(1867~1947). 호쾌한 남성적·이상적 작풍으로 「오층탑」, 『고래잡이』 등을 발표하여 명성을 얻음.
206　珍書 : 진귀한 책.
207　하이칼나(high collar) : 원래는 '양복에 입는 와이셔츠의 운두가 높은 깃'을 의미하지만, '머리털을 밑의 가장자리만 깎고 윗부분은 남겨서 기르는, 남자의 서양식 머리 모양'이라는 뜻도 있다. 대개 예전 멋쟁이들은 양복에 하이칼라 와이셔츠에 넥타이를 매고 하이 칼라머리에 기름을 바르고 다녔는데, 그 향이 독특했다. 그래서 서양식 유행을 따르던 멋쟁이를 일컬어 하이칼라라 부르기도 했다.
208　支離滅裂 : 이리저리 흩어지고 찢기어 갈피를 잡을 수 없음.
209　예수를 세 번 부인한 베드로에게 자신을 빗대어 한 표현.
210　閘門 : 운하나 선거(船渠) 등에서, 선박을 통과시키기 위하여 수위(水位)를 조절하는 장치.
211　메소이스트 : 메저키스트(masochist), 즉 '피학대 음란증 환자'를 지칭하는 듯.
212　風磨雨洗 : 바람에 갈리고 비에 씻김.

身의訃告도 同封하야잇슴니다. (끗)

─ 발표지면 : 『매일신보』, 1935.9.27~10.11

西望栗島

李 箱

　三冬에 배꽃이 피었다는 洞里에는 마른나무에 까마귀가 看守처럼 앉아있을 뿐이었다.

　비탈에서는 赤土빛罪囚들이 赤土를헐어낸다. 느끼하니 냄새풍기는 진창길에 발만 성가시게적시고 그만 갈ㅅ바를 잃었다.

　江으로나 가 볼까 — 울면서 水彩畵 그리든 바위우에서 나는 度없는眼鏡알을 닦았다. 바위아래 갈피를잡지 못하는 三月 江물이 충 충 하다.[213] 시언치않은볏이 들었다 났다 하는 밤섬[214]을西에두고 瀝靑[215] 풀어놓은것같은 물결을나는 몇번이나몇번이나 나려다보았다.

『鄕邦의風土는 毛髮같아

　건드리면 새빩애진다』

　개ㅅ가에서 짐 푸는소리가한가하다. 개흙[216]묻은 장작떼미곁에서 낮닭이겨 웁고 배들은 다 돗幅을나렸다. 벌서나려놓은 빨내방망이 소리가 얼마만에야 그도 등뒤에서들녀왔다. 나는 별안간 사람이 그리워졌다.

　개ㅅ가에서 한집목노[217]를들넜다. 손이없다.

　무명조개껍질이너덧 석시[218]놓인 火爐ㅅ가에헤뜨려저있을뿐 — 목노 뒤ㅅ房

213　충충하다 : 빛깔 따위가 맑거나 산뜻하지 못하고 흐리고 침침하다.
214　밤섬 : 한강에 여의도 아래 있는 작은 섬.
215　瀝靑 : 아스팔트·콜타르·피치 따위의 탄화수소의 화합물.
216　개흙 : 갯바닥이나 늪 바닥에 있는 거무스름하고 미끈미끈한 고운 흙.
217　목노 : 木壚. 주로 선술집에서 술잔을 놓기 위하여 쓰는, 널빤지로 좁고 기다랗게 만든 상.
218　석시 : 석쇠.

에서 아주먼네가 人事없이 나온다. 손버질것같은[219] 素服에 반지는 끼지않았다. 알큰한달내나물에 한잔술을 마시며 나는 목노우에 싸늘한 聖母를 느꼇다. 아픈 血族[220]의『저』를 느꼇다.

『鄕邦의 風土는

      毛髮같아

건드리면

      새빩애진다』[221]

그러고나서는

『血族이 점으도록

내 아픈데가 다아서[222]

부드러운 구두속에서도

일마다 아리다』

밤섬이 쌨을 티우랴나 보다. 걸핏하면 뺨얻어맞는 눈에 江건너 일판이 그냥 노ㅡ랗게 헝크러저서는 흐늑히늑[223] 해보인다

— 발표지면 : 『조광』, 1936.3

---

219 손버질것같은 : 전집(1·2·3)은 '손 베질 것 같은'으로 수정.
220 血族 : 같은 조상으로부터 갈려 나온 친족.
221 鄕邦의 …… 새빩애진다 : 이 구절과 유사한 구절이 「유고」(전집 1권)에 등장한다. 그 그 구절은 "故鄕의 山은 털과 같다. 문지르면 언제나 빨갛게 된다"이다. 그러므로 '鄕邦'은 '故鄕'을 의미하는 것으로 보인다.
222 내 아픈데가 다아서 : 전집(1)은 '내 아픈데 가 다아서'로 띄어쓰기 오류.
223 흐늑히늑 : 전집(1)은 '흐늑흐늑'으로 수정.

早春点描

李　箱

保險업는火災

隔墻²²⁴에서 불이낫다. 흐린하늘에 눈발이 성기게날니면서 火焰은 烏賊魚²²⁵ 모양으로 덩어리먹을 퍽 퍽 吐한다. 만은 藥品을取扱하는 큰 工場이란다. 巨大한불데미속에서는 間歇的으로 재채기하듯이 色다른煙氣뭉텡이가 내쏨긴다. 藥品이爆發하나보다.

역²²⁶ 송구스러운말이나 불구경실여하는사람은업는것갓다. 뒷겻으로돌아가서 팔장을씨고 서서 턱살밋흐로달겨드는火光을처다보고섯자닛가 얼골이 훅근 ∨ 해들어오는것이, 쐐 할만하다. 잠시 惶惚한 『엑스타-제』²²⁷ 속에놀아본다.

불을부처노코보닛가 쏫밧게 너무도엉성한 그 工場 쌔락크²²⁸는 삽시간에 불길에휘감겨버리고 그리고 그 휘말닌혀바닥이 隣接한 게싹지²²⁹갓흔 貧民窟을 向하야널늠거리기始作해서야 겨우 消防隊가달녀왓다. 인제 정말 재미잇다. 三方으로『호-스』를드리대고는 貧民窟집웅우에올나서서 야단들이다. 허를업시 싸치다.²³⁰

224　隔墻 : 담을 사이에 두고 서로 이웃함, 담장 사이.
225　烏賊魚 : 오징어.
226　역 : 亦. 역시.
227　엑스타-제(ecstasy) : 황홀경, 무아경, 법열.
228　쌔락크(baraque) : 가건물, 막사. 여기서는 '크고 엉성한 건물'을 의미.
229　게싹지 : 게의 등딱지.
230　허를업시싸치다 : 틀림없는 까치이다는 뜻. 전집(1·2·3)은 '허를업시'를 '하릴없이'로 수정. '허를업시'는 틀림없이라는 뜻으로, 소방대를 바삐 종종대는 까치의 모습에 비유한 것이다.

이만큼써러저서얼골이쓰거워 못견데겟스니 거진 火焰속에 들서스다십히²³¹
밧삭 닥아슨消防隊들은 어지간하렷다 하면서 如前히 점점더 사나와오는 훈훈
한불길을쏘이고잇자닛가 인제는 게서더못견듸겟는지호―스쪽지를쥐인채 집
웅에서 쒸어나려온다. 그러면그럿치 하고 그 실오래기만도못한물줄기를업슨
역이자닛가 이번에는 호―스를 火焰쪽에서돌녀서 닛다은 貧民窟을 막 축이기시
작이다. 이미 火焰에 굴둑 쌀내널어논장째를쓰실니우기시작한집에서들은 세
간器皿²³²을슬어내느라도 허겁지겁들 법석이다 허드니 헐어내기시작이다.

타는것에서는 손을쎄고 성한집을헐어내는理由는 이 좀 甚한西北風에 火焰의
進路를遮斷하자는 속일것이다. 그러나 아직불은 붓지도안앗는데 덥허노코헐니
고물을끼언지고해서 세간기명을 그냥 억망을맨들어버린 貧民窟住民들로치면
쏘 예서더 억울할데가업슬것이다

하도들 듸리몰니고내몰니고들 좁은골목안에서복작질²³³들을 치길내 좀 내
다보닛가 삼층장의거리²³⁴ 양푼²³⁵ 納稅督促장 쌔이올린 여호목도리 다해진 돗
자리 단장 스파익구두²³⁶ 九孔炭풍로²³⁷ 뭐 이따위나부랭이가 장이스다시피내
싸엿다. 그中에도이부자리는 물벼락을마저서결단이난것이보기사납다.

그재서야 예까지타들어오려나보다 하고 선쪽 겁이난다 집으로얼는 들어가
보닛가 어머니가 덜―덜―썰면서 째무든이불보퉁이를 뭉첫다슬넛다하면서갈

---

231 들서스다십히: '들어스다십히'의 오식인 듯. 전집(1・2・3)은 '들어서다시피'로 수정.
232 세간器皿: 세간은 집안 살림에 쓰는 온갖 물건을, 기명은 살림살이에 쓰는 그릇붙이를 말하는 것으로 온갖 살림살이를 칭함.
233 복작질: 많은 사람이 좁은 곳에서 수선스럽게 들끓는 행위.
234 삼층장의거리: 삼층장(三層欌)은 '삼층으로 된 옷장'을, 의거리는 '의걸이장'의 준말로 '위는 윗옷을 걸고, 아래는 반닫이 모양으로 되어 옷을 개어 넣게 된 장'을 각각 의미한다.
235 양푼: 음식을 담거나 데우는 데에 쓰는 놋그릇. 운두가 낮고 아가리가 넓어 모양이 반병두리 같으나 더 크다.
236 스파익(spike)구두: 밑창에 박는 뾰족한 징이나 못을 박은 구두.
237 九孔炭풍로: '구공탄'은 구멍이 뚫린 연탄을 통틀어 이르는 말이다. 그리고 '풍로'는 흙이나 쇠붙이로 만드는데, 음식물을 데우거나 끓이는 소형로이다. 구공탄풍로는 구공탄, 풍로라기보다 '구공탄을 사용하는 풍로'를 뜻하는 것으로 보인다.

팡질팡하신다. 코우숨이 — 문득 — 나오는것을참으면서 —그건그럿케싸서엇다가내놀작정이십닛가 — 하고 뭇는다. 생각하야보면 남의貰房신세어니 탄들 다탄대야 집한채탄것의 몃分의一도못되리라.

불길은인제는 西向유리창에 환—하다. 타랴나보다. 타면탓지 — 하는 一種 比喩키어려운 虛無한생각에서 다시 뒷것흐로 돌아가서 불구경을게속한다.

그동안에도 만일 불이 정말 이一帶를燒盡하고야말작정이라면 第一몬저 끄내와야할것이무엇일가를생각하야보앗다

그러나 아모것도 선뜻써올으는게업다. 그럼 다 타도조타는心理一가[238]? 아마 그런게다 그러나 어머니는 그 다썰어진퍼대기와빈대투성이반다지[239]가 無限이앗가운모양이엇다.

또 저 걸내나부랭이를길에 내노앗다가 그것들을줌네∨[240]들고 차저갈곳이 잇나 그것도 생각해보앗스니 그 역시 업다. 一家 或은친구 — 내한몸동이갓흐면 몰나도 이 째무든家族들을 一時에 말업시收容해줄 곳은 암만해도업는것이다.

不幸이 불은 예까지는오기전에꺼젓다. 그조흔불구경이 너무 허잘것업시끗난 것도섭섭햇지만 그와는달니 무엇이라고 形言할수업는寂寞을늣겻다

듯자니 工場은 火災保險덕에 한폰드[241]짜리알콜병하나스내놋치안코 數萬圓의補償을바드리라한다. 火災保險 — 참 이것은 엇던種類의고마운하느님보다도 훨신더고마운하느님에틀님업다.

어머니는엇지되든지간에 그쌔마음갓허서는 『비러먹을! 몽탕 다 타나버리지』 하고 실업시심술이낫다. 財産도 그대신걸내조각도업는알몸동이가한번되어보고 십헛든게다. 勿論 火災保險하느님이 내게 아모런補償도씨칠바는아니런만……

---

238 心理一가 : '心理일가'의 오식.
239 반다지 : 반닫이. 앞의 위쪽 절반이 문짝으로 되어 아래로 젖혀 여닫게 된, 궤 모양의 가구.
240 줌네∨ : 줄레줄레. 까불거리며 경망스럽게 행동하는 모양, 또는 여럿이 무질서하게 줄줄 뒤따르는 모양.
241 폰드 : 파운드(pound)를 의미. 질량(質量)의 단위로 1파운드는 16온스(0.4536kg).

斷指한處女

　들판이나 남게²⁴² 핀 솟을 쭉 썪써본일이업다. 그건 무슨 제법 野生ㅅ것을 더 貴해한답시고해서 그런게아니라 大體가 性格이 卑怯하게생겨먹은²⁴³ 탓이다.
　못썩는축보다는 서슴지안코 썩을수잇는사람이 역시 — 每事에 잔인하다는소리를듯는수는 잇겟지만 — 英斷²⁴⁴이란 優秀한性格의武器를가진게아닌가한다.
　싯티누이 동무되는새악시가 그어머니 臨終에 왼손 無名指²⁴⁵를 끈엇다. 果然 東洋道德의 最高水準을 건드렷대서 무슨 賞인지 돈 三圓을 탓단다. 歲月이 歲月갓흐면 번듯한 紅門²⁴⁶이 서야할階梯에 돈 三圓이란 엇던度量衡法으로算出한額數ㄴ지는 알바가업거니와 그보다도 잠간 이 斷指한새악시自身이되어 생각을해보니 소름이씨친다. 사뭇 食刀로다 한번썩어 안썩히는것을 두번썩고 세번썩고 열번썩어 안넘어가는나무가업다는格으로 긔어 썩어썰어트렷다니 그 하늘이 動할孝誠도孝誠이지만 위선 이 끔찍ᐯ한殘忍性은 想像만해도 몸서리가치고 오히려 남음이잇는가십다. 이럿케해서 더러 죽은어머니를살니는수가 잇다니 그것을 醫學이 엇더케巧妙하게 說明해줄지는몰으나 도모지 神話以上의神話다.
　원체가 東洋道德으로는 身體髮膚에 瘡痍를내는것²⁴⁷을 嚴重히取締²⁴⁸한다고 寡聞이들어왓거늘 그럼이 무시ᐯ한毀傷을 曰, 中에도 으뜸이라는孝道의 極致로대접하는 逆說的理論의 根據를 찻기어렵다.
　무슨 物質的인文化에 그저 盲從하자는게아니라 時代와 生活시스템의變遷을 조차서 거기딸으는역시새로운 卽 이時代와 이生活에 準矩되는 適確한倫理의 尺

242　남게 : 나무에. 전집(1·2·3) 모두 '낡에'로 수정.
243　먹은 : 원문은 '먹으'로 오식.
244　英斷 : 지혜롭고 용기 있는 결단.
245　無明指 : 가운뎃손가락과 새끼손가락 사이에 있는 손가락. 넷째 손가락.
246　紅門 : 旌門. 충신·효자·열녀 등을 표창하기 위하여 그의 집 앞이나 마을 앞에 세우던 붉은 문.
247　瘡痍를내는것 : 『효경』에 나오는 구절 "身體髮膚受之父母 不敢毀傷 孝之始也"를 염두에 두고 한 말.
248　取締 : 규칙, 법령, 명령 따위를 지키도록 통제함.

度가생겨야할것이고가아니라 意識的으로 立法해 내어야할것이다.²⁴⁹

斷指 — 이 너무나毒한道德行爲는 오늘 우리가질머지고잇는 엇던種類의生活시스템이나 思想的푸로그람²⁵⁰으로재어보아도 송구스스러우나 一種의 無智한 蠻的事實인것을否定키어려운외에아모取할것이업다.

알아보닛가 學校도변변이못가본閨中處女²⁵¹라니 勿論 學校에서어더배운것은아니겟고 그러타면 — 어른들의 호랑이담배 먹는옛이야기나 그럿치안으면 울긋불긋한 각설이재體²⁵² 孝子忠臣傳이 쬐겨준²⁵³것임에틀님업슬것이다. 그밖에 손까락을잘나서 죽는父母를살닐수잇다는 가엽슨孝法을 이새악시에게如實히가르처줄수잇슬만한길이업다. 아 — 傳說의 힘의 이럿틋 큼이어.

그리자 數三日前에 이 새악시를보앗다. 어머니를일흔크낙한 슯흠이 滿面에 形言할수 업는愁色을비저내이는 새악시의 印象은 毒하기는커녕 어듸 한군데험잡을데조차업는 可憐한 溫順한『하―디』²⁵⁴의『테스』갓흔 少女엿다. 누이는 그냥 제 일갓치붓들고울고 하는것헤서 斷指에對한 그런 아포리즘²⁵⁵과는 짠 感激과슯흠을 늣기지 안을수업섯다. 奇跡으로傷處는 도오지지도²⁵⁶안코 그냥 앙그럿스니²⁵⁷하늘이無心치안쿠나햇다.

何如間 이 羊이나다름업시 부드럽게생긴少女가 제 손까락을넙적한食刀로다 덱걱 찍어내엇거니는 꿈에도 생각할수업다.

다만 그의 可憐한無智와 可憎한傳統이 이새악시로하야금 어머니를일코 쪼저

---

249 것이다 : 원문은 '것이'로 오식.
250 푸로그람(program) : 프로그램. 진행계획이나 순서, 목록.
251 閨中處女 : 집안에 들어앉아 있는 처녀.
252 각설이재體 : 각설이들의 풍월체. "각설(却說) 이때' 체(體)"로 보는 주장(최효정)도 있음.
253 쬐겨준 : 전집(2·3)에서는 '띄겨준'으로 오식. 아마도 '뙤어주다'(똥겨주다의 방언)를 말하는 듯. 그것은 '일러서 깨닫게 해주다'는 뜻.
254 하―디 : Thomas Hardy(1840~1928) 영국의 소설가, 시인. 대표작으로『테스』(1891)가 있다.
255 아포리즘(aphorism) : 깊은 체험적 진리를 간결하고 압축된 형식으로 나타낸 짧은 글. 금언·격언·경구·잠언 따위.
256 도오지지도 : 도지지도, 즉 '나았거나 나아 가던 병이나 상처가 다시 덧나지도'의 뜻.
257 앙그럿스니 : 아물었으니.

는終生의不具者가되게한 二重의悲劇을나케한것이다.

극구칭찬하는 어머니와누이에게 抑制하지못한歔欷을적감추고 일부러 코우슴을치고 ― 女子란 대개가 도모지잔忍한게생겨먹엇슴넨다. 밤낮으로 고기도썰고 두부도썰고 생선대가리도족이고²⁵⁸ 나물도쯧고 버들가지를썩거서는 피리도만들고 필육²⁵⁹도쩟고 보선감²⁶⁰도싹쏙∨썰어내고 허구헌날하는 일이 일일이 殘忍하기싹이업는것뿐이니 앗다 제손까락하나쯤 비웃²⁶¹한마리 토막치는세음만치면 썩히지 ― 하고 흘녀버린것은 勿論其辯²⁶²이오 속으로는 역시 그갸륵한至誠과犯키어려운一片丹心에아파하지안을수업섯고 尊敬하는마음으로 하야 머리숙으리지안은수는²⁶³업섯다.

不幸히 時代에서 비키슨 至高한孝女 그새악시! 그래 돈三圓에다 어느新聞社會面저 아래에 칼표싹지²⁶⁴만한우메구사²⁶⁵를 작만해준밧게 무엇이 小姐²⁶⁶의 적막해진無名指 억울한事情을가로맛하줍딋가. 당신을공경하면서 오히려『斷指』를미워하는 心思 저 뒤에는 아조 根本的으로미워해야할무엇이 가로노혀잇는것을 小姐! 그대는꿈에도모르리다.²⁶⁷

---

258 족이고 : 조기고(마구 두들기거나 패다), 또는 쪼개고(둘로 나누다).
259 필육 : 피륙. 옷감이 될 만한 천의 총칭. 끊지 않은 필(疋) 상태를 말하며, 원래는 삼베만 가리켰으나 무명 보급에 따라 무명베도 포함하게 되었다.
260 보선감 : 버선감.
261 비웃 : 청어.
262 기辯이오 : '其辯이오', 즉 '그 말이오'란 말. 전집(1·2·3)은 '기辨이오'로 오식.
263 안은수는 : 전집(1·2·3)은 '않을 수는'으로 수정.
264 칼표싹지 : '칼표'는 당시의 담배의 이름으로, 김옥희에 따르면 이상은 칼표 껍질에 그려져 있는 도안을 잘 옮겨 그렸다고 한다. '싹지'라는 말은 '우표, 증지, 상표 따위처럼 그림이나 글을 써넣어 어떤 표로 쓰는 종잇조각'을 뜻한다. 이상은 '굴딱지', '게딱지', '우표딱지'라는 말을 썼는데, 궐련딱지도 여기에 속한다. 그러므로 칼표딱지는 칼표(담배)딱지를 뜻한다.
265 우메구사(うめくさ) : 여백을 메우는 짧은 기사.
266 小姐 : '아가씨'를 한문투로 이르는 말.
267 모르리다 : 전집(2·3)은 '모르리라'로 오식.

此生輪廻

길 것자면 『저런 人間을낭좀 죽어 업서젓스면』하고 골이 벌컥날만큼 이 世上에 살아잇지안아도 조흘 산댓자 되려 가지가지 害毒이나 끼치는밧게 재조가 업는 人生들을더러본다. 日前映畵 『罪와罰』[268]에서 어더들은 『超人法律超越論』이라는개 뭔지는 몰으지만 進步된 人類優生學的位置에서 보자면 가령 遺傳性이 確實히잇는 不治의 難病者 狂人 酒精中毒者, 遺傳의[269] 危險이업드라도 接觸혹은 空氣傳染이 꼭되는惡疽[270]의 所有者 또 도모지 엇더케도 손을 대일수업는 絶對乞人등 다 自進해서 죽어야하든지 그럿치안으면 某種의 權力으로 一朝一夕에 쌔긋이 掃蕩을 하든지하는개 올흘것이다. 極凶極惡의 犯罪人도 勿論 그種子를 絶滅식혀야올을것인데 이것만은 現行의 法律이 잘 行使해준다. 그러나 — 法律에 對한어려운 理論을 알ㅅ배업거니와 — 勿論 充分한 證據와함께 犯罪事實이 露顯한 境遇에 限하야서이다. 映畵 『후랑켄슈타인』[271]에 나오는 地上最大의 凶惡한 容貌의 所有者가 여기도잇다면 그 胸裏에는 엇던 極惡의犯罪計劃을 內含하고 잇다하드라도 다만 그의 그 容貌骨相이 凶惡하다는 理由만으로는 法律이 그에게 判裁나 處理를할수는 업스리라. 法律은 그런경우에 尾行을 부처서 차라리 이者의 犯罪現場을 耽耽히[272] 기다릴것이다. 疑訝한 者는 罰치안는다니 그럴법하다.

×

그러나 또 생각해보면 乞人도업고 病者도업고 犯罪人도업고 하여간 오늘 우리눈에 거슬니는 왼갓것이 다 쌔긋이업서저버린 打作마당갓흔 말숙한 世上은

---

268 『罪와罰』: 1924년 비이네 감독으로 영화 「죄와 벌」이 만들어졌고, 또한 1935년 스턴버그(Josef von Sternberg) 감독의 영화 「죄와 벌」이 나왔다. 아마도 후자를 가리키는 듯.
269 遺傳의 : 전집(2·3)은 '所遺傳의'로 오식.
270 惡疽 : 등창. 등에 나는 큰 부스럼.
271 『후랑켄슈타인』: 영화 「프랑켄슈타인」은 메리 셸리의 소설에 바탕을 둔 작품으로서, 제임스 웨일 감독으로 보리스 칼로스가 괴물 역을 맡았으며, 1931년 유니버셜 영화사에서 제작되어 나왔다.
272 耽耽히 : 마음에 들어 매우 즐겁게.

萬一 그런것이 地上에 實現할[273]수잇다면 地上은 그야말로 심심하기짝이업는 倦怠그것과가튼世上일것이다. 그러닛가 慈善家의虛榮心도 채울길이업슬것이고 醫師[274]도 辯護士도아니 裁判所도 왼갓것이 다所用이 업서질것이고 따라서 그날이 그날갓고 이럴것이니이래서야 참 정말 束手無策으로 바야흐로 할일이 업서질것이다. 이런 春風駘蕩한歲月속에서 엇저다가 偶然히부시럼이라도 좀나는 사람이 하나잇다면 慚愧[275]이것을이기지못하야 天下萬民압헤서 아조 쌔끗하게 一身을 自決할것이고 쏘 그런世上의 道德이 그러기를 無言中에 要求해노아둘것이다.

×

 그게 怯이나서 그런지는 몰으지만 天下의 엇던優生學者도 超人法律超越論者도 行政者에게 對하야정말 이『살아잇지안아도 조흘人間들』의 一齊虐殺[276]을提案하거나 要求하지는안나보다. 或 要求된일이 前代에 더러 잇섯는지는 몰으지만 일즉이 한번도 이런 大英斷的優生學을實踐한行政者는 업는가십다. 업슬쁜만아니라 癩患者救救金이니貧民救濟機關이니 施療病室이니해서 엇잿든 이네들의生命에對하야 아모런威脅도加하지안을쁜아니라 한편 그윽이 保護하는氣色이쏘한무르녹는다. 가량 鍾路에서電車를 기다리자면『나리한푼줍쇼』하고 달려든다. 더러준다. 中에는『내十錢줄게 다시는 거지노릇하지말아』한婦人이 잇다니 抱腹할일이다. 쏘 店頭[277]에 그 豪華壯麗한風貌로 낫하나서『한푼줍쇼』ㅅ소리를될수잇는대로 듯기실케連發하는人間에게도 不成文[278]으로 한푼주어보내기로되어잇다. 그래서 暗暗裏에 사람들은 이 地上의癌을 잘길을쁜만아니라 隱

---

273 實現할 : 전집(1)은 '實現될'로 수정.
274 醫師 : 원문은 첫 글자가 확인이 어렵지만, '醫師'가 맞는 것으로 추정된다.
275 慚愧 : 매우 부끄러워함.
276 一齊虐殺 : 원문은 '一하齊虐殺'로 오식.
277 店頭 : 가게 앞.
278 不成文 : 글로 써서 나타내지 않음.

然히²⁷⁹ 掩護²⁸⁰한다 亦 눈에씌우지안는 矛盾이다.

×

即 그런 그다지만치안은 그러나決코적지안은 한 層을 길너서 이쪽이 제生活의엇던 原動力을 게서 엇자는것인지도몰은다. 목숨이끈어지지안을만큼만먹여 살녀서는 그런것이歷然히²⁸¹地上에잇다는것을事實로指摘해서는 제 人生 生活의價値와『레-송데틀』²⁸²을驕慢하게 肯定하자는企劃일것이다. 그러면서 不絕히 이 惡疸로하야 苦痛과脅威를늣기는中에『네놈이 어디 나갓흔人間이될수잇나해보아라』하는 形言할²⁸³ 수업는 무슨鬪爭心을胸中에蓄積식혀서는『저게 겨울내안죽고 또 살앗』하는 意外에도生活의原動力을汲取²⁸⁴하자는것일게다.

×

하로 鍾路를오르내리는동안에세번 積善의베푼일이잇다.
破記錄的²⁸⁵事實임에틀님업다. 한푼바다들고 여내²⁸⁶ 고개를 쓱이고공문이를쌔는꼴을보면서『네놈덕에내가사람노룻을하는것이다. 알기나아니?』하고甚히窮한虛榮心에서苦笑하얏다. 自身 亦地上에살資格이그리업다는것을각금늣기는까닭이다. 그러나 다음瞬間『나를먹여살니는내바로上部構造²⁸⁷가쏘이러케 滿足해하겟지』하고 소름이聯쫙끼첫다. 그쌔의나는틀님업시 엇던 점잔은분들의 虛榮心과 生活原動力을提供하기위하야 쑤멀∨하는『거지的存在』고 나 눈의불이번쩍나지안을수업섯다.

---

279 隱然히 : 겉으로 뚜렷하게 드러나지 아니하고 어슴푸레하며 흐릿하게.
280 掩護 : 남의 허물을 덮어서 숨겨 줌.
281 歷然히 : 뚜렷이.
282 레-송데틀(raison de d'être 프) : 존재 이유.
283 形言할 : 전집(1)은 '形容할'로 오식. 말할.
284 汲取 : 당겨서 취함.
285 破記錄的 : 이전 기록을 깨뜨리는.
286 여내 : 연신.
287 上部構造 : 유물 사관에서, 정치·법률·도덕·예술 따위의 관념 및 이에 대응하는 제도와 기관들을 이르지만, 여기에서는 단순히 정신(마음)을 뜻하는 듯.

空地에서

어름이 아즉 풀니기前 어느날 德壽宮마당에 혼자 서잇섯다. 마른잔듸우에 날이짜쯧하면 여기저기 쌍쌍이 벌녀노힐 사람쎄미가 이날은 그림자도안보인다. 이러케넓은 마당을 텅 이럿케 뷔여두는 뜻이알길업다. 쌍이 심심할것갓다. 쌍도 인제는 草木이 욱어지고 奇岩怪石이配置되는데만 滿足해하지는안을게다. 차라리草木이업고怪石이업드라도 집이스고 집속에사람들이 북적북적하고 또 집과집사이에 참 앗기고앗겨서남겨노흔 가늘고길고 요리휘고조리휘인 얼마간의地面 — 卽 길에는 늘 구두신은男女가 쭈걱쭈걱오고 가고 여러가지車輛들이 굴러가고 하기를 希望할것이다. 그럿케 쌍의 性格도嗜好도 變[288]하얏슬것이다

그래 이건 아마 겨울동안에는人馬의通行을嚴禁해노흔 格別한[289]쌍이나아닌가 하고 대단히 겸언쩍어서 부리낫케 大漢門으로 내달으랴닛가 하늘에소리잇스니 사람의소리로다 — 그러나 亦是 잔듸밧우에는 아모도업고 지난가을에 헷쓰리고간 캬라멜싸개가 바람에 이리날고저리날고 할쑨이다.

그러나 다음瞬間 반듯이 德壽宮에 籍을둔 金鯉쎄[290]나 놀아야할 연못속에 겨울차리[291]를 한男女가 無數히헤여저[292] 놀고 잇는것이눈에씌엇다. 하나도 陸地에 올나슨이가업시말정 그 손바닥만한연못에들어서서는 스마-트[293]한스케이팅을즐기는것이아닌가.

要컨대 새로發見된空地로군 — 하고 驚異의눈을옴길 길이 업서 갓가이 닥아서서는 그 새로占領된 밋근∨한空地를 조심성스러히 좀 드려다보앗다. 그러니 金鯉어들은 다 어듸로 쫏겨갓슬가? 魚族은 冷血動物이라니 물이얼어도 밋바

---

288 變 : 원문은 이 글자 부분이 지워져 누락되어 있지만, 내용상 '變'이 맞을 것으로 보인다.
289 格別한 : 각별한. 어떤 일에 대한 마음가짐이나 자세 따위가 유달리 특별한.
290 金鯉쎄 : 금잉어떼.
291 겨울차리 : 겨울차림새.
292 헤여저 : 흩어져.
293 스마-트(smart) : 말쑥한, 단정한, 멋있는, 맵시 있는.

닥까지만얼지안으면 그 어름장 밋 冷水속에서 足히 살아갈수잇다는것인가. 그러나 그 銳利한 스케이트날로 너무 걸커미어²⁹⁴ 노아서 어름은 영 不透明하다. 透明만하면 붉으스레한 金鯉어쌍지가더러드려다보히기도하련만 — 何如間 이 손바닥만한연못이 깁흐면 얼마나깁흘가 — 바탕까지 다 꽉꽝 얼엇다면 魚族은 一擧에 殆死하얏슬것이고 어름장밋헤 물이흘으고잇다면 이 까닭몰을騷搖에 얼마나 魚族들이골치를알을가? 이 新奇한空地를 즐기기爲하야는 勿論 그들은 魚族의頭痛갓흔것은加算하지안앗슬것이다.

그날黃昏 天下에空地업슴을 恨嘆하며 뒷집二層에서 저물어가는都會를나려다보고잇섯다 그째實로德壽宮연못갓흔 날만 싸쯧해지면 제출물에²⁹⁵ 解消될 엉성한空地와는比較가안되는 참 훌륭한空地를하나發見하얏다.

××保險會社新築用地라고 大書特書한 놉다란板墻²⁹⁶ 으로 둘너막은 目算²⁹⁷ 凡千坪以上의 名實相符의空地가아닌가.

雜草가욱어젓다가 욱어진채 말너서 一面이세피아빗²⁹⁸ 으로덥힌 實로荒凉한空地인것이다. 立錐²⁹⁹ 의餘地가可히업는 이 大都市 한복판에 이런 人外境³⁰⁰ 의感을풍기는 적지안은空地가잇다는것은 奇蹟아닐수업다.

人馬의발자최가끈친지 — 아니 그건쏘처음부터업섯는지도몰으지만 — 오랜 이 空地에는 강아지가서너마리모혀 夕陽의그림자를쓸고戱弄한다. 정말空地 — 참말이지 이世上에는 인제는 空地라고는업다. 아스팔트를깐 쎈질한길도 空地가아니다 질편한논밧, 林野, 石山, 다 아모개의所有畓이오, 아모개所有의山

---

294 걸커미어 : '긁어'(기본형 긁다)와 '미어'(밀다)의 혼합형인 듯. '긁어 밀다'는 뜻이 되며, 시 「역단-화로」에도 '걸커미는'이 나온다. 한 논자(김종년)는 '거칠게 밀어'로 설명.
295 제출물에 : 제 생각대로 하는 바람에. 전집(3)은 '제출몰에'로 수정, 오식.
296 板墻 : 널판장.
297 目算 : 눈대중으로, 어림잡아.
298 세피아빗 : 짙은 갈색빛.
299 立錐 : 송곳 들어갈.
300 人外境 : 사람이 살지 않는 곳. 속세를 떠난 곳.

싯[301] 치오, 아모개所有의 鑛山인것이다. 생각하면 들에나는풀한포기가 空地에쑤리를나리지못한다. 리치대로하자면 우리는 所有者의許諾이업시 一步의半步를엇지옴겨노으리오. 오늘 우리가 제법 郊外로散步도할수잇는것은 아즉도 世上人心이조와서 모도들 黙許를 해주닛가 享有할수잇는 僞奢다. 하나도 空地가업는 이 世上에 어듸로갈가 하든차에 이런 空地다운 空地를 發見하고 저기가서 두다리쭉―쌧고누어서 담배나한대피엇스면하고나서 쏘 생각해보닛가 이것도 亦 ××保險會社가 利潤을 기다리고잇는 建造物인것을쌔달앗다. 다만이 建造物은 콩크리트로여러層을 싸아올닌것과달니 雜草가욱어거진 形態를하고잇슬샏인것이다.

봄이왓다. 가난한 房안에 왜쇠아리盆[302] 하나가 철을차저서 요리조리싹이 튼다. 그 닥굽[303] 한되도안되는흙우에다가 늘 잉크병을올녀노코하다가 싹트는것을보고 잉크병을치우고 겨으내그대로두엇든 落葉을거두고맑은물을한주발[304] 주엇다. 그리고 天下에 空地라곤 요 盆안에노힌 쌍 한군데밧게는 업다고조와하얏다 그러나 두다리를쌧고누어서담배를피우기에는 이 동글납작한 空地는 너무좁다.

都會의 人心

都會의 人心이란 어느만큼이나 薄해가려는지 알길이업다.

이런이야기를들은일이잇다. 上海에서는 棄兒를 ― 그것도 普通 죽은것을 ― 흔히 쓰레기통에다한다. 새벽이면 쓰레기처가는 人夫가와서는 휫바람을불어가며쓰레기를치는데 그는 이 凶惡한 棄兒를보고도 別般 놀나지안을샏만아니라 그

---

301 山갓 : 산갓(발음은 '산깟'), 즉 산림을 뜻함.
302 왜쇠아리盆 : '일본꽈리 화분'이라는 뜻.
303 닥굽 : '닷곱'의 오기로 보인다. 닷곱은 다섯 흡, 한 되는 열 흡이다. 전집(2)는 '닷곱한되'를 '5홉짜리 되에 한 되'로 설명.
304 주발 : 놋쇠로 만든 밥그릇. 위가 약간 벌어지고 뚜껑이 있다.

애총[305]을 이리비켜놋코저리비켜놋코 해서 쓰레기만처가지고 잠잣코 돌아간다는것이다. 要컨넨 棄兒야 뭐이그리이상하랴. 다만 이것은 쓰레기는아니닛가 내가처가지안을따름 엇더케되는걸누가알겟소 — 이 쯧이다.

설마 — 햇지만 또 생각해보면잇슬법도한일이다. 참 都會의人心은 어느만큼이나薄하고말녀는지 종 잡을수가업다.

이『나가야』[306]로이사온지도 벌서 돌시[307] 갓가워오나보다. 갓흔 들샌 한집웅 밋헤죽 — 칸칸이산다 朴서방 金氏 李상 崔주사, 이럿케 크고적은[308] 문패가 칸칸이붓헛다. 그러나 그들은 서로 사귀지안는다. 그 中에도 職業은 서로 絶對秘密이다. 男便或은 나갓흔안해 업는 長成한아들들은 압문으로드나든다. 그러나 안해 或은 말만한누이동생들은 뒷문으로드나든다. 男便은 아츰或 나제나가면 大槪저녁 或은 밤에나들어온다.

그러나 안악네들은 집에잇다. 저녁때가되면 自然 쌀을씨서야겟스닛가 水道로모혀든다. 모혀들면 男子들[309]처럼 서로 써리고 忌避하지안코 곳잘 言語露出症을 낫하낸다. 그래서는 잠잣코잇섯스면몰을 이야기 안해도 조흘이야기 흥아잡이[310] 무릅마침[311]이시작되여서 각금 女流武勇傳을만들기도한다. 그리하야 힘써 감추는 男便氏의職業도 綻露가나고해서 밧갓양반의 自尊心을 餘地업시粉碎하고마는것이다. 그러나 氣壓은 大體로보아無風狀態다.

우리집便所유리창에서쪽바로 보이는 第二列나가야 ×號칸에들은 젊은世

---

305 애총 : 兒塚은 아이들의 무덤이라는 뜻이지만, 여기에서는 아이의 사체를 뜻함.
306 나가야(ながや) : 간을 막아서 여러 가구가 살 수 있도록 길게 만든 집. 연립(공동) 주택.
307 돌시 : 돌이. 현재어로 '돌이'.
308 적은 : 원문은 '적으'로 오식.
309 男子들 : 원문은 '남자튼'으로 오식.
310 흥아잡이 : 흥을 잡는 사람, 남의 잘못을 꼬집어서 들추어내는 사람.
311 무릅마침 : 전집(1·2·3)은 '무릎맞춤'으로 수정. '무릅'은 '무릎'의 오식이며, '무릅마침'은 '두 사람의 말이 서로 어긋날 때, 제삼자를 앞에 두고 전에 한 말을 되풀이하여 옳고 그름을 따지는 일'을 뜻한다.

帶³¹²는昨夏以來內外싸홈이근칠사이가업드니 가을로들어서자 秋風落葉과갓치 男便이男便職에서썰어젓다. 夫人은××카페花形³¹³女給이라는것이다. 『메리·위도-』³¹⁴가된花形은 男便을更迭³¹⁵하기에는環境의利롭지못함을쌔달앗든지써나버리고 그칸은뷘채다. 勿論 이사를하는境遇에도 이웃에人事를하는수고스러운美德은 이『나가야』 규정에업다. 그 바로이웃칸에든젊은이의 感想談에 依하면 알늘이³¹⁶쌔진것갓다고 — 왜냐하면 그風紀를 紊亂³¹⁷케 하는種類의 『레코―드』³¹⁸ 소리를 안듯게되엿다는것이다. 그리자 쏘 그이웃아조脂肪分이 잘 — 沈着한젊은이는 젓먹이를일허버렷다. 그와同時에 그죽은아이體重보다도 훨신더만흔脂肪分도 쌔긋이 일허버렷다. 그러나 그 어린애를爲해서나, 애어머니脂肪分을爲해서나 賻儀한푼잇슬리업다. 나도훨신뒤에야 알엇스닛가―

날이훨신치워지자 우리바로 隔墻에 四男妹로 組織된家族이, 써나왓다 B專門學校단이는옵바가 한雙³¹⁹ W女高普에단이는妹氏가 한雙 — 매양 夕刻이면 混聲四重唱의流行歌가 우리아버지頑固한思想을 苦롭힌다한다. 그럿컷만나는 한번도 그옵바들을본일이업고 누이는 한번도 그妹氏들과 말을밧구어본일이 업는것이다.

正月에 反對편 이웃집에서 흰썩을햇다. 한가락주겟지햇드니 果然한가락도안준다. 우리는 지짐이³²⁰만부첫다. 좀줄가하다가 흰썩한가락안주는걸, 뭘 하고 혼자먹엇다. 四男妹집은 元來 計算에늣치안은理由가 금음날밤까지도 아므것도 부치지도 지지지도 안엇기때문이다. 그것은 全혀 흰썩과지짐이를 그이웃집에

---

312 世帶 : 전집(1·2·3)에서는 '世代'로 쓰고 있다.
313 花形(はながた) : 인기 있는 화려한 존재. 스타.
314 메리·위도(merry widow) : 행복한 과부.
315 更迭 : 다시 맞이하다는 뜻.
316 알늘이 : 앓는 이. 전집(1·2·3)은 '앓던 이'로 수정.
317 물란 : 紊亂을 음가대로 적은 것. 도덕, 질서, 규범 따위가 어지럽게 함.
318 레코―드(record) : 음반.
319 한雙 : 원문은 '함雙'으로 되어 있다.
320 지짐이 : 기름에 지진 음식물을 통틀어 이르는 말.

期待하고 잇는수작이 안인가해서 미워서 그런것이다. 勿論이것은 내 誤解인지 도몰으지만―

解土³²¹하면서 막다른칸에 든 젊은이가 本妻에서 一躍妾으로失格한事件이생겻다. 그러나 아모도그젊은이를 同情하지는 안코 그男便이배불쑤기라고 험담들만 실컨하다 나자쌔젓다. 그리고 우리집에는 나날이 차자오는빗쟁이수효가 늘어가기시작이다. 그리다가 建物會社에서 執達吏³²²를데리고나와 세간기명³²³ 등속에다가짝지³²⁴를 부치고갓다. 집세가 너무 만히밀녓다는理由다. 이런뒤법석이러난것을 四男妹는모두學校에갓스니알길이업고 이쪽이웃亦 어느장님이눈을떳누 하는식이다. 차라리 나는 多幸하다생각하얏다. 동내방내가 죄다알고 야단들을 치면 더 창피다.

『이료노라―』『누굴차즈시오』―『×氏집이오?』『아뇨』!―『그럼어듸오―』『그걸 내가아오?』하는問答이 우리집문간에 서잇나보드니 아버지말씀이―『알아도안가르처주는게올아』―『왜요?』―『아 빗쟁일시분명하니 거 남못할 노릇아니냐―』하신다. 都會의人心은 大體얼마나 薄하고 말녀고 이러냐?

骨董癖

가령 新羅나 高麗ㅅ적사람들이 밥상에다 콩나물도좀담고 쏘 장조림도담고 쏘 藥酒도 좀쌀코해서 朝夕으로 올녀놋코 쓰든食器나보랭이가 墳墓등지에서 發堀되엿다고해서 써들석하나 大體 엇쌧다는일인지 알수업다. 그게 무엇이 그리큰일이며 그 사금파리조각이 무엇이 그리 價値놉히 評價되어야할것이냐는

---

321 解土 : 땅이 풀림.
322 執達吏 : 집달관(執達官). 지방 법원 같은 데에 배치되어, 재판 결과의 집행과 서류의 송달 및 기타 법령에 따른 사무 따위를 맡아보는 공무원.
323 세간기명 : 집안 살림에 쓰는 온갖 물건이나 그릇 따위.
324 짝지 : 압류한 물건에 붙이는 표시.

말이다. 況此³²⁵ 그럿치도못한 李朝항아리나보랭이를가지고 엇저니엇저니하는 것들을보면 알수업는 心事이다.

　우리는 先祖의장한일들을 이저버려서는못쓴다. 그러나 오늘눈으로보아서 그리 갑도 나가지안는것을놋코 얼싸안ㅅ고혀로할ㅅ고 하는꼴은 進步한 『컷트글라스』³²⁶ 그릇하나를 만들어내이는 부즈런함에 比하야 그 怠惰³²⁷의 極을唾棄³²⁸하고십다.

　각금 아는이에게서 자랑을 밧는다. 내 李朝항아리조흔것 偶然히 싸게삿스니 와보시오―다. 싸다는 그 갑시 決코 싸지도안을쑨만아니라 가보면 大槪는 아모藝術的 價値도업는 駄作³²⁹인경우가만타. 그야 오늘 우리가 三越百貨店³³⁰ 食器部에서 살 수업는 物件이니 볼點이야잇겟지― 허지만 그 볼點이라는게 實로 하찬은것이다.

　항아리나보랭이는 말할것업시 그時代에잇서서 意識的으로美術品으로 만들어진것은아니다. 間或 쇄 美術的인要素가 豊富히 석긴것이 잇기는잇스되 亦是 餘技程度요 허다못해 爻을쇼즈려는實用이래도 實用을目的으로된것임에틀님업다. 이것이 오랜歲月을 地下에 파무첫다가 時代도 風俗도 영싼판인 世上人눈에 씌우니 爲先 逆說的으로 新奇해서 얼는보기에 巧妙한美術品갓타 보인다. 이것을 純粹한美術品으로알고 왁자짓걸들하는것은 可驚할³³¹ 無智다.

　어느博物館에서 허다한點數의 出土品을 年代順으로 陳列해놋고 又 傾向이며

325　況此 : 의미상 '하물며'이며, 그렇다면 '況且'가 적합하다.
326　컷트글라스(cut glass) : 유리 세공 그릇.
327　怠惰 : 몹시 게으름.
328　唾棄 : (업신여기거나 더럽게 생각하여) 침을 뱉듯이 버리고 돌아보지 않음.
329　駄作 : 졸작.
330　三越百貨店 : 한말에 이르러 경제진출의 주도권을 잡아왔던 삼정재벌(三井財閥)은 그 직영백화점인 미쓰꼬시(三越) 지점을 1906년에 서울에 설립하였다. 위치는 충무로 1가 현재 사보이호텔 건너편이었다. 이어 1927년에는 현재의 신세계백화점 자리에 현대식 건물을 착공하여 1934년 10월에 이전함으로써 미쓰꼬시는 현대식의 대형백화점으로 발전하였다.
331　可驚할 : 가히 놀랄만한.

여러가지 分類方法을 適確히 區別³³²해서 一目瞭然³³³토록 해노흔것을 구경하고 처음으로 그런 出土品의 아름다움과 價値잇슴을 늣겻다.

結局 骨董品의 價値는 그런 考古學的인 要求에서 생기는것일것이다. 兼하야 늣기는 아름다운 心情은 즉 先祖에 對한 그윽한 鄕愁에서 오는것이 아닐가. 歷史라는 學問을 否定할수는 업스리라. 어느 時代의 生活樣式 民俗 民俗藝術 等을 알고저할 째에 비로서 骨董品의 地位가 重大해지는것이지 그러니까 骨董品은 骨董品만을 모아놋는 博物館과 併存하지안코는 그 存在理由가 消滅할쑨아니라 何等의 『구실』을 못한다. 갓흔 時代 갓흔 傾向ㅅ것을 한데 모아노코 봄으로해서 果然 具體的인 歷史的인 智識을 어들수 잇는것이지 ― 그러닛가 勿論 만을수록조타 ― 그러치 안코 외짜로 썰어진 한 破片은 原人 『피데칸토롭부스』³³⁴의 단 한개의 骨片처럼 너무 짐작을 세울길에 貧困하다. 그것을 항아리한개 접시두조각해서 自己 枕頭에 느러놋코 그中에 조흔것은 누가알가바 쉬쉬 숨기기까지하는 當世骨董人氣質은 爲先 앗가 말한 考古學의 意義에서 可憎한일이오 둘재 그 唾棄할 守錢奴의 私有觀念이 밉다.

그러나 이 조흔것을 쉬쉬 하는패쯤은 良民이다. 全혀 五錢에서사서 百圓에파는 것으로 큰 美德을 삼는 骨董家가 잇스니 實로 驚嘆한³³⁵ 貨幣制度의 混亂이다. 某氏는 하로 이런이야기를한다 ― 요전에 삿든것 쌈쌕 속앗서 그러나 五圓만 밋지고 겨

---

332 區別: 전집(2·3)은 '區分'으로 오식.
333 一目瞭然: 한 번 보고 대번에 알 수 있을 만큼 분명하고 뚜렷함.
334 피데칸토톱부스: 직역하면 '원인(猿人)'이 되며, 일찍부터 이 명칭이 널리 쓰여 왔으나, 오늘날에는 오스트랄로피테쿠스류(類)를 원인(猿人)이라 하고, 피테칸트로푸스류(類)는 원인(原人)으로 구별한다. 1891년 네덜란드의 해부학자 마리 뒤부아는 자바 중부의 솔로강 기슭인 트리닐에서 두개골 하나를 발견하고, 이듬해인 1892년에도 그 부근에서 다시 대퇴골 하나를 발견하였다. 그는 1894년에 이를 피테칸트로푸스 에렉투스(Pithecanthropus erectus)라고 발표하였다. 또, 하나의 중요한 원인(原人) 화석은 1927년에 중국의 베이징(北京) 교외 저우커우뎬(周口店)에서 발견되었다.
335 驚嘆한: '驚嘆할'의 오식인 듯.

우다른사람한테넘겻지 큰일날쌘햇는걸 — 이다. 僞造骨董을몰으고高價에삿다 가그것이僞造라는것을알자 산갑에서五圓만밋지고싼사람에게팔아먹엇다는成 功美談이다.

재써리로쓸수도업다는點에잇서서 僞先『제로』에갓가운價値밧게업는한개접 시를僞造하는心思를想像키어렵거니와 그런 魍魅魍魎³³⁶이 이럿케巧妙하게骨 董世界를游泳하고잇거니생각하면 소름이키칠일이다. 누구는 數萬圓의名刀를 삿다가僞造라는것을알고 눈물을먹음고장자를³³⁷지내버럿다한다. 그러나 이 假짜항아리접시나보랭이는 속은사람이쏘속이고 쏘속은사람이쏘속이고해서 잘하면멧百年도견디리라. 하면 그동안에先代에는이런僞造骨董品이잇섯담네 — 하고그것마자가由緖깁흔骨董品이되고말것이다.

이런 唾棄할怪趣味밧게가지지안은분들에게 僞造 —ㄹ낭으³³⁸ 눈에씌우는대 로 쌔려부스시오 — 하고勸하기는 커녕骨董品 — 勿論이경우에 純粹한美術品 말고 항아리나보랭이를말함 — 은 考古學的 民俗學的 要求에서 博物館에 모혀 서만 갑이잇는것이지 그러치안콘 意味엇소³³⁹ 허니 죄다 博物館에³⁴⁰ 寄附하시 오, 하는勸하면 勸하는이더러 賤한놈이라고 꾸지람을하실것이 쌘-하다.

童心行列

아침ㅅ길이 쪽- 普通學校學童들登校時間허고 마주치는故로 自然 허다한 어 린이들을 보게된다. 그네들의 一擧手一投足 눈한번슴벅하는것 말한마듸가 모 두驚異다. 驚異인것이 위선 自身이 그런어린이들과너무멀고 쏘 제몸이 冊褓를

---

336 魍魅魍魎: 여러 가지의 도깨비. 여기서는 어처구니없이 허무맹랑한 사람들을 얕잡아 일컫는 말.
337 장자를: 전집(1·2·3)은 '장사를'로 수정.
338 낭으: 전집(1·2·3)은 '낭은'으로 수정. '위줄낭으'는 구어체를 그대로 적은 것.
339 意味엇소: 내용상 '의미업소(의미 없소)'의 오식인 듯.
340 모혀서만 …… 博物館에: 전집(1)은 누락.

씨는 生活을 그만둔지 너무 오래고 또 學校단이든[341] 어린 동생들도 다 – 長成 해서 집안이 그런 學童을길으는집안雰圍氣에서 퍽 멀어진지가오래되기째문일 것이다. 그저 먼 – 꿈의世界를 너무나쪽々이 눈압헤보는것갓해서 가슴이 쌕듯 할적이만타.

學童들은 七八歲로[342]열아믄살까지 男女가뒤석긴 絢爛한行列이다. 이것도 嚴格한中古敎育을바든[343] 우리로는 驚異다. 自轉車가 멋몰으고 좁은골목에 들어섯다가 혼이난다. 암만쎌을 울녀도 이아침거리의暴君들은 길을비켜주지는안는다. 自轉車는 하는수업시 下馬를 하고 또 뭐라고 중얼거려도 보나 그런것에 귀를기우리는 邪心[344]이엽다. 저이끼리이야기가 너무나재미잇서 견댈수가업는것이다. 勿論누구하고 동무도업고 行列에도씽기지못하고 話題도업는人物은 골목 한편 人家담벼락에 비켜서서 이華麗한行列에 恭遜히 길을치워 주어야한다.

우리는구경도못한 『란도셀』[345]이란것을하나식질머젓다. 그것도부럽다. 그속에는 우리는한번도 가주고놀아보지못한 찬란한 그림册이들엇다. 十二色 『크레용』도들엇다. 佛蘭西近代畵派들보다도 훨신 무서운 自由奔放한 그들의 自由畵를記憶한다. 우리는一生을通하야 그여코 完全한그짓말속에서 始終하라는건가보다. 우리는 이제始作해서 저런 自由畵한장을 그릴수잇슬가. 『란도셀』이라는것속에는 허고만은 보배가들어잇다. 그러나 작난숟이들『란도셀』이란 『란도셀』이 엇저면 그럿케모조리 해여저써러저서 헌털뱅인구.

斷髮이붓적늘엇다. 열아문살 먹은 女學童斷髮한것은 씨긋하고[346] 新鮮하고 七八歲女學童斷髮한것은 人形처럼귀엽다.

男學童들은 一齊히 洋服이다. 洋服에다가 普通學校兒童以外에는 履行을不許

---

341 단이든 : 전집(1)은 '다니는'으로 오식. 현대 표기로는 '다니던'이 적당.
342 七八歲로 : 전집(1)은 의미를 분명히 하기 위해 '七八歲로부터'로 수정.
343 바든 : 원문은 '바드'로 오식.
344 邪心 : 도리에 어긋난 간사스러운 마음.
345 란도셀 : 'ransel'에서 나온 것으로 등에 지는 네모난 아동용 가방, 배낭.
346 씨긋하고 : '깨끗하고'의 오식일 것으로 보임. 전집(2·3)은 '깨끗하고'로 수정.

하는 輕便運動靴들을신엇다. 그래서는 좁은골목 넓은길을 살과갓치³⁴⁷ 닷고 또 한군데限업시 머물러서는 작난한다. 이럿케登校時間自體가 그네들에게는 惶忽³⁴⁸한것이고 規定以上의課程인것이다.

中에는 셋 或 넷 무덕이가저서 걸어가면서 무슨冊인지한冊에 集中되여熱中한다. 眼鏡쓴學童이 드문드문씨엇다 리에³⁴⁹줄이 쫙 쫙 간것이 제법 近視들이다.

무에 저리 재밋슬가 — 고 궁금해서 흘깃 좀 훔처본다 洋紅³⁵⁰ 群靑³⁵¹ 等 絢爛한極彩色³⁵²版의 少年雜誌다. 그림은 무슨 軍艦등속인가십다. 그러나 글자는 그저 줄이죽죽가보일쑨이지 눈에들어오지안는다.

普通學校學童이 眼鏡을썻다는것은 事實³⁵³ 해괴망측한일이다.

일인것이 첫째 깜쯕스럽다. 하도앙증스럽고해서 처음에는 웃고그만두엇스나 생각해보면 웃고말일이아니다. 近視는 무슨 절늠발이나 벙어리갓흔類의 그야말로不具者라곤할수업스되 不具者는不具者다. 世上에는 치례로 금테안경을쓰는 못생긴百姓도잇기는잇스나 『오페라글라스』³⁵⁴ 飛行士의 그 툭 불그러진 眼鏡以外에 眼鏡은 업는게조타. 그것을 저런 아즉나히들지안은 軟骨어린이들에게까지 씨우지안으면안된다는世上은 그리 고맙지안은 世上임에 틀님업다.

예는 여러가지 原因이잇겟스나 現代의高度化한 印刷術에도 트집을아니잡을수업다. 果然 普通學校敎科書만은 活字의制限이붓허서 굵직굵직한 것이 괜찬타. 그만만하면 先天的近視眼이 아닌다음에는 活字탓으로 눈을 옥질느거나³⁵⁵

---

347 살과갓치 : 화살과 같이.
348 惶忽 : 전집(1·2·3)은 '恍惚'로 수정.
349 리에 : 전집(1·2·3)은 '유리에'로 수정. 한 자가 탈자된 것으로 보인다.
350 洋紅 : 카민(carmine). 연지벌레의 암컷으로 만든 붉은 빛깔의 동물 색소.
351 群靑 : 선명하고 짙은 남빛의 광물성 물감.
352 極彩色 : 매우 짙은 빛깔. 아주 꼼꼼한 색칠, 화려한 복장이나 장식.
353 事實 : 전집(2·3)은 '實事'로 오식.
354 오페라글라스(opera glass) : 쌍안경의 하나. 두 개의 갈릴레이 망원경을 가지런히 고정시킨 것으로, 먼 거리를 바라보는 데는 적합하지 않으나 통이 짧고 휴대하기에 편리하므로 연극이나 오페라 따위를 관람하는 데 편리하다.
355 옥질느거나 : 기본형, 옥지르다. 눌러 죄거나 두들겨 부수다.

하는일은 업슬것갓다.

그러나 學童들이 敎科書만을주물느다 그만두느냐하면 千萬에 위선, 參考書라는것이 大概가 九『포인트』活字로되여 먹엇다. 及其 少年雜誌 등속에일으른즉슨 甚至於 六號 七『포인트』半을使用하야 오히려 泰然한 出版業者 — 게다가 醜惡한極彩色을덥허서 銳意[356] 學童들의瞳孔을노리고 總攻擊의姿勢를 一刻도 게을니 하지는안는다.

아즉도 眼鏡쓴學童보다 안쓴 學童의數爻가 더만흔것으로보아 한편 怪異도하나 한편 아즉 그들의讀書熱이 四十度에일으지안은것을 차라리多幸히 생각하고십다 누구에게라도 眼鏡商을 推獎[357]하고십다. 오늘가튼 不德한活字虛無時代에 加하야 不完全한照明裝置 밧게업는 이상에 늘어갈것은 近視眼쏜일터이니 말이다.

— 발표지면 :『每日申報』, 1936.3.3~26

---

356 銳意 : 어떤 일을 잘하려고 단단히 차리는 마음.
357 推獎 : (어떤 사람이나 물건 따위의) 뛰어난 점을 말하고 추천함, 추천하고 장려함.

女像四題

李　箱

　지난여름 뒤ㅅ山 머루를 많이 따먹고 입술이 젓꼭지빛으로 깜앟게 물든것을 보았읍니다. 지금 토실토실한 살 속으로 따끈따끈 葡萄酒가 흘읍니다. 단 한사람을위한잔치 단한번 잔치를위하야 豫備된이병, 마개를뽑기는커냥 아모나 맞어보는것도 아닙니다. 그렇나 紫色뽁스[358]皮膚에서 겨울ㅅ乃 牧草ㅅ내가 香긋하니 보랍니다.[359]

　삼ㅅ단같든머리에　다紅빛당기가　고초처럼　열였읍니다.　물동이물도 가만있는데 당기는 왜 이렇게 흔들니나요. 꼭 쥐어야지요. 너무 대롱대롱 흔들니다가 마음이 달뜨기 쉬웁습니다.

　이봄이오드니 저고리에 머리때가 유난이 묻고묻고 하는것이 이상합니다. 아래ㅅ배가 싸르르 앞으다는 평게로 가야할 나물캐려도 못가곤 합니다.

　都會와달리 떠들지않고 오는봄, 조용이 바뀌는 아이어룬. 그만해도 다섯해전 거성입은몸[360]이 西道六百五十里에 이렇ㄴ處女를 처음보았고 그슾으고도 흐득

358　뽁스 : 전집(1)에서는 원문을 '뽈스'로 보고 '볼스'로 표기하였다. 복스(box)는 박스가죽(box calf), 즉 제화(製靴)용의 무두질한 송아지 가죽을 뜻하는 듯. 한편 '뽁스'를 '천연두나 수두', 구어로는 '매독'이라는 의미를 갖고 있는 'pox'일 가능성이 있다고 보고, '자색의 천연두에 걸렸던 자국이 있는 피부' 또는 '천연두나 매독에 걸린 것처럼 자색의 피부'일 가능성이 있다고 보기도 함(최효정).
359　보랍니다 : 전집(1)은 '납니다'로 수정.
360　다섯해전 거성입은몸 : 거성은 居喪의 방언으로 1932년 백부의 죽음을 맞은 일을 말함.

흐늑한 소꼽작난을 지금껏 잊으랴야 잊을수는 없읍니다.

— 발표지면 : 『女性』, 1936.4

내가좋아하는花草와내집의花草

나는지금 집이없읍니다. 勿論 花草도 없읍니다. 그전 우리집 뒷곁이 꽤 넓어서 花草가많았읍니다. 그러나 花草를 좋아하지않었나봅니다.

玉簪花[361]라는꽃이있읍니다. 未亡人같대서좋아합니다. 或 그꽃이 가다가눈에띄우면 나는 좀 점잔치못한눈으로보는버릇이있읍니다. (李箱)

— 발표지면 : 『朝光』, 1936.5

---

361 玉簪花 : 백합과의 다년초로 중국 원산의 관상용 화초이다. 잎은 자루가 길고 넓은 달걀 모양이며, 한여름에 흰 꽃이 피는데, 꽃봉오리의 모양이 옥비녀 비슷하다.

藥水

李 箱

바른대로말이지 나는 藥水보다도 藥酒를좋아하는편입니다.

술때문에 집을망치고몸을망치고[362] 해도 술먹는사람이면後悔하는법이없지만 病이나으라고藥물을 먹었는데 낫지않고죽었다면 사람은 이트집저트집잡으러듭니다

우리伯父께서 몇해前에 腦溢血로作故[363] 하셨는데 平素에 퍽健康하셔서 피를 어쨌든지 내짐작으로 火印[364] 한되는쏟았것만 一週日을벋히셨습니다. 마지막에 돈과藥을물쓰듯해도 오히려救할길이없는지라 伯母께서 나더러藥水를길어오라는것입니다. 그때친구한사람이 악박골[365] 바로넘어서살았는데 그저 밥 국 김치 숭눙 모두가 藥물로 뒤범벅이었것만 그의家族들은그리튼튼하지도못할뿐아니라 그먼저해에는 그의망내누이를 肺患으로잃어버렸습니다. 그래서 나는 이것은 迷信이구나 하고 병을들고 악박골로가서 한병 얻어가지고오는길에 그친구집에들러서 來日은 우리집에 초상이날것같으니 仕退[366] 時間에좀 들러달라고 그래놓고왔습니다.

伯父께서는 混亂된意識가운대서도 이 藥물을 아마 한종발[367]이나 잡수셨든가봅니다.

그리고 이튿날낮에 殞命하셨습니다. 臨終을마치고 나는뒷ㅅ결으로 가서

---

362 몸을망치고 : 전집(1)은 누락.
363 腦溢血로作故 : 1932년 5월 7일 백부 김연필이 뇌일혈로 죽음.
364 火印 : 장되(場—) 지난날 장판에서 곡식을 되던 공인된 되.
365 악박골 : 요즘 서울 종로구 현저동 일대의 옛 이름.
366 仕退 : 일과를 마치고 퇴근하는 일.
367 종발(鍾鉢) : 중발보다 작고 종지보다 좀 나부죽하게 생긴 그릇.

五月ㅅ속에서잉잉거리는 벌떼 파리떼를 보고 있었습니다. 한물진芍藥³⁶⁸꽃잎알이³⁶⁹ 하나 가만이었습니다.

익키! 하고 나는 가만이깜짝놀랐습니다 그래서 또 술이 시작입니다.

伯母는 공연히 藥물을잡수시게해서 그랬느니마니 하고 자꾸 後悔를하시길래 나는 듣기 싫어서 자꾸 술을먹었습니다

『세분손님 藥酒잡수세요』ㅅ소리에 어깨를 웃슥거리면서 그목노집마당을 마음에맞는친구들과 어우러져서서성거리는맛이란 굴비나암치³⁷⁰를먹어가면서 藥물을퍼먹고 급기해하에³⁷¹ 배탈이나고 그만두는 푸라그마티슴³⁷²에견줄것이 아닙니다.

나는 술이 건아 — 하게취해서 어떤女子앞에서 몸을비비꼬면서『나는당신없이는못사는몸이오』하고 얼러보았드니 얼른 그女子가 내안해가되어버린데는 실없이깜짝놀랐습니다. 얘 — 이건 참땡이로구나³⁷³ 하고 三年이나 같이 살았는데 그女子는 三年동안이나³⁷⁴ 같이살아도 이사람은그저 世界에第一게을른사람이라는것밖에는모르고 그만둔모양입니다. 게을르지않으면 부지런이 술이나 먹으러단이는게 또 마음에안맞었다는것입니다. 한번은 病이나서 신애³⁷⁵ — 로 알으면서 나더러 藥물을떠오라길래 그것은迷信이라고 그랬드니 뾰루퉁하는것

---

368 芍藥 : 작약과의 여러해살이풀. 높이는 50~80cm이며, 꽃은 5~6월에 원줄기 끝에 한 개씩 피고 열매는 골돌과(蓇葖果)로 8월에 익는다. 관상용 또는 약초로 재배한다.

369 꽃잎알이 : 꽃이파리. 꽃잎을 의미.

370 암치 : 배를 갈라서 소금에 절여 말린 암민어.

371 급기해하에 : 전집(2·3)은 '及其也'의 오기로 봄. '급기야'의 의미로 보이지만, 「지도의 암실」, 「실화」에도 나오는 것으로 보아 오기는 아닌 듯.

372 푸라그마티슴(pragmatism) : 실생활에 유용한 지식과 실용성이 있는 이론만이 진리로서의 가치가 있다고 하는 실용주의.

373 땡이로구나 : '땡이다'는 '끝나거나 중단된 상태'를 말하며 '망고땡이다'처럼 쓰이고, 또한 '땡잡다'는 '뜻밖에 큰 행운이 생기다'는 의미가 있다. 여기에서는 후자의 의미, 곧 '땡잡았구나'라는 의미로 사용되었다.

374 三年동안이나 : 전집(1)은 '三年이나'로 '동안'이 누락. 이상은 배천온천에서 만난 금홍과 3년간의 동거하였다.

375 신애 : 몹시 고통스러워하며 끙끙 앓음.

藥水

입니다.

안해가 가버린것은 내가 藥물을안길어다주었대서그런것같은데 또 내가『藥酒』만 밤낮먹으러단이는것이보기싫어서 그런것도같고 何如間 나는 지금世上이시들해저서 그날그날이짐짐한데[376] 술따로안주따로판다는 목노組合決議가 아주 마음에안들어서못견디겠습니다.

누가 술만끊으면 내 爲해주마고 그리지만 世上에 藥물안먹어도 사람이살겠거니와 술안먹고는못사는사람이많은것을모르는말입니다.

— 발표지면 :『中央』, 1936.7

---

376 짐짐한데 : 기본형, 짐짐하다. 음식이 찝찔하기만 하고 별 맛이 없다. 마음에 조금 꺼림하다.

EPIGRAM

李 箱

밤이 이슥한데 나는 사실 그친구와 이런會話를했다. 는이야기를 염치좋게하는것은 要컨대 天下의 의좋은내외들에게對한 통명이다. 친구는

「旅費?」

「補助래도 해줬으면좋겠다는 말이지만」

「둘이간다면 내 다내주지」

「둘이」

「姙이와結婚해서 ─」

女子하나를 두男子가 사랑하는경우에는 꼭싸홈들을하는법인데 우리들은 안 싸웟다 나는 결이377 좀 낫다, 는것은 저는 벌서 姙이와 肉体까지 授受하고나서 나더러 姙이와 結婚하라니까말이다.

나는 戀愛보다공부를해야겠어서 그친구그더러 旅費를 좀 꾸여달란것인데 뜻밖에 會話가 이모양이되고말았다.

「그럼 다 그만두겠네」

「旅費두?」

「結婚두」

「건 왜?」

「싫여!」

그러고나서는 한참이나 잠잣고들있었다. 두사람의 敎養이 서로 뺨을친다든 지하고싶은衝動을 참느라고그런것이다.

---

377 결이 : '성결' 또는 '결기'의 준말. 발끈하기 잘하는 급한 기질, 몹시 급한 성질.

「왜 내가 姬이와 그런일이 있었대서 그리나? 不決해서!³⁷⁸」

「뭔지 모르겠네!」

「한번 꼭 한번밖에없네. 毒味³⁷⁹란말이있지」

「純粹허대서 자랑인가?」

「부러 그러나?」

「에피그람이지」

암만해도會話로는 解決이안된다. 會話로안되면 行動인데 어떤行動을하나. 勿論 싸워서는 안된다. 친구끼리는 情다워야하니까. 그래서 우리는 우리두사람의 共同의敵을하나 찾기로한다. 친구가

「李를알지? 姬이의첫男子!」

「자네는 무슨目的으로 妥協을하려드나」

「失戀허기가싫어서 그런다구나 그래둘까」

「내 고집두 그비슷한理由지」

나는 당장에 허둥지둥한다. 내 吝嗇한論理는 눈쌀을찝흐린다. 나는 꼼짝할수가없다. 이렇게까지 나는吝嗇하다. 친구는

「끝끝내 이러긴가?」

「守勢두攻勢두다 우리 집어치세」

「연간히 겁을집어먹은 모양일세그려!」

「누구든지 그야 墮落허기는 싫으니까!」

요 이야기는 요만큼만해둔다. 姬이의男子가 셋이되였다는것을漏泄한댓자 그것은 벌서 秘密도 아모것도아니다.

— 발표지면 : 『女性』, 1936.8

---

378 不決해서 : '不快해서', 또는 '不潔해서'의 오식으로 보인다. 전집(2·3)은 전자로 수정.

379 毒味(どくみ) : 음식을 남에게 권하기 전에 독의 유무를 확인하기 위해 조금 먹어 봄. 음식 맛을 봄.

幸福

李　箱

　달이 天心[380]에왔으니 이만하면足하다. 물은(潮)아직 좀덜드러온것같다. 축은모래와마른모래의 境界線이 月光아래 멀리아득하다 찰락찰락 — 한 열아믄 메ー터[381]는 되나보다. 斷崖[382]바위옹에 우리들은 걸터앉어 그한 순간을 기다리고있다.

「자 인제 이러나요」

마흔아홉개 꽁초가 내앞에 무슨 푸성기싹처럼 헤여저있다 남어지 담배가 한대 탄다. 요것이 다 타는동안에 내가최후의결심을 할수있어야한단다.

「자 어서 이러나요」

　仙이도 이러났고 인제는 정말 기다리든 그순간이라는것이 닥처왔나보다. 나는 仙이 머리를 거더치켜주면서

「겁이 나나」

「아ー뇨」

「좀 춥지?」

「어떻가요?」

　입설이 뜨겁다. 쉰개째 담배가 다탄까닭이다. 인제는 아모리하야도 피할 도리가 없다.

「자 그럼 꼭 붓들어요」

「꼭 붓드세요」

380　天心 : 눈에 보이는 하늘의 한가운데.
381　메ー터(meter) : 미터법에 따른 길이의 기본 단위. 1m는 100cm.
382　斷崖 : 깎아 세운 듯한 낭떠러지.

幸福의絶頂을 그냥 肉眼으로넘긴다는것이 내게는 恐怖였다. 이瞬間以後 내 몸을 이地上에 살려둘수 없다. 그렇다고 仙이를 두고가는수도없다

그러나——

뜻밖에도 波濤가높았다. 이런波濤속에서도 우리둘은 떠러지지않았다. 떠러지 지않고 어느만큼이나 우리는 떠도라다녔든지 드디어疲勞가왔다—

죽기前.

이렇개서 죽나보다. 위선, 仙이 팔이 내 목에서부터, 풀려나갔다. 同時에 내팔 은 仙이 허리를 노쳤다. 그순간 물먹은 내귀가들은 仙이 斷末魔의부르지즘

「××씨!」

이것은 果然 내이름은 아니다.[383]

나는 순간 그 波濤속에서도 정신이 번쩍 났다. 오냐 그렇다면—

나는 죽어서는 않된다.

나는 마즈막 힘을내여 뒷발을 한번 탕 굴러보았다. 몸이 소스라친다. 목이 水 面밖으로나왔을때 아까우리둘이 앉었든바위가 눈앞에보였다. 波濤는 밀물이 라 海岸을向해친다. 그래얼마안가서 나는 바위웋으로 기어오를[384] 수있었다. 나 는 그냥 뒤도안 도라보고 거러가 버리랴다가 문득

仙이를 살려야하느니라

하는 惡魔의黙示를받지않을수없었다. 月光에 오르내리는 검은 한 點, 내가 척 느러진 仙이를 안아올렸을때 仙이몸은 아직 따뜻하였다.

---

[383] 여기까지의 내용은 다자이 오사무의 「잎」(1934)의 부분과 흡사하다. 그 부분은 다음과 같다. "보름달 저녁. 번쩍이다 무너지고, 넘실대며 부서져, 소용돌이치고 나뒹구는 파도에 묻혀 서로 떨어지지 말자고 붙잡은 손을 괴롭다 못해 내가 일부러 뿌리쳤을 때, 여자는 순식간에 파도에 삼켜지며 소리높이 이름을 불렀다. 내 이름은 아니었다."
[384] 기어오를 : 원문은 '기어으를'로 오식.

오 호 너로구나.

너는 네 平生을두고 내形像없는 刑罰속에서 不幸하리라. 해서 우리둘은 結婚하였든것이다

閨房에서 나는 新婦에게, 行刑하였다. 어떻게?

가지가지 幸福의길을 가지가지 敎材를갖이고 가르쳤다 勿論내 抱擁의多情한 맛도.

그러나 仙이가 한번 媚嫵385을보이랴드는 瞬間 나는 嶺上의枯木처럼 冷膽하곤 하곤 하는것이다. 閨房에는 늘 秋風이 簫條히불었다.

나는 이런 過勞때문에 무척 야윗다. 그러면서도 내, 눈이 充血한채 무엇인가를찾는다. 나는 가끔 내게 물어본다.

「너는 무엇을願하느냐? 復讐? 천천이 천천이하야라 네 殞命 하는날 이야 끝날일이니까」

「아니야! 나는 지금 나만을사랑할 童貞을 찾고있지 한男子 或 두男子를 사랑한일이있는女子를 나는 사랑할수없서왜?그럼 나 더러 먹다남은 形骸386에 滿足하란말이람?」

「허―너는 잊었구나? 네 復讐가畢하는것이 네 落命387의날이라는것을. 네 一生은 임이 네가復活하든 瞬間부터 祭壇우에 올녀놓여 있는것을어쩌누?」

그만해도 석달이 지났다. 刑吏388의心境에도 倦怠가왔다.

「싫다. 귀찮아졌다. 나는 한번만 平民으로 살아보고싶구나. 내게 정말愛人을 다고」

---

385 媚嫵 : 아름다운 보조개. 전집(3)은 아양, 교태로 설명.
386 形骸 : (사람이나 동물의) 몸과 뼈. 육체.
387 落命 : 명(목숨)이 떨어지다.
388 刑吏 : 지방 관아의 형방에 속한 구실아치.

마호멛 것은 마호멛에게로[389] 돌려보내야할 것이다. 一生을犧牲하겠다든 莊圖[390]를나는석달동안에 이렇게 蕩盡하고, 말았다.

당신처럼 사랑한일은 없읍니다라든가 당신만을사랑하겠읍니다 라든가 하는 그女子의말은 첫사랑以外의 어떤男子에게 있어서도「인사」程度에지나지않는다. 는것을잊어서는않된다.

「내 맞났지」

「누구를요」

「××」

「네ㅡ. 그래 結婚했대요?」

그것이 이렇게까지 仙이게는 몲이 걱정이된다. 될것이다. 나는 事實

「아ㅡ니 혼자든데, 旅舘에 있다든데」

「그럼 結婚아직 안했군그래. 왜안했을까」

슲은 仙이의獨白이어!

「醜物이야, 살이 띵 띵 찐게」

「네? 거 그렇게까지 嘲笑하려들진마세요. 그래두 당신네들 (? 이 들 짜야말로 仙이 千慮의一失[391]이다) 버덤은[392] 얼마나 人間味가있는데 그래요. 그저 좀 人間이 不足허다뿐이지」

나는 거기서 더입이 떨어지지않았다. 그만 後悔도, 났다.

勿論 仙이는 내 仙이 가 아니다. 아닐뿐만 아니라 ××를 사랑하고 그다음 ×

---

389 마호멛 것은 마호멛에게로 : 성서 구절 '가이사의 것은 가이사에게'(「마태복음」 12:17)을 인유한 것으로 보임.

390 莊圖 : 壯圖의 오식인 듯. 후자는 크게 도모하는 포부나 상서로운 기상을 뜻함. 전집(1)은 후자로 수정.

391 千慮의一失 : 지혜가 있는 사람이라도 많은 생각 가운데에는 잘못 생각하는 것이 있음. 여기서는 '모든 사려에도 불구하고 빚어낸 하나의 실수'라는 의미.

392 버덤은 : 보다는.

를 사랑하고 그다음…….

그다음에 지금 나를 사랑한다. 는 체 하야보고 있는 모양같다. 그런데 나는 仙이만을사랑한다. 그러니까 우리는—

어떻개야만좋을까 까지 發展한 幻術[393]이 뚝 天井을새여떠러지는 물한방울에 와르르 뭉어저버렸다. 창밖에서는 비ㅅ소리가 내懶怠[394]를 이러니, 저러니 하고 是非하는 것같은 벌서 새벽이다.

— 발표지면 : 『女性』, 1936.10

---

393 幻術 : 남의 눈을 속이는 기술.
394 懶怠 : 행동, 성격 따위가 느리고 게으름.

가을의 探勝處

李 箱

「사구라」395라는 꽃을 나는 그렇게 장하게 녁이는者가아닙이다. 然而396이 「사구라」가 가을에 眞짜丹楓보다도 휠신丹楓답게 紅葉이지는것을보고 거 제법이라고 녁였읍니다. 허니 가을에 아모도가려들지않는牛耳洞으로어디 슬쩍가보는것이 探勝「探」字에 어울리는노릇이 아닐까하는 小生의愚案입니다. 가을에 金剛山을 찾는것은어째 百圓짜리紙幣를 한꺼번에 數千數萬장 目睹하는 것같아서 小生같은 小心한者에게는 좀 悚懼스러운일이아닌가 또한 小生의愚論입니다.397

― 발표지면 :『朝光』, 1936.10

---

395 사구라(さくら) : 벗나무, 벗꽃.
396 然而 : 그러나.
397 입니다. : 원문은 '입니.'로 종결.

秋燈雜筆

李　箱

秋夕揷話

一年 三百六十日 그中의몃날을추려 適當히 季節마처벨러서[398] 그날만은 祖上을追憶하며 生의즐거움에서멀어진지오래된그들亡靈을 잇다치고慰勞하는 風俗을 아름답다아니할수 업스리라.

이것을 굿이 쯧을부처생각하자면—

그날그날의生의享樂가운데서 째로는 死의寂寞을 가끔 想起해보며 그러함으로써 生의 意義를 더한層깁이 쯧잇게 認識하도록하는 先人들의 그윽한意圖에서나온手法이아닐까

이번秋夕날 나는 도라가신 三寸산소를찻엇다. 지난寒食날은 비가와서 거기다 내懶怠가加하야 드듸여 三寸산소에 가지못햇으니 이번秋夕에는 부듸 가보아야겟고 또 近來이三寸이 지금쩟 살아게섯든들하는생각이 문득 드는적이 만 하서 中年에 억울히가신 三寸을한번 追憶해보고도 십고 한마음에서 나는 彌阿里行째쓰를타고 나갓든것이다.

왼山이 히고 왼山이 哭聲으로하야 은은하다. 簫條한[399] 가을바람에 秋草가 나붓기는가운데 墳墓는 五年前에비하야 몃倍數나 늘엇다. 사람들은 나날이 저러케들 죽어가는구나 생각하니 저윽이 悲感하다. 勿論 五年동안에 더만흔 애기가 誕生하얏스리라— 그러나 그러케 날로날로 地上의 사람이 바쮠다는것도쏘한

398　벨러서 : 전집(2·3)은 '별러서'로 수정. 기본형, 벼르다. 어떤 일을 하려고 미리 마음을 먹는다는 뜻.
399　簫條한 : 고요하고 쓸쓸한.

슬픈일이 아닌가.

다섯번 凋落과 萌動[400]을거듭한 三寸산소가 쐐 거츠른모양을 바라보고 퍽 슬펏다.『세멘트』로 째임질한石床은 틈이 벌엇고 親友一同이 해세운石碑도 좀기운듯십헛다.

墳土한겻헤안진[401] 잠시 生前의三寸, 그 重嚴하기 싹이업는風貌를 追憶해보앗다. 그리고 殞命하시든날, 葬事지내든날 내祭服입엇든날들의일, 이런 다섯해 전일들이 내 心眼을 쓸쓸히 지나가는것이업다.[402]

나는 쏘 碑銘을 읽어보앗다. 하얏스되 —

公廉正直　　信義友篤
金蘭結契　　矢同憂樂
中世摧折　　士友咸慟
寒山片石　　以表衷情[403]

三寸舊友 K氏의作으로 내 붓솜씨다. 오늘 이親友一同이 세운石碑압헤 酒果가 업는 石床이보기에限업이쓸쓸하다.

그째 고 이웃墳墓에 사람이왓다. 中老의女人네가한분 젊은內外인듯십은男女, 十歲前後의小學生이하나, 네사람이다 젊은男丁네는 洋服을입엇고 젊은女人네는 구두를신엇다. 中老의女人네가 보퉁이를펴드니 酒果를가춘 조촐한祭床을 차리는것이다. 그리고 香을피우고 盞을갈아부으며 네사람은 절한다.

洋服입은젊은內外의하는절이 더한層 슬프다. 그리고 校服입은 小學生의하는절은 너무나 愛憐하다.

中老의女人네는 號哭한다.[404] 號哭하며 이러날줄을모른다. 젊은內外는 소리

400　凋落과 萌動 : 잎이 시들어 떨어지고 싹이 남. 한 해를 의미.
401　안진 : 전집(1)은 '앉어'로 수정.
402　업다 : 이의 오늘날 표기는 '없다'인데, 이는 '엇다' 즉 '것이었다'의 오기로 보인다.
403　공정하고 염치 있고 정직하고, 신의와 우정이 돈독하여, 두터운 우정으로 약속을 맺어 고락을 함께 하기로 맹세했는데, 중년에 죽고 말았으니, 사우(士友)들이 모두 슬퍼하여 차가운 산에 한 조각 돌을 세워 충정을 표하노라.

업시 몃번이나 香피우고 盞붓고 절하고 하드니슬적 비켜스는것이다. 小學生도 짜라 비켜슨다.

비켜서서 그들은 멀리 건너편北邙山⁴⁰⁵을 손가락질도하면서 잠시談話하드니 돌아서서 언제까지라도 號哭하려드는어머니를 이르킨다. 그러나 좀처럼 이러나려하지안는다

그새 이날만잇는 이北邙山專屬의乞人이왓다. 와서 채祭祀도 끗나지안흔祭物을 求乞하는것이다. 그態度가 마치 제것을 제가要求하는것과가티 퍽거만하다. 夫妻는 頑强히 수지즈며 拒絶한다. 승강이가 잠시 繼續된다.

이光景을 바라보고⁴⁰⁶안젓는동안에 내등뒤에서 이쏘한 中老의女人네가 한분 孫子인듯십흔童子손을이쓸고더듬더듬나려오는것이엇다. 오면서 墳墓말쑥을 하나 ∨ 仔細히調査한다 必是 영감님의山所位置를 昨年과도 너무달러진 이 天地에서그만 渺然히⁴⁰⁷ 이저버린것이리라.

이두사람은 이윽고 내압도 지나처 다시돌아 그이웃언덕으로 올라간다. 그래도 좀처럼 여기구나 하고 서지안는다.

건너편 그 거만한乞人은, 是非의無得함을 깨달앗든지, 祭物을斷念하고 다시 다음施主를차저서 간다.

乞人은 東쪽으로 寡婦는, 西쪽으로 ─

해는 이미 日半을지낫스니 나는 쏘 삶의閭巷⁴⁰⁸으로 도라가지안으면안되리라. 『코스모스』핀 언덕을 터벅 ∨ 나려오면서 그寡婦는 염감님의무덤을 차젓슬 짜 걱정하면서 쌔쓰 슨곳까지오니까 모통이 목노술집에서는一場의싸홈이 벌어진中이엇다 말할것도업시 거성⁴⁰⁹입은사람끼리 다.

---

404 號哭한다 : 소리를 내어 슬피 운다.
405 北邙山 : 무덤이 많은 곳이나 사람이 죽어서 묻히는 곳을 이르는 말.
406 바라보고 : 원문은 '바라바고'로 오식.
407 渺然히 : 오래되어 기억이 흐린 상태.
408 閭巷 : 백성의 살림집이 많이 모여 있는 곳.
409 거성 : '居喪'(상복의 속된 말)의 방언.

求景

專門한것이 나는 建築⁴¹⁰인關係上 在學時代에 刑務所見學을간일이 더러 잇다. 한번은 麻浦 벽돌工場을 보러간일이 잇는데 그것은 建物을 보러 간것이 아니라 벽돌製造의 여러가지속을 보러간것이니까 말하자면 建築材料製造實際를 硏究하는 한時間이엇다. 그러니까 罪囚들의生活이라든가 或은 그들의生活에 建物構造⁴¹¹를 어써게 適應식혓나를 보려간것이아니고 다만 한 工場을 보려간것에 지나지안는 것이니까職工들은 반드시罪囚들일⁴¹² 必要도업거니와쏘거기가 何國에 刑務所가아니어도 조타『클라스』⁴¹³ 全部래야 열두명이엇는데 그날 간 사람은 겨우 七八名에 不過하엿다고 記憶한다

獄史의 案內를바더 工場各部分을 차례차례 求景하기로되엿다. 求景하기前에 獄吏는우리들에게 부듸부듸 다음몃가지點에 注意해달라고 일러주는것이엇다. 卽 담배를 피우지말것, 그들에게 무슨必要로든 決코 말을 건네지말것 그네들의 얼골을 너무 차근차근히 들여다보지말것等이다 차례대로 이윽고 見學이시작되엇다. 그러나 나는 처음부터 벽돌製造갓은것에는 秋毫의 興味도 가지지는안엇다. 罪囚들의 生活, 動靜의姿態를 볼수잇다는것이 이見學이 나로하야금 즐겁게 하야주는理由의全部엿다. 나는 일부러 씃흐로 좀 처어지면서 그 쪽가티 赤土色服裝에 몸을둘르고 깃에다 番號札을부친 이네들의모양을 살피기로하얏다 그런데 果然 아니나다를가, 그들은 씃업는 憎惡의視線을 우리들에게 던지는것이 아니냐 나는 놀랏다. 가슴이 두근두근해왓다. 그리고 제출물에⁴¹⁴怯이나서 얼골이 달아들어오는것을 어찌하는수가업섯다. 넘우나쪽쪽이 不快한表情을지어

---

410 建築 : 이상은 경성고등공업학교에서 건축을 전공했다.
411 建物構造 : 전집(1)은 '建物製造'로 오식.
412 罪囚들일 : 전집(1)은 '죄수들이'로 오식.
413 클라스(class) : 학급. 반.
414 제출물에 : 제 생각대로 하는 바람에.

보이는그들을 나는 참아 바로처다보는재조가업섯다.

自己의 恥辱의 生活의 內面을 或 恥辱이라고까지하지는안트라도 決코남에게 써벌려 자랑할것이못되는 제 生活의內面을 어썬生面不知 사람들에게 莫不得已 求景식히지안으면안되는것을 누구나다 실여하리라. 仰不愧於天 俯不快於人[415] 이런心境에서 사는사람이라도 그런 一點의흐린구름이 지지안흔生活을, 남이 그야말로 求景써리로알고 보려달려들째에는 저윽히不快할것이다. 況此 罪囚[416] 들이自己네들의 恥辱的生活을 白日아래서 餘地업시 求景써리로어썬 몃사람압에 내노치 안흐면안되는境遇에 그들의 心痛함이 쏘한 服役의 괴로움보다오히려 倍大할것이다.

小鹿島의癩院[417]을 보고온이의 이야기를들으면 아모리 釋尊가튼 慈悲스러운 얼골을한사람이 來到하야도 그들은 그저 無限한憎惡의눈초리로마지할줄박에 모른다한다. 코가 썰어지고手足이망거진 自己네들 醜惡한群像을 事實 同類以外의 어썬 사람에게도 보이기실을것이다. 듯자니 그네들끼리는 喜喜樂樂하기도 하며 째로는 戀愛까지도 할듯십은일이 다 잇다한다.

刑務所罪囚들도 내가 본대로는 意外로 活潑하게 오히려生活難에 쏘듯기어 헐썩헐썩하는娑婆[418]의勞役軍들보다도즐거울듯이[419] 일하고잇는것이엇다 다만 그러면서도 남의어썬눈도 실혀하는까닭은 말하자면 對等의地位를써난 憐憫

---

415 仰不愧於天 俯不快於人 : 『맹자』의 〈진심장〉의 내용 "仰不愧於天 俯不作於人 二樂也"에서 인용해왔다. 하늘에 우러러 한 점 부끄럼이 없고, 사람에게 굽어보아 한점 부끄럼이 없다는 의미인데, 뒷구절을 사람에게 굽어보아 불쾌하다는 의미로 변환을 시도했다. 원문에서 뒷구절은 '俯天快於人'으로 한 글자 오식.

416 況此 罪囚들이 : '況 此罪囚들', 또는 '況且 罪囚들이'가 적합하다. 전자는 '하물며 이 죄수들이', 후자는 '하물며 죄수들이'이라는 뜻.

417 小鹿島의癩院 : 일제는 1916년 2월 24일 조선총독부령 제7호로 관제를 공포하여 현재 전남 고흥군 도양읍에 있는 섬 소록도에 '소록도자혜의원'을 설립하고, 1917년부터 전국의 나환자들을 이 섬에 격리 수용하였다.

418 娑婆(sabh 범) : 불교에서, 중생이 갖가지 고통을 참고 견뎌야 하는 괴로움이 많은 이 세상. 속세(俗世). 인간 세계.

419 즐거울 듯이 : '즐거운듯이'의 오식인 듯. 전집(1)은 후자로 수정.

侮蔑⁴²⁰ 同情, 忌惡,⁴²¹ 이런것을 嫌惡하는人情 本然의發露가아니고, 다름업는것이아닐까한다.

假量⁴²² 天刑病의病源을 根絶코저할진대 보는족々 이病患者는 殺戮해버려야할지도모르지만 己往 끔찍한人情을發揮해서 그들을 保護하는바에는 될수잇는대로 그들의 心情을거슬러주어서는안될것이다 그러하다면 그들이 第一실허하는『求景』을 絶對로 禁해야할것이다. 刑務所가튼것은, 盛히 求景식혀서 써 罪過를未然에防止하는것이 조치나안을까하는생각이들기도하지만 좀처럼 求景을 잘 식히지안는것은 亦是 罪囚 그들의心情을 건들이지안토록하는 김흔用意에서가아닌가한다.

禮儀

걸핏하면 喫茶店⁴²³에 가안저서무슨맛인지 알수업는茶를, 마시고 또 우리傳統에서는, 무던히 먼 音樂을듯고 그리고 언제까지라도 우둑허니, 머물러잇는趣味를 업수녁이리라.⁴²⁴ 그러나 電氣機關車의믹근한線, 鋼鐵과유리건물 構成, 銳角,⁴²⁵ 이러한데서 美를 發見할줄아는世紀의人에게잇서서는 茶房의 一憩⁴²⁶가 新鮮한道樂이오 優雅한禮儀아닐수업다.

生活이라는重壓은 늘 喧噪⁴²⁷며 人間의부드러운情緒를, 언눌르려는⁴²⁸

---

420 侮蔑 : 업신여기고 얕봄.
421 忌惡 : 시기와 방종.
422 假量 : 어림짐작. 여기서는 '假令'의 의미로 쓰인 듯.
423 喫茶店 : 찻집, 다방.
424 업수녁이리라 : 기본형, 업신여기다. 교만한 마음에서 남을 낮추어 보거나 하찮게 여기다.
425 鋼鐵과유리건물 構成, 銳角 : 전집(1·2·3) 모두 '鋼鐵과 유리, 건물構成, 銳角'으로 띄어쓰기 오류. 예각은 직각보다 작은 각.
426 一憩 : 잠시 쉼.
427 喧噪한 : 요란하고 시끄러운.
428 언눌르려는 : 억누르려는. '언'은 '억'의 오식.

것이다. 더욱이, 現代라는데 깃드리는사람들은 이 重壓을 한層더 確實히, 感知하지안을수업다. 어데를보아도 交錯된鋼鐵과 巨岩과갓튼콩크리-트壁의 숨찬 抑壓가운데 자칫하면 거츨기쉬운心情을 조용히 쉬일수잇도록, 그러케 알마즌 한개의倚子와, 한개의테불이 잇다면 어찌, 寸暇[429]를어여내어[430] 발길이 그리로 옴겨지지안을것인가. 加하기를 한잔의따쓰한茶와 街衢의[431] 喧噪한雜音에 바쉬는 아름다운音樂이엇다면[432] 그心靈들의 慰安됨이 더한層 足하다고하지안으리오.

그가 製鐵工場의職人이건, 그가 外科醫室의執刀人이건, 그가 交通整理警官이건, 그가 法廷의論告人이건, 그가하잘것업는 日庸雇人[433]이건, 그가 千萬長者의 외獨子이건, 뭇지안는다. 그런區區한看板은 『네온싸인』[434]이달린茶房門깐에 다 나려놋코들어가는것이다. 그곳에서는 다가티 心情의懷柔[435]를 祈願하는 티업는 『사람』의 하나가되는것이다. 그리기에 이곳에서는 누구나다 謙遜하다. 그리고 다가티 부드러운 表情을하는것이다. 紳士는 다조신하게 茶를마시고 淑女는 다다소곳이 音樂을즐긴다.

거기는 오즉平和가잇고 不成文의 整然하고도 優雅淡泊한 禮儀準則이 잇는것이다.

決코 이웃 座席에는 들리지안흘만큼 그만큼[436] 나즌목소리로 談話한다. 職業을써나서 鬪爭을써나서 여기서 바귀는 談話는 經綿[437]한情緖를 풀수잇는 그런

---

429 寸暇 : 얼마 안 되는 짧은 겨를.
430 어여내어 : '어서 내어', 또는 '에어 내어'의 뜻. 전집(2·3)은 '에어내어'로 수정. 도려내다.
431 街衢의 : 전집(2·3)은 '街蠕'으로 오식.
432 音樂이엇다면 : 내용상 '音樂이잇다면', 즉 '음악이 있다면'의 오식으로 보임. 전집(1·2·3)은 후자로 수정.
433 日庸雇人 : 日雇傭人의 오식인 듯. 날품팔이.
434 네온싸인(neon sign) : 유리를 필요한 모양대로 구부리고 전극을 삽입한 네온관을 만들어서 여러 가지 빛을 내도록 하는 장치. 광고나 장식용으로 널리 쓴다.
435 懷柔 : 어루만지고 잘 달래어 시키는 말을 듣도록 함.
436 그만큼 : 전집(1)은 누락.
437 經綿 : 원문의 앞자는 분명하지 않으나 '經'으로 보인다. 그러나 의미상 '纏綿'이 맞다. 사랑이나

그윽한話題리라.

다가티 입을다물고 눈을 흡쓰지안코『슈-벨트』[438]나『쇼-팡』[439]을듣는다. 그때육중한구두로 마루바닥을 건드리며 長短을 마친다거나 익숙한曲調라하야 휘파람으로合奏를한다거나해서는아주 못쓴다. 왜? 그러케하는것은 이곳의 不成文인禮儀를 께트림이 지극히큰故로.

나는 그날밤에도 몸을숨이는秋冷[440]을 진인채 거리를 걸엇다. 天心에 달이 皎皎하야[441] 一步一步가 저윽이 무겁고 또한荒漠하여 슬펏다. 까닭모를哀愁孤獨이 불현듯이 人間다운훈훈한呼吸을 戀慕케하는것이엇다. 나는 달빗을등지고 늘드나드는 한 茶房으로 들어섯다.

兩三人씩의男女가 벌서多情해보이는 싸씃한 한잔식의茶를 압헤노코 새마즘『싸운드쏙스』[442] 울리는 絃樂重奏의名曲을 즐기고잇는것이아닌가.

나도 또한紳士다웁게 삼가는步調로 그들가운데 한자리를차지하고 그리고 茶와音樂을즐기기로하얏다.

五分 十分 二十分, 이 適當한休憩가 冷化하려들든 내 血管의피를 얼마간 덥혀주기시작하는 즈음에 ─

門이 요란히열리며 四五人의醉漢이 高聲叱咤하면서 暴風과가티 闖入하얏다.[443] 그들은 한복판 그中번듯한座席에 어즈러히 자리를잡드니 茶를請하야 수선스러히 마시며 傍若無人하게 放歌하는것이엇다. 그바람에 音樂은 간곳업고 禮儀도간곳업고 그들의醜猥한[444] 聲響이 室內를흔들쑨이다.

근심이 마음에 얽히고설키어 떠나지 않는다는 뜻. 전집(3)은 후자로 수정.

438 슈-벨트(1797~1828) : 오스트리아의 작곡가.
439 쇼-팡(1810~1849) : 폴란드의 작곡가, 피아니스트.
440 秋冷 : 가을의 찬 기운.
441 皎皎하야 : 썩 맑고 밝아.
442 싸운드쏙스(sound-box) : 현악기의 소리가 울리는 몸통, 또는 구식 축음기에서, 바늘의 진동을 받아 소리를 내는 장치.
443 闖入하얏다 : 기회를 타서 느닷없이 함부로 들어갔다.
444 醜猥한 : 추악하고 더러운.

내心情은 다시 거츠러드러갓다. 몸부림하려드는 내 서글픈心情을 나自身이 이기기 어려웟다. 나는 一秒라도 바쎄이곳을써나고십허서 자리를 거더차고이러서 문싼으로나가랴하는 즈음에 —

이번에는 油頭白面[445]의一壯漢[446]이 獅子만이나한 『쎄파―드』[447]를한마리 슬고드러오는것이아닌가. 나는 大驚失色하야 뒤로물러스면서 보자니까 그 개는 그육중한소리를 흔들흔들 흔들며 이座席저座席의客을 두루두루 코로맛터보는것이다.

그새 醉漢中의한사람이 마시다남은茶를 이 無禮한개를 向하야 씨언것다. 개는 질겁을하야 뒤로 물러스드니 그 山이 울고골작이 문허질것갓튼 크낙한목소리로 이 醉漢을向하야 지저대는것이엇다.

나는 창황히[448] 茶갑슬 치루고 그곳을나와 步道를드뎟다. 걸으면서도 그 藝術의殿堂에서울려나오는 怪한[449] 犬吠聲[450]을 한참동안이나 등뒤에들을수잇섯다.

寄與

그다지 名譽롭지못한 그러나 생각해보면 쏘 그러케까지 不名譽라고까지할 것도업는 疾患을가지고 어썬學府 附屬病院에를갓다. 診察이 씃나고 인제 治療를始作하려 그 그리보기조치안은 쎄드[451] 우에 올라누엇다 그랫드니 난데업시 數十名의黑裝束의 壯丁 一團이 우―闖入하야는 내 寢床을 둘러싸는것이다.

---

445 油頭白面 : 머리에 기름을 바르고 뽀얀 피부를 가진.
446 壯漢 : 몸집이 건장하고 힘이 센 남자.
447 쎄파―드(shepherd) : 개의 한 품종. 늑대와 비슷한데 퍽 영리하고 충실·용감하며 후각이 예민하며, 주로 경찰견·군용견 등으로 이용된다.
448 창황히 : 놀라거나 다급하여 어찌할 바를 모르고.
449 怪한 : 전집(1)은 '駁怪한', 전집(3)은 '해怪한'으로 오식. '매우 괴이하고 야릇하다'는 의미인 듯.
450 犬吠聲 : 개 짖는 소리.
451 쎄드(bed) : 침대.

말할것도업시 이 學府在學의學生들이오 이것은 臨床講義時間임에 틀림업다. 손에는 各各 노-트를들엇고 視線을 내患部인 한點에 集中식히고잇는것이다 醫師즉敎授는 徐徐히입을열어 用意周到하게 내 治療밧고저 하는個所를 주물르면서 流暢한語調로 講義를 開始하는것이아닌가. 이것은 나에게잇서서 참으로 千萬意外의일일뿐아니라 정말로 不快하기짝이업는逢變일수박게 업는일이다.

그들은 大體 누구의許諾을 어더 나를 實驗動物로 使用하는것인가. 엽구리에 腫氣하나가나도 그것을 남에게내어보이는것이 不快하겟거늘 아픈탓으로 耻部⁴⁵²를 내보이지안으면안되는 그 자그만한機會를타서 미천 드리지안코 그들의實驗動物을 엇고저쐬하는것일것이니 治療를 밧기爲하야는 반드시 이런屈辱을 밧아야만된다는制度라면 辭此不避⁴⁵³일것이나 그럿타하드라도 이變만은 어디까지든지 不快한일이다.

醫學의進步發達을爲하야 노구씨博士⁴⁵⁴는 黃熱病⁴⁵⁵에넘어지기까지도하야도 쏘 最近 어쩐 學者는 虎列剌⁴⁵⁶菌을 스스로삼켯다한다. 이와가튼例에 비긴다면 耻部를 잠시 學生들에게 求景식혓다는것쯤 심술부릴거리조차 못될것이다. 차라리 잠시의 아픔과 부스러움을 참앗다는것이 眞摯한硏究의 한 도움이된것을 光榮으로알아야할것이오 기쌔하여야할것이다.

그러나 쏘 생각해보면 사람은 누구나 다반드시 이러케 實驗動物로 提供되어야할 責任이 잇다는것은아니리라. 患部를 내어보이는것은 어느 사람에게잇서서도 愉快치못한일일것이다. 醫學만이 홀로 文化의發達向上을 질머진것은 아니겟고, 이社會에서 生活을 享有⁴⁵⁷하는이치고는 누구나 적든 만튼 文化를 擔

---

452 耻部 : 남에게 드러내고 싶지 아니한 부끄러운 부분, 또는 '음부(陰部)'를 달리 이르는 말.
453 辭此不避 : 사양하는 것을 피할 수 없다, 즉 '어쩔 수 없는 것'을 의미.
454 노구씨博士 : 일본의 의학박사 노구치 히데요(野口英世, 1896~1928). 세균학자로 아프리카에서 黃熱病을 연구하다가 감염되어 죽음. 전집(2) 주 참조.
455 黃熱病 : 아프리카 서부와 남아메리카에서 볼 수 있는 악성 전염병. 황열 바이러스가 주로 간과 신장을 침범하는데, 고열이 나고 피가 섞인 검은색의 구토와 황달을 일으키며 사망률이 높다.
456 虎列剌 : '콜레라'의 한자식 표기.
457 享有 : 전집(2)는 '亨有'의 오식으로 보나 享과 亨은 서로 통용되는 글자.

當하는一員임에 틀림업다. 許諾업시 醫學의硏究材料로 提供될 그런 호락한 몸은 하나도업슬것이다. 그럿타면 醫師는, 敎授는, 博士는, 그가어썬種類의 微々한人間에 不過한경우일지라도 반드시 그의感情을 尊重히하야 一言懇曲한請託의 말이 잇서야할것이오 一言 承諾의말이 잇슨다음에야 敎材로 使用할수잇을것이겟다.

要는 이런種類의寄與를 欣然히하게하는 새로운道德觀念의樹立과 새로운感情慣習의普及에 잇슬것이다.

어썬解剖學者는自己의遺骸를擔任하든敎室에 寄附할쯧을遺言하얏다한다. 그의弟子들이 참아 그 스승의遺骸에 解剖刀를 대이기어려윗슬줄안다.

또 어썬學術的인 展覽會에서 死刑囚의頭蓋骨을 여러조각에조각조각 켜노흔것을 본 일이잇다. 얼른생각에 死刑囚가튼人類의害毒을 좀 苛酷히 짓주물럿기로니 차라리 그래 싼일이지, 이럿케도 생각이되지만 또 한편으로생각해보면 魂魄이 이미 昇天해버린 遺骸에는 罪가업는것일것이니 가티 사람대접으로 取扱하는것이 至當한일일것이 아닐까. 또한本人의 한마듸 承諾하는遺言을 어더야할것이오 그럿치 안으면 通常의禮를 가추어주어야 올흐리라.

癩患人을爲하야 — 첫째 隔離가目的이겟스나 — 地上의樂園을 꾸며노앗서도 小鹿島에서는脫出하는일이 頻々히잇다한다.

萬一 그런 感情이나道德의 새로운觀念이 普及된다면 死刑囚는 依例히 解剖를 遺言할것이오 癩患者는 自進하야 小鹿島로갈것이다.

『내 恥部에 이러이러한疾患이 發生하얏는데 일즉이 듯지도보지도못한듯하오니 아모조록 여러學者와學生들이 모혀 硏究해주시기바랍니다』

하고나스는 奇特한人士가 出現할른지도 마치모른다. 그럿터면 여러學生들압폐 恥部[458]를 露出식히는榮光을 엇기에 競爭들을하는 고마운歲月이 올른지도 또 마치모르는것이오, 오기만한다면 진실로 稀代의 奇觀일것은 奇觀일것이나

---

458 恥部 : 恥部. 남에게 알리고 싶지 않은 부끄러운 부분, 또는 음부(陰部).

人類文化의向上發達에 寄與하는바만은 오늘에比하야 훨신 클것이다.

失手

몃해前까지도 東京驛頭에는 릭샤─[459] 즉 人力車가잇섯다한다. 外國觀光團을 실은豪華船이와다으면 帝國호텔을向하는 어마어마한人力車의行列을볼수잇섯다한다. 그들 遠來의異邦人들을接待하는갸륵한禮儀리라.

그러나 오늘 그『쌀라』를 헤쓰리고가는貴重한손님을마지하는데 人力車는廢止되엇고 通俗的인, 그들에게잇서서는 너무나通俗的인自動車로한다고 한다.

이것은 遠來의珍客을 待接하는 主人으로서의 갸륵한威信을직히는心慮에서이리라.

그러나 그 코놉흔人種을모시는人力車는 이나라에서 아주업서진것이아니다. 아닐쑨만아니라 아즉도 너무 만타.

數日前 本町 좁고도복작복작하는거리를貫流하는 세채의 人力車를目睹하얏다. 말할것도업시 白人의中年夫婦를실은人力車와 某호텔專屬의案內人을실은 人力車다.

그들은 우리市民이 正히 못알아들을수박게업는國語로지써리며 간혹 嘲笑비슷이웃기도하고 손에쥐인短杖을들어 어느方向을가르치기도한다. 자못 好奇에 그득찬表情이엇다.

寡聞에依하면 저쪽儀禮準則으로는 이 손까락질하는버릇은 크낙한 失禮라한다. 하면 世界漫遊를하옵시는거룩한身分의人士니 必是 紳士리라.

그리하면 이 젠틀맨 및 레디 는 人力車우에안저서 이 낫설은거리와市民들에게서슴지안코失禮를하는모양이다.

『이까짓데서는 禮를가추지 안아도조타』하는 애초부터의 괘심한배쨩임에틀

---

459 릭샤(rickshaw) : 인력거.

림업다.

　一瞬 나는 말할수업는 不快한感情에사로잡혀 마음대로 하라면 爲先 다수굿이 그 人力車의채를잡고잇는車夫를亂打한다음 그 無禮漢의夫婦를 腕力으로懲戒하야주고십헛다.

　그러나 또 생각하야보면 그들은 내가 채 알지 못하는바 世界的地理學者거나 考現學者[460]인지도몰은다. 그러지안은 單只 一個平凡한漫遊客에지나지안는다하드라도 그들은 적지안은『쌀라』를이싸에널어노코갈것이오 故國에 이싸의 風光과民俗을紹介할것이다. 어쨋든이들은 足히 珍重히接待하여야만할손님임에는 틀림이업다.

　그럿타면?

　내가 이들을懲戒하얏다는것이 도리어 내故鄕을辱되게하는것이리라. 그러컷만—

　그째 느낀 그 不快한感情은 조곰도 사라지々안는다.

　아모쪼록 만흔數효의 外國觀光團을誘致하는것은 우리들이싸의主人된任務일것이며 來訪한그들을謙遜하고도親切한禮儀로接待하야서 그들로하야금 이싸 이百姓들의 印象을 깃깃내쏘토록[461] 하는것 또한 직혀야할任務일것이다.

　그러나 謙遜을지나처 그들의傲慢과侮蔑[462]을容納할수업다. 이것을 말업시甘受하는것은 우에말한 主人으로서의任務에도背馳되는바 크다.

　이짱에 잇는것을 그들에게 구경식혀주는것은 決코 動物園의 곰이나말승냥이[463]가 제몸둥이를구경식히는心思와는달르다. 어듸짜지든지그들만못하지

460　考現學者 : 전집(1)은 '考古學者'로 수정, 오식. 고현학(modernology)은 今和次郞(1888~1973, 건축학자·풍속연구가)이 고고학을 본떠 만든 용어. 현재의 풍속과 세태, 유행 등을 연구하고 규명하는 학문을 말한다.
461　쏘토록 : 전집(1·2·3)은 '좋도록'으로 수정. 내용상 '조토록'의 오식으로도 보이지만, '쫓도록'의 뜻으로도 볼 수 있다.
462　侮蔑 : 업신여기고 얕잡아 봄.
463　곰이나말승냥이 : 곰이나 말승냥이, 즉 곰과 이리를 뜻함. 승냥이는 갯과의 짐승으로 이리보다 작고 꼬리는 길며 온몸에 황갈색 긴털이 나 있다. 흔히 이리를 승냥이와 비교하여 더 큰 종류라

안은곳 그들에게업는그들보다 나은곳을 紹介하고자랑하자는것일것이어늘 —

　人力車우에안저서 단장끗흐로손가락질을하는그들의態度는 確實히 動物園求景[464]에近似한態度요 짜라서 無禮오 더업는 屈辱이다.

　國家는맛당히 法規로써 그들에게 어쩌한 山間僻地에서라도 人力車를타지못하도록 取締[465]하야야할것이다.

　그들이 埠頭, 驛頭에다엇슬째 直接間接으로 이짜의威信[466]을제시하야노아야할것이다. 그것을爲先 人力車로실어 宿所로모신다는것은 해괴망측하기가싹이 업는일이다. 東京뿐만아니라 서울거리에서도 이 괘人심한人力車의行列을보지 안케 되어야올것이아닌가.

年前에 나는 어느公園에서 어썬白人이 한乞食에게五十錢銀貨를施與한다음 캬메라를戱弄하는것을 지나가든 一位武骨靑年이毆打하는것을目睹한일이잇다. 이 靑年 亦 鄕土를애끼는갸륵한自尊心에서울어난行動이엇슴에틀림업스리라. 그러나 이것은 그異邦人은어찌되엇든 잘못된일일것이니 『타우리스트뷰로-』[467]는 한낫[468] 觀光團誘致에만腐心할것이 아니라 이런 失手가未然에방지되도록 안으로서의 차림 ∨ 에도留意하는바가잇서야할것이다.(完)

　　　　　　　　　　　— 발표지면 : 『每日申報』, 1936.10.14~28

는 뜻으로 말승냥이라 한다.
464　動物園求景 : 전집(1)은 '動物求景'으로 한 글자 누락.
465　取締 : 규칙, 법령, 명령 따위를 지키도록 통제함.
466　威信 : 위엄과 신망.
467　타우리스트뷰로(tourist bureau) : 여행국.
468　한낫 : 전집(1)은 '한갓'으로 수정, 오식.

十九世紀式[469]

貞操

이런 境遇 — 즉 『남편만 없었던들』 『남편이 용서만 한다면』 하면서 지켜진 안해의 貞操란 이미 간음이다. 貞操는 禁制가 아니오 良心이다. 이 境遇의 良心이란 道德性에서 우러나오는 것을 가르치지 않고 『絶對의 愛情』 그것이다.

萬一 내게 안해가 있고 그 안해가 實로 요만 程度의 간음을 犯한 때 내가 무슨 어려운 方法으로 곧 그것을 알 때 나는 『간음한 안해』라는 뚜렷한 罪名 아래 안해를 내어쫓으리라.

내가 이 世紀에 容納되지 않는 最後의 한꺼풀 幕이 있다면 그것은 오직 『간음한 안해는 내어쫓으라』는 鐵則에서 永遠히 헤어나지 못하는 내 곰팡내 나는 道德性이다.

祕密

祕密이 없다는 것은 財産 없는것 처럼 가난할뿐만 아니라 더 불쌍하다.[470] 情痴世界의 祕密 — 내가 남에게 간음한 祕密, 남을 내게 간음시킨 祕密, 즉 不義의 兩面 — 이것을 나는 萬金과 오히려 바꾸리라. 주머니에 푼錢이 없을 망정 나는 天下를 놀려먹을 수 있는 實力을 가진 큰 富者일수 있다.

---

[469] 이 작품은 『삼사문학』 1937년 4월호에 실렸다고 하나 원문을 구할 수 없어 전집(1)을 저본으로 했다.

[470] 「실화」의 첫머리에도 "사람이 祕密이 없다는것은 財産없는것처럼 가난하고 허전한 일이다"라는 구절이 제시되어 있다.

理由

나는 내 안해를 버렸다. 안해는 『저를 용서하실 수는 없었읍니까』한다. 그러나 나는 한번도 『용서』라는 것을 생각해본 일이 없다. 왜? 『간음한 계집은 버리라』는 鐵則에 疑惑을 가지는 내가 아니다. 간음한 계집이면 나는 언제든지 곧 버린다. 다만 내가 한참 망서려가며 생각한 것은 안해의 한 짓이 간음인가 아닌가 그것을 判定하는 것이었다. 不幸히도 結論은 늘 『간음이다』였다. 나는 곧 안해를 버렸다. 그러나 내가 안해를 몹씨 사랑하는 동안 나는 우습게도 안해를 辯護하기 까지 하였다. 『될수 있으면 그것이 간음은 아니라는 結論이 나도록』나는 나自身의 峻嚴[471] 앞에 哀乞하기 까지 하였다.

惡德

용서한다는 것은 最大의 惡德이다. 간음한 계집을 용서하여 보아라. 한번 간음에 맛을 들인 계집은 두번째도 세번째도 간음하리라. 왜? 不義라는 것은 財物보다도 魅力的인 것이기 때문에 —

계집은 두번째 간음이 發覺되었을 때 實로 첫번째 때 보지 못하던 鬼哭的[472] 技法으로 용서를 빌리라. 번번이 이 鬼哭的 技法은 그 妙를 極하여 가리라. 그것은 女子라는 動物 天惠의 才質이다.

어리석은 남편은 그때 마다 새로운 感傷으로 간음한 안해를 용서하겠지 — 이리하여 實로 男便의 一生이란 『이놈의 계집이 또 간음하지나 않을까』하고 戰戰兢兢[473] 하다가 그만 두는 가엾이 虛無한 蕩盡이리라.

내게서 버림을 받은 계집이 賣春婦가 되었을 때 나는 차라리 그 계집에게 銀

---

471 峻嚴 : 조금도 타협함이 없이 매우 엄격함, 또는 형편이 매우 어렵고 엄함.
472 鬼哭的 : 귀신이 곡(哭)하는, 처절한.
473 戰戰兢兢 : 몹시 두려워서 벌벌 떨며 조심함.

貨를 支拂하고 다시 賣春할망정 간음한 계집을 용서하지도 버리지도 않는 殘忍한 惡德은 犯하지 말아야 한다고 나는 나 自身에게 타일른다.

─ 발표지면 : 『三四文學』, 1937.4

倦怠[474]

李　箱

　어서 — 차라리 — 어둬버리기나 햇스면조켓는데 — 僻村의 여름 — 날은 지리해서죽겟슬만치 길다

　東에 八峰山. 曲線은 왜 저리도 屈曲이업시 單調로운고?

　西를보아도 벌판, 南을보아도 벌판, 北을보아도 벌판, 아—이 벌판은 어쩌자고 이러케 限이업시 늘어노엿슬고? 어쩌자고 저러케까지 똑가티 草綠色 하나로 되어먹엇노?

　農家가 가운데 길하나를 두고 左右로 한 十餘戶式 잇다. 휘청거린 소나무기둥 흙을주믈러발른 壁 강낭대[475]로둘러싼 울타리, 울타리를 더픈 호박넝쿨 모두가 그게 그것가티 똑갓나[476]

　어제보든 답싸리[477]나무 오늘도보는 金서방 來日도보아야할 신둥이[478] 검둥이

　해는 百度가까운벼츨 집웅에도 벌판에도 뽕나무에도암닭꼬랑지에도 나려쪼인다. 아침이나저녁이나 뜨거워서 견델수가업는 炎署繼續이다

　나는아츰을먹엇다. 할일이 업다. 그러나 無作定 넓다란 白紙가튼 『오늘』이라

474　이 작품이 신문에 소개될 당시(『조선일보』, 1937.5.4)에 아래와 같은 간략한 기자의 주석이 붙어 있다.
　　「終生記」를가지고 夭逝한作家 李箱은 그 타고난 稟質보담 그 남기고간바가 너무적다. 이일이 恨된다하야 그의 至友인 朴泰遠氏가 遺篋을 뒤적이다가 마침 未發表의 이 遺稿 한篇을 어덧다고傳하기에 이제 그 遺骸가 故土에도라오는날을 마추어 실게된것이다.
475　강낭대 : 옥수수대의 방언.
476　똑갓나 : 전집(1·2·3)에서는 '똑같다'로 쓰고 있다. '다'라는 서술형 어미가 아니라 '나'라는 감탄형 어미를 쓴 것이다.
477　답싸리 : 댑싸리. 명아줏과의 일년초로 들이나 밭가에 절로 나기도 하고 심기도 하는데, 줄기는 1m가량 곧게 자란다. 가늘고 긴 잎은 끝이 뾰족하며 여름에 담녹색의 꽃이 잎겨드랑이에서 핀다.
478　신둥이 : '센둥이'의 방언. 털빛이 흰 동물, 특히 흰털의 강아지를 이름.

는것이내아페 펼처저잇스면서 무슨 記事라도 조으니 强要한다 나는 무엇이고 하지안흐면안된다. 무엇을해야할것인가硏究해야된다. 그럼 — 나는崔서방네집 사랑 툇마루[479]로將棋나두러갈까. 그것 조타.

崔서방은 들에나갓다. 崔서방네사랑에는 아모도업나보다. 崔서방의 족하가 낫잠을잔다. 아하 — 내가아침을먹은것은 열時나 지난後니까 崔서방의족하로서는 낫잠잘時間에틀림업다.

나는 崔서방의족하를깨워가지고 將棋를한판버리기로한다. 崔서방의족하와 열번두면열번 내가이긴다. 崔서방의족하로서는 그러니까 나와 將棋둔다는것 그것부터가倦怠다. 밤낫두어야 마창가질 바에는 안두는것이 차라리 나앗지 — 그러나 안두면 또 무엇을하나? 둘박게업다.

지는것도 倦怠어늘 이기는것이 어찌 倦怠아닐수잇스랴? 열번두어서 열번네리이기는작난이란 열번지는以上으로 승거운작난이다. 나는 참 승거워서 견될수업다.

한번쯤 저주리라. 나는한참 생각하는체하다가 슬그머니 危險한자리에 將棋조각을 갓다논는다.[480] 崔서방의족하는 하품을 쏙 한번하드니 이윽고 둔다는것이 딴천[481]이다. 의례히 질것이니까 골치아프게 수를보고 어쩌고하기도실타는 思想이리라 아모러케나 생각나는 대로 將棋 을 갓다노코는 그저 얼른얼른 끗을 내어 저줄만큼저주면 이 常勝將軍은 이 壓倒的倦怠를 이기지못해제출물에[482] 가버리겟지 하는思想이리라. 가고나면 또 낫잠이나 잘作定이리다.[483]

나는 不得已 또 이긴다 인제 그만두잔다. 勿論 그만두는수박게업다.

일부러 저준다는것조차가 어려운일이다. 나는 왜 저 崔서방의족하처럼 아주

---

479 툇마루 : 전집(2·3)은 '뒷마루'로 오식. 본디 칸살 밖에 좁게 달아 낸 마루.
480 논는다 : 원문은 '논는바'로 오식.
481 딴천 : '딴전' 또는 딴청 즉, '어떤 일과 아무 관련도 없는 딴말이나 짓'을 뜻함.
482 제출물에 : 제 생각대로 하는 바람에.
483 作定이리다 : 전집(1)은 '作定이리라'로 오식.

영영 放心狀態가 되어버릴수가업나?이 窒息할것가튼 倦怠속에서도 些細한勝負에抱束을밧나?아주 바보가 되는수는업나?

내게 남아잇는 이 치사스러운 人間利慾이 다시업시 밉다. 나는 이 마즈막것을 免해야한다. 倦怠를認識하는 神經마저버리고 完全히 虛脫해버려야한다.

나는 개울가로간다. 가믈로하야 너무나 貧弱한물이 소리업시 흐른다. 뼈처럼 앙상한 물줄기가 왜 소리를 치지안나?

너무더웁다. 나무닙들이다 축 늘어저서 허덕허덕하도록 더웁다. 이러케 더우니 시내물인들 서늘한소리를내어보는재간도업스리라.[484]

나는 그물가에 안는다. 안저서 자─무슨題目으로 나는 思索해야할것인가 생각해본다. 그러나 勿論 아모런題目도 떠오르지는안는다.

그러타면 아모것도생각말기로하자. 그저 限量업시넓은 草綠色벌판, 地平線, 아모리變化하야보앗댓자 結局 稚劣한曲藝의域을버서나지안는 구름, 이런것을 건너다 본다.

地球表面積의百分의九十九가 이 恐怖의草綠色이리라 그러타면 地球야말로 너무나 單調無味한 彩色 이다 都會에는 草綠이 드믈다. 나는 처음 여기漂着[485] 하얏슬때 이 新鮮한草綠빗에 놀랏고 사랑하얏다. 그러나닷새가못되어서 이 一望無際[486]의草綠色은 造物主의 沒趣味와 神經의粗雜性으로말매암은 無味乾燥한 地球의餘白인것을 發見하고 다시금놀라지안흘수업섯다.

어쩔作定으로 저러케 퍼러냐. 하로웬終日 저 푸른 빗은 아모짓도하지안는다 오즉 그 푸른것에 白痴와가티 滿足하면서 푸른채로잇다.

이윽고 밤이오면 또 巨大한구뎅이처럼[487] 빗을일허버리고 소리도업시 잔다. 이 무슨 巨大한謙遜이냐.

---

484 업스리다 : 전집(1)은 '없으리라'로 오식.
485 漂着 : 정처 없이 떠돌아다니다가 어떤 곳에 정착함.
486 一望無際 : 한눈에 바라볼 수 없을 정도로 아득하게 멀고 넓어서 끝이 없음.
487 구뎅이처럼 : 전집(1)은 '구렝이처럼' 전집(2·3)은 '구렁이처럼'으로 수정.

이윽고 겨을이오면 草綠은失色한다. 그러나 그것은 襤褸를갈기갈기찌즌것과 다름업는 醜惡한色彩로變하는 것이다. 한겨울을두고 이荒漠하고醜惡한벌판을 바라보고 지내면서 그래도 自殺 悶絕[488]하지 안는 農民들은불상하기도하려니와 巨大한天痴다.[489]

그들의一生이 또한 이 벌판처럼 單調한倦怠一色으로 塗布된것이리라.일할때는 草綠벌판처럼 더워서숨이캭캭 막히게 승거울것이오 일하지안흘때에는 겨울荒原처럼 거츨고구주레하게 승거울것이다.

그들에게는 興奮이업다. 벌판에벼락이떠러저도 그것은 雷聲[490]끄테가끔잇는 茶飯事에지나지안는다. 村童이 범에게물려가도 그것은 猛獸가사는山村에 가끔잇는 神罰에지나지안는다. 實로 電信柱하나 업는벌판에서 그들이무엇을 對像으로 興奮할수잇스랴.

八峰山 등을넘어 鐵骨電線柱가 늘어섯다. 그러나그 銅線은 이村落에 葉書한장을 내려트리지안코 섯는채다. 銅線으로는 電流도 通하리라. 그러나 그들의房이 아즉도 松明[491]으로 어둠침침한以上 그 電線柱들은 이 마을 洞口에늘어슨 포푸라 나무와 조곰도다를것이[492] 업다

그들에게希望은[493] 잇든가 가을에穀食이 익으리라?그러나 그것은 希望은아니다. 本能이다.

來日. 來日도 오늘하든繼續의일을해야지 이 끗업는 倦怠의來日은 왜이러케 끗업시잇나? 그러나 그들은 그런것을생각할줄모른다. 間或 그런疑惑이 電光과가티 그들의 胸裏를스치는일이잇서도 다음 瞬間 하로의 勞役으로말미암아 잠

---

488 悶絕 : 고민 끝에 기절함.
489 天痴다 : 원문은 '天痴나'로 보이는데, 그것은 일부 '다'자형이 무디어서 '나'처럼 인쇄된 것이다. 이 글에는 그런 곳이 여러 군데 있지만 교감하여 본문에서 바로잡았음을 일러둔다.
490 雷聲 : 전집(2·3)은 '電聲'으로 오식. '뇌성'은 우렛소리.
491 松明 : 관솔불.
492 다를것이 : 전집(1)은 '다름이'로 수정.
493 希望은 : 전집(1)은 '希望이'로 오식.

이오고만다. 그러니 農民은참不幸하도다. 그럼―이 凶惡한倦怠를自覺할줄아는 나는 얼마나 幸福된가.

댑싸리나무도 축 늘어젓다. 물은 흐르면서 가끔웅뎅이를만나면 썩는다. 내가안저잇는데는 그런웅뎅이가이다.[494] 내아페에서 물은 조용히썩는다.

낫닭우는소리가 무던히閑暇롭다. 어제도울든 낫닭이 오늘도 또 울엇다는外에 아무 興味도업다. 들어도 그만 안들어도그만이다 다만 偶然히 귀에들녀왓스니까 그저들엇달뿐이다

닭은 그래도 새벽, 나즈로 울기나한다 그러나 이 洞里의개들은 짓지를안는다 그러면 모두 벙어리개들인가 아니다 그 證據로는 이 洞里사람아닌내가 돌팔매질을하면서威脅하면 十里나달아나면서 나를돌아다보고 짓는다

그러컷만 내가 아무 그런 危險한짓을하지안코 지나가면 千里나먼데서온外人 더구나 顔面이 이처럼蒼白하고 蓬髮[495]이 鵲巢[496]를이룬奇異한風貌를처다보면서도 짖지 안는다 참 이상하다 어째서 여기 개들은 나를보고 짓지를안흘까? 世上에도稀貴한 謙遜한 겁쟁이 개들도 다만타

이 겁쟁이개들은 이런나를보고도짓지를안흐니 그럼 大體 무엇을보아야 지즈랴?

그들은 지즐일이업다 旅人[497]은 이곳에오지안는다 오지안흘뿐만아니라 國道沿邊에잇지안는 이村落을 그들은 지나갈일도 업다. 가끔 이웃 마을의 金서방이 온다. 그러나 그는 여기崔서방과 똑 가튼 服裝과 皮膚色과사투리를가젓스니 개들이 지저무엇하랴. 이貧村에는 盜賊이업다. 人情잇는 盜賊이면 여기 너무나 貧寒한새악씨들을 爲하야훔친바 비녀나반지를 가만히 노코가지안흐면 안되리

---

494 웅뎅이가이다: 전집(1)은 '웅뎅이가 있다', 전집(2·3)은 '웅덩이가 있다'로 수정, 오식. 그것은 '웅뎅이가이다'를 '웅뎅이가잇다'의 오식으로 본 것이다. 그러나 이것은 그대로 '웅뎅이가이다'가 옳으며, '웅뎅이 옆이다'는 의미이다.

495 蓬髮: 蓬頭亂髮의 준말. 쑥대머리로 더부룩하게 엉클어짐, 또는 그 머리털.

496 鵲巢: 까치집. 여기서는 머리카락이 이리저리 엉기고 설킨 모양을 말함.

497 旅人: 나그네, 객.

라. 盜賊에게는 이마을은 盜賊의 盜心을盜賊맛기쉬운 危險한 地帶리라.

그러니 實로 개들이 무엇을보고 지즈랴. 개들은너무나 오랫동안 — 아마 그 出生[498] 當時부터 — 짓는버릇을 抛棄한채 지내왓다. 몃代를두고 짓지안흔 이곳 犬族들은 드디어 짖는다는 本能을 喪失하고 만것이리라. 인제는 돌이나 나무토막으로어더마저서 견딜수업슬만큼아퍼야 겨우 짓는다. 그러나 그와가튼本能은 人間에게도 잇스니 特히개의 特徵으로처둘 것은 못되리라.

개들은 大概 제가 길리우고잇는 집 門간에가안저서 밤이면밤잠 나지면 낫잠을 잔다. 왜? 그들은 守衛할 아무 對像도 업스니까.

崔서방네집개가 이리로온다. 그것을 金서방네집개가 發見하고 이러나서 迎接한다. 그러나 迎接해본댓자 할 일이 업다. 良久에[499] 그들은 헤어진다.

설레설레 길을걸어본다. 밤낮다니든길, 그길에는 아무것도 떠러진것이업다. 村民들은 한여름 보리와조를 먹는다. 반찬은 날된장 풋고추다. 그러니 그들의부억에조차 남는것이 업겟거늘 하물며 길가에 무엇이 足히 떠러저잇슬수잇스랴.

길을걸어본댓자 所得이업다. 낫잠이나 자자. 그리하야 개들은 天賦의守衛術을 忘却하고 낫잠에耽溺하야버리지안흘수업슬만큼 墮落하고말앗다.

슬픈일이다. 지즐줄모르는 벙어리개, 직힐줄모르는겔름뱅이개, 이 바보개들은 伏날 개장국을 끌여먹기爲하야 村民의犧牲이 된다. 그러나 불상한개들은 陰曆도 모르니 伏날은 몃날이나남앗나 全然 알길이 업다.

이마을에는 新聞도오지안는다. 所謂 乘合自動車라는것도通過하지안흐니 都會의消息을 무슨方法으로알랴?

五官이 모조리 剝奪된것이나 다름업다. 답답한하늘 답답한地平線 답답한風景 답답한風俗가운데서 나는 이리디굴저리디굴 굴고시플만치 답답해하고 지내야만된다.

---

498 出生 : 전집(3)은 '出産'으로 오식.
499 良久에 : 한참 있다가, 얼마 있다가.

아무것도 생각할수업는狀態以上으로 괴로운狀態가 또 잇슬까. 人間은 病席에서도 생각한다. 아니 病席에서는 더욱 만히생각하는法이다. 끗업는 倦怠가 사람을掩襲하얏슬때 그의瞳孔은內部를向하야열리리라. 그리하야 忙殺500할때보다도 몇 배나 더 自身의內面을省察할수잇슬것이다.

現代人의 特質이오 疾患인 自意識過剩은 이런 倦怠치 안흘수업는 倦怠階級의 徹底한 倦怠로말미암음이다. 肉體的閑散 精神的倦怠이것을 免할수501 업는 階級이 自意識過剩의絶頂을表示한다.

그러나 지금 이 개울가에안즌나에게는 自意識過剩조차가 閉鎖되엇다.

이러케閑散한데 이러케 極度의倦怠가잇는데 瞳孔은內部를向하야열리기를 躊躇한다.

아무것도 생각하기실타. 어제까지도 죽는것을생각하는것하나만은 즐거웟다. 그러나 오늘 그것조차가 귀찬타. 그러면 아무것도생각하지말고 눈뜬채즐기로하자

더워죽겟는데 沐浴이나할까. 그러나 웅뎅이물은 썩엇다. 썩지안흔물을 차저가는것은 귀찬흔502일이고 —

썩지안흔물이 여기 잇다기로서니 나는沐浴하지 안핫스리라. 옷을벗기가 귀찬타. 아니 — 그보다도 그蒼白하고 앙상한瘦軀503를 白日아래 너러말리는破廉恥를 나는 견디기어렵다.

땀이 옷에배이면? 배인채 두자.

그러타하더라도 이더위는 무슨더위냐. 나는 내가잇는 집으로도라와서 세수를하기로한다. 나는 이러나서 오든길을돌치는504道中에서 交尾하는개함雙을

---

500 忙殺 : 몹시 바쁨.
501 免할수 : 원문은 '兎할수'로 오식.
502 귀찬흔 : 원문은 '귀찬흠'으로 오식.
503 瘦軀 : 수척한 몸.
504 돌치는 : 기본형, 돌치다. 되돌다.

만낫다. 그러나 人工의技巧가업는 畜類의交尾는 風景이倦怠그것인것가티 倦怠그것이다. 洞里 童孩들에게도 젊은村婦들에게도 興味의對象이 못되는 이 개들의交尾는 또한내게 잇서서도 興味의 對象이되지안는다.

함석대야는 그 本然의비츨 일직이 일허버리고 그들의 皮膚色과가티 붉고검다. 아마 이집主人아주머니가 시집올때 가지고온것이리라.

세수를해본다. 물조차가미지근하다. 물조차가 이 무지한더위에는 견딜수업섯나보다. 그러나 세수의慣例대로 세수를마친다.

그리고 호박넝쿨이 축 늘어진 울타리밋 호박넝쿨의 뿌리돗친데를 차저서그 물을 준다. 너라도 좀 生氣를내라고.

땀내나는수건으로 얼굴을 훔치고 뒷마루에걸터 안젓자니카 내가 세수할때 내겨테늘어섯든 主人집아이들 넷이 제各기 나를본바더그 대야를使用하야 세수를한다

저 애들도 더워서저리는구나. 하얏드니 그러치안타. 그애들도 나처럼 一擧手一投足을어찌하얏스면 조흘까 당황해하고잇는 倦怠들이엇다. 다만 내가 세수하는것을보고 그럼우리도 저사람처럼 세수나해볼까 하고따러서 세수를해보앗다는데지나지안는다.

원숭이가 사람의 흉내를 내이는것이 내눈에는 참 밉다. 어쩌자고 여기아이들이 내 흉내를 내이는것일까? 귀여운 村童들을 원숭이를 만들어서는 안된다.

나는 다시 개울가로 가 본다. 썩은물 늘어진댑싸리 外에 아모것도업다. 그러나 나는 거기 안저서 이번에는 그썩는中의 웅뎅이속을 드려다본다.

瞬間 나는 珍奇한現像을 目睹한다. 無數한汚點이 方向을整頓해가면서 움즉이고 잇는것이다. 이것은 生物임에틀림업다. 송사리떼임에틀림업다.

이 腐敗한沼澤속에 이런 앙증스러운魚族이 棲息하리라고는 나는 참 꿈에도 생각하지못햇다.

요리몰리고 조리몰리고역시 먹을것을 차즘이리라무엇을먹고사누 벌러지를

먹겟지. 그러나 송사리보다도더 적은 벌러지라는것이 잇슬가?

暫時를 가만잇지안는다. 저므도록 움즉인다. 大略가튼動機와 가튼모양으로 들그러는것갓다. 動機! 亦是 송사리의世界에도 時急한目的이 잇는모양이다.

차츰차츰 下流를向하야群衆의으로 移動한다. 저러케 下流로下流로만 가다가 또 어쩔作定인가. 아니 그들은 中路에서 또 上流를 向하야 거슬려올라올른지도 모른다. 그러나 당장 下流로向하야가고잇는것이確實하다. 下流로 下流로!

五分後에는 그들의모양이 보이지안흘만치 그들은 멀리 下流로나려갓다. 그리고 웅뎅이는 아까와가티 도로 썩은 물의웅뎅이로 조용해지고말앗다.

고웅뎅이속에 고런 맹랑한 現像[505]이 潛伏해잇을수잇다니 — 하고 나는 적잔히 興奮햇다. 그러나 그現像도소낙비처럼 지나가고 말앗으니이저버리고 그만두는수박게.[506]

나는 그자리에서이러나서 풀밧으로가보기로한다. 풀밧에는 암소한마리[507] 잇다.

소의뿔은 벌서 소의武器는아니다. 소의뿔은 오즉眼鏡의材料일따름이다. 소는사람에게 엇어맛기로爲主니까 소에게는 武器가 必要업다. 소의뿔은 오즉 動物學者를 爲한標識이다. 野牛時代에는 이것으로敵을突擊한일도잇읍니다 — 하는마치 廢兵[508]의가슴에달린勳章처럼 그追憶性이 哀傷的이다.

암소의뿔은 수소의그것보다도 더한층 謙虛하다. 이 哀傷的인뿔이 나를밧을理 업스니 나는 마음노코 그겻 풀밧에가 누어도조타. 나는 누어서 爲先 소를본다.

소는 잠시 反芻를그치고 나를凝視한다.

『이사람의얼골이 왜이리蒼白하냐 아마病人인가보다 내生命에危害를 加하려

---

505 現像 : 원문은 '現傷'으로 오식. 전집(1·2·3) 모두 전자로 수정.
506 수박게 : '고 웅뎅이…수박에'는 '…조용해지고 말앗다' 다음으로 가야 옳을 듯. '나는 그 자리… 잇다'까지 두 문장이 앞쪽으로 잘못 간 듯하다.
507 한마리 : 전집(1)은 '한마리가'로 수정.
508 廢兵 : 전쟁 중 부상을 입어 불구자가 된 병사.

는거나 아닌지 나는 조심해야 되지』

이러케 소는 속으로 나를 審理하얏스리라. 그러나 五分後에는 소는 다시 反芻를 繼續하얏다. 소보다도 내가 마음을 놋는다.

소는 食慾의 즐거움조차를 冷待할 수 잇는 地上最大의 獸怠者[509]다. 얼마나 倦怠에 지 질렷길래 이미 胃에 들어간 食物을 다시 게워 그 시금털털한 半消化物의 味覺을 逆說的으로 享樂하는 체 해 보임이리오?

소의 體軀가 크면 클사록 그의 倦怠도 크고 슬프다. 나는 소 압헤 누어 내 細菌가티 些少한 孤獨을 謙遜하면서 나도 思索의 反芻는 可能할른지 不可能할른지 몰래 좀 생각해 본다.

길 복판에서 六七人의 아이들이 놀고 잇다. 赤髮銅膚[510]의 半裸群이다. 그들의 混濁한 眼色 흘린 코물 둘른 베두렝이[511] 버슨 우통[512] 만을 가지고는 그들의 性別조차 거의 分揀할 수 업다.

그러나 그들은 女兒가 아니면 男兒요 男兒가 아니면 女兒인 結局에는 귀여운 五六歲 乃至 七八歲의「아이들」임에는 틀림이 업다.[513] 이 아이들이 여기 길 한복판을 選擇하야 游戲[514]하고 잇다.

돌맹이를 주어 온다. 여기는 사금파리도 벽돌 조각도 업다. 이 빠진 그릇을 여기 사람들은 버리지 안는다.

그리고는 풀을 뜨더 온다. 풀―이처럼 平凡한 것이 또 잇슬까. 그들에게 잇서서는 草綠빗의 物件이란 어떤 것이고 간에 다시 업시 심심한 것이다. 그러나 하는 수 업다. 穀食을 뜻는 것도 禁制니까 풀 박게 업다.

---

509 獸怠者 : 전집(1)은 이를 '倦怠者'로 수정. '권태로운 짐승' 정도로 읽을 수 있을 것이다.

510 赤髮銅膚 : 빡빡 깎은 대머리에 구릿빛 피부.

511 베두렝이 : 베두렁이. 베로 만든 것으로 어린아이의 배와 아랫도리를 둘러 가리는, 치마같이 생긴 옷의 한 가지.

512 우통 : 웃통. 윗옷.

513 틀림이업다 : 전집(1)은 '틀림 없다'로 한 글자 누락.

514 游戲 : 전집(1·2·3)은 이를 포함하여 이후의 것도 모두 '遊戲'로 쓰고 있다. '장난하며 놂'이라는 의미로 별 의미 차이는 없지만, 원문대로 해주는 것이 마땅하다.

돌맹이로 풀을 지찟는다 푸르스레한물이 돌에가染色된다. 그러면 그돌과그풀은 팽겨치고 또 다른풀과다른⁵¹⁵돌맹이를가저다가 똑가튼짓을反復한다. 한十分동안이나아모말이업시 잠자코 이러케놀아본다.

十分만이면 倦怠가온다. 풀도승겁고 돌도승겁다. 그러면그外에 무엇이잇나? 업다.

그들은 一齊히 이러슨다 秩序도업고 衝動의材料도업다. 다만 그저 안젓기실흐니까 이번에는 이러서보앗슬뿐이다.

이러서서 두팔을 노피 하늘을向하야처든다. 그리고悲鳴에가까운소리를질러본다. 그리드니 그냥 그자리에서들 겅중겅중 뛴다. 그리면서 그悲鳴을兼한다.

나는 이 光景을보고 그만 눈물이낫다. 여북하면 저러케놀까. 이들은놀줄조차모른다. 어버이들은 너무가난해서 이들 귀여운애기들에게 작난감을사다줄수가업섯든것이다.

이 하늘을向하야두팔을뻐치고 그리고소리를질르면서 뛰는그들의游戲가 내눈에는 암만해도游戲가티생각되지안는다. 하늘은 왜저러케어제도오늘도來日도푸르냐, 山은 벌판은 왜저러케어제도오늘도來日도푸르냐 는造物主에게對한 咀呪의悲鳴이 아니고무엇이랴.

아이들은 지즐줄조차모르는 개들과놀수는업다. 그러타고 머이⁵¹⁶ 찻느라고 눈이벍언닭들과놀수도업다. 아버지도 어머니도 너무나바쁘다. 언니오빠조차 바쁘다. 亦是 아이들은 아이들끼리노는수박게업다. 그런데 大體 무엇을가지고 어떠케놀아야하나 그들에게는 작난감하나가업는그들에게는 영영 엄두가 나스지를안는것이다. 그들은이러틋不幸하다.

그짓도 五分이다. 그以上 더길게 이짓을하자면 그들은疲勞할것이다. 純眞한 그들이 무슨까닭에疲勞해야되나? 그들은 爲先 승거워서 그짓을 그만둔다.

---

515 다른 : 전집(1)은 누락.
516 머이 : '무엇을'인 듯. '먹이'나 '모이'의 오식일 수도 있다. 전집(1·2·3)은 '모이'로 수정.

그들은 도로 나란이안는다. 안저서 소리가업다. 무엇을하나. 무슨 種類의 游戲인지 游戲는 游戲인모양인데 ― 이 倦怠의 왜小人間[517]들은 또 무슨 奇想天外의 游戲를 發明햇나.

五分後에 그들은 비키면서 하나식둘식이러슨다. 제각각 大便을 하 무데미[518]식 누어노핫다. 아― 이것도 亦是 그들의游戲엇다. 束手無策의그들 最後의創作游戲엇다. 그러나 그中한아이가영 이러나지를안는다. 그는 大便이나오지안는다. 그럼그는 이번游戲의 못난落伍者에틀림업다. 分明히 다른아이들 눈에 嘲笑의비치보인다. 아― 造物主여 이들을 爲하야 風景과 玩具를 주소서.

날이 어두엇다. 海底와가튼밤이오는것이다. 나는 자못 이상하다.

가만히 생각해보면 나는 배가 고픈모양이다. 이것이 정말이라면 그럼 나는 어째서 배가고픈가. 무엇을햇다고 배가고픈가.

自己腐敗作用이나하고 잇는웅덩이속을 實로 송사리떼가쏘다니고 잇드라. 그럼 내臟腑속으로도 나로서 自覺할수업는 송사리떼가 蠢動[519]하고 잇나보다. 아모르튼 밥을[520] 아니먹을수는업다.

밥상에는 마눌장아찌와 날된장과 풋고추조림이 慣性의 法則처럼 노혀잇다. 그러나 먹을때마다 이飮食이 내입에 내혀에 달르다. 그러나 나는 그까닭을 說明할수업다.

마당에서 밥을먹으면 머리우에서 그無數한 별들이 야단이다. 저것은 또어쩌라는것인가. 내게는 별이 天文學의 對像될수업다. 그러타고 詩想의對像도아니다. 그것은 다만 香氣도觸感도업는 絶對倦怠의 到達할수업는 永遠한彼岸이다. 별조차가 이러케승겁다.

저녁을마치고 박그로나와 보면 집집에서는 모기불의 煙氣가 한창이다.

---

517 왜小人間 : 矮小人間. 작고 초라한 사람.
518 하 무데미 : '한 무데미'의 오식으로 보인다. 전집(1)은 '한 무데기씩'으로 수정.
519 蠢動 : 벌레 따위가 꿈적거린다는 뜻.
520 밥을 : 전집(1)은 이 단어 앞에 '나는'을 첨가.

그들은 마당에서 멍석을 펴고잔다. 별을처다보면서 잔다. 그러나 그들은 별을 보지안는다. 그證據로는 그들은 멍석에눕자마자 눈을 감는다. 그리고는 눈을감자마자 쿨쿨 잠이든다. 별은 그들과 關係업다.

나는 消化를促進시키느라고 길을 왓다갓다한다. 돌칠적마다 멍석우에누은사람의 數가 늘어간다.

이것이 屍體와 무엇이달를까? 먹고잘줄아는 屍體 — 나는 이런失禮로운생각을停止해야만되겟다. 그리고 나도 가서 자야겟다.

房에도라와 나는 나를살펴본다. 모든것에서 絶緣된 지금의 내生活 — 自殺의 端緖조차를 차즐길이업는 지금의 내 生活은 果然 倦怠의極 倦怠그것이다.

그러컷만 來日이라는것이잇다 다시는 날이새이지안흔 것갓기도한밤 저쪽에 또來日이라는놈이한個 버티고서잇다마치凶猛한[521] 刑吏처럼 —

나는 그 刑吏를避할수업다 오늘이되어버린來日속에서또나는 窒息할만치심심해레야[522] 되고기막힐만치 답답해해야 된다

그럼 오늘하로를 나는 어떠케지냇든가이런것은생각할必要가업스리라그냥자자자다가 不幸히 — 아니 多幸히또깨거든崔서방의족하와將棋나또한판두지웅뎅이에가서송사리를볼수도잇고 — 멋가지안남은記憶을소처럼 — 反蒭하면서 끗업는懶怠를즐기는方法도잇지안흐냐

불나비가달려들어불을끈다불나비는죽엇든지火傷을입엇스리라그러나불나비라는놈은사는方法을아는놈이다불을보면뛰어들줄을알고 — 平常[523]에불을燋燥히[524]차저단일줄도아는 情熱의生物이니말이다.

그러나 여기 어디 불을 차즈려는情熱이 잇스며 뛰어들불이잇느냐. 업다. 나

---

521 凶猛한: 몹시 사나운.
522 심심해레야: 전집(2·3)은 '심심해야'의 오식으로 봄.
523 平常: 平常時의 준말. 의미로는 나무로 만든 침상(寢牀)의 한 가지인 平床을 일컫는 것 같기도 하다. '평상에'가 꾸미는 것이 '찾아 다니는'인지 '불'인지에 따라 다르다. 후자라면 '平常'은 '平床'의 오식이다.
524 燋燥히: '焦燥히'와 같은 단어이다. 전집(1)은 후자로 수정.

에게는 아무것도업고 아무것도업는내눈에는 아무것도보이지안는다.

  暗黑은 暗黑인以上 이좁은房것이나 宇宙에꽉찬것이나 分量上差異가업스리다.[525] 나는 이 大小업는 暗黑가운데누어서 숨쉴것도 어루만즐것도 또 慾心나는것도 아무것도업다. 다만 어디까지가야끗이날지 모르는來日 그것이또 窓박게 登待하고[526] 잇는것을 느끼면서 오들오들 떨고잇슬뿐이다

十二月十九日未明, 東京서

― 발표지면 : 『조선일보』, 1937.5.4~11

---

[525] 업스리다 : 전집(1)은 '없으리라'로 수정.
[526] 登待하고 : '等待하고'의 오식인 듯. 이는 '미리 갖추어 두고 기다리다'라는 의미이다. 전집(1)은 '等待하고'로 수정.

슬픈이야기[527]
― 어떤두週日동안 ―

故 李 箱

거기는 참 오래간면에[528] 가본것입니다. 누가 거기를 가보라고 그랬나 ― 몰읍니다. 퍽 變했읍디다.[529] 그前에 寫生하든다리 아 ― 취[530]가 暮色속에 如前하고 시내물도 그밑을 조용히 흘으고있읍니다. 兩언덕은 잘다듬어서 中間中間 연못처럼 물이 고였고 자그만한 섬들이 아주세간처럼 조촐하게 노여있읍니다. 게서 시내물을따라 좀올나가면 卒業紀念으로 寫眞을찍든 木橋가있읍니다. 그時節동무들은 다 뿔뿔이 헤여저서 지금은 安否조차 몰읍니다. 나는 게까지는 가지않고 걸상처럼생긴 어느나무토막에가 앉어서 물속으로도 黃昏이 오나안오나 듸려다보고 앉었었읍니다. 입서[531]도 다떨어진 나무들이 걱구를[532] 물속에가 빛첬읍니다. 또 電信柱도 비첬읍니다. 물은 그런 틈사구니로 잘빠저서 흘으나봅니다. 그 내려노은 風景을 만저보거나 하는일이 없읍니다. 바람없는 저녁입니다.

그리드니 물속 電信柱에달닌 電燈에 불이 들어왔읍니다. 마치 무슨 요긴한 「말슴」 갔읍니다.[533] ―「밤이오십니다」― 나는 고개를들어서 땅우의 電信柱를

---

527 제목 밑에 '어떤두週日동안'이라는 부제가 있다.
528 간면에 : '간만에'의 오식인 듯. 전집(1·2·3)은 후자로 수정.
529 變했습디다 : 전집(1)은 '變했읍니다'로 수정. 그러나 이것은 구어체를 그대로 쓴 것이다.
530 아―취(arch) : 개구부의 상부 하중을 지탱하기 위하여 개구부에 걸쳐 놓은 곡선형 구조물. 분리된 조각조각의 상호 압력으로 지탱하는 구조물이다. 활이나 무지개같이 한가운데는 높고 길게 굽은 형상이다.
531 입서 : '입새'의 오식인 듯.
532 걱구를 : '걱구로'의 오식인 듯.
533 갔읍니다 : 이 글에서는 '같습니다'를 그렇게 표기함.

보았읍니다. 얼는— 불이켜집니다. 내가 안보는동안에 白晝[534]를 한甁 담아가지고 놀든電燈이 잠간 한눈을 판것도갔읍니다. 그래밤이 오나— 그러고보니까 참 空氣가 차겁습니다. 두루맥이 아궁탱이속에서 바른손이 왼손을아구에[535] 꼭— 쥐고 땀을 흘니고 있읍니다. 내마음이 虛空에있거나 믈속으로 가라앉었을 동안에도 肉身은 肉身끼리의 사랑을 잊어버리거나 게을니하지는 않는가봅니다.

머리카락은 帽子속에서 헐크러진채 끽소리가 없읍니다. 어떻게 생각하면 이 가난한 母體를 依支하고 저러고지내는 그[536] 各部分들이 無限히 측은한것도 갔읍니다. 땅으로치면 土薄한不毛地 세음일게니까— 눈도퀭하니 힘이없고 귀도 몬지가 잔뜩앉어서 주접[537]이 들었읍니다. 목에서는 소리가 제대로 나기는나지만 낡은 風琴처럼 다 潤澤이없읍니다. 코속도 그저 늘 도배한것 낡은것모양으로 구중중합니다. 二十餘年이나 하나를믿고 다수굿이 따라지내온 그네들이 여간가엽고 또끔찍한것이 아닙니다. 이런 그윽한 忠誠을 지금 그냥없이하고 母體 나는 亡하려드는것입니다.

一身의 食口들이— 손, 코, 귀, 발, 허리, 종아리, 목 등— 主人의 心思를 무던이 짐작하나봅니다. 이리 비켜스고 저리비켜스고 서로서로 처다보기도하고 不安스러워 하기도하고 하는中에도 서로서로 依支하고 如前히 다수굿이 닥처올일을 기다리고만 있는것갔읍니다. 그러는동안에 꽤 어둬들어왔읍니다. 별이 한분식 두분식모여들기 시작입니다. 어듸서오시나 꿋이브닝 뿔뿔이 이야기 꽃이피나봅니다. 어떤별은 좋은 卷煙을피우고 어떤별은 정한 손수건으로 眼鏡알을 닥기도 하고 또 紀念撮影을 하는패도 있나봅니다. 나는 그런 오붓한會場을 고개를 들어 보지않고 차라리 물속으로해서 처다봅니다. 時刻이 거이 되였나봅니다. 오늘밤

534　白晝 : 전집(1)은 '白晝'로 오식. 한낮.
535　아구에 : 엄지손가락와 다른 네 손가락 사이에.
536　그 : 전집(1)은 누락.
537　주접 : 제대로 자라지 못하고 쇠하여지는 일, 또는 옷차림이나 몸치레가 초라하고 너절한 것.

의「푸로그람」[538]은 — 참 재미있는 餘興이 가지가지 있나봅니다. 金단초를단 巡視[539]가 여기저기서 들窓을 닫는소리가 납니다. 갑작이會場[540]이 어둬지더니 모든 人員얼골이 活氣를 띄웁니다. 中에는 가벼운 興奮때문에 잠간 입설이떨니는 이도있고 意味있는듯한 微笑를주고 받으면서 눈을 끔벅하는 이들도 있나봅니다.「인도로메다」[541]「오리온」[542] 이렇게 座席을정하고 卷煙들도 다 꺼버렸읍니다.

그때 누가急히 會場뒷문으로 허둥지둥 들어왔나봅니다. 모든별의 고개가 한쪽으로 一齊히 기우러졌읍니다. 근심스러운 體操 — 그리고 숨결죽이는 謙虛로 하야 場內 — 넓은하늘이 더깊고멀고 어둡고 멀어진것 갔읍니다. 무슨일인고 — 넓은하늘 맨뒤까지 들니는 그윽하나 決코 거칠지않은목소리의 音樂처럼 유량한[543] 말슴이 들녀옵니다. — 여러분 오늘저녁에는 모도들 일즉도라가시라는 傳令입니다. 우 — 들 일어나나봅니다.「베로아」[544] 검정帽子는 참품이있어 보이고 또西班牙式「망또」[545] 자락도 퍽보기 좋습니다.「에나멜 구두」[546]가 부드러운 絨氈을딋는 소리가 빠드득빠드득 꼬아리[547]부는소리처럼 납니다 뿔뿔이 걸어서들 갑니다. 인제는會場이 텅뷘것같고 군데군데 電燈이몇개 남아있나봅니다. 늙은 宿直人이 들어오더니 그나마 하나식둘식 꺼들어갑니다. 삽시간에 등불도 다꺼지고 어둡고 답답한 하늘 넓이에는「추윙껌」「캬라멜」껍떼기가 여

---

538 푸로그람(program) : 진행 계획이나 순서, 또는 연극이나 방송 따위의 진행 차례나 진행 목록.
539 巡視 : 돌아다니며 사정(四正)을 보살핌. 또는 그런 사람.
540 塲 : 場의 와자(譌字).
541 인도로메다 : '안드로메다'의 오식. 가을의 초저녁 동쪽 하늘에 보이는 별자리. 주요한 밝은 별은 페가수스 자리에 이어 α, β, γ의 3개의 2등성이 거의 일렬로 늘어선 상태에서 동쪽으로 뻗어 있다.
542 오리온 : 겨울철 남쪽 하늘의 별자리. 밝은 2개의 1등성과 그 중간에 등간격으로 늘어선 3개의 별.
543 유량한 : 소리가 맑으며 또렷한.
544 베로아(velour) : 명주·양모·무명의 교직 우단의 일종.
545 망또(manteau 프) : 남녀가 두루 입을 수 있는 커다란 외투의 한 가지. 소매가 없이 어깨로부터 내리 걸쳐 입으며, 손을 내놓는 아귀가 있음.
546 에나멜 구두 : 에나멜 유약을 바른 광택 나는 구두.
547 꼬아리 : 꽈리 열매의 속을 후벼 낸 다음, 입 안에 넣어 소리가 나게 한 것, 또는 고무로 그와 같이 만든 장난감.

기저기 헤여저있읍니다.

　무슨일이 있으려나 — 大闕에초상이 났나보다 — 나는 팔장을끼고 오래동안 잊어버렸든 우두⁵⁴⁸자죽을 맨저보았읍니다. 우리 어머니도 우리아버지도 다 얽으셨읍니다. 그분들은 다마음이 착하십니다. 우리아버지는 손톱이 일곱밖에 없읍니다. 宮內部活版所에 단이실적에 손까락셋을 두번에 잘니우셨읍니다. 우리어머니는 生日도 일음도 몰으십니다. 맨처음 부터 친정이없는 까닭입니다. 나는 外家집있는 사람이 퍽부럽습니다. 그러나 우리아버지는 장모있는 사람을 부러워하시지는 않으십니다. 나는 그분들께 돈을갖다 들인 일도없고 엿을사다 들인일도없고 또한번도 절을해본일도 없읍니다. 그분들이 내게 經濟靴⁵⁴⁹를 사주시면 나는 그것을신고 그분들이 몰으는 골목길로만 단여서 다해뜨려버렸읍니다. 그분들이 月謝金⁵⁵⁰을주시면 나는 그분들이 못알아보시는 글字만을 골나서 배웠읍니다. 그랬것만 한번도 나를 사살⁵⁵¹하신일이 없읍니다. 젓떨어저서 나갔다가 二十三年만에 돌아와보았드니 如前히 가난하게들 사십디다. 어머니는 내다님⁵⁵²과 허리띄를접어 주셨읍니다. 아버지는 내모자와 洋服저고리를 걸기爲한 못을 박으셨읍니다. 동생⁵⁵³도 다자랐고 망내누이⁵⁵⁴도 새악시꼴이 단단이 백였읍니다. 그렇것만 나는 돈을벌줄 몰읍니다. 어떻게하면 돈을버나요 못법니다. 못법니다.

　동무도 없어젔읍니다. 내게는 어룬도 없읍니다. 버릇도 없읍니다. 뚝심도 없

548　우두 : 천연두. 급성의 법정 전염병. 열이 몹시 나고 오슬오슬 떨리며 온몸에 발진(發疹)이 생겨 딱지가 저절로 떨어지기 전에 긁으면 얽게 된다.
549　經濟靴 : 마른 신의 한 가지. 앞부리는 뾰족하고 울이 썩 깊은데, 앞에 솔기가 없이 한 조각의 가죽 또는 헝겊으로 만들며 오른짝과 왼짝의 구별이 없다.
550　月謝金 : 다달이 내던 수업료.
551　사살 : '사설(辭說)'의 변한 말. '사설하다'는 '잔소리를 늘어놓다'는 뜻.
552　다님 : 대님.
553　동생 : 김운경을 말함. 이상이 동경에서 김운경에게 보낸 엽서가 남아 있다. 서신(10) 참조. 그는 6·25때 행방불명되어 그 이후로 소식을 알 수 없다.
554　누이 : 김옥희를 말함.「동생 옥희 보아라」참조.

읍니다. 손이 내뺨을 만집니다. 남의손같이 차듸차구나 ―「무슨 생각을 그렇게 하시나요 ― 이렇게야얫는데⁵⁵⁵」母體가 亡하려드는 氣色을 알아채렸나봅니다. 여내⁵⁵⁶ 慰問이 끊지지않습니다. 그러면 무얼하나 ― 속절없지 ― 내마음은 버얼서 내마음 最後의 財産이든 記事들까지도 몰내 다 내다 렸읍니다.⁵⁵⁷ 藥한 봉지와 물한보새기⁵⁵⁸가 남아있읍니다. 어느날이고 밤깊이 너이들이 잠든틈을 타서 살작 亡하리라 그생각이 하나적혀있을뿐입니다. 우리어머니 아버지께는 告하지않고우리 친구들께는 電話걸지않고 ― 棄兒하듯이 亡하렵니다.

하하 ― 비가오시기 시작입니다. 살낭살낭 물우에 波紋이 어즈럽습니다. 고무신신은 사람처럼 소리가 없읍니다. 눈물보다도 고요합니다. 空氣는 한층이나 더차겁습니다. 까치나 한마리 ― 참 이 숨여들듯하는 비에 까치집이 새지나 안나 몰으겠읍니다. 인제는 까치들도 살기가 어려워서 京城近方에서는 다 없어졌나봅니다.⁵⁵⁹ 이렇게 구즌비가 오는밤에는 우는사람이 많을것입니다. 건넌편 洋屋집들창이 유달니 환 ― 하드니 인제 누가그들창을 안으로 닫처버립니다. 따뜻한방이 눈을감고 ― 실없은 작난을 하려나봅니다. 마음대로 하라지요 ― 하지만 한데⁵⁶⁰는 너무춥고 빗방울은 차차 굵어갑니다. 비가오네 비가오네 나 ― 인제 비가 들기만하면 날이드윽하렸다⁵⁶¹ ― 그런 季節에對한 근심이 마음을 不安하게하는때 나는 사람이 불연듯 그리워지나봅니다. 내곁에는 내女人이 그저 벙어리처럼 서있는채입니다. 나는 가만이 女人의 얼골을 처다보면 참 희고도 애처럽습니다. 이렇게 어듬침침한 밤에 몸時計처럼 맑고도 깨끗합니다. 女人은 그前에 月光아래 오래오래놀든歲月이 있었나봅니다. 아 ― 저런 얼골에

---

555 야얫는데 : 야위었는데.
556 여내 : 이내. 또는 '연해', 즉 계속하여.
557 내다 렸습니다 : '내다버렸습니다'에서 한 글자가 빠진 듯.
558 보새기 : 작은 사발.
559 봅다 : 전집(1)은 '봅니다'로 수정.
560 한데 : 사방, 상하를 덮거나 가리지 아니한 곳으로 실내가 아닌 바깥을 이름.
561 드윽하렸다 : 기본형, 득하다. 날씨가 갑자기 추워지다.

― 그러나 입맞출 자리가하나도 없읍니다. 입맞출 자리란 말하자면 얼골中에도 正히 아모것도아닌 자그만한 뷘터전이여야만 합니다. 그렇것만 이女人의 얼골에는 그런空地가 한군데도 없읍니다. 나는 이태엽을 감아도 소리안나는 女人을 가만이 가저다가 내마음에다 놓아두는中입니다. 텅텅뷔인 내母體[562]가 亡할 때에 나는 이「시모―느」[563]와같은 女人을滯한[564] 채 그러랍니다. 이女人은 내마음의 잃어버린 題目입니다. 그리고 未久에[565] 내다버릴 내마음 暫間걸어두는 한개 못입니다. 肉身의 各部分들도 이母體의 虛妄한것을 黙認하고 있나봅니다. 女人 ― 내 그대몸에는 손까락하나 대이지않으리다. 죽읍시다.「따불풀라 토닉크쉬사이드[566] 인가요」 아니지요 ― 두個의 싱글쉬사이드[567] 지오. 나는手帖을 끄내서 집혔읍니다. 오늘이 十一月十六日[568]이고 오는오는 空日날이 十二月一日이고 그렇다고.「두週日이군요」 참 그러쿤요. 女人의 窓戶紙같이 蒼白한얼골에 금이가면서 그리로 우슴이 가만이 내다보나봅니다. 女人은 내 그윽한空冊에다 樂譜처럼 생긴글자로 證書를 하나쓰고 指章을[569] 찍어주었읍니다.「틀님없이 같이죽어 들이기로」― 네 ― 感謝하다뿐이 겠읍니까. 나는 내가第一 좋와하는 노래를 생각하고 횟바람을 불었읍니다. 나는世上의 모든 罪悚스러운일을 잊어버리기로 決心하였읍니다. 그리고 깨끗한 손수건을 旗처럼 흔들었읍니다. 敗北의 紀念입니다.「저기저 自動車들은 비는오는데 어듸를 저렇게 갑니까네. 그고개 넘어 聖母의市場이 있읍니다.「一圓짜리가 있다니 정말 불을질느고 십습니다」

---

562 母體 : 어떠한 것이 갈려 나오거나 생겨난 근본이 되는 것을 비유적으로 이르는 말.

563 시모―느 : 구르몽의 시「낙엽」에 나오는 여성. 여기서는 고유명사가 아니라 일반명사로 전화되어 '마음속에 그리워하는 여성' 정도의 의미이다.

564 滯한 : 여자와 엉긴 채 죽는 정사에 대해 언급한 것으로 보아 '체한'은 '엉긴'의 의미로 보인다.

565 未久에 : 얼마 오래지 아니하여.

566 따불풀라 토닉크쉬사이드(double Platonic suicide) : 두 개의 플라토닉한 자살. 즉 플라토닉한 정사(情死).

567 싱글쉬사이드(single suicide) : 하나의 자살.

568 十一月十六日 : 1935년 11월 16일 토요일을 말하며, 같은 해 12월 1일은 일요일(공일)이다.

569 指章을 : 전집(1)은 '指章을 하나'라 하여 '하나'를 첨가.

왜요. 自動車들은 헬드라이트로 물을투기면서 언덕넘어로 언덕넘어로 몰려갑니다. 오늘같이 척척한⁵⁷⁰ 밤 空氣속에서는 粉도좀 더발너야하고 香水도좀더 强烈한 것이 소용될것갔읍니다. 참척척합니다 비는 인제 제법옵니다. 帽子채양에서도 물이 뚝뚝 떨어집니다. 두루맥이는 속속드리 젖저서 인제는 저고리가 젖기 시작했읍니다. 아모도보는 사람이없읍니다. 아모도없는데 뉘게다가 붓그러워 해야합니까. 나는 누구나 만나거든 붓그러워 해드리렵니다. 그러나 그이는 내가왜 붓그러워해하는지 몰읍니다. 내속에사는 惡魔는 苦生사리만이한 사람 모양으로 키가적습니다. 또體重도 몇푼어치 안되나봅니다. 惡魔는어듸가서 橫財를하고 도라왔읍니다. 장갑을 버스면서 憔悴하나 길거운⁵⁷¹ 얼골을 잠간 거울속으로 엿보나봅니다. 그리고나서는깨끗한 圖畵紙우에 單色으로 風景畵를한장 그립니다.

거기도 언젠가 한번은 왔다간일이있는 港口입니다. 날이 좀흐렸읍니다. 반찬도맛이 없읍니다. 젊은 사람이 젊은女人을 곁에세우고 우체통에 편지를 넣습니다. 찰삭—어둠은 물과같이 출넝출넝 하나봅니다. 우체통안으로 꼭두선이⁵⁷² 빗물이 처겁게튀여서 편지가젖었을가 생각해봅니다. 젊은사람은 입맛을 다시드니 곁에섰든 女人과 억개를나란이 埠頭를향하야 걸어갑니다. 몇時나되었나—네時? 해는 어즈간이 西로기울고 음산한바람이 밀물 내음새를품고 불어옵니다.「담배를 다섯갑만 주십시오. 그리고 五十錢짜리 초콜레이트도 하나 주십시오」여보 허를없이⁵⁷³ 실깡기⁵⁷⁴갖지—「자— 안녕히게십시오」골목은길고 鋪道⁵⁷⁵에는 귤껍질이 여기저기 헤여졌읍니다. 뚜—埠頭에서 들녀오

---

570 척척한 : 젖은 것이 살에 닿아서 차가운 느낌이 있는.
571 길거운 : '질거운'의 오식인 듯. 전집(1)은 '질거운', 전집(2·3)은 '즐거운'으로 수정.
572 꼭두선이 : 꼭두서니. 꼭두서니 뿌리에서 뽑아낸 빨간 물감이나 그 빛깔.
573 허를없이 : 하릴없이. 조금도 틀림이 없이. 전집(2·3)은 '허릴없이'로 수정.
574 실깡기 : '실감개'의 방언.
575 鋪道 : 포장한 길. 전집(1)은 '輔道'로 오식.

는 氣笛[576]소리가 분명합니다. 뚜 — 이뚜 — 소리에는 옅은보라 色을 칠해야합니다. 埠頭요 올시다 — 에그 여기도 뻐스가있구료. 마스트[577]우에서 旗빨이 오늘은 숨이차서 헐떡헐떡 야단입니다 젊은사람은 앞가슴 둘쨰단초를 빼여노습니다. 누가 暗殺을하면 어떻게하게 — 築港[578]물은 그냥 마루젱[579]처럼 검습니다. 나무토막이 떴읍니다. 저놈은 大體어디서 떨어저나온 놈인구 — 참 갈매기[580]가 나네 — 오늘은 헌옷을 입었읍니다. 虛空中에도 길이진가봅니다. 자—탑시다. 船壁은검고 굴딱지가 많이 붙었읍니다. 何如間탑시다. 時間이된 모양이지 — 뚜 — 뚜뚜 — 떠나나보. 나좀 드러눕겠소.「저도요」좀뚱그란 들窓으로 좀 내다봐야겠군 — 港口에는 불이 들어왔읍니다. 女人의 이마를 좀집허봅니다. 딱근딱근해요. 팔팔끌습니다. 어쩌나 — 그러지마우. 담배를 피어 물었읍니다. 한개 피우고 두개피우고 있대여[581] 세개피우고 네개 다섯개 이렇게해서 쉰개를피우는 동안에 決心을하면됩니다. 여보 그동안에 당신을랑 초콜레이트나 잡수시오船室에도 다불이 켜졌읍니다. 모도들 疲困한가 봅니다. 마흔개 마흔한개 — 이렇게해서 어느사이에 마흔아홉개를 태워버렸읍니다. 혀가아려서 못견듸겠읍니다. 초저녁이 흔들닙니다. 여보 — 이꽁초 늘어슨것좀 봐요 — 마흔아홉개요 — 일어나요 — 인제 甲板으로 나갑시다. 女人은 다수굿이 이러나것만 如前이 말이없읍니다. 흐렸군 — 별도없이 바다는 그냥門을 닫은것처럼 어둡습니다. 소곰내나는 바람이 女人의 치마자락을 날립니다. 한개남은 담배에불을 붙어물고 — 요거한대가 다타는동안에 마즈막決心을 하면됩니다. 여보 섭지는안소? 女人은 머리를 左右로 흔들었읍니다. 다탔소. 門을닫어라 — 배를 버서버리

---

576 氣笛 : 汽笛의 오식. 기관차·선박 등의 신호 장치, 또는 그것으로 내는 소리.
577 마스트(mast) : 돛대.
578 築港 : 항구(港口)를 구축함, 또는 그 항구.
579 마루젱 : 전집(2)는 '돛대줄'로 설명. 일본 동경에 서양서적을 판매하던 서점 이름도 마루젱(丸善)이었음. 정확한 의미 규명이 요구되는 단어임. 일본어 상품명으로 당시에 널리 팔렸던 '잉크'병의 상표임(권영민).
580 갈매기 : 원문은 '감매기'로 오식. 전집(1·2·3)은 갈매기로 수정.
581 있대여 : 잇대어, 잇따라.

는 밋그러운소리 — 답답한 夜陰을떠미는 힘든소리 — 바다가 깨여지는 요란한 소리 — 끗빠이. 惡魔는 이 그림한구석에차근차근이싸인[582]을 하였읍니다.

두週日이 속절없이 지나가고 공일날이 닥처왔읍니다. 江邊모래밭을 나는 女人과함께 것고 있었읍니다. 나는 기침을합니다. 콜녹콜녹 — 코올녹 — 감기가 촉생[583]이되였읍니다. 바람이 上流를향하야 人情없이 불어옵니다. 내포켙트[584]에는 걱정이 하나갓득 들어있읍니다. 女人은 오늘 유달리 키가적어보이고 또生氣가 없어보입니다. 내 그럴줄을 알았지오. 당신은 너무 젊습니다. 그렇게 젊은 몸으로 — 이렇게 작구期日이 遷延[585]되는데에서 나는 不安이 점점 커갈뿐입니다. 바람을 띵띵먹은[586] 돛폭을둘식 셋식 세워서 商賈船[587]은 뒤에뒤이어 올나가고 있읍니다. 노래나 한마듸 하시구려 — 하늘은차고 땅은젖었읍니다. 菓子보다도 거벼운女人의 體重이였읍니다. 나는돌아서서 간신히 담배를 붙어물고 겸사겸사한 숨을쉬였읍니다. 기침이납니다. 저리가봅시다. 防風林 욱어진속으로 鐵路가 놓여있읍니다. 까치 한마리도없이 落葉은 落葉대로 싸여서 이世上에 이렇게 荒凉한데가 또 있겠읍니까. 나는女人의 팔장을끼고 질컥질컥하는 落葉을 듸듸면서 東으로 東으로 걸었읍니다. 작알실은[588] 貨物車가 작으만 氣笛을 울니면서 우리곁으로 지나갑니다. 우리는 서서 그童話같은 風景을限없이 바라보았읍니다. 각금 가다가는 落葉우으로 길도있읍니다. 그러나 사람은 하나도 맞날수가 없읍니다. 어데까지든지 荒凉한 人外境[589]입니다. 나는 얕으막한 女人의억개를 어루만지면서 그薔薇처럼생긴 귀에다 대이고 부드러운 發音을 하였읍니다. 집이갑시다. 「싫여요— 저는 오늘 아즈나왔세요」 닷새만 더참아

---

582 싸인(sign) : 자기만의 독특한 방법으로 자신의 이름을 적음.
583 촉생 : 觸傷. 찬 기운이 몸에 닿아서 병이 일어남.
584 포켙트(pocket) : 주머니.
585 遷延 : 전집(1)은 '遲延'으로 수정, 오식. 전자는 '(일을) 지체하거나 미룸'을 의미.
586 띵띵먹은 : 전집(1·2·3)은 '띵띵 먹은'으로 수정. '띵띵 불어난'의 뜻으로 봄.
587 商賈船 : 장삿배.
588 작알실은 : 자갈 실은.
589 人外境 : 사람이 살지 않는 곳. 속세를 떠난 곳.

요.「참찌요 — 그러나 그렇게까지 해서라도 꼭 죽어야되나요」「그러믄요. 죽은세음치고 그 靈魂을 제게빌려 주실수는없나요」 안됩니다.「언제든지 죽어드리겠다는 低當⁵⁹⁰을붙여도」 네.

世上에 이런일도 또있읍니까. 나는 주머니속에서 몇벌 편지를끄내서는 그자리에서 다 찢어버렸읍니다. 君이 이편지를 받었을때에는 나는벌서 아모개와함께 이世上사람이 아니리라는 내마즈막 虛榮心의 레터페퍼⁵⁹¹들이였읍니다. 그러나 그게 뭐란말입니까. 果然 지금 나로서는 혼자 내한命을 끈을만한 自信이 없읍니다. 修養이 못되였읍니다. 그러나 힘써 얻어보오리다. 까치도오지안는 이 그윽한 숲움⁵⁹² 속에 이무슨 난데없는 떼喪章⁵⁹³이 쏟아진것입니다. 女人은 샛팔애젔읍니다.

— 발표지면 :『朝光』, 1937.6

---

590 低當 : 전집(1)은 '抵當'으로 수정.
591 레터페퍼(letter paper) : 편지지.
592 숲움 : 전집(1·2·3)은 '수풀'로 수정.
593 떼喪章 : 수많은 상장. 상장이란 거상(居喪)이나 조상(弔喪)의 뜻을 나타내기 위하여 옷깃이나 소매 따위에 다는 표를 말한다.

病床以後

故 李 箱

　그는 醫師의얼골을 몇번이나 치어다보았다. 「醫師도 人間이다 나하고 조곰도 다를것이 없는!」 이렇게 속으로 아모리 부르지저보았으나 그는 醫師를 한낱偉大한魔法師나 豫言者처다보듯이 보지아니할수없었다. 醫師는 붓잡았든 그의 팔목을놓았다. (가만히)그는 그것이 限없이섭섭 하얏다. 不足하얏다. 「왜 벌써놓을가 왜 고만놓을가? 그만보아갖이고도 이 묵은(老)重病者를 뚫어 들여다볼수⁵⁹⁴잇을가」꾸지람듯는 어린아해가 할아버지 눈치를, 처다보듯이 그는可憐(참으로)한 눈으로 醫師의 얼골을 언제까지라도 치어다보아 고만두려고는 하지않었다. 醫師는 얼골을 十長生畵⁵⁹⁵ 붙은⁵⁹⁶ 房門쪽으로 돌이킨채 눈은 天井에 꼬자놓고 무엇인지 길이깊이 생각하는것같으니 길게한숨하였다. 꽉 담으러저 있는 醫師의입은 그가 아모리 치어다보아도 열릴것같지는 않었다.

×

　안房에서들니는 談笑의소리에서 醫師의 우슴소리의 누구의 것보다도 가장 큰것을그는 들을수있었다. 모든것은 눈물날만치 분하였다. 그러나 「自己의病이 그다지重치는 아니하기에저렇지」 하는生覺도들어 한편으로는 작으만한⁵⁹⁷ 安心을 갖어오게할수도 있었다. 그러나 그러는가운데에도 그가 잊을수없는것은 그의 팔목을 잡았을때의 醫師의 얼골에서 붙어 放散해오는 술의臭氣그것이

594　볼수 : 전집(1)은 '볼 수가'로 수정.
595　十長生畵 : 장생불사(長生不死)한다는 '해·산·물·돌·구름·솔·불로초·거북·학·사슴'의 열 가지를 그려 넣은 그림.
596　붙은 : 인쇄 상태가 좋지 않아 '물은'처럼 보임.
597　작으만하 : '작으만한'의 오식으로 보임. 전집(1)은 '작으만한', 전집(2·3)은 '자그마한'으로 수정.

였다.「술을 마시고도 正確한診察을 할수있나」이런生覺을하야가며 그래도 그는 그의가슴을自制하였다. 그리고 醫師를 믿었다. (그것은 억지로가아니라 그는 그렇게도醫師를 泰山같이 믿었다.) 그러나 안방에서오는醫師의 큰우슴소리를 그가 누어서 귀에들을수있였을때에 「내病같은것은眼中에도없지! 술을마시고와서작란으로 내팔목을 잡았지 그수심스러운⁵⁹⁸ 무언인가⁵⁹⁹를 熟考하는것같은 얼골의 表情도 다 — 일종의 道化劇⁶⁰⁰이였지! 아―아―重要하지도않은人間―」이런 制御할수없는 想念이熱에 高調된그의머리에 좁은구멍으로뽑아내는 鐵銷⁶⁰¹ 처럼뒤이어이러났다. 혼자 애썼다. 그러는동안에도「아―고만하세요 전작⁶⁰²이있어서 이렇게많이는 못합니다」醫師가 勸하는 술잔을사양하는 이러한소리와함게 술잔이무엇에인가 부듯치는「쟁그렁」하는 金屬性音響까지도 區別해내여며⁶⁰³ 意識할수있을만치 그의머리는 아즉도 그다지冷靜을喪失치는 않았다.

×

醫師믿기를 하는님⁶⁰⁴같이하는 그가 藥을 全然먹지안는 것은 그무슨 矛盾인지알수없다. 한밤중에 다려들어오는藥을볼때 爲先 그는「먹기실타」를느꼈다. 그의 찝흐려진지 오래인兩眉間은 더한層이나 깊이깊은⁶⁰⁵ 홈(溝)을 짖이안이하면아니되였다. 아모리 바라다보았으나 그누르꾸레한液體의한탕기가 묵고묵은 그의重病 (단지 지금의形勢만으로도 훌늉한重病患者의 資格을갖이고있다)를 곳칠수있를가믿기는 여수⁶⁰⁶ 믿기보다도 그에게는어려웠다.

---

598 수심스러운 : 근심스러운.
599 무엇인가 : 원문은 '무엇인기'로 오식.
600 道化劇 : 도법(道法)으로 교화하는 극.
601 鐵銷 : 전집(1)은 '鐵糸'로 오식. 쇠열쇠.
602 전작 : 前酌. 술자리 이전에 이미 딴 자리에서 마신 술.
603 區別해내여며 : '구별해내이며', 또는 '구별해내며'의 오식인 듯. 전집(1·2·3)은 '구별해내이며'로 수정.
604 하는님 : 하느님.
605 깊이깊은 : 전집(1)은 '깊디깊은'으로 수정, 오식.
606 여수 : 예수.

목은 그대로 타들어온다. 밤이깊어갈수록 身熱이 점점 더높아가고 意識은 喪失되여 夢現間에⁶⁰⁷ 往來하고 바른편가슴은 펄펄뛸만치 압하들어오는것이었다. 무엇보다도 우선 가슴압흔것만이라도 나앗으면 그래도 살것같다. 그의 意識이 喪失되는것도 다만 가슴앞흔데原因될따름이였다. (적어도 그에게는 그렇게生覺되였다)

「나의앞흐고 苦로운것을 하늘이나 땅이나알지 누가아나」이러한 우스꽝스러운말을 그는그대로自身에서經驗하였다. 藥物이 머리맡에 놓인채로 그는 그대로昏睡狀態에 빠저있었다. 얼마後에 깨여낫을때에는 그의全身에는 文字그대로 땀이 눈으로보는동안에 크다란방울을시어⁶⁰⁸가며 黃白色皮膚에서 쏘다저소삿다. 그는 거이機能까지도 停止되여가는눈을치어들어壁에붙은時計를보았다. 藥드려온지⁶⁰⁹ 十分 그동안이 그에게는마치 長年月의外國旅行에서 도라온것만 같은늣김이였다. 藥탕긔를들었을때에 藥은冷水와마찬가지로 식었다.「나는이다지도 重要하지않은 人間이다. 이렇게藥이 식어버리도록 이것을마시라는 말한마듸 하야주는 사람이없으니그는 그것을 그대로 들어마셨다. 거의絶望初氣分⁶¹⁰으로 그러나 말나빠진 그의목을 그것은훌늉이 축여주었다.

×

얼마동안이나 그의意識은 分明하였다. 貧弱한燈光밑헤 한쪽으로 기우러저가며 담벼락에 기대여있는 그의友人의「夢國風景」의 不運한作品을 물끄럼이 바라다보았다. 平素⁶¹¹같으면 그 畵面이몹시눈이부시여서(밤에만) 이렇게오랜동안을 繼續하야 바라볼수 없었을것을 그만하야도 그의視覺은 刺戟에對하야 沒感覺⁶¹²이되였었다. 朦朧히 떠올나오는 그동안 數個月의 記憶이 (더욱이) 그를다시

---

607 夢現間에 : 꿈과 현실사이에.
608 시어 : '지어'의 오식으로 보인다. 전집(1·2·3)은 '지어'로 수정.
609 드려온지 : 원문은 '드려지온'으로 오식.
610 絶望初氣分 : 전집(1)은 절망의 氣分으로 수정. 初는 的의 오식인 듯.
611 平素 : 원문에는 '乎素'로 오식되어 있다.
612 沒感覺 : 이는 백화문이다. 전집(1)은 한문식으로 '無感覺'으로 수정.

夢現往來의昏睡狀態로 잇끌었다. 그 亂意識가운데서도 그는搖가[613]왔다. — 이 것을나는 根本的인줄만알았다. 그때에 나는 果然 한때의 慘酷한乞人이였다. 그 러나 오늘까지의거즛을버리고 참에서살아갈수있는「人間」이되었다 — 나는 이렇게만 믿었다. 그러나, 그것도事實에있어서는 根本的은 아니였다. 感情으로 만 살아나가는 가엽슨 한昆虫의 內的波紋에지나지 안었든것을 나는 發見하였 다. 나는 또한 나로서도 또 나의 周圍의 — 모든것에게對하[614]宏壯한무엇을 分 明히創作(?)하였는데 그것이무슨모양인지 무엇인지等은 도모지記憶할길이없 는것은 當然한일이다. —

그동안數個月 — 그는 極度의絶望속에살아왔다. (이런말이잇을수잇다면 그는「죽 어왔다」는것이더適確하겠다) 及其也 그가病床에씰어지지 아니하면아니되였을瞬間 — 그는「죽엄은果然自然的[615]으로왔다[616]」를늣겼다. 그러나 하로 잇흘 누어있 는동안 生理的으로죽엄에갓가히까지에빠진 그는 타오르는듯한 希望과 野慾을 가슴가득히채웠든것이다. 意識이自己로恢復되는 사히사히 그는 이오래간만에 맛보는 새힘에 졸니웠다. (보채워졌다) 나날이말너들어가는 그의體軀가 그에게는 마치 鋼鐵로마든것으로만[617] 決코 죽거나할것이아닌것으로만自信되였다.

×

그가 씰어지든 그날밤 (그前부터 그는두누었었다.[618] 그러나意識을 일키始作하기는 그날밤이 첫밤이였다) 그는 그의 友人에게서 길고긴편지를받었다. 그것은 글로서 拙劣한것이였다하겠으나, 한純한人間의悲痛을 招한[619]人間記錄이였다. 그는 그 것을다읽는동안에 무서운 原始性의힘을 늣기였다. 그의가슴속에는 보는동안

---

613 搖가 : 전집(1·2·3)은 '動搖가'로 수정. 뒤의 '무서운 動搖가 왔다'는 구절로 보면 한자 누락된 것이 분명하고, '動搖가'로 고치는 것이 적합할 듯.
614 對하 : 전집(1)은 '대하여'로, 전집(2·3)은 '대한'으로 수정.
615 自然的 : 원문은 白然的의 오식.
616 왔다 : 원문을 '왔라'로 오식. 전집(1·2·3)은 '왔다'로 수정.
617 마든것으로만 : '만든 것으로만'의 오식인 듯. 전집(1·2·3)은 후자로 수정.
618 두누었었다 : 전집(1)은 '들어누웠었다', 전집(2·3)은 '드러누웠었다'로 수정.
619 招한 : 전집(1)은 '抄한'으로 수정. 그려낸.

에 캄캄한구름이 前後를가릴수도없이가득히 엉키워들었다. 「참을갖이고 나를 對하야주는 이純한 人間에게對하야 어째나는거즛을갖이고 만박게는 對할수없는것은 이무슨슬퍼할만한일이냐」 그는 그대로 배를방바닥에대인채 업드리었다. 그의 앞흔몸과함께 그의마음도차즘차즘압하들이왔다.⁶²⁰ 그는 더참을수는 없었다.⁶²¹ 原稿紙틈에 끼워있는 3030用紙⁶²²를끄내여 한두자쓰기를 始作하였다. 「그렇다 나는 確實히 거즛에살아왔다. — 그때에 나에게는 體驗을 伴侶한⁶²³ 무서운 動搖가왔다 — 이것을 나는 根本的인줄만알았다. 그때에 나는果然 한때의慘酷한乞人이였다 그러나 오늘까지의 거즛을버리고 참에서살아갈수있는 「人間」이되였다 — 나는 이렇게만믿었다 그러나 그것도 事實에있어서는 根本的은 아니였다. 感情으로만 살아나가는 가엾슨昆虫의 內波紋에 지나지안었든것을 나는 發見하였다. 나는또 한나로서도또나의周回⁶²⁴의모 — 든것에게 對면야서도, 차라리 여지껏以上의거즛에서 살지아니하하⁶²⁵ 아니되였다…云 云」 이러한文句를 늘어놓는동안에 그는또한 몇절의⁶²⁶ 짧은詩를 쓴것도記憶할 수도있었다. 펜이 無聊히⁶²⁷ 조희우를滑走하는 동안에 그의 意識은 차츰차츰朦朧하야드러갔다. 어느때 어느句節에서 무슨말을쓰다가펜을떠러트리였는지 그의記憶에서는 全然알아내일길이없다. 그가 펜을든채로그대로意識을잃고말아 버린것만은 事實이다.

×

醫師도단여가고 몇일後, 醫師에게對한 그의 憤怨⁶²⁸도식고 그의意識에 明朗

---

620 들이왓다 : '들어왔다'의 오식인듯. 전집(1·2·3)은 후자로 수정.
621 없었다 : 원문은 '없었라'로 오식. 전집(1·2·3)은 후자로 수정.
622 3030用紙 : 가로 세로 30칸의 용지인 듯.
623 伴侶한 : 동반한. 짝한.
624 周回 : 전집(1·2·3)은 '周圍'로 수정.
625 살지아니하하 : '살지아니하면'의 오식인 듯. 전집(1·2·3)은 후자로 수정.
626 몇절의 : 전집(1)은 '몇줄의'로 수정. 몇 구절의.
627 無聊히 : 심심하고 지루하게.
628 憤怨 : 전집(1)은 '憤怒'로 수정. '분노'의 오식인 듯.

한時間이 次次로 많아졌을때 어느時間 그는벌서 아지못할(根據) 希望에 애태우는人間으로 낱아났다. 「내가 이러나기만하면…」그에것은[629] 「단테」[630]의 神曲도 「다번치」[631]의 「모나리자」도 아모것도 그의마음대로 나올것만같었다. 그러나 오즉 그의몸이 不健康한것이 한탓으로만녁여졌다. 그는 그友人의길다란편지를 다시끄내여들었을때 前날의어둔구름을 代力身[632]야無限히 굿세인 「동지」라는힘을느꼈다.[633] 「××氏! 아모쪼록 光明을보시요!」그의눈은 이러한 句節의쓰인곳에까지 다달았다. 그는 모르는사이에 입밖에 이런 부르지즘을 내이기까지하였다. 「오냐 지금 나는 光明을보고있다」고.

(義州通工事場[634]에서)

— 발표지면 : 『청색지』, 1939.5

---

629 그에것은 : '그에게는'의 오식인 듯. 전집(1·2·3)은 '그에게는'으로 수정.
630 단테 : (Alighieri Dante, 1265~1321) 이탈리아의 시인. 주요 작품으로 『신곡』, 『농경시』 등이 있다.
631 다번치 : '다빈치(Leonardo da Vinci(1452~1519)'의 오식. 르네상스 시대의 이탈리아를 대표하는 천재적 미술가·과학자·기술자·사상가. 주요 작품으로 「모나리자」, 「최후의 만찬」(1498) 등이 있다.
632 代力身 : 전집(1·2·3)은 '代身'으로 수정. '力'이 오식으로 들어간 것인지, 일부러 넣은 것인지 불분명하다. 만일 후자라면 '힘과 몸을 대신하여'라는 의미가 된다.
633 느꼈다 : 당시 표기로 보면 '늣겼다'의 오식.
634 義州通工事場 : 이상은 경성고등공업학교를 졸업한 후 조선총독부 내무국 건축과 기수로 취직하여 1930년 4~7월 사이 의주통 전매청 청사 설계 준공의 일을 맡은 것으로 알려져 있다.

東京(遺稿)

李 箱

내가 생각하든「마루노우찌^{635}뻴딩」— 俗稱마루비루 — 는 적어도 이「마루비루」의 네갑절은 되는 宏壯한 것이었다. 紐育^{636}「부로-드웨이」^{637}에 가서도 나는 똑같은 幻滅을 당할른지 — 어쨋든 이都市는 몹시「깨솔링」^{638}내가 나는구나! 가 東京의 첫 印象이다.

우리같이 肺가 칠칠치 못한 人間은 위선 이都市에 살 資格이 없다. 입을 다물어도 벌려도 척「깨솔링」내가 滲透되어^{639}버렸으니 무슨 飮食이고간 얼마간의「깨솔링」맛을 免할수없다. 그렇면 東京市民의 體臭는 自動車와 비슷 해 가리로다.

이「마루노우찌」라는「뻴딩」洞里에는「뻴딩」外에 住民이 없다. 自動車가 구두노릇을 한다. 徒步하는 사람이라고는 世紀末과 現代資本主義를 睥睨^{640}하는 거룩한 哲學人 — 그外에는 하다못해 自動車라도 신꼬 드나든다.

그런대 내가 어림없이 이洞里를 五分동안이나 걸었다. 그렇면 나도 賢明하게「택시」를 잡아 타는수밖에 —

---

635 마루노우찌(丸の內) : 일본 도쿄에 있는 번화가이며, 비즈니스 구역. 외무성, 법무성, 경시청 건물 등 관공서가 모여 있다.
636 紐育 : 뉴욕.
637 부로-드웨이(Broadway) : 미국 뉴욕주(州) 뉴욕의 거리. 타임스스퀘어를 중심으로 하는 거리에는 뮤지컬을 비롯한 쇼 관련 극장이 많으며, 특히 이 부근의 극장가만을 브로드웨이라고 부르기도 한다.
638 깨솔링 : 가솔린.
639 滲透되어 : 滲透란 농도가 다른 두 액체를 반투막으로 막아 놓았을 때에, 농도가 높은 쪽에서 농도가 낮은 쪽으로 용매가 옮겨 가는 현상을 말한다. 용매가 스며든 결과 두 액체의 농도는 서로 같게 된다. 여기서는 단순히 '액체 따위가 밖에서 안으로 스며들어' 정도의 의미이다. 전집(1)은 '浸透되어'로 오식.
640 睥睨 : 곁눈으로 흘겨봄, 겁을 주려고 무섭게 노려봄.

나는「택시」속에서 二十世紀라는 題目을 硏究했다. 窓밖은 지금 宮城호리[641] 곁 — 無數한 自動車가 營營히[642] 二十世紀를 維持하노라고 야단들이다. 十九世紀 쉬적지근한[643] 내음새가 썩많이나는내道德性은 어째서 저렇게 自動車가 많은가를 理解할수 없으니까 結局은 大端히 점잖은 것이렸다.

新宿[644]은 新宿다운 性格이 있다. 薄氷을 밟는듯한 侈奢[645] — 우리는「후란스야시끼」[646]에서 미리 牛乳를 섞어 가저온「커피」를 한잔먹고 그리고 十錢식을 치를때 어쩐지 九錢五厘보다 五厘가 더 많은것 같다는 느낌이었다.

「에루테루」[647] — 東京市民은 佛蘭西를 HURANSU라고 쓴다. ERUTERU는 世界에서 第一 맛있는 戀愛를 한 사람의 이름이이라고[648] 나는 記憶하는데「에루테루」는 조곰도 슬프지않다.

新宿 — 鬼火같은 繁榮三丁目 — 저편에는 板檣과 팔리지않는 地垈[649]와 오줌 누지말라는 揭示가있고 또 집들도 勿論 있겠지요.

C君은 위선 졸려죽겠는 나를 築地小劇場[650]으로 案內한다. 劇場은 지금 놀고 있다. 가지가지「포스터」[651]를 부친 이 日本新劇運動의 本據地가 내눈에는 서툴은 設計의 喫茶店 같았다. 그러나 서푼짜리 映畵는 놓지는限이 있어도 이 小劇

---

641 호리(堀 ほり) : 땅을 파서 만든 수로.
642 營營히 : 분주하고 바쁘게.
643 쉬적지근한 : 쉬지근한. 맛이나 냄새가 좀 쉰 듯한.
644 新宿 : 신주쿠. 일본 도쿄 신주쿠구(區) 신주쿠역(驛)을 중심으로 하는 번화가.
645 侈奢 : 奢侈의 어순을 바꿔놓은 것. 의미는 '사치'이면서 음은 '치사'로 읽혀 중의적 효과를 가짐.
646 후란스야시끼(フランス屋敷) : 프랑스식 저택.
647 에루테루 : 괴테의 소설『젊은 베르테르의 슬픔』의 주인공 '베르테르'를 말함.
648 이름이이라고 : '이름이리라고', 혹은 '이름이라고'의 오식. 전집(1·2·3)은 '이름이라고'로 수정.
649 地垈 : 땅.
650 築地小劇場 : 1924년 동경 츠키지 2정목에서 小山內薰과 土方與志가 설립한 일본 초의 본격적인 신극 전용의 극장. 1945년 공습을 받아서 소실될 때까지의 21년 간 신극운동의 중심지로 되었다. 80평 단층의 고딕 로마네스크양식의 근대적 건축양식으로 객석은 계단식의 5백석으로 무대에는 연출효과가 충분히 배려된 혁신적인 무대조명이나 장치가 설치되어 있었다.
651 포스터(poster) : 광고나 선전 따위의 대중 전달을 위한 간략한 그림이나 도표.

場마는 때때로 參觀하였으니 나도 演劇愛護家中의로는 高級이다.

「人生보다는 演劇이 재미있다」는 C君과 反對로 H君은 懷疑派다.「아파-트」H君의房이 겨울에는 十六圓 여름에는 十四圓 春秋로 十五圓 이렇게 山비듥이⁶⁵²처럼 變하는 會計에 對하야 그는 懷疑와 嘲笑가 깊고 크다. 나는 健忘症이 좀 甚함으로 그렇게 季節을따라 재조를 부리지 않는 房을 願하였드니 시골사람으로 이렇게 먼데를 혼자 차저 온것을 보니 당신은 亦是 재조가 많은 사람이리라고 죠쥬孃⁶⁵³이 나를 慰勞한다. 나는 그의코 왼편언덕에 달린 사마귀가 亦是 당신의 幸福을 象徵하는 것이라고 慰勞해주고나서 富士山⁶⁵⁴을 한번 똑똑이 보았으면 願이 없겠다고 附言해두었다.

이튿날 아침 일곱時에 地震이 있었다. 나는 들窓을 열고 흔들리는 大東京을 내어다보니까 빛이 노-랗다. 그저편 잘개인하늘 소꼽작란 菓子같이 可憐한 富士山이 半白의 머리를 내어놓은것을 보라고「죠쥬」孃이 나를 激勵했다.

銀座⁶⁵⁵는 한 그냥 虛榮讀本이다. 여기를 것지않으면 役票權을 잃어버리는것 같다. 女子들이 새 구두를사면 自動車를 타기전에 먼저 銀座의 鋪道⁶⁵⁶를 디디고 와야한다.

낮의 銀座는 밤의 銀座를위한 骸骨·이기때문에 적잖이 醜하다.「사롱하루」⁶⁵⁷ 구비치는「네온사인」을構成하는 부지깽이같은 鐵骨들의 얼크러진 모양은 밤새고난 女給의「퍼머넨트웨이쁘」⁶⁵⁸처럼 襤褸하다. 그렇나 警視廳에서「길바닥

---

652 산비듥기 : 산비둘기.
653 죠쥬孃 : 女中, 하녀.
654 富士山 : 후지산.
655 銀座 : 긴자, 일본 동경의 중앙부에 있는 번화가.
656 鋪道 : 전집(2·3)은 '鋪道'로 수정.
657 사롱하루 : Salon はる. はる는 '봄', 또는 '청춘'의 뜻이 있다.
658 퍼머넨트웨이쁘(permanent wave) : 전열기나 화학 약품으로 머리털을 곱슬곱슬하게 한 것.

에 啖을뱉지 말라」고 廣告板을 써 늘어 놓았음으로 나는 춤을 배앝을수는 없다.

　銀座八丁目이 내 測量에 依하면 두자가웃[659] 쯤 될른지! 왜? 赤染亂髮의「모던」令孃[660] 한분을 三十分동안에 두번半이나 만날수 있었으니 말이다. 令孃은 지금 令孃 하루中의 가장 아름다운 時間을 消化하시려 나오신 모양인데 나의 이 乾燥無味한「푸로므나ー드」[661]는 一種 反芻에 지나지 않는다.

　나는 京橋[662]곁 地下共同便所에서 簡單한 泄[663]을 하면서 東京갔다 왔다고 그렇게나 자랑들 하든 여러친구들의 이름을 한번 暗誦해 보았다.

　走師[664] ─ 섯달 대몫이란 뜻이리라. 銀座거리 모통이모통이의 救世軍 社會냄비가 步兵銃 처럼 걸려있다. 一錢 ─ 一錢만 있으면 瓦斯[665]로 밥 한 냄비를 끄릴 수 있다. 이렇게 貴重한 一錢을 이 社會냄비에 던질수는 없다. 고맙다는 소리는 一錢어치 瓦斯만큼 우리 人生을 稗益[666] 하지 않을뿐 아니라 때로는 新鮮한散策을 不快하게 하는수도 있으니「뽀오이」와「껄」이 慈善쪽박을 白眼視[667] 하는것도 또한 無道가아니리라 妙齡의 娘子 救世軍 ─ 얼굴에 여드럼이 좀 난것이 흠이지 靑春다운 魅力이 橫溢[668]하니「閉經期 以後에 入營하여서도 그리늦지는 않을껄요」하고 간곡히 그의 轉向을 勸說[669]하고도 싶었다.

　三越 松坂屋 伊東屋 白木屋 松屋[670] 이七層 집들이 요새는 밤에 자지 않는다.

659 　가웃 : 되·말·자 따위로 되거나 잴 때, 그 단위의 절반 가량에 해당하는, 남는 분량을 이르는 말.
660 　令孃 : 令愛. 남의 딸에 대한 존칭.
661 　푸로므나ー드(promenade 프) : 산보, 산책.
662 　京橋 : 동경의 번화가.
663 　泄 : 排泄의 오식인 듯.
664 　走師 : 師走의 오식인 듯. 섣달, 음력 12월. 전집(1)은 후자로 수정.
665 　瓦斯 : 가스(gas).
666 　稗益 : 도움이 되게 함.
667 　白眼視 : 남을 업신여기거나 무시하는 태도로 흘겨봄.
668 　橫溢 : 넘쳐 흐름.
669 　勸說 : 타일러서 권함.
670 　이는 모두 백화점으로 미츠코시(三越), 마츠자카야(松坂屋), 이또야(伊東屋), 시로키야(白木屋), 마츠야(松屋) 백화점을 말한다.

그러나 우리는 그속에 들어가면 않된다.

왜? 속은 七層이 아니오 한層式인데다가⁶⁷¹ 山積한 商品과 茂盛한 「숖껄」⁶⁷² 때문에 길을 잃어버리기쉽다.

特價品 格安品⁶⁷³ 割引品 어느것을 골를가. 그러나 저러나 이 術語들은 字典에도 없다. 그러면 特價 格安 割引 一 品 보다도 더 싼것은 없다. 果然 寶石等屬 毛皮等屬에는 「눅거리」⁶⁷⁴ 가 없으니 눅거리를 없수이녁이는 이 種類顧客의 心理를 잘 理解 하옵시는 重形들의 「슬로간」⁶⁷⁵ 實로 躍如하도다.

밤이 왔으니 冠詞없는 그냥 「銀座」가 出現이다. 「코롬방」⁶⁷⁶의 茶 기노꾸니야⁶⁷⁷의 冊은 여기 사람들의 敎養이다 그러나 더 점잖게 「뿌라질」⁶⁷⁸에 들러서 「스튜레일」⁶⁷⁹을 한잔 마신다. 茶를 날르는 새악시들이 모두 똑 같이 丹楓문의⁶⁸⁰ 옷을 입었기때문에 내눈에는 좀 性病模型 같아서 안됐다. 「뿌라질」⁶⁸¹에서는 石炭대신 「커피」를 燃料로 汽車를 運轉한다는데 나는 이렇게 진한 石炭을 암만 삼켜보아도 情熱은 불붙어 올르지 않는다.

「애드빨룬」⁶⁸²이 着陸한 뒤의 銀座하늘에는 神의 思慮에 依하여 별도 반짝이

---

671 한層式인데다가 : 전집(1)은 '한層인데다가'로 한 글자 누락.
672 숖껄(shopgirl) : 여점원.
673 格安品 : 품질에 비해서 값이 싼 물건.
674 눅거리 : 일반 값보다 훨씬 눅은(싼) 물건, 또는 내용이 없고 보잘 것 없는 것. '싸구려'인 듯.
675 슬로간(slogan) : 어떤 단체의 주의·주장 따위를 짧은 말로 나타낸 것. 표어(標語).
676 코롬방(colombin 프) : 비둘기를 뜻하는 말로 여기서는 다방 이름인 듯.
677 기노꾸니야(きのくにや) : 紀の國屋, 혹은 紀伊國屋로 일본 서점명.
678 뿌라질(Brazil) : 카페 이름인 듯.
679 스튜레일(straight) : 양주에 물 따위 다른 것을 타지 않고 그냥 마시는 일, 또는 그 술.
680 丹楓문의 : 丹楓紋의, 또는 단풍무늬.
681 뿌라질(Brazil) : 남아메리카 대륙의 중앙부에 있는 나라.
682 애드빨룬(adballoon) : 하늘에 띄우는 기구.

렷만 이미 이 「카인」[683]의 末裔들은 별을 잊어버린지도 오래다. 「노아」[684]의 洪水보다도 毒瓦斯를 더 무서워 하라고 敎育받은 여기 市民들은 率直하게도 散步 歸家의 길을 地下鐵로 하기도 한다. 李太白이 노든달아![685] 너도 차라리 十九世紀와 함께 殞命하여 버렸었든들 작히나 좋았을가.

— 발표지면 : 『文章』, 1939.5

---

683 카인(Cain 라) : 구약 성서 「창세기」에 나오는 아담과 이브가 낳은 맏아들의 이름. 여호와가 동생 아벨의 제물은 받고, 자기 제물은 거절함을 분히 여겨 동생을 죽이었으므로 내쫓김.

684 노아 : 성경 속의 인물. 노아는 신이 계획한 모든 사람들과 지구상의 모든 동물들이 전멸시킬 범지구적인 홍수에서 버틸 수 있도록 방주를 만들었다.

685 李太白이 노든달아 : 「달타령」의 한 구절.

얼마 안되는 辨解(혹은 一年이라는 題目)[686]
— 몇 舊友에게 보내는 —

配線工事의「一年」을 報告하고 눈물의 양초를 적으나마 장식하고 싶다.

曛日[687]의 寒氣에 雲彩는 떨고 있다. 아니 그는 그의 문간 앞에서 外出을 떨고 있다. 여전히 그를 막고 있는 여러겹의 水門을 앞에 두고 그에게 있어서 그만큼 無力한 그는 없었다.

皮膚에 닿을락 接近함을 느끼는, 그것은 二十三歲때에 죽어 간, 지난날의 여러 사람들의 일을 생각함에서였다.

그는 겨울과 더불어 運命을 回避하고 있다. 한장의 조그마한 窓유리는 죽음의 發表이었다.

죽음은 그에게 있어서 群衆인양 싶으다. 그는 드디어 방안이 가득하도록 複數되었지만 어느 힘의 滲透를 허락하지 않았다.

그는 一年과 一年의 以前의 얼마 안되는 一年사이에 퍽이나 穉拙한 詩를 쓰고 있었다.

無意味한 一年이 한심스럽게도 그에게서 詩까지도 追放하였다. 그는「죽어도 떨어지고 싶지 않은」그 무엇을 찾으려고 죽자하고 애를 썼다.

하지만 그에게 있어서의「그것」은 詩以外의 무엇에서도 있을 수 없었다.

그의 에스푸리[688]는 落書할 수 있는 비좁은 壁面을 棺桶 속에 設計하는 것을 承認했다.

---

686 이것은 유고로 발견된 일문 작품이며, 김수영에 의해 번역되어 소개되었다. 일문 작품은 작품의 끝에 번역자를 밝혀두기로 한다.
687 曛日: 석양.
688 에스푸리(esprit 프): '정신'·'기지'의 뜻으로 근대적인 새로운 정신 활동을 이르는 말.

벗이어! 이것은 그라는 풋내기의 最後의 演技이다. 얼마간의 가소로운 小驛⁶⁸⁹에 벗은 눈물지어 주기를!

羊처럼 유순한 惡魔의 假面의 拾得人인 그를 벗이어 記念해야 할 것이다.

그리고 그것은 한순간 후에는 無理한 數學差押이 되어 벗의 速度를 방해하지는 않는다. 다시 말하자면 「地上에는 일찌기 아무 일도 없었다」고.

一年 그것은 벗에게는 너무나 속이 환히 들여다 보이는 요술이기는 할테지. 허나 그의 無理한 要求가 있다. 들어 주어야 할 것이다.

리벳트⁶⁹⁰와 같은 墓地를 보고 그것이 地球를 表彰하는 勳章이라고 생각하지 않는가. 혹은 같은 意味에서 地球의 시들어간 에로티즘⁶⁹¹을 隱匿하는. 그것이 忠實한 단추라고 생각하지 않는가.

知識의 尖銳角度 0°를 나타내는. 그 커다란 建造物은 竣工되었다. 最下級技術者에 屬하는 그는 공손히 그 落成式場⁶⁹²에 참예하였다. 그리고 神의 두팔의 遺骨을 든 司祭한테 最敬禮하였다.

줄지어 늘어선 유니폼⁶⁹³ 속에서 그는 줄줄 눈물을 흘렸다. 悲哀와 孤獨으로 안절부절 못하면서 그는 그 建造物의 階段을 달음질쳐 내려 갔다. 거기는 훤하게 트인 황폐한 墓地였다. 한개의 새로 판 구덩이속에 자기의 軀殼⁶⁹⁴을 드러눕힌 그는 山하나의 墓를 일부러인 것처럼 만들어 놓았다.

棺桶의 壁面에 設備된 조금 밖에 안되는 餘白을 利用해서 그는 屍體가 되어가지고 運命의 微分⁶⁹⁵된 差를 운산하고 있었다.

---

689 小驛 : 전집(3)은 '小役'의 오식으로 봄. 작은 역.
690 리벳트(rivet) : 금속판 등을 잇는 데 쓰이는, 대가리가 굵은 금속의 못.
691 에로티즘 : 에로티시즘(eroticism). 남녀간의 애욕이나 관능적인 사랑, 또는 그것을 강조하는 경향. 성애(性愛).
692 落成式場 : 건축물의 완공을 축하하는 의식을 올리는 장소.
693 유니폼(uniform) : 제복. 여기서는 '제복 입은 사람'을 뜻하는 듯.
694 軀殼 : 신체와 각질. 여기서는 '몸체'.
695 微分 : 어떤 함수의 미분 계수를 구하는 일.

解答은 어디까지나 그의 基督教的 殉死의 功勞를 主張하였다. 그는 비로소 墓地의 地位를 定義하였다.

그때에 時間과 空間과는 그에게 何等의 座標를 주지 않고 그냥 지나쳐가는 그 機會를 놓치지 않고 그는 現存과 現在 뿐만으로 된 或種의 生活을 製作하였다. 새로운 感情標準에 따라서 그는 新鮮한 요술을 시작하기까지—

그는 뼈와 살과 가죽으로써 그를 감싸주는 어느 그의 骨骼으로 되어 있었다. 그의 賦役[696]을 減하기 위해서 어떤 그는 추위에 떨면서 초겨울의 비 속을 걷고 있었다. 추위와 슬픔이 어떤 그의 뼈 속으로 스며 들었다.

비는 地球上의 양철지붕 만을 적시고 있었다. 젖은 양철지붕은 하늘보다도 번쩍거리고 있다. 그 밑을 구질구질한 개울이 흐르고 있었다. 그리고 鐵道線路의 堤防이 있고 堤防 저편에 말라빠진 포푸라[697]가 地球의 年齡처럼 쓸쓸하게 늘어서 있었다.

어떤 그한테 끌리어서 그라는 骨片은 方向을 거꾸로 걸었다. 그는 一刻을 서두르면서 편안히 쉴 수 있는 宿所를 찾고 있었지만 道路는 삘딍에로 이어지고 삘딍은 또한 가랑비 속으로 이어져 있다.

발가락은 욱신욱신 쑤시기 시작하였다. 이미 그는 한발자욱의 반조차도 前進할 수 없는 가련한 患者로 되어 있었다.

汽笛一聲 北極을 향해서 南極으로 달리는 한대의 汽罐車가 堤防위를 疾驅해 온다.[698]

그는 最後의 몇방울 피에 젖은 손바닥을 흔들어 올리며 살려 달라고 소리를 질

---

696 賦役 : 국가나 공공 단체가 특정한 공익 사업을 위하여 보수 없이 국민에게 의무적으로 책임을 지우는 노역.
697 포푸라(poplar) : 버드나무과의 낙엽교목. 강변, 촌락 부근에 풍치목으로 많이 심으며, 이태리포플러가 유명하다.
698 疾驅해온다 : 질주해온다.

렀다. 다행히 汽關車는 정거하고 石炭같은 汽關車는 그의 便乘을 허락해 주었다.

機關車로 생각하고 있었던 그 內部는 素朴하게 設備되어 있는 客車였다.

그는 어디로 가는 것인가. 이 線路는 驛은 고사하고 待避線조차도 안가지고 있다고 한다.

穿衣[699]를 벗고 위선 따뜻한 火爐에 몸을 쪼였다. 따끈따끈하게 녹아 오는 氷點의 血球는 비로소 그에게 空氣層에 대한 免疫性을 賦與하였다.

乘客이 한사람도 없는 車室內에서 그는 自由로운 에스푸리의 蘇生을 祝賀하였다. 창밖은 아직까지도 비가 오고 있다. 비는 소낙비가 되어 山川草木을 그야말로 적시고 있다. 그는 방긋이 웃었다. 그러자 두사람의 나어린 娼妓가 한대의 엷은 비단 파라솔[700]을 받고 나란히 나란히 비를 피해가면서 鐵道線路를 건느고 있다. 그 모양은 그에게 어느 彈道를 思想하게 하여 人生을 橫斷하는 壯烈한 方向을 그는 確認하였다. 그와 同時에 소리없는 放電이 그 파라솔의 尖端에서 번쩍하고 일어났다. 그와 同時에 車室은 삽시에 棺桶의 內部로 化하고 거기에 있는 조그마한 壁面의 餘白에 古代未開人의 落書의 흔적이 남아있다. 曰「비의 電線에서 지는 불꽃만은 죽어도 역시 놓쳐 버리고 싶지 않아」「놓치고 싶지 않아」云云.

한개의 林檎[701]의 껍질을 벗기자 한개의 배로 되었기 때문에 그 배의 껍질을 벗기자 한개의 柘榴로 되었기 때문에 그 柘榴의 껍질을 벗기자 한개의 네불[702]로 되었기 때문에 그 네불의 껍질을 벗기자 이번에는 한개의 無花果로 되었기

---

699 穿衣 : 구멍난 옷.
700 파라솔(parasol) : 해변이나 강변 따위에서, 햇빛을 가리거나 탁자 위를 가릴 수 있도록 쳐 놓는 커다란 양산. 여자들이 햇빛을 가리는 데 쓰는 양산.
701 林檎 : 능금.
702 네불(navel orange) : 운향과의 상록 관목. 브라질 원산이며, 오렌지의 변종임. 열매는 공 모양인데, 등황색의 겉껍질은 얇고 잘 벗겨지지 않음. 과육(果肉)은 향기가 좋고 즙이 많으며 달고 시큼한데, 씨는 없음. 양귤.

때문에……

걷잡을 수 없는 暴虐한 秩序가 그로하여금 그의 손에 있던 나이프를 내동댕이쳐 버리게 하였다.

내동댕이쳐진 小刀는 다시 小刀를 낳고 그 小刀가 또 小刀를 낳고 그 小刀가 또 小刀를 낳고 그 小刀가 또 小刀를 分娩하고 그 小刀가 또……

그는 눈을 크게 떴다. 그 暗黑속에서 그는 역시 눈을 뜨고 있었다. 그 暗黑속에서 그는 다시 瞑目하였다. 그리고 그 暗黑속에서 그는 여전히 눈을 뜨고 있었다. 그는 또 눈을 크게 떴지만 역시 그는 그 暗黑속에서 노상 눈을 뜨고 있기나 한것처럼 그는 또 눈을……

그는 生物的二等差級數[703]를 運命당하고 있었다. 腦髓에 피는 꽃 그것은 가령 아름답지는 않을 것이라고 하더라도 그에게 있어서 太陽의 模型처럼 그는 사랑하기 위해서 그는 가지고 있는 것이었다.

어느날 太陽이 七原色[704]을 閉鎖하여 乾燥해진 空氣의 한낮에 그는 한그루의 樹木을 껴안고 차디찬 呼吸을 그 樹皮에 내어 뿜는다. 그래서 그것이 무엇이란 말인가.

드디어 그는 決然히 그의 第몇번째인가의 肋骨[705]을 더듬어보았다. 흡사 이브를 創造하려고 하는 神이 아담의 그것을 그다지도 힘들여서 더듬어 보았을 때의 그대로의 모양으로……

그래가지고 그는 그것을 그 樹莖[706]에 揷入하였다. 세상에 다시 없는 아름다운 接木을 實驗하기 위해서.

허나 骨片은 骨片대로 초라하게 매말라버린 뒤 그 樹木의 生理에 何等의 變化

---

703 二等差級數: 두 개의 등차급수. 등차급수란 서로 이웃하는 항의 차가 일정한 급수. 1+3+5+7+9+…, 2+4+6+8+… 따위가 있다.
704 七原色: 빨·주·노·초·파·남·보.
705 肋骨: 갈비뼈.
706 水莖: 수중 식물의 물속에 잠긴 줄기.

조차도 없이 하물며 그 꽃에 變色은 없었다.

子宮擴大模型의 正門에서 그는 父親을 扮裝하고 闖入[707]하였다.

誕生日을 延期하는 目的을 가지고—

그리하여 그 模型의 正門 뒤에 뒷문이 있었던 것을 누가 알았단 말인가.

그는 뒷문의 열쇠를 놓아 둔채로 뒷문으로 나왔다. 거기는 渺茫[708]한 最後의 終焉이었다.

그는 後悔하지 않으면 아니되었다. 그러나 여전히도 그 風景이 없는 世界의 風景을 要求하지 않는 不滅의 法律은 그에게 或種의 宗敎의 諦念을 가지고 왔다.

永遠히 連絡된 前面의 方向을 그는 오히려 기뻐하였다.

하나의 數學, 퍽이나 짧은 數字가 그를 煩悶케 하는 일은 없을까?

그는 한장의 거울을 設計하였다. 그리고 物理的生理手術을 그는 無事히 畢了하였다.

記憶이 關係하지 않는 그리고 意志가 音響하지 않는 그 無限으로 通하는 方丈[709]의 第三軸에 그는 그의 安住를 發見하였다.

「左」라는 公平이 이미 그로하여금 「부처」와도 絶緣시켰다.

이 가장 文明된 軍備, 거울을 가지고 그는 과연 믿었던 安住를 다행히 享受할 수 있을 것인가?

이미 그것은 子宮擴大模型의 뒷문이 閉鎖된 후의 反響이 없는 問題에 불과한 것이다.

문제의 그 별은 鑛山이라고 한다.

---

707 闖入 : 기회를 타서 함부로 들어감.
708 渺茫 : 끝없이 넓고 아득함.
709 方丈 : 화상(和尙), 국사(國師) 등의 고승(高僧)이 거처하는 처소. 한 연구자는 '가로 세로가 한 장인 넓이'(박현수)로 설명.

採光學⁷¹⁰이 이미 그 별을 發見하였다.

野蠻스런 法律밑에서 開山⁷¹¹된 墜道⁷¹²는 細菌같이 빽빽한⁷¹³ 人員數의 鑛夫에 의해서 侵蝕되기 시작하였다.

피곤해 빠진 鑛夫들은 採堀用諸機械로써 逆說的으로 音樂의 系統을 傷하게 하였다.

音樂은 思想을 떨어 버리고 迂曲⁷¹⁴된 길 위를 秩序없이 도망쳐 다니고 있었다.

그는 空腹과 疲勞와 함께 문제의 그 별을 쳐다 보았다. 별은 그에게 免許狀까지도 拒絶하였던 것이다.

霍亂⁷¹⁵처럼 들끓는 音樂을 그는 기울어져가는 한칸의 窓에서 전송하였다. 낡은 모습의 슬픔이 그를 엄습하였다.

樂譜化된 成績表가 그의 消化系를 亂麻와 같이 蹂躪하였다. 重量의 구두의 소리의 體積—

野蠻스런 法律 밑에서 擧行되는 査閱,⁷¹⁶ 거기에는 역시 한사람의 落第者를 내놓는 일은 없었다.

그는 아득하였다.

그의 腦髓는 거의 生殖器처럼 興奮하였다. 당장이라도 爆裂할 것만 같은 疼痛⁷¹⁷이 그의 中軸을 엄습하였다.

이것은 무슨 前兆인가?

---

710 採光學 : 광물 채굴에 대한 이치를 연구하는 학문(採鑛學)에서 한 글자를 바꾸어 '광선을 받아들이는 이치에 대한 학문'으로 의미변화를 꾀한 것으로 보인다.
711 開山 : 절을 처음 세우거나 종파를 새로 연 중.
712 墜道 : 글자대로의 의미는 '추락한 도'이나 분명찮음.
713 빽빽한 : 처음 번역시 '빽빽한'으로 되어 있으나 전집(2·3)은 '빽빽한'으로 수정. 의미상 후자가 적합할 듯.
714 迂曲된 : 이리저리 구부러져 꼬불꼬불한.
715 霍亂 : 한방에서, 음식이 체하여 토하고 설사를 하는 급성 위장병을 이르는 말.
716 査閱 : 조사와 검열.
717 疼痛 : 신경의 자극으로, 몸이 쑤시고 아픈 증상.

그는 조용히 四角진 달의 採鑛을 줏어서, 그리고는 知識과 法律의 창문을 내렸다. 採鑛은 그를 싣고 빛나고 있었다.

그의 몇億의 細胞의 間隙을 通過하는 光線은 그를 붕어와 같이 아름답게 하였다.

瞬間, 그는 제풀로[718] 非常하게 잘 製鍊된 寶石을 교묘하게 分娩하였던 것이다.

그는 月光의 破片 위에 쓰러졌다. 蒸發한 意識이 차디차게 굳어 가는 그 軀殼[719]에 닿아도 다시 빗방울로는 되지 않았다.

一九三二·十一·六

― 발표지면 : 『현대문학』, 1960.11 ; 김수영 역

---

718 제풀로 : 저 혼자 저절로, 제 스스로.
719 軀殼 : 신체, 체구.

무제[720]

따뜻한 空氣는 室內에 있다. 夫婦와 父母子息을 잠재운다. 그리고 街路에서는 차디찬 空氣가 雌雄異株[721]의 生物을 虐待하고 있다.

「午前四時와 第一秒. 地上의 那邊에도 나는 있지 않았다」

咽喉에 氷結된 血痰[722]을 그는 한잔의 따뜻한 커어피로 녹히면서 벗의 한쪽 귀를 상대로 이야기하고 있었다.

죽음을 캄푸라쥐[723]하는 검은 山水屛風을 먼발치에서 비웃으면서 그는 죽음으로 直通하는 길을 한臺의 車로서 달리고 있었다.

記憶細胞痲痺患者를 위해서 만들어진 醫療用車 —

「나는 乳母車에 태워진채로 墜落하였다. 記憶의 深淵속으로」

거기에는 여전히 來日의 空欄이 그의 記入을 기다리고 있다. 그는 한 개의 철필대[724]에 그의 肺를 連絡하였다.

피가 흘렀다. 그리고 죽음으로 直通하는 푸로그램의 正을 誤로 얌전하게 訂正을 加하였다.

「이튿날 나는 자리에서 눈을 떴을 때, 걱정의 눈초리로 나를 지켜보고 있는 불쌍한 父母의 얼굴이 눈에 뜨이자 나는 어디서인가 본 일이 있는 것같은 男子와 女子로구나 하고 생각한 일, 그것이 무엇보다도 僥倖이었다고 말하지 않으면 아니된다」

그는 父母의 손을 꽉 쥐어 보았다. 맥박이 뛰면서 傳해져 오는 그들 두사람,

---

720 이 글이 『현대문학』에 번역되어 실리면서 '原文에 題目이 없음'이라는 편집자의 주가 붙어 있다.
721 雌雄異株 : 원의는 '암수 두 나무'라는 뜻인데, 버드나무, 은행나무처럼 암수가 다른 나무를 의미.
722 血痰 : 血痰(피가 섞여 나오는 가래)의 오식인 듯.
723 캄프라쥐(camouflage 프) : 불리하거나 부끄러운 것을 드러나지 아니하도록 의도적으로 꾸미는 일, 또는 사람·무기·장비·시설 등의 구별이나 움직임을 상대방 적으로 부터 은폐하기 위한 수단.
724 철필대 : 펜대.

二十三年동안이나 그를 追從해 오고, 계속해 오던 몸—사랑—을 그는 비로소 맘속깊이 느끼었다.

그것은 그에게 있어서는 흡사 二十三歲의 그를 그의 父母는 처음으로 分娩한 것같은 悲壯한 光景이었다.

玩具店의 二層에서 그는 太陽에 探照되고 있었다.

生活을 拒絕하는 意味에서 그는 蓄音機의 레코오드[725]를 거꾸로 틀었다.

樂譜가 거꾸로 演奏되었다.

그는 언제인가 이 일을 어느 늙은 樂聖한테 書信으로 써 보낸 일이 있다.

「한번 만나고 싶다」는 回答을 받고 그는 二十二歲의 飄飄한 姿態를 그 늙은 樂聖의 秘室에 나타냈다.

樂聖은 한臺의 地球儀를 그에게 보이었다. 그것은 그가 日常, 玩具店의 二層에서 愛賞하여 마지 않는 것이었다.

「君의 애드레스[726]를 찾아 보게」하는 말을 듣고 그는 조용히 그 地球儀를 調查하기 시작하였다.

五大洲의 大陸에서 最小의 珊瑚礁에 이르기까지 陸地라는 陸地는 모두 꺼멓게 칠해져 있었다. 그리고 다만 文字라고는 물이 된 部分에「거꾸로 改錄된 樂譜의 世界」라고 쓰여져 있을 뿐이었다.

「저한테 地上에 살 수 있는 場所, 資格이 없다고라도 말하시는 것인가요」

樂聖은 그저 默然히 그를 다음의 秘室로 引導하였다.

거기에서 樂聖은 둘째 손가락으로 天井을 가리키었다.

天井은 거울로 하나 가득 끼어져 있었다. 樂聖과 그, 두사람의 거꾸로 나타난 立像이 어둠침침하게 비치어져 있었다.

---

725 레코오드(record) : 음반.
726 애드레스(address) : 주소.

그는 愕然해져서⁷²⁷ 아껴야 할 곳을 알지 못하였다.

그리하여 樂聖은 또한 마룻장을 가리키었다. 거기에도 거울은 마루 온면에 깔려 있었다. 거기에도 두사람의 立像은 아까와는 다른 逆立한 姿態로 비치어져 있었다.

樂聖은 잠시동안 그를 바라보고 있었다. 그리고 나서 천천히 前方壁面을 向해서 걸어 갔다. 그리고는 壁을 덮고 있는 커어텐을 제쳤다. 거기에도 한점의 흠점조차 없는 淸凉한 거울이 단단히 끼워져 있었다.

그는 樂聖의 앞에서 창백하게 입술을 떨고 있는 거울 속의 그 자신의 姿態를 들여다 보고 있었지만, 곧 昏倒해서 樂聖 앞에 쓰러졌다.

「나의 秘密을 언간생심⁷²⁸히 그대는 漏說하였도다. 罪는 무겁다, 내 그대의 右를 빼앗고 終生의『左』를 賦役하니 그리 알지어라」

樂聖의 充血된 叱咤⁷²⁹는 氷結한 그의 조그마한 心臟에 수없는 龜裂을 가게 하였다.

— 발표지면 :『현대문학』, 1960.11 ; 김수영 역

---

727 愕然해져서 : 몹시 놀라 정신이 아찔해져서.
728 언간생심 : '언감생심'의 오식. '어찌 감히 그런 마음을 먹을 수 있으랴'는 뜻으로 쓰이는 말.
729 叱咤 : 성을 내어 큰 소리로 꾸짖음.

이 兒孩들에게 장난감을 주라

土地一帶는 玄武岩質[730]이어서 中·南鮮에 많이 있는 花崗岩質과 比하면 몹시 아름답지 못하다. 그래서 地方 兒孩들은 先天的으로 조약돌도 줍지 않는다.

나는 海洋같은 倦怠속을 헤엄치고 있다. 지느라미는 미적지근한 속에 있다.

兒孩들은 아우성을 지르면서 나의 愉快한 잠을 송두리채 뒤흔들어 놨다. 나는 깜짝 놀랐다. 구리빛 살결을 한 男兒처럼 뵈는 兒孩 두셋이 내가 누워 있는 곁에서 놀고 있는 것이다. 暮色이 만또[731] 模樣으로 그들의 屍體같은 不潔을 휩싸고 있다.

嗚呼라. 兒孩들은 어떻게 놀아야 좋을지 모르는 모양이다.

그러나 그들은 完全히 去勢되어버린 것이 아니다. 풀을 휘뚜루 뽑아 가지고 와서 그걸 만지작거리며 놀아 본다. 永遠한 綠色 — 綠色[732]은 그들에게 조금도 特異하거나 신통치 않다. 兒孩는 뭐든 그들을 驚嘆케 해 줄 特異한 것이 貪나는 것이다. 하지만 아무리 둘러 봐야 現在의 그들로선 規模가 지나치게 큰 家屋과 眷屬(血緣)과 끝없는 들판과 그들의 깔긴 똥이나 먹고 돌아 다니는 개새끼들 等.

그들은 이런 모든것에 지쳐 버렸다. 그들은 興趣를 느낄만한 出口가 없다. 그들은 無意識的으로 어쩌야 좋을지 어쩔 줄을 모른다. 그들, 傷處에 어지러이 쥐

---

730 玄武岩質 : 현무암의 성격을 지닌. 현무암은 염기성 사장석과 휘석, 감람석을 주성분으로 하는 화산암의 하나. 검은색이나 검은 회색을 띠고 기둥 모양인 것이 많으며, 입자가 미세하고 치밀하여 바탕이 단단하다.

731 만또(manteau 프) : 남녀가 두루 입을 수 있는 커다란 외투의 한 가지. 소매가 없이 어깨로부터 내리 걸쳐 입으며, 손을 내놓는 아귀가 있음.

732 綠色 — 綠色 : 전집(2·3)은 絶色 — 絶色으로 오식. 전자는 푸른 색이지만, 후자는 '빼어난 미색'을 의미.

어 뜯긴 풀잎 쪼각들이 함부로 흩어져 있다.

嗚呼라. 이 兒孩들에게 가지고 놀 것을 주라.

비록 더러우나 그들의 新鮮한 손엔 아무것도 없다.

조그맣게 그리고 못견디도록 슬픈 그들의 頭腦가 어떡허면 좋을까 하고 생각한다. 遊戱를 버린 兒孩란 것이 과연 있을 수 있는가, 하고.

그렇다, 遊戱 않는 兒孩란 있을 수 없다. 遊戱를 主張한다. 遊戱를 要求한다.

아무래도 살길 없는 죽음 – (우리는 이래도 역시 兒孩랄 수 있는가)

이윽고 그들은 發明한다. 장난감 없어도 놀 수 있는 方法을.

두 손을 앞으로 쭉 뻗기도 하며 뛰 돌아 다니기도 하며 한곳에 버티고 서서 몸을 뒤틀기도 하며 이것은 전혀 律動的이 아니며 그저 척 해보는 것이다.

그리고 어느 品詞에도 所屬치 않는 奇妙한 아우성을 지르면서 거의 自身들을 동댕이치듯 떠들어댔다. 가엾게도 볼수록 엉터리다.

이것도 遊戱인가. 이래도 재미 있는가 – 이렇게 狂的이고도 賤格[733]인 光景에 저으기 눈시울을 적셨다.

나는 이 불쌍한 騷亂 옆에서 精神을 잃었다.

암만 기다려도 兒孩들은 이 어처구니 없는 遊戱를 그만 두지 않는다. 어랍쇼. 이러다가 이 兒孩들은 참으로 미쳐 버리지나 않을까. 어디서나 倦怠로워서 안절 부절 못한다는 것은 致命的인 負傷이라기 보다도 人間에겐 더욱 致命的인 것만 같다. 現在 내 自身을 보라. 나는 혹 內部에서 이미 救援될 수 없을 程度로 미쳐 버리지 않았다고 누가 나를 保證하겠는가?

---

733 賤格 : 낮고 천한 품격.

내게서 이미 不快한 感情이 뭉게 뭉게 일어났다.

이 宇宙의 汚點보다도 더욱 밉살스런 不幸한 兒孩들이 태어났다는 것을 나는 咀呪한다.

허나 그러는 중에 이 奇怪한 遊戱에도 이만 싫증이 난 것이겠지 — 고요히 失望하고 만 그들은 아무런 動機도 目的도 없는 것만 같다. 도무지 分明치 못한 作態로 그 近傍을 彷徨하고 있었다.

나는 그들이 벌써 發狂한 거나 아닌가 생각고 슬퍼하였다. 그러나 暮色에서도 그들의 容貌는 正常的이었다.

兒孩가 놀지 않는다는 現象은 病이 아니면 死亡일 것이다. 兒孩는 쉴새 없이 遊戱한다. 그래서 놀지 않는다는 것은 全然 不可能한 일이다. 그러니 앞으로 이 兒孩들은 또 어떻게 놀 것인가. 나는 걱정하였다. 다음에서 그 다음으로 놀 수 있는 — 장난감 없이 — 그런 方法을 發見 못한 兒孩들은 結局 혹시 어른처럼 自殺이나 하지 않을까 하고.

나는 그들에게 가르쳐 주고 싶다. 말하자면 돌멩이를 집어 이 근방에 싸다니는 襤褸쪼각 같은 개들을 칠 것. 피해 달아나는 개를 어디까지나 뒤쫓을 것 等. 그러나 그들은 先天的으로 이 土地의 돌멩이가 기막히게 醜惡하다는 걸 알고 있음인지, 결코 돌멩이를 줍지 않는다.

(또 農村에선 돌 던지는 걸 嚴禁하고 있다는 理由도 있을 것이다)

이번만은 또 어떤 奇想天外의 노는 法이라도 考案하여 그들의 生命을 維持할 것인가. 不然이면[734] 정말 發病하여 단번에 죽어 버릴 것인가. 異常한 興奮과 緊張으로 나는 눈을 홉뜨고 있었다.

暫時 後 그들은 집 사립짝 옆 土壁을 따라 約束이나 한것처럼 나란히 늘어 서

---

734 不然이면 : 그렇지 않으면.

서 쪼구리고 앉는다. 뭔지 소군소군 謀議하는상 하더니 벌써 沈默이다. 그리고 熱中하기 시작하였다.

똥을 내질르는 것이었다. 나는 啞然히⁷³⁵ 놀랐다. 이것도 所謂 노는 것이랄 수 있을까. 또는 그들은 一時에 뒤가 마려웠던 것일까. 더러움에 대한 不快感이 나의 숨구멍을 막았다. 하늘만큼 貴重한 나의 머리가 뭔지 철저히 큰 鈍器에 얻어맞고 터지는 줄 알았다. 그 뿐인가. 또 한가지 나를 啞然케 한 것은 男兒인 줄만 알았었는데 빤히 들여다 보이는 生殖器 — 아니 기실은 排尿器이었을 줄이야. 어허 모조리 마이나스⁷³⁶고녀. 奇怪千萬한 일도 다 있긴 있도다.

이번엔 서로의 엉덩이 구멍을 서로 들여다 보기 시작하였다. 하는 짓마다 더욱 奇想天外다.

그들의 얼굴 빛과 大同小異한 潤기 없는 똥을 한 덩어리씩 極히 수월하게 解産하고 있다. 그것으로 滿足이다.

허나 슬픈 것은 그들 중에 암만 안까님⁷³⁷을 써도 똥은커녕 궁둥이마저 나오지 않아 쩔쩔 매는 것도 있다. 이러고야 겨우 着想한 遊戱도 寒心스럽기 그만이다. 그 名譽롭지 못한 아이는 이제 다시 한번 젖먹던 힘까지 내어 下腹部에 힘을 줬으나 역시 旱魃⁷³⁸이다. 焦燥와 失望의 빛이 歷歷히 나타났다. 나도 이 아이가 특히 미웠다. 가엾게도, 하필이면 이럴 때 똥이 안나오다니, 미움을 받다니, 同情의 對象이 되다니.

選手들은 목을 비둘기처럼 모우고 이 한명의 落伍者를 蔑視하였다. (우리 座席의 興을 깨어버린 反逆者)

---

735 啞然히 : 너무나 놀라와서 말이 안 나오거나 어안이 벙벙하여.
736 마이너스(minus) : '여성의 성기'를 말함.
737 안까님 : '안간힘'의 오식인 듯. 변을 보려고 애를 쓰는 것을 말함.
738 旱魃 : 가뭄. 전집(3)은 旱魃로 오식.

이 摩訶不可思議한 呪文[739] 같은 遊戲는 이리하여 허다한 不吉과 怨恨을 품고 大團圓[740]을 告하였다. 나는 이제 發狂하거나 卒倒할 수 밖에 없다. 滿身瘡痍 瀕死의 몸으로 간신히 그곳에서 逃亡하였다.

— 발표지면 : 『현대문학』, 1960.12 ; 김구용 역

---

739 摩訶不可思議한 呪文 : '摩訶(mah 범)'는 주로 다른 말이나 인명 앞에 쓰이어 불교에서, '위대함·뛰어남·불가사의함' 따위의 뜻으로 쓰이는 말. 그러므로 '대단히 불가사의한 주문'이라는 의미인데, 아마도 여기서는 「摩訶般若波羅密多心經」을 외는 것을 의미하는 듯.
740 大團圓 : 번역 원문에는 '大圓團'으로 되어 있으나, 이는 오식인 듯하다.

暮色

바구니의 삼베 보를 벗기자 머루와 다래가 나왔다.

내게 사달라는 것이다. 머루와 다래의 덜익은 맛을 나는 좋아 않는다. 나는 들어가지 않겠다고 하였다.

도대체 어처구니없이 젊다.

그리고 또 하나의 바구니엔 복숭아가 가득 들어 있었다. 복숭아는 복숭아같은 모양을 하고 있다는 것만으로써 무릇 복숭아는 아니다. 새파랗고 조그만 하여간 다른 果實이었다. 그러나 이건 복숭아인 것이다.

나는 그것들을 조금씩 먹어 보곤 깜짝 놀랐다. 大體로 내 혓바닥은 弱하다. 내 혀는 금새 盲目[741]이 될 상하다.

村사람들 특히 兒孩들은 餓鬼[742]처럼 입을 물들이며 먹는 것이었다. 나는 그들의 혀가 超人間的으로 健康한데에 혀를 차지 않을 수 없었다. 아니 村사람만도 아니다. 파는 사람 自身부터가 熱心히 먹으면서 장사를 하는 것이다. 그건 그렇게 먹음으로써 다른 사람들에게도 食欲을 일으킬 수 있다는 속셈도 있을 것이다. 늘어진 八字[743]라 하겠다.

한 사람은 오구랑 老婆[744]로서 不幸한 運命 때문에 五十平生을 이미 꼬기꼬기 구겨버리고 말았다. 보기만 해도 가엾은 相이다. 그리고 또 한사람은 어처구니없이 젊다. 그것은 어머니다.

젖먹이 어린놈은 더럽혀진 장난감처럼 삐이삐이하고 때로 심술궂게 악을 쓴

---

741 盲目 : 이성을 잃어 적절한 분별이나 판단을 못하는 일.
742 餓鬼 : 전생에 지은 죄로 아귀도(餓鬼道)에 태어난 귀신. 여기서는 '굶주린 귀신'을 뜻함.
743 八字 : 태어난 해·달·날·시의 간지(干支)인 '여덟 글자'라는 뜻으로, 사람의 평생 운수.
744 오구랑 老婆 : 꼬부랑 할머니.

다. 그런데 어머니는 거의 無神經이다. 그뿐인가, 때 묻은 乳房을 축 느러뜨리고서 맛나게 머루만 씹고 있다.

과연 老婆는 한푼이라도 더 돈으로 바꾸고 싶은 老婆心에서였을 것이다. 먹지도 않고 그 곁에서 垂涎萬丈⁷⁴⁵ 하는 나에게 하나쯤 먹어 보는 것도 좋다, 그리고 먹음직하거든 제발 좀 사달라고 얼굴은 울음 半 웃음 半이다.

나는 나대로의 老婆心 때문에 何如間 나는 사지 않을테니 必要 없다고 말한다. 그러자 이번엔 어린것에게 젖을 먹이느라고 잠시 먹던 걸 中止한 그 젊은 어머니에게 勸하는 것이었다. 아마 그녀는 老婆의 며느리일 것이다.

며느리는 다시 복숭아와 머루를 그 시원스런 汁⁷⁴⁶을 입속 가득히 스며들도록 넣으면서 音響效果도 신명지게 씹고 있다.

무엇보다도 나는 이 十七이나 八밖에 안되는 새댁이 어떻게 어린 놈을 낳았을까 하고 그것이 가장 不可思議해서 견딜 수 없었던 것이다.

서방은 健壯한 농사군일 것이다. 약간 나이가 위인. 아니면 나이가 아래일까?

夫婦의 秘密 — 老婆의 저 쭈굴쭈굴한 얼굴에 나타난 斷念과 滿足의 表情. 아들의 幸福은 바로 老婆의 幸福인 것이다.

그리고 이 새댁도 어느덧 저 세피아色으로 반짝반짝거리는 老婆가 될 것이다.

그리고 지금 저 가슴팍에 매달려 있는 젖먹이 때문에 자기의 五十平生을 犧牲한 것도 잊고서 斷念과 滿足의 全生을 보낼 것이다.

또 새며느리를 맞이할 때도 山엔 다래와 머루가 익을 것이다. 그땐 그것이 벌써 專賣特許가 되어 버렸을지 모른다. 어느덧 暮色⁷⁴⁷은 마을에 내려와 저 貧弱한 장사치들도 다 돌아가버렸다.

---

745 垂涎萬丈 : 몹시 먹고 싶어 침을 많이(만장이나) 흘림.
746 汁 : 물기가 들어 있는 물체에서 짜낸 액체.
747 暮色 : 해질 무렵의 경치, 저물어 가는 풍경.

그러나 저 老婆의 자태는 다만 홀로 租稅獎勵標杭[748] 곁에서 애닮게도 고요히 호젓하였다. 그러나 그것도 老婆의 老婆心에서일 것이다. 젊은 어머니의 자태는 이미 그 곁에 없었다.

― 발표지면 : 『현대문학』, 1960.12 ; 김구용 역

---

748 標杭 : 표지판 또는 표지 막대.

무제2[749]

　初秋, 양지쪽은 아직 덥다. 그 日光 아래서 옥수수는 黃玉으로 날마다 익어 간다.

　집들의 襜下[750] 밑에 구슬같은 옥수수 묶음이 매달려 있다. 明年에 대한 準備—限없이 輪廻하는 農家의 歲月이여.

　나락은 이삭만을 急角度로 굽히고 있다. 그래 꼼짝할 수도 없다. 그리고 그럼으로써 들은 萬頃의 물결을 일으키고 있다.

　그 논 뚝 위에 서서 나는 그 不透明한 물결 사이로 姿態도 없이 흐르는 潺潺한[751] 맑은 물소리를 듣는다.

　한낮, 茫漠한 遠景은 이 些小한 맑은 물 소리로써 計算되고 있는 것만 같다. 健康한 靜謐이여. 明澄한 脈搏이여.

　아침은, 나는 식어들기 일수였다. 萬事는 나에게 더욱 冷膽한 思念이 되어 간다.

　神을 掩襲하는 가을의 思索, 그럴 때마다 느끼는 生存의 寂寞과 欝苦에 견디 낼 수 없다. 나의 前方에 鮮明한 文字처럼 展開하는 自殺에의 誘惑.

　그러나—

　나의 冷却한 피는 이 磬쇠[752]처럼 꽃다운 脈搏 속에서 抱擁처럼 따뜻해지는 것이었다.

　蒼白한 맨발을 日光이 불 타듯 물들였다. 나의 步調는 閑暇하고 즐겁다. 걸으면서 집들을 빼끔히 들여다 본다.

749　이 작품 역시 번역되어 실리면서 '原文에 題目이 없음'이라는 편집자 주가 실려있다.
750　襜下 : 처마.
751　潺潺한 : 소리가 약하고 가는.
752　磬쇠 : 옥이나 돌로 만든 아악기(雅樂器)의 한 가지.

門과 窓은 깊이 잠겨 있었다. 어째서 그들은 그들의 곰팡난 微密[753]을 日光에 쪼이지 않는 것일까. 陰慘한 傳統이여. 오랜 옛 祖先이 그 鈍重한 窓門 뒤에서 앓고 있다. 骨髓를 — 不潔을.

占卦의 暗澹함이여 — 언제면 이 땅과 閉된 집집마다 幸運과 歡喜가 찾아 올 것인가.

그래도 襤褸 쪼각같은 兒孩들은 복숭아 씨를 돌멩이로 두들겨 깨면서 默默히 놀고 있었다. 咀呪같은 햇빛이 그 위에 그림자가 깊숙히 두드러지게 내려 쬐고 있었다.

뜰엔 시어머니와 새 며느리가 있다. 남자들은 모두 들에 나간 것일게다.

會話 — 四·五名의 女人들은 上半身을 벌거벗고 씩씩하게 선 일들을 한다. 암소와 함께 — 소도 숫소는 들에 나간 것이다.

桃色의 젖 빼는 어린것을 흔들흔들 흔들면서 맷돌을 돌리는 암소의 큰 實體는 意外로 적고 女子답게 보여서 상냥스러웠다.

소중한 家族인 것이다. 암소까지도 生計를 함께 하면서 여러가지 말을 주고 받는 것처럼 보였다.

돼지, 닭, 그리고 오래된 솜털같은 강아지. 들은 넓고 햇님은 單 하나이다.

이 땅에도 文明은 侵入해 왔다. 먼 山등을 넘어 늘어 서 있는 鐵骨의 望臺가 보이고 그리고 그것으로 이 村도 電話할려는 電氣會社의 社宅의 빨간 人造 스레트 지붕이 짚으로 이엉을 인 지붕과 겹친 저편에 病的으로 鮮明히 빛나 보였다.

맑은 물소리도 멀어서 들리지 않는다. 村과 들은 마치 白晝의 슬픈 占卦에 서 버린채 굳어버린 畫幅이다. 昏睡와 같은 文明의 魔術에 드디어 꾸벅꾸벅 조는

---

753 微密: '메밀'의 한자 표현이거나, 또는 불교에서처럼 '미묘하여 잘 드러나지 않는, 미세하고도 비밀스러운' 것을 의미하는 듯.

것일까. 이 村에 幸福 있으라.

― 발표지면 : 『현대문학』, 1960.12; 김구용 역

어리석은 夕飯

滿腹의 狀態는 거의 苦痛에 가깝다. 나는 마늘과 닭고기를 먹었다. 또 어디까지나 사람을 無視하는 후꾸진쓰께⁷⁵⁴(福神漬)와 지우개 고무같은 豆腐와 고추가루가 들어 있지 않는 뎃도마수같은 배추 조린 것과 짜다는 것 以外 아무 味覺도 느낄 수 없는 熟卵을 먹었다. 모든 반찬이 짜기만 하다. 이것은 이미 여러가지 外形을 한 소금의 類族⁷⁵⁵에 지나지 않는다. 이건 바로 生命을 維持하는데 目的을 두고 있는 完全한 快適 行爲이다. 나는 이런 食事를 이젠 벌써 尊敬之念까지 품고서 對하는 것이다.

이 地方에 온 후, 아직 한번도 담배를 피지 않았다. 長指의, 저 露西亞 빵의 등어리⁷⁵⁶ 같은 기름진 斑紋⁷⁵⁷은 벌써 사라져 자취도 없다. 나는 약간 남은 기름기를 다른 편 손의 손톱으로 긁어 버리면서, 난 담배는 피지 않읍니다 하고 卽答할 때의 기쁨을, 內心으로 想像하며 혼자 愉快했던 것이다. 요즘 나의 머리는 오로지 明瞭하다곤 말할 수 없으나 적어도 담배 煙氣만을 除外한 明瞭만은 獲得하고 있음을 自負한다. 물론 나는 단 한번도 내 頭腦를 試驗해 본 일이 없으므로 分明한 것은 알 수 없다.

暮色은 沈沈하여 쓰르라미⁷⁵⁸ 소리도 시작되었다. 외줄기 道路에 面한 대청에

---

754 후꾸진 쓰께(ふくじんづけ) : 잘게 썬 무·가지·작두콩 등을 소금물에 절여 물기를 뺀 다음 간장에 졸인 식품.
755 類族 : '동류의 족속'이란 뜻으로 소금으로부터 나온 동일한 무리를 말함.
756 등어리 : 등의 방언. 빵의 등어리는 빵의 윗부분을 뜻한다. '덩어리'의 오식일 수도.
757 斑紋 : 알록달록 아롱진 무늬.
758 쓰르라미 : 매밋과의 곤충으로 몸 길이는 4cm 정도이며, 붉은 갈색이고 녹색의 얼룩무늬가 있다. 한국, 일본, 만주 등지에 분포하며, 저녁매미라고도 한다.

彼此의 區別 없이 모여든다. 그것은 오로지 開港場 비슷한 기분이다. 그리고 서로 相對에게 食事하셨냐고 물음으로써 으례 그 다음에 있을 어리석고 쓸데 없는 雜談의 실머리부터 만드는 것이다. 이건 정말 平和롭고도 奇妙하지만 그러나 이런 것이 그들에겐 至極히 自然的으로 取扱된다. 실로 부러운 雜音들이다. 그중 한 사람은, 어느 高利貸金을 하는 警察署長보다도 權勢에 있어 훨씬 凌駕한다는 點을 길게 말한다. 모두 約束이나 한 것처럼 感激한다. 그것은 그 高利貸金쟁이가 銀行 利率에 比해서 다만 一分 밖에 높지 않는 利息을 取하기 때문에, 한 村落의 尊敬을 如何히 一身에 모으고 있느냐에 依하여 權勢는 證明된 셈이다. 盜賊이 결코 그를 襲擊하지 않는 것은, 二十四時間中 그의 집 門이 開放되어 있는 것만 보아도 內脈을 빤히 알 수 있을 것이다. 그쯤 되면 나도 感激하여 無意識中에 목을 끄떡이었다. 그리고 將碁를 두었다. 모두 한 덩어리가 되어 훈수를 한다. 마지막엔 完全히 喧騷759의 덩어리로 化해 버린다. 그러는 중에 여러번 主演者가 無意識中에 交代되었다. 豪華로운 스포오츠다.

나는 이 二十數戶가 못되는 村落 한가운데를 貫通하는 한 줄기 道路를 往來한다. 나는 집들을 注意깊이 더구나 他人에게 들키지 않게 들여다 보았다. 決定코 그 속은 어두워서 아무것도 보이지 않았다. 모기불을 올려서 煙氣는 푸르고 누렇다. 大規模의 모기 쫓는 불이다. 그것은 毒瓦斯760 못지않는 毒과 惡臭와 刺戟性을 갖고 있어 어느덧 눈물마저 짜내게 한다. 나는 이집 저집 들여다 보던 것을 中止한다. 순전히 사람을 몰아내기 위해 올리는 모기불이기도 하다. 별이 나왔다. 일찍이 아무도 村사람에게, 하늘에서 별이 나온다는 걸 가르쳐 준 사람이 없으므로 그들은 별이란 걸 모른다. 그것은 별이 송두리채 하느님에 틀림없다. 더구나 一等星 二等星 하고 區別하는 사람의 煩瑣야말로, 가히 짐작할 수 있도다.

759 喧騷 : 와자하게 떠들어 소란스러움.
760 毒瓦斯 : 독가스.

不幸한 사람들임에 틀림없다.

그러나 그 中에도 白面[761]의 靑年이 있어 이 村落의 崇高[762]한 敎養을 攪亂[763]한다. 輕蔑해야 할 작자다. 그런 白面들은 나이트까운[764]을 입기도 하며, 머리에 포마아드[765]를 바르기도 하며, 봐이오링[766]을 키기도 하며, 新聞을 읽기도 하면서, 村 사람을 얼떨떨하게 만든다.

그러나 이 村落은 平和하다. 나는 마늘 냄새 풍기는 게 트림을 하였다. 마늘—이 土地의 香氣를 빨아 올린 貴重한 것이다. 나는 이 倦怠 바로 그것인 土地를 사랑하는 동시, 白面들을 除外한 그들 村 사람의 幸福을 祝福하고 싶다. 이제 나는 움직일 수 없는 泰山처럼 滿足狀態이다.

人間이 人間의 能力으로써 어느 정도 惰怠할 수 있느냐가 問題일까. 사실 이 目的도 없는 게으른 生活은 어쩐 일인가. 도대체 이것이 果然 生活이라고 이름 할 수 있는가.

秋風은 寂寞하여 새벽녘의 體溫은 쥐에게 긁어 먹힌듯 減下한다. 어느 程度까지 減下하면 겨우 그제부터 警戒해야 할 狀態가 되는 것일 게다. 곧 잠에서 깨어난다. 아침 햇빛은 깊이 그리고 쓸쓸한 陰影과 함께 뜰 가운데 寂寞하다. 가을의 구슬픔이 은근히 몸에 스며 든다.

어느덧 오줌이 마렵다. 이건 어제 밤부터의 小便일 것이다. 暫時동안 오줌이 마렵다는 것을 思惟 속에 維持하면서 漠然한 것을 생각한다. 아무 일도 떠 오르지 않는다. 이건 所謂 아무것도 생각지 않는 것보다 더욱 不純한 狀態일 것이다.

---

761 白面 : 경험이 모자라 좀 얼띤 사람.
762 崇高 : 전집(3)은 崧高로 오식.
763 攪亂 : 뒤흔들어 어지럽게 함.
764 나이트까운(nightgown) : 길고 헐거운 잠옷. 주로 여성용이나 어린이용을 이른다.
765 포오마드(pomade) : 머리털에 바르는 반고체의 기름. 주로 남자용임.
766 봐이오링 : 바이올린.

갑자기 나는 오줌은 싸버리지 않으면 안된다는 것과, 毒素의 體內 沈澱은 身體에 有害하다는데 精神이 쏠렸다. 나는 놀라 버린다. 호박의 白痴같은 잎사귀 밑에다 小便을 한다. 들은 이제야 누렇게 물들려 아침 햇빛에 제법 아름다이 빛나고 있다. 그러는 동안에도 나는 역시 어떤 整理된 것을 생각는 것은 不可能하였다.

일곱時다. 밤과 낮이 전혀 顚倒되어 있는 내게 있어 午前 七時의 잠을 깬다는 것은 至極히 우스꽝스런 일이다. 이건 (?)定衛生에 반드시 나쁘다고 나는 생각해 버린 것이다. 나같은, 즉 健全한 神으로부터 버림 받은 人間에게 있어 午前七時의 起床은 오로지 非衛生이며 不攝生[767]이리라.

다시 寢具속에 파고 들어 가, 眞짜 睡眠은 이제부터라고 主張하면서도, 意識 的으로 자는 척한다.

잠 들지 않는다. 우스울 지경이다. 더구나 아침空氣는 너무나 싸늘한 것 같다. 서늘하다는 것은 내게 있어 춥다는 것과 같다. 일어날까? 일어나서 어떻겠다는건가? 그걸 생각하면, 갑자기 不快해지고 모든 時間이 나에겐 터무니 없는 苦痛의 連續같기만 해서, 견딜 수 없다. 이러는 동안에 몸은 더욱 식어 들 뿐, 나는 寢具 속에 깊이 파고 들면서 얼떨떨해진다. 너무 파고 들면 발이 나온다. 발이 空氣속에 直下로[768] 뛰어 나온다는 것은 내게 있어 가장 重大한 危懼[769]이다. 발은 항상 양말이나 이불 속에 숨어 있어야 한다. 벌써 焦燥해진 以上, 잠 든다는 것은 斷念해야 한다.

그런데 ─ 이건 또 어쩐 일인가. 배가 鳴動하는[770] 것이다. 消化成績은 극히 良好하다고 하던데, 벌써 胃 주머니 속엔 아무것도 남았을 리 없는데, 전혀 原因을

---

767 不攝生 : 건강에 대해 조심하지 않는 것.
768 直下로 : 수직으로.
769 危懼 : 염려하고 두려워함.
770 鳴動하는 : 크게 울리어 흔들리는. 특히 지진 따위가 일어났을 때 땅이 진동함을 이른다.

어리석은 夕飯

알 수 없다. 必是 발, 발이 싸늘해진 때문일 것이다.

무슨 일이건 다 不快하다는 걸 繼續해서 생각는 것은 不快하다. 그러자 이번은 이웃 房 사람들의 食事하는 소리가 들리어 온다. 꼭 개가 粥먹을 때의 그 소리다. 人間이 食事하는 것을, 보이지 않는 곳에 숨어서 들을 때, 개의 그것과 똑같다는 것을 發見함은 一大快事라 하겠다. 나는 그 반찬들을 想像해 본다. 나의 食事와 조금도 다르지 않는 것들일 것이니 말이다. 이러고 보니 나는 몹시 시장하다. 빨리 일어나 밥을 먹자. 그건 좋은 생각이다. 그럼 밥을 먹은 후 또 뭣을 먹으면 좋을까. 먹을 것이라곤 없다. 닭이 요란스레 울부짖는다. 알을 낳는 것일 게다. 아니라면 괭일까. 괭이라면 근사하겠다. 맘 속으로 날개가 흩어지는 민첩한 光景을 그려 보면서 마침내 — 일어나 볼까. 따뜻한 갓 낳은 鷄卵이 하나 먹고 싶고나 하고, 부질없는 일을 願해 본다.

이렇게 오고가는 方向이 서로 어긋나는 生理狀態와 心理狀態는 도대체 어쩌자는 셈일까. 心理狀態가 뭣이든 事事件件마다 生理狀態에 대하여 몹시 怒하고 있는 것이다. 아니라면 그 反對일 것이다. 오로지 그렇게 밖에 볼 수 없는, 收拾할 수 없는, 狀態며 難局이다. 나는 健康한지 不健康한지, 判斷조차 할수 없다. 健康하다면 나는 이 世上 모든 健康한 사람의 그 누구와도(조금도) 닮지 않았다. 不健康하다면 이건 얼마나 處置困難하리만큼 뻔뻔스런 그렇게 弱해빠진 몰골인가.

時計를 보았다. 九時半이 지난. 그건 참으로 바보같고 愚劣한 낯짝이 아닌가. 저렇게 바보같고 어리석은 時計의 印象을 일찌기 한번도 經驗한 일이 없다. 九時半이 지났다는 것이 대관절 어쨌단 거며 어떻게 된다는 것인가. 時計의 어리석음은 알 道理조차 없다. 세수하기 전에 나는 잠시 동안 무슨 意義라도 있는듯이 뜰을 徘徊한다. 뜰 한 구석에 함부로 자라는 여러가지 花草를 들여다 본다.

그것들은 다 特色이 있어 快適하다. 아침 햇볕에 從容히 목을 숙인 것만 같아서 端正하고도 可憐하다. 妓生花 — 언제면 이 간드러진 이름을 가진 植物은 꽃을 보여줄까 하고, 내가 걱정하자, 主人은 앞으로 三日만 지나면 꽃이 필 것이라고 말한다. 아직 꽃봉오리도 나와 있지 않으니 터무니 없는 거짓말일 것이다. 主人의 엉터리 대답은 참말처럼 꾸미고 있어서 快適하다.

旅人宿집 主人은 우스깡스런 사나이다. 그 멀쩡하게 시침 떼고 있는 얼굴 表情은 사람을 웃기기에 充分하다.

호박꽃에 벌이 한 마리 앉았다. 벌은 개구리 같은 形態를 하고 있다. 이 소(牛) 같은 꽃에 熱心히 물고 늘어졌대야 별수 없을 것이다.

柚子 넝쿨엔 相當數의 열매가 늘어져 있다. 제법 오렌지 비슷한 것은 사람의 불알 같아서 우습다. 특히 그 全表面에 나타나 있는 많은 小突起는 보는 사람으로 하여금 심심케 하지 않는 形態다.

나는 얼굴을 씻으면서 사람이 每日 이렇게 세수를 해야 한다는 것이 얼마나 煩瑣[771]한가에 대해 苦悶하였다. 사실 限없이 게으름뱅이인 나는 한번도 기꺼이 세수물을 써 본 記憶이 없다.

밥床이 오기까지 나는 이제 한번 뜰 가운데를 逍遙하였다. 그러자 襤褸한 강아지가 한마리 어디서 나타났는지 끼어 들었다. 이 旅人宿에선 개를 기르지 않으니 이건 다른 집 개일 것이다. 내겐 전혀 拘碍없이, 그러면서도 內心으론 몹시 나를 두려하는듯, 나에게서 약간 距離를 둔 地點에 걸음을 멈추는 氣色도 없이 머물러 서서, 내 눈엔 아무것도 보이지 않는 땅바닥 위를 벌름거리며 냄새만 연신 맡는다. 그러자 旅人宿집의 일곱살쯤 된 딸아이가 옥수수(알맹이는 다 먹어 버린) 꽁갱이를 그 강아지 앞에 던졌다. 강아지는 잠간 그 냄새를 맡아 보다가, 이윽고 그것이 食用에 適合치 않는 物體란 걸 알아 채리자, 원래 아무것도 없는 땅바닥을 다시 한번 맡아 보는 시늉을 하곤, 거기서마저 아무런 所得이 없자

---

771 煩瑣 : 너저분하고 자질구레함, 또는 번거로움.

어리석은 夕飯   179

그대로 살금살금 그곳을 떠나 버렸다. 나는 갑자기 村落中에 득실거리는 저 많은 개들은 다 뭣을 먹고서 살아있는 것일까 하고 그것이 걱정되기 시작하였다. 생각하면 개를 기르는 主人이 제각기 一定한 時間에 一定한 食物을 개에게 주겠지. 그럼 개 주인은 항상 그렇게 빠짐 없이 그것을 履行하는 것일까. 어느새 잊는 수도 있을 것이다. 그럴 때 한 집안에서 기르는 여러 마리 개는 어떻게 될까. 村落은 좁다. 사람들은 옥수수 꽁갱이 같은 물건 以外엔 잘 물건을 버리지 않는다.

暗膽할 뿐이다. 그러나 개도 개지, 글쎄 아무 것도 없는 땅바닥을 熱心이 몇번씩이나 냄새를 맡는 것은 얼마나 愚劣한 일이뇨. 개는 개다. 나는 人間으로 태어나서 幸福하다. — 역시 이런 걸 생각는 自體부터가 아무것도 없는 땅바닥을 냄새 맡는 것과 다름 없을 것이다. 그러나.

개도 가버렸다. 나는 이제 무엇을 觀察해야 좋을지 모르겠다. 나는 울타리 너머로 山과 들을 바라보기로 한다. 山은 어젯날과 같이, 自體마저 알 수 없는 새벽녘 빛을 代辯하고 있다. 들은 어제밤 以來 아무 일도 일어나지 않았다. 저 밑바닥은, 太陽도 없는 어두운 恐怖의 한가운데 있으면서도, 얼마나 無神經한 鈍感 바로 그것인가. 山은 소나무도 없는 濶葉樹만으로써 전혀 幼穉한 資格 뿐이다. 이 廣大無邊한 際涯[772]도 없는 洗鍊되지 못한 永遠의 綠色은 도대체 어디로부터 어디에까지 繼續하고 있는 것인가.

나는 이 程度로써 이 洪水같은 綠色의 眺望에 실쭝이 나버렸다. 나는 하늘을 쳐다 보기로 한다. 元來부터 하늘엔 무어고 있을 리 萬無하다. 그러나 구름이 있다. 그것은 어제도 白色이었다. 그리고 오늘도 하얗다. 여름 구름에도 있을 상 싶지 않은 單調롭고도 低能한 일이다. 구름의 存在란 것은 무엇을 意味하는가? 비가 된다고? 나는 아직 한번도 구름이 비가 된다는 것을 믿어 본 적이 없다. 그렇다면 저건 自己 스스로를 속이고 있다. 부끄러운 줄도 모른다. 完全히 浮雲같

---

772 際涯 : 끝닿는 곳.

은 存在에 지나지 않는다. 나는 이 아침의 이 世上의 어느 나라의 地圖와도 닮지 않은 白雲을 茫然히 바라보며 人生의 無限한 無聊함에 하품을 하였다.

紺碧[773]의 하늘, 終日 自己 體溫으로 灼熱하는 太陽, 햇볕은 黃金色으로 반짝이고 있다.

어찌한 까닭인가. 期 (???)[774] 때에 저 紺碧의 하늘이 重厚하여서 괴롭고 무더워 보이는 것일게다. 花草는 숨이 막혀 타 오르고, 血痕의 빨간 잠자리는 病菌처럼 活動한다.

쇠파리와 함께 이 白晝는 죽음보다도 더욱 寂寞하여 音響이 없다. 地球의 끝 聖스런 土地에 壯嚴한 疾患이 있는 것일 게다.

닭도 그늘에 숨고 개는 목을 드리우고 있다. 大氣는 근심의 빛에 充滿하였다.

뼈 마디 마디가 封命을 目標하고 쑤신다. 모든 나의 知識은 忘却되어 尨大한 岩石같은 深淵에 臨하여, 一握[775]의 木片만도 못하다.

微溫的인 體臭를, 겨우 녹쓸어 가는 花草의 混雜 속에 維持하고 있는 나.

헛된 抱擁 — 사랑하는 者들이여. 어느 곳으로? 情緖의 完全한 孤獨속에서 나는 나의 骨節마다 疼痛[776]을 앓는다.

그러나 나에겐 들린다. — 이 크나 큰 不安의 全體的인 音響이 —

쇠파리와 함께 밑바닥 깊숙이 寂寥해진 天地는, 내 腦髓의 不安에 견딜 수 없으므로 因한 昏倒에 依한 것이다. 나는 그걸 알고 있다. 이제 地上에 무슨 일이

---

773 紺碧 : 검은빛을 띤 짙은 남빛.
774 ( )內의 ?는 역자가 해독 못한 자수이다(역자주).
775 一握 : 한 줌이라는 뜻으로, 적은 양을 이르는 말.
776 疼痛 : 몸이 쑤시고 아픔.

일어나지 않으면 안된다. 만일 이대로 아무일도 일어나지 않는다면 宇宙는 그냥 그대로 暗黑의 밑바닥에서 悶節[777]하여버릴 것이다.

늘어 선 집들은 恐怖에 떨고, 啓示의 종이 쪼각같은 白蝶 두서너 마리는 花草 위를 彷徨하며, 斷末魔의 숨을 곳을 찾고 있다. 그러나 어디에 그런 곳이 있는가. 大地는 間毛[778]의 틈조차 없을만큼 구석마다 不安에 浸入되어 있는 것이다.

그때였다. 나의 가슴에 音響한 것은 流量한 鍾소리였다. 나는 아차! 하고 머리를 들었다.

大地의 性慾에 대한 缺乏 — 이 嚴重하게 封된 禁制의 大地에 不倫의 구멍을 뚫지 않으면 안된다.

이 以上 참을 수 없는 充血. 나는 이 千年처럼 무겁고 괴로운 健康한 惡血[779] 속을 헤엄치고 있다. 警戒의 鍾이 마지막 울렸던 것이다. 그러나 역시 地上엔 아무 일도 일어날 氣色조차 없다.

나는 시뻘겋게 充血되고 膨脹한 손가락이 손가락질 하는 곳으로, 쑤시고 아픈 步調를, 소보다도 鈍重히 一步一步 옮기고 있었다.

벌써 白蝶의 번득임도 陰森한 사물의 그림자 속에 숨어 버린 후, 空間은 發音이 막혀서 헛되이 울고 있다. 寂寂히. 寂寂히.

―瞬, 숨결의 거치른 곳에―

事態는 그 絶頂에서 爆發하였다. 그리하여 村落의 모든 調和와 土人은 正常的인 情緖를 回復하였다.

나는 安心하였다. 그리고서 慾望하였다. 性慾을 獸慾을 — 나의 軀幹[780]은 蒼

---

777 悶節 : 아마도 '悶絶'의 오식인 듯. 후자는 '고민 끝에 기절함'을 말함.
778 間毛 : 모발 사이.
779 惡血 : 병독이 있는 피.
780 軀幹 : 인체의 몸통 부분.

白히 瘦瘠하였다. 性慾에의 渴望으로 焦燥와 煩悶 때문에.

　地球의 이런 구멍에서 나오는 것일 게다. 한 마리의 純白한 암개가 무겁게 머리를 드리우고 濃密한 침으로 주둥이를 더럽히면서 슬금 슬금 나온다. 어떻게 될 것이냐. 地球의, 限 없는 性慾의 白晝속에서, 如何히 履行되어 갈 것인가 하고, 나의 가슴은 뛰었다.

　純白한 털은, 激烈한 貪慾 때문에 약간 더럽혀졌으므로, 오래된 솜을 생각케 하였다. 그리고 芳醇한[781] 體臭를 코에서 發散하고 있었다. 코 가장자리의 柔軟한 얄팍한 筋肉은 끊임없이 씰룩씰룩 神經質로 씰룩거렸다. 그리고 步調는 더욱 더욱 졸린듯이, 돌맹이 냄새를 맡기도 하며, 나무 쪼각 냄새를 맡기도 하며, 복숭아 씨 냄새를 맡기도 하며, 마침내 아무것도 없는 地面 냄새를 맡기도 하면서, 연신 體重의 吐出口를 찾는 것 같다.

　陰門은 麝香처럼 살집 좋게 무거이 드리워져 濃厚한 濕氣로 몹시 더럽혀져 있었다. 그리고 때로는 목을 비틀고서 제 陰門을 냄새 맡기까지도 하였다. 그러나 不滿과 待機의 無聊함이 그 惡血에 充滿한 體重을 더욱 더욱 무겁게 할 뿐이다.

　마침내 臭氣는 먼 곳을 불렀다. 한 마리의 純黑色 개가 또 어디선지 모르게 나타나 怪常한 이 蠱惑적인 陰門의 周圍를 걸음마저 어지러이 늘어 붙는다. 암개는 꼬리를 약간 높이 들어 올리면서 천천히 情든 表情으로 돌아 본다.

　생비린내 나는 空氣가 流動하면서, 넋을 녹여낼듯한 잔물결의 바람이 가벼운 緋緞 바람을 흔들어 일으켰다.

781　芳醇한 : 향기롭고 진한.

어리석은 夕飯

日光 아래서 고오드방[782]처럼 村處女의 皮膚는 艶艶히[783] 빛났다.

그녀들의 體臭는 牧場 풀과 鳳仙花 향기로 變하였다. 이 處女들도 激烈한 勞役엔 땀을 흘릴까.

透明한 맑은 물같은 땀 — 穀物처럼 따뜻이 향기나는 땀 —

저 生栗처럼 新鮮한 腦髓는 柊柏기름을 바른 毛髮 밑에서 뭣을 생각고 있는 것일까. 무슨 꿈을 꾸고 있는 것일까. 黃玉처럼 투겨진 옥수수의 꿈. 우물속에 움직이는 目高魚[784]의 꿈. 그리고 가엾은 물빛 人絹[785]의 꿈. 그리고 서투른 사랑의 꿈.

村處女의 性慾은 대추처럼 푸르기도 하고 세피야[786]빛으로 검붉기도 하다. 그러나 그 中에 蒸氣처럼 白色인 處女를 보기도 한다. 水公尾[787]를 머리에 이고, 내 곁을 지나는 것이 께름해서, 일부러 머언 길을 돌아가는 그 蒸氣같은 處女—

祖父는 주름 투성이 白紙같은 한 房속에 움크리고서 老後를 앓으며 默默히 죽음을 기다리고 있다. 고요한 骨片이여, 憂鬱한 幽靈이여.

나는 어제 밤도 죠셋드[788]와 욧트[789]와 海邊호텔과 居留地와의 混雜한 都會의 新聞같은 꿈을 보았다.

頭腦는 어젯날 新聞처럼 新鮮함을 잃으며 褪色하고 있었다.

---

782 고오드방 : 전집(3)은 세계적으로 유명한 구두명으로 설명. 그러나 한 논자(김종년)는 코도반(cordovan)으로 설명. 코도반은 말 궁둥이 가죽으로 치밀하고 탄력성이 있어 구두 제조용으로 쓰임.

783 艶艶히 : 젊고 발랄하게, 반들반들하게.

784 目高魚 : 일본어로 송사리(めだか)를 뜻함.

785 人絹 : 人造絹의 준말. 인조견사로 짠 비단.

786 세피야(sepia) : 오징어 먹물에서 뽑은 암갈색 물감.

787 水公尾 : 전집(2·3)은 '木公尾'로 오식.

788 죠셋드 : 'Georgette', 또는 'Josette'로 보임. 전자는 여름철에 입는 여성 의류에 많이 쓰며 물속에 들어가면 급히 수축되고 말려서 다리면 늘어난다. 주 115 참조.

789 욧트(yacht) : 요트, 쾌속선.

나는 이들 處女 앞에서 이런 腐倫[790]한 誘惑을 품고 길 잃은 兒孩가 되어버렸다.

兒孩들은 어디로 가버린 것일까. 풀 덤불 속에?

파랗게 질리면서 蠟燭[791]처럼 타고 있다. 축 늘어진 나의 姿態를, 저 蒸氣의 處女는, 거칠은 발(簾) 너머로 보고 있다.

나는 完全히 불쌍하게 보이겠지. 또는 매마른 풀같은 나의 듬성듬성 난 수염이 異常해 보이는 것일까.

滿醉한양 비틀거리며 나는 세수 수건을 지팡이로 의지하며 沐浴場 속으로 떨어져 갔다. 모든 걸 물에 흘려 버리자는)[792] 슬픈 생각을 하면서.

大氣는 약간 平和하다. 그러나 나의 陷穽은 아직 보이지 않는다.

— 발표지면 : 『현대문학』, 1961.1; 김수영 역

---

790 腐倫 : 썩은 윤리.
791 蠟燭 : 밀로 만든 초.
792) : 몇 글자 해독하지 못한 글자가 있었던 것으로 보임. 그런데 앞 괄호 (와 숫자(?)가 누락되어 확인하기 어렵다.

첫번째 放浪[793]

▨出發

通化[794]는 시골이라고들 한다. 그리고 아직껏 위험하다고들 한다. 그는 陣刀[795] 모양의 끈 달린 지팡이를 가지고 있었다. 나는 그것이 금새 칼집에서 불쑥 알맹이를 드러내는 것이나 아닌지 겁이났다. 나는 또 그에게 阿片[796]을 본 적이 있느냐고 물어보았다. 그가 어떤 대꾸를 했는지, 그건 잊어버렸다.

그 — 그는 작달막하고 이쁘장하게 생긴 사나이다. 眼鏡 쓰는 걸 머리에 포마아드[797] 바르는 것처럼이나 하이칼라[798]로 아는 그는 바로 요전까지 鐘路의 金融組合에 勤務하고 있었단다. 그가 나를 어떻게 생각하고 있는지는 모르지만, 나는 그를 아주 사람 좋고 순진하고 인정이 넘치는 사람인 줄 알고 있다. 그를 멸시할 생각도 자격도 나에겐 추호도 있을 수 없다.

그리고 그는 현재 滿洲의 通化라는 곳에 轉勤해 있다고 하지 않는가.

오랜만에 돌아온 京城은 정답기 그지없다고 한다. 京城을 떠나고 싶지 않다. 카페, 그리고 脂粉냄새도 그득한 바아[799]하며 참으로 뼈에 사무치게 좋다는 게다. 通化는 시골이라 娛樂機關 — 그의 말을 따르면 — 같은 것이 통 없어서 쓸쓸하단다.

---

793 성천 기행을 토대로 한 작품으로 그 전후의 이상의 심경을 살필 수 있다.
794 通化 : 통화. 중국 지린성(吉林省)에 있는 도시.
795 陣刀 : 진중에서 쓰는 칼, 군도(軍刀).
796 阿片 : 양귀비의 덜 익은 열매껍질을 칼로 에어서, 흘러나오는 진을 모아 말린 갈색 물질. 모르핀·코데인 등의 원료로, 마취제·진통제 등으로 쓰이나 계속 사용하면 습관성 중독을 일으킴.
797 포마아드(Pomade) : 향유, 머릿기름.
798 하이칼라(high collar) : 서양식 유행을 따르던 멋쟁이.
799 바아(bar) : 술집, 카운터.

나는 그의 말에 일일이 고개를 끄덕여 보였다. 실상 나는 그 방면의 일은 제법 잘 알고 있을 것 같으면서 조금도 그렇지 못한 것인데, 그는 자꾸만 그런 것에 대해 固有名詞를 손꼽아 대곤 나를 깜짝깜짝 놀라게 하는가 하면, 또 나아가서는 斯界의 從業者[800]인 나보다도 이처럼 많은 것을 알고 있다는 걸 뽐내보임으로써, 그 天生의 道樂癖[801]에다 如何히 달콤한 優越感을 더해볼까 하는 속셈인 것 같으나, 나는 또 나로서 사실 말이지 그의 여러 가지 이야기에 고분고분 敬意를 표하지 않을 수 없는 노릇이었다.

그의 그 하찮은, 한번에 三圓 정도의, 좀더 小規模로는 五六十錢의 道樂은 정말 싫증나는 법이 없는가 보다. 그는 또 무엇보다도 錦繡江山으로 이름난 平壤에 한나절 놀고 싶노라고도 했다. 平壤妓生은 예쁘다. 하지만 노는 상대는 어쩐지 妓生은 아닌상 싶었다.

그와 얘기한다는 건 한없이 나를 沈黙케 하는 일이다. 그가 하는 이야기에 일일이 感歎을 표하고 있지 않으면 안되니 말이다.

나는 얘기해서 그를 感激케 할만한 아무것도 갖지 않았다. 나의 이야기는 그가 그저 괴상하다는 느낌만 들게 할 따름이리라. 첫째, 나는 나의 초라한 行色을 어떻게 변명해야 좋을는지를 알지 못한다. 그는 나의 이 貧弱한 꼴을 비웃을 것에 틀림 없다. 나로선 그것은 참기 어려운 노릇이다.

나의 旅行은 진실로 모파상[802]式이라는 것을 그에게 설명해 주고 싶다. 허나 나의 혼탁한 頭腦는 그것을 어떻게 설명해야 좋을지 엄두가 나지 않는다. 나는 입을 다물고 그저 무턱대고 초조해 하는 수밖엔 없다.

---

800 斯界의 從業者 : 그 계통의 종사하는 사람. 이상 역시 '제비', '쓰루(鶴)', '무기(麥)' 등의 카페나 다방과 같은 오락업을 하였다.
801 道樂癖 : 어떤 일에 흥미를 느껴 깊이 빠지는 습성.
802 모파상(Guy de Maupassant, 1850~1893) : 프랑스의 소설가. 주요 작품으로 「비계덩어리」, 『여자의 일생』 등이 있다.

집을 나설 때, 나는 驛에서 또 汽車간에서 아무하고도 만나지 않았으면 싶었다. 다행히 驛에는 아무도 없다. 내가 아는 사람은 아무도 없었다.

나의 이 뭐가 뭔지 알 수 없는 旅行에 대해 변명을 하는 것은 정말이지 나로선 괴로운 일이다. 나는 汽車간에서도 아무하고도 만나지 않았으면 싶었다.

그는 이렇게 언짢은 얼굴을 한 나를 보고, 참으로 치근치근하게[803] 인사를 했다. 나는 애써 얼굴에 웃음을 지으면서 한 동안 어리둥절해 있었다. 그는 그런 일에는 無關心한 모양이다. 나그넷길엔 길동무[804] — 어쩌고 하면서, 그는 자진해서 그의 滿洲行이 얼마만큼 長途의 旅行인가를 설명한다.

京城 新義州 六時間 하고도 二十分, 스피이드업[805]한 國際列車 아니고선 그를 滿足시킬 수는 없다고 그런다. 그러나 그는 여태 飛行機라는 편리한 交通機關이 있다는 사실을 알지 못하는 것만 같다.

나는 왜 이렇게 疲勞해 있는가에 대하여 생각해 보았다. 어제는 엊그제 같기도 하고, 또한 내일 같기조차하다. 나에겐 나의 記憶을 整理할만한 끈기가 없어졌다. 나는 이젠 입을 다물고 있는 수밖엔 별도리가 없었다.

巨大한 바위 같은 不安이 空氣와 呼吸의 重壓이 되어 마구 짖눌렀다. 나는 이 夜行列車 안에서 잠을 자지 않으면 아니된다.[806]

未知의 사람들이 우글거리는 車內의 한 구석에서, 나의 눈은 자꾸만 말똥말똥 해지기만 한다.

그는 이윽고 이 不遜하기 짝이 없는 사나이한테 이야기하는 것이 얼마나 부질없는 노릇인가를 깨달았던 것일까. 비스듬히 맞은편 座席에 누이동생인 듯한

---

803 치근치근하게 : 귀찮게 구는 것이 몹시 짓궂게.
804 나그넷길엔 길동무 : 일본 속담에 '旅は道づれ, 世はなさけ(나그넷길엔 길동무, 세상엔 인정)'란 것이 있다(역자주).
805 스피이드업(speedup) : 속력증가, 운전시간 단축.
806 이 구절은 소설 「공포의 기록」에도 나오는 구절이다.

열 살쯤 난 여자아이를 데리고 있는 한 女學生차림의 얌전한 女人 위에 그의 注意를 돌리기 시작한다(그런 것 같았다.) 나처럼 그는 결코 女人을 볼 때에 눈을 번쩍이거나 하지 않는다. 느슨한 먼 風景을 바라보는 사람과같이 그야말로 平和스럽다. 平和스러운 눈매 그것이다.

나도 그 女子 쪽을 본다. 잘 생기지는 못했다. 그러나 꽤 感性的인 얼굴이다. 살찐 듯하면서도 날렵하게 야윈 정강이[807]는 가볍고 또 애처롭다. 葡萄를 먹었을 때처럼 가무스레한 입술이다. 멀리 江西 근처에서 肺를 療養하는 愛人을 생각하는 그런 표정이었다.

나는 모든 것을 잊어버리지 않으면 아니된다. 나 자신을 暗殺하고 온 나처럼, 내가 나답게 행동하는 것조차도 禁止되지 않으면 아니된다.

「세르빵」[808]을 꺼낸다. 아뽈리네에르[809]가 즐겨 쓰는 테에마 小說이다.「暗殺당한 詩人」나는 神秘로운 古代의 냄새를 풍기는 主人公에게서「벵께이」[810]를 聯想한다. 그러나 그것은 詩人이기 때문에, 浪漫主義者이기 때문에, 저 벵께이와 같이 — 결코 — 華麗하지는 못할 것이다.

글자는 午睡처럼 겨드랑이 밑에 간지럽다. 이미지는 멀리 바다를 건너 간다. 벌써 바닷소리마저 들려온다.

이렇게 말하는 幻像 속에 나오는 나, 影像은 아주 반지르르한 루바시카[811]를 입은 몹시 頹廢的인 모습이다. 少年 같은 창백한 털복숭이 風貌를 하고 있다. 그

---

807 정강이 : 다리 아랫마디의 앞부분.
808 세르빵 : 일본의 문화잡지 『セルパン』. 1931~1941년 東京 第一書房 발행. 예술 중심으로 해외 문화기사를 많이 실었다(역자주).
809 아뽈리네에르 : Guillaume Apollinaire(1880~1918) 프랑스의 시인, 소설가. 그의 소설로 『학살당한 시인』(1916)이 있다.
810 벵께이 : 일본 平安時代 장사 武藏坊辨慶(무사시 보오 벵께이-역자주).
811 루바시카(rubashka 러) : 블라우스와 비슷한 러시아의 남성용 겉저고리. 옷깃을 왼쪽 앞가슴에 당겨서 달아 단추로 여미며 허리를 끈으로 둘러맨다.

리곤 언제나 어느 나라인지도 모를 거리의 十字路에 멈춰 서있곤 한다.[812]

　나는 차가운 에나멜[813]의 끝이 뾰죽한 구두를 신고 있다. 나는 성큼성큼 걷기 시작한다. 얼마 후 꿈 같은 江邊으로 나선다. 江 저편은 목멘 듯이 날씨가 질척거리고 있다. 鍾이 울리는가보다. 허나 저녁 안개 속에 녹아버려 이쪽에선 영 들리지 않는다.

　나처럼 창백한 얼굴을 한 청년이 헌 책을 팔고 있다. 나는 그것들을 뒤적거린다. 찾아낸다. 나까무라 쯔네[814]의 自畵像 뎃상[815]말이다.

　멀리 少年의 날, 린시이드[816]油의 냄새에 魅惑되면서 한 사람의 畵人은, 곧잘 흰 시이트[817] 위에 黃疸色[818] 피를 토하곤 했었다.

　문득 그가 페이지를 넘기는 소리가 났다. 이건 또 어찌된 셈일까. 그도 열심히 책을 읽고 있다. 그리고 眉間에 주름살마저 잡혀 있지 않는가.「킹구」[819] — 이 천진한 사나이의 마음을 아프게 하는 그 어떤 記事가 그 속에 있다는 것일까.

　나는 담배를 피우듯이 숨을 쉬었다. 그 아가씨는? 들녘처럼 푸른 사과 껍질을 깎고 있다. 그 옆에서 저 여동생 같기도 한 少女는 점점 길게 드리워지는 껍질을 열심히 응시하고 있다. 獨逸浪漫派의 그림처럼 光線도 어둡고 深刻한 畵面이다.

　나는 세상 不幸을 제가끔 짊어지고 태어난 것 같은 汚辱에 길든 一族을 서울에 남겨두고 왔다. 그들은 차라리 不幸을 먹고 살고 있는 것인지도 모른다. 그들은

812　이 구절 역시 소설 「공포의 기록」에 나오는 구절이다.
813　에나멜(enamel) : 목공 피혁 제품에 바르는 광택이 나는 도료.
814　나까무라 쯔네(中村彛) : 1888~1924. 일본 洋畵壇의 鬼才. 작품에 「에로셍코像」, 「老母像」 등 (역자주).
815　뎃상(dessin 프) : 소묘(素描), 밑그림.
816　린시이드(linseed) : 아마(亞麻)씨, 아마인(亞麻仁).
817　시이트(sheet) : 침대의 아래위로 덧씌우는 흰 천.
818　黃疸色 : 누런 빛깔.
819　킹구 : 일본의 대중잡지 『キング』. 1925년 창간으로 1945년 2차대전이 끝날 때까지 최대의 발행부수를 자랑했다.

오늘 저녁도 또 맛없는 食事를 했을 테지. 不潔한 空氣에 땀이 배어 있을 테지.

나의 슬픔이 어째서 그들을 진심으로 사랑할 수 없는가? 잠시나마 나의 마음에 平和라는 것이 있었던가. 나는 그들을 咀呪스럽게 여기고 憎惡조차 하고 있다. 그렇지만 그들은 滅亡하지 않는다. 심한 毒素를 放射하면서, 언제나 내게 거치적거리며 나의 生理에 파고들지 않는가.

지끔 夜行列車는 北緯820를 달리고 있다. 무서운 咀呪의 실마리가 엿가락처럼 이 列車를 쫓아 꼬리가 되어 뻗쳐온다. 무섭다, 무섭기만 하다.

나는 좀 자야겠다. 허나 눈꺼풀 속은 별의 보슬비다. 暗夜의 거울처럼 濕氣없이 밝고 맑은 눈이 자꾸만 더 말똥말똥하기만 하다.

책을 덮었다. 活字는 箱에게서 흘러떨어졌다. 나는 嚴格한 姿勢를 하지 않으면 아니된다. 나는 이젠 혼자뿐이니까.

車窓

사람들은 모두 잠이 들어있다. 그것이 나에겐 아무래도 이상스럽기만 하다. 어째서 앉은 채 사람들은 잠자는 것일까? 그러한 사람들의 生理組織이 여간 궁금하지 않다. 저 女學生까지도 자고 있다. 검은 즈로오스821가 보인다. 허벅다리 언저리가 한결 수척해 보인다.

피는 쉬고 있나보다. 가만히 드려다보니 그 얼굴은 몹시 蒼白하다. 슬픈 나머지 울고 있는 것처럼 보이기까지 한다.

汽車는 黃海道 근처를 달리고 있는 모양이다. 가끔가끔 터널 속에 들어가 숨이 막히곤 했다. 도미에822의 「三等列車」가 머리에 떠올랐다.

820　北緯 : 적도로부터 북극까지 0도에서 90도까지 나누어 놓은 위도.
821　즈로오스(drawers) : 여성용 팬츠.
822　도미에(Victorin Honore Daumier, 1808~1879) : 프랑스의 화가, 판화가. 주요 작품으로 「세탁하는 여인」,「3등열차」등이 있다.

나는 고양이처럼 말똥말똥해서 端正히 앉아 있었다. 이따금 포우즈를 흐트려 잠잘 수 있을만한 姿勢를 해본다. 하지만 그것은 부질없이 뼛마디를 아프게 하는 이외의 아무것도 아니다. 나는 체념한다. 海底에 가라앉는 測量機처럼 나는 端正히 앉아 있다.

窓밖은 깊은 안개다. 아무것도 안보인다. 菱形[823]으로 움직이는 車窓의 거꾸로 비친 그림자에 풀 같은 것들의 存在가 간신히 인정된다.

내가 앉아 있는 쪽으로 이건 또 누구일까, 다가오는 기척이 난다. 나는 反射的으로 고개를 그쪽으로 돌린다. 지극히 키가 큰 사람이다. 중대가리[824]다. 입을 한 一字로 다물고 있다. 눈엔 毒氣를 띠고 있는 것 같기만 했다.

옆에까지 온 그 사람은, 별안간 무엇을 떨어뜨리기나 한 것처럼 커다란 소리를 내었다. 나는 오싹했다. 하지만 몸이 움직여지지 않는다.

지나가는 무슨 惡鬼처럼 그 사람은 맞은 편 도어를 열고 다음 車깐으로 자취를 감추었다. 이게 어찌된 일일까. 저 金融組合 사나이가 가지고 있던 陣刀 모양의 短杖을 넘어뜨렸던 것이다. 그는 잠이 깨지는 않았다. 이건 또 어찌된 일일까.

사람들은 답답한 숨들을 쉬었다. 개중엔 커다라니 입을 벌리고 있는 사람조차 있었다. 肺들은 풀무[825]처럼 소리내어 울렸다

탁한 空氣는 빠져나갈 구멍을 잃고 있다. 송사리떼 같은 細菌의 蠢動[826]이 肉眼에도 보이는 것만 같다. 나는 코를 손가락으로 집어봤다. 끈적거리면서 양쪽 壁面은 희미한 소리마저 내면서 附着했다. 나는 더 숨을 쉴 수가 없다. 정신이 아찔했다.

顔面은 순식간에 빨갛게 물들어갔다. 다시마가 집채 같은, 콘크리이트 같은 波濤에 흔들리고 있는 것이 보였다. 一瞬間 그들 다시마는 뱀장어로 變形돼 갔

---

823 菱形 : '마름모'의 옛말.
824 중대가리 : 중처럼 빡빡 깎은 머리. 또는 그렇게 머리를 깎은 사람을 놀림조로 이르는 말.
825 풀무 : 불을 피울 때 바람을 일으키는 기구.
826 蠢動 : 벌레 따위가 꿈적거린다는 뜻.

다. 毒氣를 품은 푸르름이 나의 肉體를 壓搾[827]했다. 나를 內部로 질질 끌고 갔다. 이제 완전히 나는 선머슴애가 되고 말았다. 歲月은 나의 少年의 것이다. 나는 가련한 아이였다.

풀밭이 먼 데까지 펼쳐져 있다. 언덕 넘어 牧草 냄새가 풍겨온다. 빨간 지붕이 보였다. 여기는 대체 어디란 말인가?

나의 網膜에 巨大한 怪物이 비쳤다. 그것은 점점 멀어져가는 것 같았다. 나는 이제 놀라지 않는다. 이렇게 내 손은 희다.

이 사나이는 또다시 저 陣刀처럼 생긴 短杖을 넘어뜨렸던 것이다. 이 무슨 경망스런 작자일까. 그건 그렇다 치더라도 아까 넘어졌던 그걸 일으켜 단정히 세워놓은 사람은 누구일까. 나는 그것을 보지 않는다. 그런데도 그것은 얌전하게 서 있지 않으면 안된다는 理致인 것이다. 그렇다치더라도 또 나는 이 무슨 幻像의 風景을 눈앞에 본 것일까. 나는 그만 꾸벅꾸벅 졸았던 모양이다. 그러는 동안에 어쩌면 누군가가 내 옆을 지나갔을 것이다. 그리고 저 短杖을 일으켜 놓은 모양이다. 저 사나이는 아직도 잠에서 깨어나지 않고 있다.

몹시 두드려대는 — 도어를 — 소리로 해서 나의 意識은 한층 또렷해졌다. 내 앞에 저 陣刀처럼 생긴 短杖이 딩굴러있다. 나는 반쯤 嘲笑로써 그것을 응시하고 있다. 그것은 어째 알맹이가 없는 그저 그런 장님 陣刀인 것 같다. 사람들은 저런 걸 사는 것이다. 이걸 만든 사람은 그것을 알고 있었기에 바로, 저 얼토당토 않은 물건을 만들었을 것이다. 나는 그것을 짚어보았다. 나는 短杖 휘두르기를 좋아한다. 머리가 민짜[828]인 그 短杖은 휘두를 수는 없다. 나는 발밑 풀을 후려쳐 쓰려뜨리는 그런 시늉을 해보았다.

풀을 건드리지 않고 短杖은 날카롭게 空氣를 베었다. 나는 또 그 끝으로 흙을

---

827 壓搾 : 압력을 가하여 물질의 밀도를 높임.
828 민짜 : 아무런 꾸밈새가 없고 유달리 드러난 데도 없는 물건.

눌러 보았다. 시뻘건 피 같은 液體가 아주 조금 배어나왔다. 나는 몸에 가벼운 그러나 추위에 충분히 對備할 수 있는 高貴한 洋服을 입고 있었다.

내 눈앞에서 한 女人이 解産을 하고 있다. 恥骨[829] 언저리가 몹시 아프다. 팔짱을 끼듯 나는 그 애처러운 光景을 그저 바라만 보고 있다. 팔굽 언저리는 딱딱한 책상이다. 책상 위엔 아무것도 없다.

말소리가 유리를 뚫고 맑게 울리는 시골 사투리가 되어 들려왔다. 그것들은 더없이 즐겁다. 그리고 좀 시끄럽기조차 하다.

나는 개떼한테 쫓기고 있었다. 나는 쏜살같이 달아난다. 이윽고 나의 速度는 개들의 그것보다 훨씬 뒤진다. 개들의 흙투성이 발이 내 위에 포개졌다. 無數한 體重이 나를 짓누른다. 개들은 나를 쫓고 있는 것은 아니리라. 나를 밟고 넘어선 나의 前方 먼 저쪽 方向을 향해 달려가는 것이었다. 그렇다치더라도 이건 또 어쩌면 이렇게도 숱한 개의 수효란 말인가.

列車는 멈춰 있었다. 밤안개 속에 體溫을 蒸發시키고 있었다. 턱수염인 것처럼 때때로 汽罐車[830]는 뼈 돋힌 숨을 쉬었다.

車窓밖을 흘깃 내다보았더니 이건 또 幽靈의 나라 巡査인가. 金빛 번쩍거리는 帽子를 쓴 사람이 拾得物 바퀴[輪] 하나를 가지고 우두커니 서 있다. 이윽고 태엽을 감기나 한 듯이 종종걸음으로 걷기 시작했다. 그 순간 그의 얼굴에 어디선지 불이 옮겨 붙었는가 하자, 이미 그 모습은 무슨 방대한 어둠의 本體 속으로 빨려들어 보이지 않게 되었다.

나는 毛骨이 송연했다. 보아선 아니된다. 나는 또 그 무슨 慘酷한 光景을 目睹한 것일까. 그런 생각을 하고 있자니까 내 귀에 山 같은 것이 무너져 떨어졌다.

---

829 恥骨 : 궁둥이뼈의 앞쪽 아래 부위에 있는 뼈.
830 汽罐車 : 증기기관으로 가는 기관차.

내 귀는 멀어 있었던가. 그것은 南行의 國際特急인 것 같았다. 그렇다치더라도 내 귀는 멀어 있었던가.

아무것도 남기지 않고, 그리고 모든 것을 남기고 또 하나의 夜行列車는 夜氣 때문에 흠씬 젖은 덩치를 엇비비듯 지나쳤다.

누군가가 슬픈 音色으로 汽笛을 불었다. 그렇게 느껴졌다. 마을은 보이지 않는다. 마을은 잠든 사이에 滅形[831]되었나보다.

改札口에 홀로 우두커니 기대고 있던 白衣의 사람이 에스컬레이터처럼 움직이기 시작했다. 金빛을 번쩍거리던 사람은 다시 어디선가 나타나서 嚴肅하게 擧手敬禮를 해보였다. 나는 內心 혀를 낼름 내밀었다. 이건 혹시 장난감 汽車인지도 모른다. 진짜 汽車는 어딘가 내 손이 결코 닿을 수 없는 偉大한 地圖 위를 달리고 있는 것이나 아닌지 그렇게 나는 생각해 보았다.

내 곁의 그는 어느새 잠이 깨고, 그 陣刀처럼 생긴 短杖을 턱에 짚고 눈을 깜박거리고 있었다. 고쳐 앉은 나를 향해 지금 엇갈려 간 列車는 「히까리」[832]가 분명하다고 말하는 것이었다. 나는 그렇구말구 하듯 끄덕여 보였다. 그는 만족한 듯 그 「히까리」號의 速力이 어떻게 絕倫的인[833] 것인가에 대해 그의 體驗을 이야기했다. 그것은 얼마나 드물게 밖엔 停車하지 않는가에 의해 證明되는 것이라고 한다.

그리고 그는 슈우트케이스[834]에서 四六半截形 小冊子와 담배 케이스를 꺼냈다.

滿洲 담배라도 들어 있나 했더니, 그것은 滿洲에서 샀다는 케이스였다. 그때 그의 슈우트 케이스의 內容이 얼마나 貧弱한가를 目擊하고 말았다. 그는 흔해

---

831 滅形 : 형태가 사라짐.
832 히까리(ひかり, 光) : 빛. 여기서는 열차 이름.
833 絕倫的인 : 아주 두드러지게 뛰어난.
834 슈우트케이스(suitcase) : 옷가방.

빠진 呂宋煙[835] 한 개비를 나에게 권했다.

　나는 그것을 피우리라. 이미 이 夜行列車 속에 十年前의 그 커다란 잎 그대로의 칙칙한 煙氣를 볼 수는 없다.

　그들은 먼 祖上의 담뱃대를 버리고 우습기 짝이 없는 궐련 피우는 대[竹], 또는 梧桐 파이프를 입에 물고 있다. 그들 중 누군가는 그 맛의 미흡함과 자신의 어지간히 큰 덩치에 비해 파이프가 너무나 작은 멋적음으로 해서 눈에서 주루루 눈물마저 흘리고 있는 것이었다.

　嘔吐가 자꾸만 치밀어 목은 左로 향하고 右로 향했다. 무거운 짐짝 같은 頭痛이 눈구멍 속에 있었다. 이것은 분명 不潔한 空氣 탓이리라. 이 不潔한 空氣로부터 잠시나마 도망치지 않으면 안되겠다.

　昇降口에 섰다. 요란한 音響이다. 鐵과 鐵이 맞부딪는 대장간 같은 소리는 苦痛에 넘쳐 있다. 나는 酸素로만 만들어졌다고 할 수밖에 없는 시원한 空氣를 마시면서, 이 정수리를 때리는 것만 같은 音響에 익숙하려 했던 것이다. 空氣는 냉랭한 채 머리털에 엉겨 붙었다. 이마에 제법 차가운 손이 얹혀지는 것만 같았다. 사람을 초조하게 하는 이 音響에 어서 익숙했으면 좋겠다.

　昇降口에 멈춰 서 보았다. 몸은 左 혹은 右였다. 아직 머리는 비슬거리고[836] 있나보다.

　小便을 누어보는 것도 좋겠다. 달리는 汽車 위로부터 떨어지는 小便은 가루눈처럼 산산이 흩어져, 그것은 땅바닥에 가 닿지도 못할 것이다.

　이때 나의 등 뒤에서 車輛과 車輛과의 接續해 있는 부분의 복잡한 機械를 만지작거리는 사람이 있다. 車掌일테지.

835　呂宋煙 : 필리핀의 루손 섬에서 나는 엽궐련. 담뱃잎을 썰지 아니하고 통째로 돌돌 말아서 만든 담배.
836　비슬거리고 : 힘없이 비틀거리고.

그렇다하더라도 익숙한 손짓이다. 나는 小便을 보면서 귀치않은[837] 일은 그만 잊어버리기로 했다.

언제까지나 무엇을 저렇게 만지작거리는 것일까. 故障이 난 것일까. 그런 일이 있어서야 어디 되겠는가. 그렇더라도 너무 시간이 길다. 나는 더 참을 수가 없다. 돌아다보기로 하자. 아니 이거 아무도 없구나.

가느다란 空氣 속에서 그전처럼 鐵과 鐵이 光明丹[838]을 가운데 끼고 맞부딪고 있다. 그리고 슬픈 소리를 내고 있다. 나의 小便은 어이없게 끝나버렸다. 이젠 이 二重 — 二部로 이루어진 音響에 익숙해져야 한다. 나는 먼곳을 바라다보기로 했다.

거기엔 景致랄 것이 없다. 모든 것을 삼켜버린 방대한 殺氣가 어디까지나 펼쳐져 있다.

저 안개같이 보이는 것은 실은 高熱의 蒸氣일 것이 분명하다. 이 무슨 바닥 없는 莫大한 어둠일까.

들판도 삼켜졌다. 山도 풀과 나무를 짊어진 채 삼켜져 버렸다. 그리고 空氣도. 보아하니 그것은 平面처럼 얄팍한 것 같기도 하다.

그것은 立體가 없기 때문이다. 그것은 이미 헤아릴 수 없는 深遠한 距離를 그득히 담고 있다. 그 深遠한 距離 속에는 오직 恐怖가 있을 따름이다.

반짝이지 않는 별처럼 나의 몸은 오물어들면서 깜박거리고 있었다. 이미 이것은 눈물과 같은 희미한 呼吸일 수밖에 없다.

그러나 — 나는 핸들을 꽉 붙잡고 있다. 차거운 것이 흐르고 있다. 나는 그것을 놓을 수는 없다. — 저 莫大한 恐怖와 橫暴의 아주 初入은 역시 조그마한 草原, 그것은 季節의 자잘한 꽃마저 피우고 있는, 牧草가 있는 약간의 땅인 것 같다.

실상 目前에 이 열차의 등불 있는 生命에 매달리려고 必死의 아우성을 치면서

---

837 귀치않은: 귀찮은.
838 光明丹: 쇠에 녹이 슬지 않게 칠하는 붉은 도료. 鉛丹이라고도 한다. 四三酸化鉛의 별명(역자 주).

― 그것은 내 마음을 아프게 하기에 충분하다.

저기 멈춰 서자. 메마른 한 그루의 나무가 있으면 그것에 散策者이듯이 기대서자. 거창한 瞳孔이 내 위에 쏟아진다. 나는 그것에 놀라면 안된다.

아름다운 詩를 想起한다. 또는 범할 수 없는 슬픈 詩를 想起한다. 그리곤 고개를 수그리면서 외워본다. 恐怖의 海嘯[839]는 얼마쯤 멀어진다. 그러나 아무것도 보이지는 않는다. 내 손에는 어느새 銀빛으로 빛나는 短杖이 쥐어져 있다. 그것을 가볍게 휘둘러본다.

그리하여 나는 무엇을 기다리고 있는 것일까. 이윽고 사람들은 오고야 말 것이다. 오오, 아직 이 殺伐한 濛濛[840]한 大氣는 나를 威脅하고 있다.

下弦 달이다. 굳이 나는 아름답다고 본다. 그것은 몹시 수척한 深刻하게 表情의인, 보는 눈에도 가엾게 담배 연기로 혼탁해 있는 달이다. 喊聲을 지르기엔 아직 이르다. 恐怖의 深淵 속에는 忿怒의 呼吸이 들린다. 이젠 사람들이 와도 좋을 時機다.

왔다. 一瞬, 달은 噴煙[841]을 올리고 자취를 감추었다. 사람들은 鐵을 運搬해 온 것이다. 사람들은 黙黙히 다가온다. 다만 鐵과 鐵이 알몸인 채 맞부딪고 있다. 나의 귀는 洞窟처럼 그러한 音響들을 하나하나 反響한다. 아니, 이건 또 後方으로부터 오나보다. 그렇다면 난 方向을 잘 못잡고 서 있는 것일까. 이건 叛意를 품고 있는 것 같다. 이건 단 혼자인 것 같다. 나는 아찔했다. 나는 象牙처럼 차겁게 가늘어지면서 뒤를 돌아다보았다. 거기엔 아무도 없다. 나는 끝끝내 坐地[842]를 紛失하고 말았다.

---

839 海嘯 : 밀물 때 일어나는 거센 파도. 썰물 때 빠지는 조류(潮流)가 해면과 충돌할 때 일어나는 파도 소리.
840 濛濛 : 앞이 자욱하고 몽롱함.
841 噴煙 : 화산의 화구(火口)에서 뿜어 나오는 연기.
842 坐地 : 집터로서의 땅.

나는 나의 記憶을 소중히 하지 않으면 안된다. 나의 精神에선 이상한 香氣가 나기 시작했으니 말이다.

이 뼈만 남은 몸을 赤土 있는 곳으로 運搬하지 않으면 안되겠다. 나의 透明한 피에 이제 바야흐로 赤土色을 물들여야 할 時機가 왔기 때문이다.

赤土 언덕 기슭에서 한 마리의 뱀처럼 말라 죽을지도 모르지만, 나는 아름다운 ― 꺾으면 피가 묻는 古代스러운 꽃을 피울 것이다.

이제 모든 사정이 나를 두렵게 하고 있다. 사람들이 平和롭다는 그것이, 昇天하려는 想念 그것이, 그리고 사람들의 痴呆症[843] 그것마저가.

그러한 온갖 威脅을 나는 참고 견디지 않으면 안된다. 그러한 것들의 侵犯으로 精神의 入口를 空虛하게 해서는 안된다.

끝없는 어둠에 나의 쇠약한 健康은 견디어내지 못하는가 보다. 나는 이 먼데 恐怖로부터 自進 逃避하지 않으면 안된다.

등불은 어스름하다. 이건 屍體室임에 틀림없다.

空氣는 稀薄하다 ― 아니면 그것은 過重하게 濃密한가. 나의 肺는 이런 空氣 속에서 그물처럼 연약하다. 全室에 한 사람몫 空氣 속에 假死의 盜賊이 侵入해 있는가 보다.

이 무슨 不吉한 車窓일까. 이 室內에 들어서는 즉시 頭痛을 앓지 않으면 안되다니.

昇降臺에 다시 서서 저 어둠 속을 또 바라보았다. 이건 또 별과 달을 삼켜버리고 있다. 惡臭로 가득 차 있을테지.

머리 위 하늘을 찌르는 곳에 한 그루 나무가 보였다. 그것은 거멓게 그을은 樹木의 遺跡일 것이다. 幽靈보다도 悽慘하다.

濛濛한 大氣가 사라지고 투명한 距離는 加一層 悽慘하다. 그 위를 거꾸로 선 나의 그림자가 닳아없어지면서 질질 끌려간다.

---

843 痴呆症 : 정상적인 정신 상태를 잃어버린 상태에 이르는 증세.

八月 下旬 — 이 요란하기 짝이 없는 音響 속에 애매미 소리가 훨씬 鮮明하다는 건 이상한 일이다. 그들은 저 어둠에 壓殺되었을 것이다.

따스한 愛情이 惡寒처럼 나를 엄습한다. 또 실로 午前 세 時의 冷氣는 惡寒이나 다름없다.

一瞬 나는 太古를 생각해본다. 그 무슨 바닥 없는 恐怖와 殺伐에 싸인 咀呪의 위대한 魂魄이었을 것인가. 우리는 더더구나 幸福하지 않으면 안된다. 식어가는 地球 위에 밤낮 없이 따스하니 서로 껴안지 않으면 안될 것이다.

驛마다 停止한다는 이 列車가, 한번도 停車하지 않았다. 적어도 나의 記憶엔 없다. 나는 그것을 모조리 健忘하고 있나 보다.

먼동이 트여올 것이다. 이윽고 恐怖가 끝나는 壯嚴한[844] 그리고 날쌘 光景에 接하게 될 것이다.

그러나 언제까지나 그것은 어둠의 連續이다. 하지만 이미 이젠 저 海龍의 혀 같은 濛濛한 大氣는 완전히 가시었다. 나는 하늘을 치어다 보았다.

시원한 空氣가 肺腑에 흐르고, 별들이 운행하는 소리가 體內에 상쾌하다.

어느 틈엔가 별의 보슬비다. 그리고 수줍어하듯 하늘은 엷은 銀빛으로 빛나기 시작했다. 별은 한층 더 기쁜 듯이 반짝인다.

樹木이 시원스러운 녹색을 보이는 時間은 언제쯤일까. 나무들은 움직이는 것처럼 보이기도 한다.

아주 딴 方向으로부터 저 下弦 달이 다시금 모습을 나타냈다. 하지만 그 方向이 다른 것으로 보아 그것은 다른 것임에 틀림없다.

그것은 약간 따스함조차 띠고 있다. 그리고 스스로의 奢侈로 해서 참을 수 없이 빛나고 있다. 참을 수 없는 아름다움이다.

---

844 壯嚴한 : 전집(3)은 '莊嚴한'으로 수정.

나에게 表情을 强要하는 것 같기도 하다. 나는 어떤 表情을 짓지 않으면 아니 된다. 나는 기꺼이 表情을 선택할 것이다.

이런 때, 내가 해야 할 表情은 어떤 것이 제일 좋을까? 어떤 것이 제일 달의 자랑에 알맞는 것이 될까?

나는 잠시 망설인다.

山村

돼지우리다. 사람이 다가서면 꿀꿀거린다. 나직한 草家지붕마다 호박덩굴이 덮이고, 탐스런 호박이 매달려 있다. 그리고 모양은 노랗고 못생겼으며, 자꾸만 꿀벌을 불러대고 있다. 自然의 센슈얼[845]한 部面 —

우리 속은 지독한 惡臭다. 허나 이것이 풀의 훈기와 마찬가지로 또한 요란하고 刺戟的이다.

돼지, 귀여운 새끼돼지, 즐거운 汚穢[846] 속에 흐느적거리고 있는 돼지. 새끼돼지 — 水雷[847] 모양을 하고 있는 꿀돼지다.

바람이 불었다. 비는 이젠 저 鐵骨 望樓가 있는 山등성이를 넘어서 또 다른 山村으로 가버렸나보다.

남쪽은 모로 길게 가닥가닥이 푸르고, 자주빛 구름은 어쩌면 오렌지빛 안쪽을 유혹이나 하듯 뒤집어 보이곤 한다.

얕으막한 언덕 가득히 콩밭 — 그것은 그대로 푸른 하늘에 잇닿아 있다. 그것은 그러므로 끝이 없이 넓어보이는 것이었다.

그리고 山쪽으로는 수수밭, 들판 쪽으로는 벼밭과 地境을 이루고 있다.

---

845 센슈얼(sensual) : 관능적인, 육감적인, 음탕한.
846 汚穢 : 지저분하고 더러움, 또는 그런 것.
847 水雷 : 물속에서 폭발시켜 적의 함정 따위를 파괴하는 무기.

또 바람이 불었다. 개구리가 뛰었다. 조그만 개구리다. 잔물결이 개구리밥 사이에 잠시 보였다.

벼밭에서 벼밭으로 아래로 아래로 맑은 물은 흐르고 있는 것이다. 논두렁을 잘라 물길을 낸 곳에 샴페인을 터뜨리는 그런 물소리가 끊일 새 없다.

피가 — 지칠 줄 모르는 피가 이렇게 내뿜고 있는 大自然은 千古에도 결코 늙어 보이는 법이 없다.

또 바람이 불었다. 좀 비를 머금은 바람이다. 수수 옥수수 잎 스치는 소리가 蕭條롭다.[848] 그리고 정겨웁다. 어쩌면 치마끈 끄르는 소리와도 같이.

農家다. 개가 짖는다. 새하얀 人間의 얼굴보다도, 오히려 家畜답지 않은 생김새다. 아래 溫泉마을에선 개는 어떤 사람을 보아도 짖지를 않는다. 여기선 — 조심스레 謙遜하는 태도마저 보이면서, 한층 더 슬픈 소리로 짖어댔다.

山에 산울림하며 人間의 呼吸을 전달하는 것이었다.

밤나무와 바위와 약간 가파른 낭떠러지에 둘러싸여 溫突처럼 따스해 보이는 農家 두셋, 문어구의 小路까지 양쪽 대 싸리[849] 옥수수 울타리가 어렴풋하게 구부러지면서 지나갔다. 그래서 문어구를 곧바로 내다볼 수가 없다. 마당에는 공만한 百日草[850]가 새빨갛게 타오르고 있다.

울타리 사이로 개가 이쪽을 겁난 눈으로 엿보고 있다. 그리고 마당 — 말끔히 쓸어놓은 마당과 小路엔 수수며 조 같은 곡식이 떨어져 있음직도 하다.

툇마루 끝에선 老婆가 손주딸 머리의 이를 잡고 있다. 猿猴類가 하듯이 — 둘

---

848 蕭條롭다 : 호젓하고 쓸쓸하다.
849 대 싸리 : 댑싸리. 명아줏과의 한해살이풀로 높이는 1미터 정도이며, 잎은 어긋나고 피침 모양이다. 한여름에 연한 녹색의 꽃이 피며 줄기는 비를 만드는 재료로 쓴다.
850 百日草 : 국화과의 일년초. 멕시코 원산의 관상 식물로 줄기는 60~90cm. 6~8월에 긴 꽃줄기 끝에 국화 비슷한 꽃이 오랫동안 피는데 빛깔이 다양함. 백일홍.

이 다 上半身은 알몸이다.

그리고 어둑컴컴한 부엌 속에 이 또한 上半身은 알몸인 젊은 며느리가 서서 일하고 있다. 초콜렛빛 皮膚 건강한 肉體다.

집 뒷곁에는 옥수수가, 이것만은 들쭉날쭉으로 서 있다. 커다란 이삭을 몇 개고 달고는 가을풀들 사이에 유난히 키가 크다.

바위에는 칡넝굴이 붉다. 그리고 그것은 바위에 끼인 무슨 鑛物이기나 한 것처럼 찰싹 바위에 달라붙어 있다. 그리고 검은 바위를 背景 삼아 한층더 붉다.

어린아이 둘이 검붉은 머리카락을 바람에 나부끼면서 마당 안에서 놀고 있는 것인지 노는 걸 그만두고 있는 것인지, 둘이 다 멍하니 서 있다.

每日같이 가뭄이 계속되어, 땅바닥은 입덧 난 것처럼 龜裂이 생기고, 岩石은 猛獸처럼 거칠게 숨쉬었다.

農夫는 짙푸르게 개어오른 초가을 虛空을 쳐다보았다. 한점 구름조차 없다.

삶을 지닌 모든 것은 모두 피를 말려 쓰러질 것이다. 이제 바야흐로.

아카시아 이파리엔 흰 티끌이 덧쌓이고, 시냇물은 靜脈처럼 가늘게 부어올라 거무죽죽하다.

뱀은 어디에도 그 꼴을 보이지 않는다. 옥수수 키 큰 풀숲 속에 닭을 작게 축소한 것 같은 山새가 꼭 한 마리 내려 앉았다. 天罰인양.

그리고 貧民처럼 야위어 말라빠진 조밭이 끝없이 잇따라, 수세미처럼 말라죽은 이삭을 을씨년스럽게 드리우곤 바람에 울부짖고 있었다.

그러는 사이에도 蠶室 누에는 걸신들린 것처럼 뽕을 먹어 치웠다.

아가씨들은 조밭을 짓밟았다. 어차피 人間은 굶어죽지 않으면 안되는 것이라면, 지푸라기보다도 貧弱한 조밭을 짓밟고 그리곤 뽕을 훔치라고.

夜陰을 타서 마을 아가씨들은 무서움도 잊고, 승냥이[851] 보다도 사납게 조밭과 콩밭을 짓밟았다. 그리고는 밭 저쪽 단 한 그루의 뽕나무를 물고 늘어졌다.

그래도 누에는 눈 깜박할 새에 뽕잎을 먹어치웠다. 그리곤 아이들보다도 살찌면서 커갔다. 넘칠 것만 같은 健康 ─ 풍성한 安心이라고도 할만한 것은 거기에밖엔 없었다. 처녀들은 죽음보다도 누에를 사랑했다.

그리곤 낮동안은 높은 나무 가지 위로 기어올라갔다. 부끄러움을 무릅쓰고. 그 하얀 세피어[852]빛 과일을 해는 태워 버릴 것만 같이 쪼이고 있었다.

어디에도 幸福은 없다. 天使는 죄다 少年軍처럼 都市로 모여들고 만 것이다.

風雨에 쓰러진 碑石 같은 마을이여. 太古의 口碑를 살고 있는 村사람들 ─ 거기엔 發明은 절대로 없다.

지난 해처럼 옥수수는 푸짐하게 익어, 더욱더 숱한 朱紅빛 수염을 바람에 나부끼고는, 초가을 고추잠자리 날으는 하늘에 잎쓸리는 흥거운 소리를 울렸다.

그리고 옥수수 수수깡을 둘러친 울타리엔, 黃金빛 탐스런 호박이 어떤 蹴球공보다도 크고 묵직하다.

山기슭 屠獸場은 오래도록 休業中이다. 그리고 아이들은 고무신을 벗어 들고는, 송사리보다 조금 큰 붕어를 잡는다.

개들은 家族들이 보는 앞에서 마구 야위어갔다. 그리고 시집을 앞둔 많은 처녀들이 老婆와 같은 얼굴로 되어갔다.

줄기는 힘없이 부러지기만 했고, 조이삭의 큰 것은 自殺처럼 제 體重 때문에 모가지를 접질르곤 했다.

---

851 승냥이 : 갯과의 짐승. 이리와 비슷하나 더 작고 꼬리는 긺. 온몸에 황갈색의 긴 털이 나 있으며, 무리를 지어 삶. 우리나라·중국·시베리아·중앙아시아에 분포함.
852 세피어(sepia) : 수채화 따위에 쓰이는 그림물감의 한 가지. 오징어의 먹물에서 뽑아 만든 암갈색의 물감.

마른 뱅어853 같이 딱딱하고 가느다란 콩넝쿨은 길 잃은 자라처럼 땅바닥을 기고 있다. 그리고는 生殖器 같은 콩 두서너 개를 매어달고 있다. 버들잎이 담겨 있는 시냇물까지 젊은 두 아낙네가 물동이를 이고 물길러 왔다.

그리하여 피[血]는 이어져 있다. 메마른 空氣 속 깊숙이.

나는 물을 마셨다. 시원한 밤이 五臟으로 흘러들었다.

귀뚜리 소리는 한층 야단스레 한결 선연해진 것 같다. 달 없는 千斤의 마당 안에.

홀로 이 귀뚜리는 俗世의 시끄러움에서 빠져나와, 이 人外境에 鬱積하게 哲學하면서 야위도록 애태움은 어찌된 까닭일까? 이 귀뚜리는 지독한 厭世家인지도 모른다. 램프의 位置는 어쩌면 그 화려한 自殺場所로서 選定된 것이나 아닐지.

그의 저 등피854 밖에서 興奮과 躊躇는 어떠했던가.

귀뚜리의 自殺 — 여기에 一家眷屬을 떠나, 朋友를 떠나, 世上의 한없는 따분함과 倦怠로 해서 먼 낯설은 땅으로 흘러온 孤獨한 나그네의 모습을 보지 않는가. 나의 空想은 自殺하려고 하는 귀뚜리를 향해 慰安의 말을 늘어놓는다.

귀뚜리여, 영원히 沈默할 것인가. 귀뚜리여, 너는 어쩌면 방울벌레855인지도 모른다. 네가 방울벌레라해도 너는 沈默할 것이다.

죽어선 안된다. 서울로 돌아가라. 서울은 시방 가을이 아니냐. 그리고 모든 애매미856들이 한껏 아름다운 목청을 뽑아 노래하는 季節이 아니냐.

서울에선 아무도 너를 기다리고 있지 않다 그 말인가. 그래도 좋다. 어쨌던 너는 서울로 돌아가라. 그리고 노래해 보게나. 그리하여 전과는 다른 의미에서의

---

853 뱅어 : 뱅엇과의 바닷물고기. 몸길이 10cm 가량으로 몸은 길. 몸빛은 희고 반투명함. 봄에 하천을 거슬러 올라가 알을 낳음.
854 등피 : 燈皮. 등불이 꺼지지 않도록 바람을 막고 불빛을 밝게 하기 위하여 남포등에 씌우는 유리로 만든 물건.
855 방울벌레 : 귀뚜라미과의 곤충. 몸빛은 흑갈색이며 더듬이의 길이가 몸의 3배나 됨. 풀숲에 사는데, 가을에 두 날개를 비벼서 고운 소리를 냄.
856 애매미 : 매밋과의 곤충으로 몸의 길이는 3cm 정도이며, 어두운 녹색이고 검은 무늬가 있다. 몸의 아랫면은 대체로 연한 갈색이고 날개는 투명한데 황금색의 가는 털이 많다.

삶의 새로운 意義와 光明을 발견하게나. 考案해 보게나.

하지만 나의 이같은 우습지도 않은 혼잣말은 귀뚜리의 귀에는 가 닿지 않은 가보다. 어쩌면 귀뚜리는 내심 나를 몹시 嘲笑하면서도, 外觀만은 모르는 척하고 꿀먹은 벙어리로 있는 것이나 아닐지. 나는 저윽이 不安하다.

나는 이 地方에 와서 아무와도 친하지 않는다. 그들은 모두 나를 질색하는 것만 같았기 때문이다. 하지만 一週日도 안되어 슬금슬금 그들은 두어 마디 서너 마디 나한테 말을 걸어오는 수도 있게 됐다. 그것이 나로선 참을 수 없이 무섭다.

그들은 도대체 나한테서 무엇을 探知하려는 것일까? 내 惡의 衝動에 대해 똑똑히 알고 싶은 것이리라. — 나는 危懼를 느껴 마지 않는다. 나는 그들의 누구를 보고도 싱글벙글했다. 무턱대고 싱글벙글함으로써 나의 그러한 危懼感[857]을 얼버무리는 수 밖엔 없었다.

아침부터 밤까지 남을 보면 나는 그저 싱글벙글했다. 그들의 어떤 자는 괴상하다는 표정조차 했다. 하지만 나는 그런 것에 상관하지 않았다.

하지만 이제 나는 귀뚜리를 향해 어찌 싱글벙글 할 수 있겠는가? 너의 慧眼[858]은 나의 위에 별처럼 빛난다.

다시금 귀뚜리는 아무것도 아직 써넣지 않은 나의 原稿用紙 위에 앉았다. 그리곤 나의 運命을 점쳐 주기라도 할 그런 자세이다. 이번은 몹시도 생각에 골똘한 것 같다. 그리고 나의 이 펜촉이 달리는 소리를 열심히 盜聽하고 있는 것만 같다.

귀뚜리여, 이 사각거리는 소리를 듣기만 해도, 너는 능히 나의 이 모자란 글을 읽어내릴 수 있을 것이다. 정녕 先知者 같은 整頓된 그 理智的인 모습을 보면, 나

---

857 危懼感 : 危懼感. 염려하고 두려워함, 또는 그러한 느낌.
858 慧眼 : 날카로운 눈, 사물의 본질이나 이면을 꿰뚫어 보는 눈. 불교에서 이르는 오안(五眼)의 하나로 차별이나 망집(妄執)을 버리고 진리를 통찰하는 눈.

는 그렇게 생각되니 말이다. 그러나 어떠냐, 나는 이렇게 많은 거짓말을 하고 있다. 얄미운 놈이라고 생각하느냐, 요사한 놈이라고 생각하느냐.

하지만 너만은 알 것이다. 보다 속 깊이 싹트고 있는 나의 惡에 대한 衝動을, 그리고 염치도 없는 나의 慾望을, 그리고 大海 같은 나의 絶望까지도. 그리고 너만이 나를 용서할 것이다. 나를 순순히 받아들여 줄 것이다.

그러나 귀뚜리는 다시 흰 벽으로 옮아 앉았다. 그것이 내가 筆舌로서 호소할 수가 전혀 없는 수많은 깊은 惡과 고통마저 알고 있다는 꼭 그런 얼굴인 것이다. 나는 나의 無能함이 폭로되는 것을 생생하게 보았던 것이다. 나는 더욱 깊이 絶望할 수밖에 없다.

— 발표지면 : 『문학사상』, 1976.7 ; 유정 역

恐怖의 記錄(서장)[859]

그리하여 힘겹게 막 도착한 참이었다. 그는 안을 들여다 봤다. 풀칠을 해서 속이 들여다 보이지 않게 되어 있는 현관 문에는 그의 검게 탄 얼굴 상판이 비칠 뿐이었다. 물론 아무것도 보이지 않는다.

N자를 옆으로 약간 비스듬이한 모양새로 그는 그 자리에 앉았다. 그 바로 옆에는 한 마리의 개가 흙을 파내고 있었다. 마침내 드러누웠다. 혀를 내밀었다. 혀가 깃발처럼 일렁이고 있는 품이 몹시 숨이 가쁜 모양이다.

「온돌이 한 칸, 다다미가 두 장.」

그렇게 말했었는데 그러나 못이 굳게 박혀 있다. 부산스럽게 들락거리는 쥐들은 내부의 모양에 대해 아무것도 전해주지 않는다.

안면의 근육이 갑자기 욱신욱신 죄어드는 것 같았다. 살이 빠지고 있는 것이다. 이렇게 해서 사람은 하루에도 몇번씩 말랐다가 쪘다가 하는 것이다.

「신고 오기로 하자 ― 저 허접쓰레기 뭉치를」

인사나 하듯 「세놓음」이라고 써붙인 쪽지 옆에 조그마한 명함이 한 장 편으로 꽂혀져 있다. 한면수 전등요금은 ××동 ××번지로 받으러 오세요 라고 씌어 있다. (거짓말 마!) 물론 이 한면수라는 작자는 허접쓰레기 ― 틀림없이 ― 덩치를 싣고 어디로 갔는지 알 턱이 없을 터인데 (거짓말 마!).

어째서 사람들은 이러한 허접쓰레기 짐덩이를 운반하고 다녀야만 하는 구차하고도 기구한 책임이 있는 것일까?

그는 뒤쪽으로 돌아가 이것저것 살펴보는 시늉을 했다. 뒷문은 없다. 골목에서 바로 온돌칸으로 들어가게 되어 있는 것이다. 그는 기가 막혔다. 부엌이라고

---

859 소설 「공포의 기록」과 텍스트적 관련성이 있다. 이 작품은 「공포의 성채」, 「야색」 등과 연관되어 있으며, 원문은 일문이다.

다다미 반 장만한 넓이다. 그는 기가 막혔다. 모조리 굳게 못이 박혀 있다.

　변소에는 창이 있다. 그리고 퍼내는 구멍이 있다. 취사를 하면서 유유히 변소 구멍을 훑어보게 되어 있는 구조인가 보다.
　사람이 살지 않은 지가 오랜 것 같은데도 아직 악취는 지독하다. 여기에다 더욱 생생한 거름을 부어 넣기만 하면 활발한 비등(沸騰)이 시작되겠지. 화초는 어떻게 할까. 화초는 기아처럼 내버리고 올까. 그는 화초를 사랑하지 않는 무뚝뚝한 사낸가.
　아, 피곤하다. 그에게 아방궁을 준다 해도 더는 움직일 수 없다. 그는 그렇도록 피곤한 것이다.
　얇아빠진 제라친[860] 같은 얼굴이 형편없이 타서 그 빈상스런[861] 몰골은 보기에도 괴롭다. 누렇고도 검은 어쩌면 그렇게도 흉한 색상일까.
　진주처럼 허연 눈을 깜빡깜빡 깜짝이면서 쩔쩔매는 그의 흉한 얼굴이 다시 유리창에 비쳤다. 깜짝 놀랬다. 옆집 아낙네가 빨래를 하고 있다. 튼튼하게 생겼다. 가벼운 옷매에 가려져 보이지 않는 약간의 부분을 빼고 노출한 살갗은 명랑하고 신선한 것이라고 그에게는 생각되었다. 그는 건강하지 못하다. 그리고 체격은 말이 아니다.
　─자아, 나르자! 저 악취에 싸여 있는 육친의 한 뭉치를 그는 낡은 짐수레에 싣고 날라와야 한다.
　노동이다. 그는 이미 지칠대로 지쳐 있다. 그는 무엇을 생각한다든지 하는 일 따위는 엄두도 못낼 지경이었다.
　성격파산 ─ 무엇 때문에?
　그의 교양은 그의 겉모양새와 같은 꼴이 되어 버렸다. 남루. 수염도 텁수룩하

860　제라친(gelatin) : 동물의 가죽·힘줄·연골 등을 구성하는 천연 단백질인 콜라겐을 뜨거운 물로 처리하면 얻어지는 유도 단백질의 일종.
861　빈상스런 : 궁상맞고 초라한.

다. 거리. 땀.

그의 아내가 한 번도 그를 사랑한 적이 없다는 것을 눈치채지 못하고 있는 그였다. 그는 고상한 국화꽃처럼 나날이 누더기가 되어 갔다. 아내는 그를 버렸다. 아내의 행방은 불명이다.

그는 아내의 신발을 들여다봤다. 공복(空腹) ─ 절망적인 공허가 그를 조소하는 듯했다. 초조하다.

그 다음에는 무엇이 왔는가.

적빈[862]

쓸만한 넝마[863]는 남의 손에 의해 모두 팔려나갔다. 그리하여 보다 더 남루한 넝마들이 병균처럼 남아 있다.

탕아는 이 처참한 현장엘 제 집이랍시고 돌아왔다. 화초들은 향기높은 꽃들을 피우고 있었다. 그 중에는 빨간 열매까지 맺은 것도 있었다. 그러나 그의 가족들은 헐벗고 굶주려 변형된 채 고래고래 서로 악다귀[864]를 하고 있었다.

입을 다문 채 아무 말도 하지 않았다. 이미 모든 것이 끝나버렸기 때문이다. 외롭고 초라한 모습으로 거칠대로 거칠어진 손바닥만 마당가에 내려서서 눈을 지긋이 감고 주위를 돌아보았다. 그의 손때가 묻지 않은 것이라곤 하나도 없다.

책들을 불태웠다. 산더미 같은 편지를 태웠다. 그밖에도 많은 그의 기념물들을 태워버렸다.

가족은 그의 처에 대해 질문 따위를 하는 일은 없다. 그는 대답할 것이 없다.

밤이 되자 그는 유령처럼 흥분한 채 거리를 누볐다. 이제 그에게는 의지할 곳

---

862 적빈 : 몹시 가난함.
863 넝마 : 낡고 해어져서 입지 못하게 된 옷, 이불 따위를 이르는 말.
864 악다귀 : 악다구니, 즉 서로 욕하며 싸우는 짓, 버티고 겨루는 것.

이 없다. 오로지 한 가닥 공복을 메꾸기 위해 행동할 뿐이었다.

성격의 파편. 그는 그런 것은 돌아볼 생각도 않는다. 공허에서 공허로 그는 역마[865]처럼 달리고 또 달렸다.

술이 시작되었다. 술은 그의 앞에서 향수처럼 빛났다.

왼팔이 오른팔을 오른팔이 왼팔을 자꾸만 가혹하게 구타한다. 날개가 부러져서 흔적이 시퍼렇다.

소량의 구조 깃발은 이미 효력이 없다. (1935. 8. 2)

— 발표지면 : 『문학사상』, 1986.10; 최상남 역

---

865 역마(驛馬) : 역참(驛站)에 대기시켜 두고 관용(官用)으로 쓰던 말.

恐怖의 城砦

사랑받은 기억이 없다. 즉 애완용 가축처럼 귀여움을 받은 기억이 전혀 없는 것이다.

무서운 실지(實地) — 특기해야 할 사항이 없는 흐린 날씨와 같은 일기(日記) — 긴 일기다.

버려도 상관없다. 주저할 것 없다. 주저할 필요는 없다.

모두가 줄곧 꼴보기 싫다. 그들은 하나 같이 그를 「의리없는 놈」으로 몰아 세운다. 그리고 교활하다고 한다. 과연 그럴까. 그런 정도로일까. 「그런 일이 있으면 있는 대로 고쳐나가야겠다」고 생각하고 있는 그였다. 그것도 정말일까. 모두를 미워하는 것과 개과천선하는 일이 양립될 수 있는 일일까.

아니다. 개과한다는 것은 바로 교활해 간다는 것의 다른 뜻이다. 그래서 그는 순수하게 미워할 수 있게 되는 것이다.

한때는 민족마저 의심했다. 어쩌면 이렇게도 번쩍임도 여유도 없는 빈상스런 전통일까 하고.

하지만 결코 그렇지는 않았다.

가족을 미워하는 것부터 시작해서 그는 또 민족을 얼마나 미워했는가. 그러나 그것은 어찌 보면 「대중」의 근사치였나 보다.

사람들을 미워하고 — 반대로 민족을 그리워하라, 동경하라고 말하고자 한다.

커다란 무어라고 형용할 수 없는 덩어리의 그늘 속에 불행을 되씹으며 웅크

리고 있는 그는 민족에게서 신비한 개화를 기대하며

그는 「레브라」[866]와 같은 화려한 밀탁승[867]의 불화(佛畵)를 꿈꾸고 있다.

새털처럼 따뜻하고 또한 사향[868]처럼 향기짙다. 그리고 또 배양균[869]처럼 생생하게 살아 있다.

성장함에 따라 여러가지 이상한 피를 피의 냄새를 그는 그의 기억의 이면에 간직하고 있다.

열화 같은 성깔 푸른 핏줄이 그의 수척한 몸뚱이의 쇠약을 여실히 나타내고 있다.

어느날 손도끼를 들고 ― 그 아닌 그가 마을 입구에서부터 살륙을 시작한다. 모조리 인간이란 인간은 다 죽여버린다. 그리고 집으로 돌아와서 다 죽여버렸다.

가족들은 살려달라는 말조차 하지 않았다(에잇 못난 것들―). 그러나 죽은 그들은 눈을 감지 않았다.

그리고 자신들의 피살을 아직도 믿지 않았다(백치여, 노예여).

창들이 늘어서 있다. 아무데서나 메탄가스[870]와 오존[871]이 함부로 들락거린다.

---

866 레브라 : 원문은 'レプラ'이며, 영어로는 'lebra'이다. 이것을 전집(2)는 「1931년」의 시 구절 "R青年公爵에 邂逅하고 CREAM LEBRA의 秘密을 듣다"를 설명하면서 'CREAM LEBRA'를 精忠의 은유로 보았으며, 전집(3)에서는 같은 구절을 두고 언어유희로 보았다. 'lepra'의 오식(이경훈)으로 보는 것이 내용상 밀접하다.
867 밀탁승 : 密陀僧. 한방에서, 납을 산화(酸化)시켜 만든 누른 빛깔의 가루를 이르는 말. 살충약으로 씀. 또는 '일산화납'의 딴 이름.
868 사향 : 사향노루의 사향샘을 건조하여 얻는 향료. 어두운 갈색 가루로 향기가 매우 강하다.
869 배양균(培養菌) : 미생물이나 동식물의 조직의 일부를 인공적으로 길러 증식시킨 균.
870 메탄가스(methane gas) : 메탄계 탄화수소 가운데 구조가 가장 간단한 물질. 무색무취의 가연성 기체로 물에 녹지 않으며 공기 속에서 불을 붙이면 파란 불꽃을 내면서 탄다. 천연적으로는 늪이나 습지의 흙 속에서 유기물의 부패와 발효에 의하여 생기며, 공업적으로는 일산화탄소와 수소를 화합하여 200~250℃로 가열하여 얻는다.
871 오존(ozone) : 3 원자의 산소로 된 푸른빛의 기체. 특유한 냄새가 나며, 상온에서 분해되어 산소가 된다. 산화력이 강하여 산화제, 표백제, 살균제로 쓴다.

무엇으로 호흡을 하고 있는지 증거가 없는 가축들의 상판이 영어(囹圄)[872]를 자랑하고 있는 것이 보인다.

그는 아무하고도 친밀히 하지 않는다. 그리고 그들의 얼굴을 보지 않는다. 언제나 구부정하게 어물거리고 있다.

들어가볼까? 문을 찾아야지.

목소리를 들으면 식별할 수 있다. 피는 피를 부르는 철칙을—

그는 찬찬히 명찰을 살피며 걸어갔다. 비슷한 글자들이 그들의 명의를 어지럽히고 있다.

그중에서 간신히 그 자신의 이름을 찾아내자 이번에는 그가 주저하는 것이다.

이것은 이런 연유로 해서 성(城)이었다.

아직도 그것은 굳게 봉쇄된 이름뿐인 성이었다. 그들은 결코 서로 자신의 직분 혈액형을 바꾸지 않는다.

해가 지면 그들은 원경의 조망조차 그치고 깊숙이 농성하여 낮은 목소리로 음모한다.

멸망할 것을 악취가 날 것을 두통이 나야 할 것을 죄 많을 것을 구토할 것을 졸도할 것을.

등불은 꺼졌다. 꺼진 것 같으나 단지 촉수를 낮추어 놓은 것뿐이다.

곤충도 오지 않는다. 쥐들은 곧잘 먼지 이는 뒷골목에서 죽어 나뒹굴고 있었다.

가축을 치는 일은 없었다. 그들은 악착같이 먹이와 혼동된 고추를 심었다.

고추는 고등동물—예를 들면 소, 개, 닭의 섬유 세포에 향일성[873]으로 작용하여 쓰러져가면서도 발효했다.

---

872 囹圄: 감옥, 또는 감옥에 갇혀 있는 상태를 흔히 이르는 말.
873 향일성: 식물의 줄기, 가지, 잎 따위가 햇볕이 강한 쪽을 향하여 자라는 성질.

성은 재채기가 날 만큼 불결하기 짝이 없다. 그리고 창들의 세월은 길고 짧고 깊고 얕고 가지각색이다.

시계 같은 것도 엉터리다.

성은 움직이고 있다. 못쓰게 된 전차처럼. 아무도 그 몸뚱이에 달라붙은 때자국을 지울 수는 없다.

스스로 부패에 몸을 맡긴다.

그는 한난계[874]처럼 이러한 부패의 세월이 집행되는 요소요소를 그러한 문을 통해 들락거리는 것이다.

들락거리면서 변모해 가는 것이다.

나와서 토사(吐瀉)[875] 들어가서 토사. 나날이 그는 아주 작은 활자를 잘못 찍어 놓은 것처럼 걸음새가 비틀거렸다.

모든 것이 끝날 때까지 모든 것이 시작될 때까지. 그리하여 모든 것이 간단하게 끝나버릴 아리송한 새벽이 올 때까지만이다. (1935. 8. 3)

—『문학사상』, 1986.10; 최상남 역

---

874 한난계 : 온도계.
875 吐瀉 : 上吐下瀉의 준말. 위로는 토하고 아래로는 설사함.

夜色

한꺼번에 이처럼 많은 별을 본 적은 없다. 어쩐지 공포감마저 불러일으킨다. 달 없는 밤하늘은 무어라 말할 수 없는 귀기마저 서린 채 마치 커다란 음향의 소용돌이 속에 서 있는 느낌이다. 마을 사람들의 식후의 한담[876]을 멀리 들으며 때때로 이 방대함에 공포를 느끼면서도 하늘을 바라보았다.

과연 이 한 몸은 광대한 우주에 비하면 티끌만한 가치도 없다. 그런데도 이 야망은 어떻게 된 것인가. 이 불안은 뭔가. 이 악에의 충동은 또 뭔가. 신은 이 순간에 있어서 건강체인 나의 앞에선 단연 무력하다. 그러나 그렇다고 해도 나는 그 신을 이길 수는 없지만. 그러나 나는 신에 대해 저주의 마음 같은 것은 추호도 갖고 있지 않다. 신을 이기겠다는 의욕도 갖고 있지 않다. 왜냐하면 나의 이 불안감은 끝없는 환희 속에서 신의 의지, 신의 제재를 인정하지 않기 때문이다.

그럼에도 불구하고 나의 이 바윗덩이 같은 우울의 근거는 어디서 오는 것인지 전혀 불명이다. 그 원천이 내 자신의 내부에 있다면 나는 무엇 때문에 나 자신에 의해 고통을 받는것일까? 그건 우스운 이야기다.

인간 세상이 온통 제멋대로인 것처럼 자꾸만 생각된다. 그것은 사실 신이 관여하는 바가 아니기 때문이다. 그래서 인간은 자기 한 몸을 마음대로 처리할 수 있고 간섭받지 않는 완전한 자유를 지녔다. 자살이 바로 그것이다.

나는 자살에 대해 생각해 본다. 수단, 시기. 유서에 대한 것 등 세세히 냉정하게 생각하는 일에 몰두한다. 그러나 자살하려고 마음먹었다가 자살하지 않고 있는 것도 역시 자유다. 모든 곤란과 치욕을 견뎌내며 아랫배에 힘을 주고 살아가면 되는 것이다.

---

876 한담 : 閑談. 심심하거나 한가할 때 나누는 이야기. 또는 별로 중요하지 아니한 이야기.

세상의 많은 자살자들은 모두 자살하는 것의 자유에 대해 분명히 알고 있는 사람들이며 더 큰 고난과 치욕에도 불구하고 뻔뻔스럽게 살아가고 있는 더 많은 사람들은 자살하지 않는 것도 또한 자유라는 데 대한 인식을 얻은 사람들이다.

나는 지금 음침한 토막집 속에서 더러운 개와 닭과 돼지새끼가 우글우글 하는 마당가에 앉아서 별빛에 의지해 식사를 하고 있는 가난한 농사꾼 일가를 바라보고 있다. 나는 이 사람들의 울울하고[877] 기뻐할 줄 모르는 그리고 장난기 없는 얼굴을 정면으로 바라볼 수가 없다. 왠지는 알 수 없지만 나는 그 어떤 그림자같이 눈에 보이지 않는 저주가 내 자신의 몸에 내려지는 것 같애 견딜 수 없다.

이상하게도 그들은 자살하지 않는다. 자살하지 않는다. 그들이 마음속으로 자살을 생각하는지 아닌지는 알 수 없지만 적어도 그들의 토인[878]처럼 검게 탄 얼굴 모습을 일별하면[879] 그들은 결코 단 한 번도 자살에 대해 생각해 본 적이 없음을 알아차리게 된다.

그들은 내 생각에 의하면 자살하지 않는다는 것은 완전히 각 개인의 자유의사에 따르는 것이라는 것을 전심전념 오로지 그것만을 계속 생각하지 않고 미처 다른 생각마저 할 여지가 없는 말하자면 행복한 사람들이다.

그런데 나는 뭔가. 자살하는 일 자살하지 않는 일 등을 번갈아가며 생각하는 데 몰두하거나 그렇지 않으면 공연히 정신상태를 어지럽게 해서 그 때문에 몹시 비관하거나 실망하는 등 생각해 보면 그야말로 불행한 사람이다.

이런 식으로 나의 일생은 끝나겠지. 생각이 여기에 미치자 산다는 것이 이 얼마나 불쾌와 고통의 연속인가 하는 것에 아연[880]해질 수밖에 없다.

야색[881]은 권태로운 경치를 한층더 권태롭고 혼연하게 만들었을 뿐 아니라

---

877 울울하고 : 鬱鬱하고. 마음이 매우 답답하고.
878 토인(土人) : '미개한 지역에 정착하여 원시적인 생활을 하고 있는 종족'을 얕잡아 이르는 말.
879 일별하면 : 一瞥하면. 한번 흘깃 보면.
880 아연 : 啞然. 너무 놀라거나 어이가 없어서 또는 기가 막혀서 입을 딱 벌리고 말을 못하는 모양.
881 야색 : 夜色. 밤의 경치, 밤의 정경(情景).

아무 짝에도 쓸데없는 방대한 공포의 광경마저 내장한 채 버티고 있다. 이러한 우매한[882] 자연에 대해서 나는 언제까지나 털끝만한 친밀감도 발견할 수 없다.

— 발표지면 : 『문학사상』, 1986.10; 최상남 역

---

882 우매한 : 愚昧한. 어리석고 사리에 어두운.

무제3[883]

모리스 데코브라[884] 작 다케바야시 무소안[885] 역 「망나니의 세레나데」[886] 로부터

「그러나 나는 오늘 지금 이 순간부터 귀하가 자신의 생활에서 날마다 새로운 아름다움을 현실적으로 찾아 나아가시기 희망합니다. 그렇지 않다면

나의 희망은 철저히 배신당해버리고 맙니다. 자살은 필경 불행자들에게 있어 위안에 지나지 않습니다. 나는 당신이 불행한 사람이 되길 원하지 않습니다.

혹은 다른 것은 제쳐두고 만약 귀하가 행복한 가운데 불행하다면 그 동양의 왕자 즉 열 한 겹의 이불을 쌓아 놓은 곳 아래에 누군가가 몰래 집어넣은 작은 돌의 딱딱함을 느끼는 **동양의 왕자**, 바로 이러한 사람과 꼭 닮은 것이겠지요.」

---

883 이것은 다케바야시 무소안(武林無想庵)의 번역 작품 『首斬りセレナーデ』에서 가져온 것으로 보인다. 이상이 이 책을 읽었다는 것이 연구자들에게 중요하다고 판단해서 번역하여 싣는다. 입력 및 번역에는 모우리 후우카 양(毛利風香, 일본 재야 연구자), 김도경 선생(경북대 기초교육원), 김경남 교수(경북대 사학과)가 도움을 주었다.

884 모리스 데코브라(モウリス デコブラ) : Maurice Dekobra(1885~1973). 프랑스 소설가. 대표적인 작품으로 『침대차의 마돈나』(1925), 『새벽의 총살』(1931) 등이 있다.

885 다케바야시 무소안 : 武林無想庵(1880~1962). 일본의 소설가, 번역가. 대표적인 작품으로 『결혼예찬』(1922), 『문명병 환자』(1923) 등이 있다.

886 Maurice Dekobra, 武林無想庵 譯, 『首斬りセレナーデ』, 中央公論社, 1931.

무제 4[887]

플루트 소리는 아름답다. 플루트 부는 사람의 말로는
한 사람의 호흡이 이러한 소리가 되지요
마치 개의 호흡이 (그렇구나) 아무 것도 못하는 것처럼

여기에 두 개의 풍경이 있다
一. 공회당에 음악회가 있다 입장료는 너무 비싸다 거기서 인색한 당국자는 회장(会場)을 밀폐했다
그 유리창 너머로 보이는 장내(場內)의 풍경이다. 악사(테너)가 입을 벌리거나 오므리는 그때 청중의 표정이다.
二. 어느 다방(喫茶店)의 이층은 어느 축음기와 레코드 가게 이층과 마주보고 있다. 레코드 가게의 아래층은 평범한 매장으로 되어 있는데, 이층의 시청실(試聽室)에 와서 하나하나 작은 방(室)으로 나뉘어 있다. 그 각 방에서 배가 많이 나온 부자와 타원형 금테 안경을 쓰고 있는 숙녀[888]가 크라이슬러,[889] 엘만,[890] 카르조[891]를 들어보고 있다 갈리쿠르치[892]는 안 된

---

[887] 원문은 낙서가 덧칠되어 확인이 어려운 글자가 적지 않았다. 그러한 부분은 맥락을 통해 가능하면 읽어내려고 애를 썼다.

[888] 숙녀 : 원문은 '淑女(トシマ)'로 되었는데, 우리말로 '노처녀'를 뜻함.

[889] 크라이슬러(クライスラー) : Fritz Kreisler(1875~1962). 오스트리아 태생의 미국의 작곡가이자 바이올리니스트. 감미로운 음색과 뛰어난 표현력을 가진 당대 유명한 바이올린 거장 중 한 명이었다.

[890] 엘만(エルマン) : Mischa Elman(1891~1967). 우크라이나 출신의 바이올린 연주자. 깊고 풍부한 빛깔의 비브라토를 추구하였으며, 아름다운 음색, 열정적 스타일, 뛰어난 음악성과 예술성을 지녔다.

[891] 카르조(カルゾー) : Enrico Caruso(1873~1921). 이탈리아 출신의 세계적인 테너 가수. 유럽과 아메리카의 주요 오페라 극장에서 큰 찬사를 받으며 노래를 불렀으며, 가사에서 극적인 역할에

다는 말이라도 하는 것이겠지 그 무례한 표정이다. (그들은 베토벤[893]은 안 된다고 말하기도 한다)

여기 또 두 가지의 문답이 있다.

一、그다지 다르지 않아요

　많이 달라요

二、많이 다르겠지요

　그다지 다르지 않아요

　　　이르기까지 다양한 역할에 출연했다. 최초의 국제 레코딩 스타로 인정받았다.
892　갈리쿠르치(ガリキュルチイ) : Amelita Galli-Curci(1882~1963). 이탈리아 소프라노 가수. 20세기 초 가장 위대한 성악가 중 한 명으로 꼽히는 인물이었다.
893　베토벤(ベトーベン) : Ludwig van Beethoven(1770~1827). 독일의 작곡가. 고전파 말기에 나와 낭만주의 음악의 선구가 되었다. 작품에 아홉 개의 교향곡과 현악 사중주곡 「라주모브스키」, 피아노 소나타 「열정」, 「월광(月光)」 따위가 있다.

烏瞰圖作者의말[894]

웨 미쳤다고들 그리는지 대체 우리는 남보다 수十年식 떠러저도 마음놓고 지낼作定이냐. 모르는것은 내 재주도 모자랐겠지만 게을러빠지게 놀고만 지내든 일도 좀 뉘우처보아야 아니하느냐. 열아문개쯤 써보고서 詩만들줄 안다고 잔뜩 믿고 굴러다니는 패들과는 물건이 다르다. 二千點에서 三十點을 고르는데 땀을 흘렸다. 三十一年 三十二年 일에서[895] 龍대가리를 떡 끄내여놓고 하도들 야단에 배암꼬랑지커녕 쥐꼬랑지도 못달고 그만두니 서운하다. 깜박 新聞이라는 답답한 조건을 잊어버린것도 실수지만 李泰俊,[896] 朴泰遠[897] 두兄이 끔찍이도 편을 들어준데는 절한다. 鐵[898] – 이것은 내 새길의 暗示요 앞으로 제아모에게도 屈하지않겠지만 호령하여도 에코–[899]가없는 무인지경은 딱하다. 다시는 이런– 勿論 다시는 무슨 다른方途가있을것이고 위선 그만 둔다. 한동안 조용하게 工夫나 하고 딴은 정신병이나 고치겠다.

---

894 전집(1)에는 '烏瞰圖 三十篇이 十五篇連載로 中斷케 됨으로서 쓴 것. 當時 發表가 되지 않았음'이라는 편집자 설명이 붙어 있다. 이 원문은 박태원의 추도사 「李箱의 片貌」(『조광』, 1937.6, 303~304면)에 실렸다.

895 일에서 : 윤태영의 글에서는 '알에서'로 소개되어 있다. '일에서'는 '일쯤으로', '일로' 정도로 해석된다.

896 李泰俊(1904~?) : 소설가로 호는 상허(尙虛). 구인회에 가담하였고, 『조선중앙일보』 학예부장으로 있으면서 이상의 「오감도」를 신도록 주선했다. 주요작품으로 「가마귀」, 「달밤」, 「복덕방」, 「해방전후」 등이 있고 『문장강화』를 쓰기도 했다. 전집(1)은 당시 월북 작가를 제대로 표현할 수 없어서 '李×俊'으로 표기.

897 朴泰遠(1909~1987) : 소설가. 호는 몽보(夢甫)·구보(丘甫)·구보(仇甫) 등 다양하다. 이상의 문우로 구인회(九人會)에 가담하여 이상과 함께 활동했다. 『소설가 구보(仇甫)씨의 1일』, 『천변풍경(川邊風景)』 등을 발표하여 이상과 더불어 한국 모더니즘 문학을 개척했다. 전집(1)은 이태준과 같은 이유로 '朴×遠'으로 표기.

898 鐵 : 이것이 무엇을 의미하는 지는 정확하지 않다. 다만 이상의 사신(7)에 "一生을 鐵研究에 바쳤다거나 하는 사람들만이 エライヒト(훌륭한 사람)인가 싶소"라는 구절이 위 구절에 대한 암시를 주는 것으로 이해된다.

899 에코–(echo) : 울림, 반향(反響).

―발표지면 : 『조광』, 1937.6

文學을 버리고 文化를想像할수업다[900]

李 箱

    도야지가 아니엿다는데서 悲劇은 出發한다. 人生은 人生이라는 그만理由로 이미 판토폰[901] 三그람의 靜脈注射를 處方바다 잇는것이다. 퓌테간토톱프스[902]의 너덧조각되는 骨片에서 爲先 風雨때문에 或은 敵의 來襲에서 가젓슬陰森한 厭世思想의 第一號를엿볼수잇고 그것이 漸漸커짐으로 해서 人類가 自殺할줄 알게까지 墮落되고 進步되고하야 地上에서맨처음 이것이 決行된 날字가 傳說에 不明하되 人間이라는 觀念이서고부터 빈대血痕點點한 담벼락에 기대안저서 요한슈트라우스[903]翁의 肉聲을 듯게까지된데잇는 우리끼리 고자질하는 有像 無像의 온갓 苦로움이야말로 아담이브가 지즐는[904] 過失에서부터世襲이 始作된 永劫末代의 烙刑[905]이지 이鄕土만이 이鄕土라고해서 밧는 寃罪[906]인것처

---

900 전집(1)은「작가의 호소」라는 제하에, 전집(2·3)은「社會여 文壇에도 一顧를 보내라」는 제하에 글을 싣고 있다. 이 글은「社會여 文壇에도 一顧를 보내라 — 우리에겐生活이업다! — 作家들은 드디어 前朝鮮에 呼訴함」이라는 긴 제목의 연재 그 여섯 번째 글이다. 이상은「文學을 버리고 文化를想像할수업다」라는 제목으로 글을 실었다.

901 판토폰(pantopon) : (약) 진통(鎭痛)·진해제(鎭咳劑)의 상품명. 아편을 정제하여 그 알칼로이드를 염산염으로 만든 담갈색 내지 담홍색의 결정성 분말로 내복 또는 주사용으로 쓰임.

902 퓌테간토톱스 : 직역하면 '원인(猿人)'이 되며, 일찍부터 이 명칭이 널리 쓰여 왔으나, 오늘날에는 오스트랄로피테쿠스류(類)를 원인(猿人)이라 하고, 피테칸트로푸스류(類)는 원인(原人)으로 구별한다. 1891년 네덜란드의 해부학자 마리 뒤부아는 자바 중부의 솔로강 기슭인 트리닐에서 두개골 하나를 발견하고, 이듬해인 1892년에도 그 부근에서 다시 대퇴골 하나를 발견하였다. 그는 1894년에 이를 피테칸트로푸스에렉투스(Pithecanthropus erectus)라고 발표하였다. 또, 하나의 중요한 원인(原人) 화석은 1927년에 중국의 베이징[北京] 교외 저우커우뎬[周口店]에서 발견되었다.

903 요한슈트라우스 : Johann Strauss(1825~1899) 오스트리아의 작곡가, 지휘자.

904 지즐는 : 저지른.

905 烙刑 : 단근질. 불에 달군 쇠로 몸을 지지는 일.

906 寃罪 : 억울하게 뒤집어쓴 죄.

럼 嘆息할것이 되느냐

×

그러나 이鄕土는 이鄕土이기 때문인 理由만으로해서 草根木皮로 목숨을 닛는 넘우도 끔찍끔찍이[907] 만흔 성가신 食口를가젓다 또 그應接室[908]에 걸어놋코시푼 한장그림을 사되 한쩸[909]맛잇는 꼴뚝이[910]를 흠뻑외누리[911]끄테야사듯이 그럿케 점잔을수잇는 멋되지도안는 一家도가젓다 이 이中間에서 그中에도 第一헐음한 空籤[912]을하나뽑아들고 어름어름하는축이 이鄕土에태여난 作家다 카인末裔의罪業에 文學때문에 가저야하는 後天的인듯도 시퍼보이는 宿命에加하야 이鄕土에 태여낫대서 안뽑을수업는 空籤딱지를몸에부치고 이鄕土의作家는그럼누구에게 ― 文學을 ― 그의 作品을 떠맛길수잇느냐. 作家는 ― 大體 ― 草根木皮편이냐 應接室[913]편이냐.

才能업는 藝術家가 제貧苦를 利用해먹는다는 복또 우[914]의한마데말은 末期 自然主義文學을 업수녁인듯 도시프나 그러타고해서 聖書를팔아서 피리를사도 稱讚받든 그런治外 法權性恩典을 어더입기도 이제와서는 다틀녀버린 오늘形便이다 맑스主義文學이 文學本來의 精神에빗초여 許多한 誤謬를指摘밧게 까지쯤되엿다고는할지라도 오늘의 作家의 누구에게잇서서도 그恐喝的暴風雨의經驗은 큰 試鍊이엇스며 敎唆[915]어든바가 만헛든것만은事實이다. 聖書를팔아서 고기를사다먹고 양말을사는데 躊躇하지 아니할줄알게까지된 오늘 이 鄕土의

---

907 끔찍끔찍이 : 전집(1)은 '끔찍끔찍한'으로 오식.
908 應接室 : 전집(2)는 '應接害'로 쓰고 있지만, 원문은 '應接室'로 제대로 표기.
909 한쩸 : 한 꿰미. 한 꾸러미.
910 꼴뚝이 : 꼴뚜기. 꼴뚜깃과의 연체동물. 생김새는 낙지와 비슷하고, 몸길이는 다리 끝까지 24cm 가량. 몸통에 도톨도톨한 혹이 솟아 있고 여덟 개의 발이 있음. 몸빛은 회색을 띤 적갈색이며, 만(灣)의 얕은 바다에서 삶.
911 외누리 : 에누리. 값을 깎는 일.
912 空籤 : 대오리 따위로 만든, 길흉을 점치거나 또는 당첨을 결정하는 심지.
913 應接室 : 원문은 '應接害'로 오식.
914 복또 우 : '꼭또우'의 오식인 듯. 전집(1·2·3)은 '콕또우'로 수정. '장 콕토'를 말함.
915 敎唆 : 남을 부추겨 못된 일을 하게 함.

作家가 作家 노룻外에아모것도하는일이업시 或은 하랴도할수가업다고해서 作品 — 作家內面生活의 枯渴과 文壇不振을 오즉 作家自身의貧困와 苦憫만으로 트집잡을수잇슬가.

한편은 조밥과이밥이916 맛은똑갓다는 智識에잇서 훨신더確實性이잇겟고 한편은 돈내기麻雀과 貿易商經營에關한 逸話로만 口味가 훨신더당길것이니 이것은 한篇創作에 感激하는버릇보다도 赤字를내이기쉬운 出版事業보다도 훨신더 眞實한趣味일것이고 그버릇을 못고틴다고917해서 作家가 이편저편할것업시섯불니 說喩를하려들거나 업수녁이려들엇다가는 그것은 그야말로 어둡기가限量업는일이다.자칫하면作家를 世上일을 넘우몰으는사람 或은 第一 게을너빠진 사람으로 돌니게되는수가 그래서잇는것이아닌가.

한篇의 叙情詩가 서로달착지근하면서 砂糖의分子式 硏究만 못해보힐적이 꽤만흐니 이것은 엇저녁을굶은 悲哀와 東新株918暴落때문인 落膽과 有島武郞919 의『우마레이즈루나야미』920와 한作家의 窮상스러운 身邊雜事와 이런것들의輕

---

916 이밥이 : 전집(1·2·3)은 '이밥의'로 수정. 이밥은 흰 쌀밥을 말함.
917 못고틴다고 : 전집(1)은 '못끊친다고', 전집(2·3)은 '못 그친다고'로 수정. 못 고친다고.
918 東新株 : 주식회사 도쿄취인소 신주권. 동신주는 명치정 주식시장 최고의 '화형주(花形株)'로서 조선취인소 전체 거래량의 50%를 차지할 정도로 각광받았다. 중일전쟁에서 제2차 세계대전으로 이어지는 정치적 파장은 고스란히 주가에 반영됐다. 시시각각으로 타전되는 전황에 따라 주가는 폭등과 폭락을 거듭했다. 주가는 장체스가 하야한다는 소식에 폭등하고, 국가총동원령이 발동된다는 소식에 폭락했다. 중국군의 반격 소식에 폭락하고, 일본군의 광둥성 점령 소식에 폭락했다. 중국군의 반격 소식에 폭락하고, 일본군의 광둥성 점령 소식에 폭등했다. 주가의 폭등과 폭락세가 이어지면서 벼락부자와 알거지가 속출했고, 명치정에는 투기꾼이 구름처럼 모여들었다. 『신동아』(2007.2) 참조.
919 有島武郞(1878~1923) : 일본의 소설가. 1916년 아내와 아버지의 죽음을 계기로 본격적인 작가생활에 들어가, 『카인의 후예』(1917), 『클래러의 출가(出家)』(1917) 『태어나는 고뇌』(1918), 『어떤 여인』(1919), 『아낌없이 사랑은 빼앗는다』(1920) 등의 역작을 발표하였다. 그러나 부르주아 출신의 양심적 지식인으로서 계급사회의 모순과 허무적인 절망감으로 인해 1923년 유부녀인 하타노 아키코[波多野秋子]와 정사하였다.
920 우마레이즈루나야미(うまれおーちるなやみ) : 1920년에 씌어진 有島武郞의 소설, 『태어나는 고뇌』.

重을 무슨 天秤으로도 論하기어려운것이나 恰似한 일이다. 文化를 擔當하는 職責이제各各달나서 그런것이니까 『西部戰線異狀업다』[921]만큼 팔니지안혼 創作集을좀 出版해달나고졸느지도말고 『밥버텀주』[922]하는 村落에 文藝講座를 열지도말고 — 그럼作家는 自身의 貧苦또는이런 가지가지 失望으로해서 文學悲觀에서 文學을 그만두겟다는생각까지를 結局은 일으키게되는것일가.

文學이 社會에압스는지 가티 것는것인지 뒤떨어저 따러가는지 그것은 如何間에 文學이업서진 社會 — 文化 — 를 想像하기는 어렵다 文學을 밋는作家는 그不利알에[923] 모오팟상[924]이 雜誌를 할적에 甘言利說로 트루게네프[925]를꼬여서 『惡靈』[926]의 原稿를 어더실리고는 뒤구녁으로 막辱을하얏다는 꼬십[927] 이주는 豊富한暗示에도빗처서 순대장사를 하면서 文藝記者로 지내면서 外交官노릇을하면서 黙黙히 大膽히 營營히[928] 잇슬것이다 卽손몸소[929] 잡수실고 초장을[930] 누구에게가서 어더오라하는것이냐.

누구에게 읽히느냐. 언제 무슨힘으로 作品을내여 놋켓느냐 그러나 文學本來의 任務는 좀더 慾心이큰것이리라 밋는다. 순대를 팔아도 팔아도 오히려 貧苦에서 免치못하얏다거나 그짓이나마 하려야 할수도업다거나하는데서 提出되는 가지가지 問題는 저절로別다른일에 屬할[931] 것이며 이에作家는 作家된資格에서

---

921 『西部戰線異狀업다』: 독일 소설가, 레마르크(Erich Maria Remarque, 1898~1970)가 1929년에 펴낸 그의 대표 작품.
922 밥버텀주 : '밥부터 주(오)'라는 뜻.
923 不利알에 : 不利 아래.
924 모오팟상 : Guy de Maupassant(1850~1893) 프랑스의 소설가. 주요 작품으로 「비계덩어리」『여자의 일생』(1883) 등이 있음.
925 트루게네프 : Ivan Sergeevich Turgenev(1818~1883) 러시아의 소설가. 주요 작품으로 「첫사랑」(1860)이 있다.
926 『惡靈』: 러시아의 소설가 도스토예프스키의 장편소설(1971).
927 꼬십(gossip) : 흥미 본위의 뜬소문.
928 營營히 : 출세나 돈벌이 따위를 위하여 몹시 아득바득하고 급급하게.
929 손몸소 : '손(님)이 몸소'라는 뜻인 듯.
930 고초장을 : 고초장은 고추장을 뜻함. 띄어쓰기를 바로잡으면 '잡수실 고추장을'이 됨.
931 屬할 : 전집(1)은 '속한'으로 오식.

맛당히하야 할궁리가또잇슬것이다. 이래도 견들수 잇섯느냐하는것이 가장 眞實하고行動的인 文學의徒의 最後의試金石이 힘든짓을해내자니 聖書는 벌서 다 살코기로 밧고엿슬것이다. 이래서 地上어떠한 位置에서도 健全한文學이잇는 로만틕⁹³²하지아니한 眞正한 作家의모양을 發見할수잇게될것이로되 이러한愚答愚問이 이 鄕土인데도 果然 쉽살이 首肯될수잇슬는지.⁹³³

— 발표지면 : 『朝鮮中央日報』, 1936.1.6

932　로만틕(romantic) : 낭만적인, 비현실적이고 공상적인.
933　잇슬는지 : 전집(1)은 '있을 것인가'로 수정.

文學과政治

李　箱

　文學者는 그 生活하는性格上 生活이 다른어떤種類의部門의生活樣式에 比較하야도 精神的인苦惱가 훨신더많다고 보는것이 正當할것이다.
　이래서 그들은 生活의物質的인苦惱에 다른어떤部門의누구보다도 여간 強인한 忍耐力이 있다 는것은 아이로니가아니다.
　萬若 한 文學者가 生活 或은 그것에類似한 普通原因으로하야 그 自身의一命을 스스로끊었다면 이 悲劇性이야말로 絶大하다.
　文學者가 文學해놓은文學이 商品化하고 商品化하는그런組織이 文學者의生活의 直接의保障이되는것을 恥辱으로생각할必要는 없다.
　그러나 現代라는情勢가 이렇면서도 文學者 — 가장 有能한 — 의良心을건드리지않아도 께름찍한일은 조곰도없는 그런 適切한時代는 不幸히도 아즉 아닌가보다.
　이런데서 文學者와 그의生活사이에 收拾할수없는 矛盾이생기고 矛盾으로하야 우와같은 끔찍끔찍한悲劇도 이러난다.
　보면 社會, 아니 文學 한다는이들까지가 이 悲劇에對하기를「冷膽」한마디에 다한다는것은 寒心하고 慚愧 참아 견디기어려울일이다.
　生活難때문에 一家俱歿의報道를 朝夕으로듯고 상을찝흐리지않으면않되는 이歲月에 하나 精神敗北者의 죽엄쯤이야 社會의現像으로 나려다볼때에 或너무 微々한것에 지나지않을른지도모르나 그 敗北의모양이 精神的인点 우리 文學하는사람들과親近者인境遇에 좀 더 切實한무엇이 우리 胸裏에切迫하는것을 아니느끼고 足히 백일까.

× × ×

　누구나 現實에있고 現實를갖인다. 밤이나낮이나 이것만 떠벌리고 자랑ㅅ거리로까지하는 어떤一群에 限한일이아니다.

　頭腦勞働者를 有益하게 利用 한다 는것은 무슨, 文學者를갖어다가 바로 그냥 政治家를만든다는意味는아니리라.

　政治 라는힘이 참 큰것을안다. 그것이 젊은 우리 제너러데슌[934] 살에숨어서 切々하거니와 그렇다고 펜과原稿紙를내덧이면 제물에[935] 政治家가되는줄알았다가는 잘못이있다.

　文學이 男兒一生의業으로 삼ㅅ기에 좀 洽足하지 못하다고보는눈을 아주責망할수있거나말거나[936] 펜과原稿紙를버리고 一路 政治로달리는 文學者는 우습다.

　政治인들 이따위 헐렝이를歡迎할닭이 있을理萬無다.

　文學者가 政治에參見한다거나 政治를先行식히는文學運動 들이犯한 誤謬의 理論이 뭐 適確히指摘되였다고할수는 아즉없겠지, 그렇나 政治가目的으로삼아지는文學을 文學의第一義로 녁이는習慣이 제법 안流行하게되여가는 감이있는것을 否定하기 어려우리라.

　이것은 즉 얼마안되지만 그런經驗뒤에 차차 제各各 제길로들어스는구나 하고보아도 關係치않을것이다.

　何如間 政治와文學을 그 輕重을測定하기 爲하야 同時에 同一한 天秤에올려놓을性質의것이못되는것은 政治도 文學도 같이 이것을確認할것이다.

× × ×

　文學者가 제 文學을拒否하지않으면서 제 生活을 忌避하얏다는 當代의悲

934　제너러데슌(generation) : 세대.
935　제물에 : 전집(2·3)은 '제풀에'로 쓰고 있다. 원본 상태가 좋지 않아 확인이 어렵지만 자형으로 보면 '제물에'가 맞는 것으로 보인다. 그리고 이것들은 의미도 조금 다른데, '제물에'는 '그 자체가 스스로 하는 김에'라는 뜻이고, '제풀에'는 '저절로 되는 바람에'라는 뜻이다.
936　있거나말거나 : 원문은 '있지나말거나'로 오식.

劇이있다.

흔히있는 또 있어야할 遺書한장이없으니 더슬프다.

고 매운 눈초리를 나는 눈에선―허니 잠시잊을수도없었다.

○ ○ ○

누구나 쉽사리, 내「惡趣味之極」을 指摘할수있으리라. 내가 懇望하는바도 거기있다.

文學도 結局은 投機事業일것이다. 되든지안되든지 둘中의하나, 이 냄새나는「惡趣味之極」을 나는 누구에게도 아첨하지않고 어디까지든지 버틸決心이다.

그러나 또 不遠間에 나와똑같이 어리석기짝이없는「讀者」는 이런 맹랑한「포―즈」가 意外에도「巧言令色[937]之格」이라는것을 看破할줄 믿는다.

그래도 나는 如前히讀者를 嘲笑하는失禮를抛棄치는아니하리라―아니, 大体나「李箱」에게「讀者」라는것이 野球團하나 組織할만큼이나 있느냐?

― 발표지면 :『四海公論』, 1938.7

---

[937] 巧言令色 :『논어』〈학이편〉에 '巧言令色 鮮矣仁'이라는 구절이 나온다. 교묘한 말과 알랑거리는 얼굴을 하는 사람은 인자가 드물다는 뜻이다. '교언영색'은 (남의 환심을 사려고) 번지르르하게 발라 맞추는 말과 알랑거리는 낯빛.

나의愛誦詩[938]

李　箱

芝溶[939]의 「유리창」 ─ 또 芝溶의 「말」 中間 「검정콩 푸렁콩을 주마」는 대문이 저에게는 限量없이 魅力있는 發聲입니다.

― 발표지면 : 『中央』, 1936.1

---

[938] 『중앙』 1936년 1월호에 실린 위의 글 원문(113면)이 누군가에 의해 절취되어 전집(1)의 내용으로 저본을 삼았다. 부제는 「지용…」였던 것으로 보인다.
[939] 芝溶 : 전집(1)은 당시 월북 작가를 제대로 표현할 수 없어서 '×溶'으로 표기.

아름다운조선말[940]

李 箱

無關한친구가 하나있대서 걸핏하면 成川에를 가구가구 했습니다. 거기서 西道人말이 얼마나 아름답다는것을 깨첬습니다.

들어있는 旅舍 아이들이 손(客)을 가르쳐「나가네」라고 그리는소리를 듣고「좋은말이구나」했습니다. 나같이 표표한 旅客이야말로「나가네」란 말에 딱 匹敵하는것같이 會心의 音響이었습니다. 또「누깔사탕」[941]을「댕구알」이라고들 그립니다.「누깔사탕」의 깜쯕스럽고[942] 無味한 語感에 比하야「댕구알」이 풍기는 諧謔的인 餘韻이 여간 구수하지않습니다.

그리고 어서어서 하고 재촉할제「엉야―」하고 코ㅅ소리를내어서 좀 길게 끌어잡아댕기는 風俗이있으니 그것이 젊은 女人네인경우에 눈이 스르르감길듯이 魅力的입니다.

그리고는 芝溶의 詩 어느구절엔가「검정콩푸렁콩을 주마」[943] 하는「풍렁」[944] 소리가 언제도말했지만[945] 잊을수없는 아름다운 말솜씨입니다.

不肖 李箱은 말끝마다 참 참ㅅ소리가많아, 늘 듣는이들의 웃음을사는데 제따는 참ㅅ소리야말로 참 아름다운 話術인줄 믿고 그리는것이어늘 웃는것은 참 이상한일입니다.

---

940 이 글은 中央誌 一九三六年 九月號의 說問에의 答으로 씌어진 것으로 "아름다운 조선말 가운대도 내가 그중 아름답게 생각하는말 다섯가지와 자랑하고 싶은점"이라는 편집자의 설명이 있다.
941 누깔사탕 : 누깔은 눈깔의 속어. 엿이나 설탕을 끓여서 둥글고 단단하게 만든 사탕.
942 깜쯕스럽고 : 전집(2·3)은 '깜찍스럽고'로 표현. 후자의 뜻.
943 정지용의 시「말」의 한 구절.
944 풍렁 : 식자공이 '푸렁'을 오식한 것인지, 이상이 고의로 그렇게 표현한 것인지 알기 어렵다.
945 「나의 愛誦詩」(『중앙』, 1936.1)를 말함.

— 발표지면 : 『中央』, 1936.9

編輯後記

 전부터 몇번 궁리가있었으나 여의치못해 그럭저럭헤오든일이 이번에 이렇게 탁방[946]이나서 會員들은 모두 기뻐한다. 위선 畵友 具本雄[947]氏에게 마음으로 치사해야한다. 쓰고싶은것을 써라 책을낭내[948] 만들어주마해서 세상에흔이 있는별별글탄[949] 하나격지않고 깨끗이誕生했다. 일후도 딴걱정없을것은 勿論이다. 깨끗하다니 말이지 겉表지에서뒷表지까지 예서더할수있으랴 보면알게다.

 九人會[950] 처럼 말많을수 참 없다. 그러나 한번도 대꾸를한일이없는 것은말하자면 그런대꾸 일일이하느니 할일이 따로많으니까. 일후라도 黙黙부답[951] 채 지날게다.

 으쩌다 例會라고 몰이면 出席보다缺席이 더많으니 변변이 이야기도못하고 흐지부지 헤여지곤하는수가 많다. 게을은탓이겠지만 또 다 各各 매인일이 있고 역시 그도그럴수밖에 없다고 해서 會員을 너무동떨어지지안는限에 맞어보자

---

946 탁방 : 지난날 과거(科擧)에 급제한 사람의 성명을 내걸던 일. 일의 결말을 냄.
947 具本雄(1906~1953) : 한국의 서양화가. 이상의 친구이며, 이상 작품에 여러 개의 삽화를 그려주었다.
948 책을낭내 : 원문은 '채을낭내'로 오식. '책을랑 내가'의 뜻.
949 글탄 : 끌탕. 속을 태우는 걱정.
950 九人會 : 1933년 문단작가 김기림(金起林)·이효석(李孝石)·이종명(李鍾鳴)·김유영(金幽影)·유치진(柳致眞)·조용만(趙容萬)·이태준(李泰俊)·정지용(鄭芝溶)·이무영(李無影) 등 9명이 결성하였다. 얼마 후 이종명·김유영·이효석이 탈퇴하고, 박태원(朴泰遠)·이상(李箱)·박팔양(朴八陽)이 가입하였으며, 다시 유치진·조용만 대신에 김유정(金裕貞)·김환태(金換泰)로 교체되어, 항상 9명의 회원을 유지하였다. 이상과 박태원이 중심이 되어 『시와 소설』이라는 기관지를 펴냈다.
951 黙黙부답 : 잠자코 아무 대답도 하지 않음. 이 구절은 '묵묵부답한 채로 지낼 것이다'는 뜻.

고 꽤오래전부터 말이있어왔는데 그도 또 자연 허명무실[952] 해오든차에이번機會에 金裕貞[953] 金煥泰[954] 두군을맞었으니 퍽 좋다. 두군은전부터 會員들과 친분이없지않든터에 잘됐다.

차차 페이지도늘일작정이다.

會員밖외ㅅ분것도 勿論실닌다. 誌面벨으는[955] 것은 의논껏하고 編輯만 印刷所關係上 李箱이 맡아보기로한다. 그것도 역 의논후ㅅ일이지만.

지난달에 泰遠이 첫따님을나았다. 아주 귀애죽겠단다. 命名曰 『雪英』[956] —장내 기가맥힌모던껄[957] 로꾸미리라는 父親泰遠의遠大한企業이다.

『詩와 小說』에 대한 일체通信은 彰文社[958] 出版部 李箱한테[959] 하면 된다. (李箱)[960]

— 발표지면 : 『詩와 小說』, 1936.3

---

952 허명무실 : 실속이 없거나 사실 이상으로 알려진 명성.
953 金裕貞(1908~1937) : 소설가. 구인회에 가담. 주요 작품으로 「소낙비」, 「금 따는 콩밭」, 「동백꽃」, 「따라지」 등이 있다.
954 金煥泰(1909~1944) : 문학평론가. 호는 눌인(訥人). 구인회에 가담. 주요 작품으로 「예술의 순수성」, 「순수시비(純粹是非)」, 「정지용론(鄭芝溶論)」 등이 있다.
955 벨으는 : 기본형, 벼르다. 어떤 일을 이루려고 마음속으로 준비를 단단히 하고 기회를 엿보다.
956 雪英 : 박태원 첫 딸의 이름. 1936년 1월 16일 동대문 부인 병원에서 출생. 이날은 눈이 많이 오는 날이었는데 박태원은 이상과 다방 낙랑에서 차를 마셨다고 술회.
957 모던껄(modern girl) : 현대적인 소녀.
958 彰文社 : 화가 구본웅의 부친 구자혁이 1934년 9월 주식회사 조선기독교창문사를 인수하여 설립한 회사. 구본웅의 소개로 이상은 1935년 이 출판사에서 출반부장으로 일했다.
959 李箱한테 : 원문은 '李箱안테'로 오식.
960 참고로 「편집후기」 뒤에는 회원주소록이 붙어 있는데 '李箱 茶屋町 七'로 나와 있다.

배의 역사[961]

金海卿

1. 뜰 것

옛날 사람들은 물 위에서 위틸 나뭇잎이나 대나무 조각에 개미나 거미가 올라타도 가라앉지 않는 것을 보고 뜰것을 발견했습니다. 뜰것은 배의 시작입니다. 지금도 남양[962]에서는 야자만으로 만들어진 뜰것이 있으며 조선에서는 해녀가 표주박을 허리에 차고 바다 위를 헤엄칩니다.

2. 통나무

표주박과 야자열매는 작아서 사람이 탈 수가 없습니다. 그래서 다음에 생각해 낸 것은 통나무입니다. 그리고 타고 있는 것만으로는 앞으로 나아갈 수가 없지만 나뭇가지로 물을 저으면 앞으로 나아간다고 하는 것, 더 빨리 달리기 위해서는 앞부분을 뾰족하게 하면 된다는 사실도 생각해 냈습니다.

3. 뗏목

통나무는 자칫하면 빙글빙글 돌아서 사람이 물에 빠질 수가 있기 때문에 그

---

961 「배의 역사(船ノ歷史)」: 원문은 일문이며, 『신아동』 1권 2호에 실려 있다. 박현수에 의해 발굴되어 「이상리뷰」 창간호에 소개되었다.
962 남양(南洋): 태평양의 적도를 경계로 하여 그 남북에 걸쳐 있는 지역을 통틀어 이르는 말. 마리아나, 마셜, 캐롤라인 따위의 군도와 필리핀 제도, 보르네오 섬, 수마트라 섬 따위를 포함한다.

것을 몇 개 배열해서 평평하게 하면 된다는 사실을 생각해서 만든 것이 뗏목입니다. 뗏목은 세 그루, 다섯 그루, 일곱 그루라는 식으로 홀수개의 통나무를 나열해서 합쳐서 묶거나 뾰족한 것으로 고정시킨 것입니다.

4. 3층 뗏목

세로로 통나무를 배열한 것 위에 이번에는 가로로, 그 위에 다시 세로로 배열해서 만든 것으로 제1층은 배의 바닥이 되고, 제2층이 뱃전, 제3층이 갑판이 되어 오늘날의 배의 구조가 생겨났다고 합니다.

5. 통나무배

통나무는 한편 뗏목으로 변해 갔지만 또 한편으로는 그것에 홈을 만들어서 사람이 탈 수 있도록 궁리했습니다. 그것이 통나무배입니다.

6. 이어 만든 배

이것은 통나무배의 양쪽에 다른 판자를 이어 붙여서 좀 더 고안을 덧붙인 것으로 오키나와[963] 현에 가면 지금도 이런 이어 만든 배를 볼 수가 있습니다.

7. 가죽배

그 후 나무만이 아니라 가죽이나 대나무, 나뭇잎, 파피루스[964] 등으로 배를 만

---

963 오키나와 : 북태평양 남서 섬들의 남부, 일본 유구 제도에 있는 섬.
964 파피루스(papyrus) : 예전에 이집트에서 파피루스 풀줄기의 섬유로 만든 종이.

드는 것을 고안해 냈습니다.

8. 고대 이집트의 배

뗏목등의 통나무 배, 가죽배를 타고 있을 때에 바람이 불어서 선체에 닿으면, 평소보다 빨리 나아간다고 하는 것을 발견하고 돛을 발명했습니다. 그리고 점차 돛대에도 일정한 형태가 생겨나 모든 배에도 그것을 달게 되었습니다.

9. 콜롬부스[965]의 승선 '산타마리아호'[966]

점차 훌륭한 배를 만들 수 있게 되자 그에 따라 항해술도 진보해 왔습니다. 나침반이라는 것도 발명되어 어느 곳으로나 항해할 용기가 생겼습니다. 그리고 드디어 콜롬부스와 같은 사람이 나와 아메리카 대륙을 발견하는 등 큰 일을 할 수가 있게 되었습니다.

10. 후루톤[967] 발명의 기선 '크라몬트호'[968]

17세기가 되자 증기선이 발명되어 지금까지 튜브, 뗏목, 통나무배, 이어 만든 배, 구조선(構造船) 등의 순서로 발전되어 온 배는 일약 진보되었습니다. 이 그림을 잘 보아 주십시오. 그리고 지금의 배와 비교해 보면 그로부터 100여년 사

---

965 콜롬부스 : Christopher Columbus(1451~1506) 탐험가, 아메리카대륙의 발견자.
966 산타마리아호(Santa Maria) : 1492년 콜럼버스의 제1차 항해 때 항해한 선대(船隊)의 기함(旗艦).
967 후루톤 : 풀턴(Robert Fulton, 1765~1815) 미국의 기술자로 1907년 8월 외륜기선(外輪汽船) 클러먼트호(號)를 진수시켜, 허드슨강의 뉴욕에서 올버니 간을 정기 항해시켰다. 최초 기선 발명자는 아니었지만, 세계 최초의 기선에 의한 정기항로를 개설하여 상업적으로 성공한 선구자이다.
968 크타몬트호(Clermont) : 미국의 기계기사 풀턴이 만든 세계 최초의 실용 기선.

배의 역사

이에 또 여러 가지가 고안되어져 상당한 진보를 이룩한 것이라는 사실을 알 수 있을 것입니다.

— 발표지면 : 『신아동』, 1935.10 ; 이혜경 역

낙랑 파라의 새로움[969]

이 웬 낡은 중세기 취미인가 하고 납득이 안 가는 데도 적지 않았지만, 완성되니 우선 역시 하고 생각했다. 하여간 마스터[970] 이(李)군[971]은 꿈의 소유자며, 그 꿈은 기실 하찮은 꿈인데, 그 주제에 현실적으로는 대단한 고생꾼이다. 가끔 밤늦게까지 그와 마주보고 말하면서, 어느 틈에 그의 꿈속에 말려 들어가 버리면, 의외로 즐겁다. 사람이 자기 꿈에 대해서조차 고독을 느낀다면 그것은 외로운 일임에 틀림없다. 낙랑! 이것은 그의 고독한 꿈의, 아주 작은 표현인 동시에 그가 갖가지 사람의 꿈을 향해 악수를 청하는 것이기도 하다. 저 가늘고 긴 포인티드·아-치[972] 밑에서 젖은 눈과 같이 페이브멘트[973]를 엿보이고 있는 창문을 보면 누구라도 그에게 악수를 청하고 싶어진다. 모두 해준다. 그리고 저마다 별도의 의미로 천진한 꿈을 꾼다. 그리고 물건을 잃고 돌아간다. 그런 점에서 낙랑은 순수하고 좋으며, 그윽한 매력이 되어 언제까지나 좋아진다고 생각한다. ― 箱 ―

― 발표지면: 『한국문학연구』, 2000; 심원섭 역

---

969 이것은 당시 다방 '낙랑파라'를 소개하기 위해 이상이 쓴 것으로 보이는 인쇄물이다. 이 글의 원문은 三枝壽勝의 「李箱のモダニズム」(『朝鮮學報』141, 天理大 朝鮮學會, 1991.10)에 실렸으며, 여기에서는 심원섭이 번역한 『한국문학연구』(베틀북, 2000)에서 가져 왔다.
970 마스터(master): 주인, 경영자.
971 이(李)군: 낙랑파라의 주인 이순석(李順石)을 가리키며, 이상, 구본웅, 박태원 등과도 친했다.
972 포인티드·아-치(pointed arch): 뾰죽한 아치형 건조물.
973 페이브멘트(pavement): 포장도로, 보도, 인도.

아포리즘, 낙서, 기타

어느時代에도 그現代人은 絶望한다. 絶望이技巧를낳고 技巧때문에 또絶望한다.

李箱

— 발표지면 : 『시와 소설』, 1936.3

꿈은 나를 逮捕하라 한다.
現實은 나를 逐放974하라 한다.

李箱

— 발표지면 : 『文章』, 1939.7

보고도모르는것을 暴露식혀라. 그것은 發明보다는 發見!
거긔에도 努力은 必要하다. 李箱

— 발표지면 : 경성고등공업학교 졸업 앨범(1929)

一. 面会拒絶反対

以上

結婚은即漫画에틀님업고
漫画의実演에틀님업다
漫画実演의 眞摯味는
쏘다시漫画로—輪迴한다.

一九三四. 十. 二十七. 箱

—발표지면 : 『박태원 결혼식 방명록』(1934.10.17)

---

974 逐放 : 쫓아냄. 추방.

이것이야말로 패찰이 붙은 요시찰 원숭이다. 자주 인생의 감옥을 탈출하기 때문에 원장님이 걱정하는 것이다.[975]

— 발표지면 : 『田園手帖』(金星堂, 1934)의 속표지

달걀에서 나왔다 닭에서 나왔다
달걀에서…아— 또야![976]

李箱

이것으로 낙랑[977]은 이 도시의 방랑자들의 교?[978]이 되었습니다. 의심하는 자에게 배고픔(창피) 있으라!

金海卿

한 여름 대낮의 거리에서 나를 배반하여 사람 하나 없고,[979] 탄식이 깊다. 그러나 그럴 때에도 나는 즐거운 산·바다가 있는 것을 깨닫고, 이는 보다 큰 슬픔이리라.

낙랑의 제일(祭日) 李箱

— 발표지면 : 『이상시전작집』(갑인출판사, 1978)의 화보

---

[975] 쥘 르나르의 『전원수첩』(廣瀬哲士·中村喜久夫 역, 동경 : 금성당, 1934.9)의 속표지에 이상이 그린 자화상과 더불어 위의 내용이 이상의 자필(일문)로 적혀 있다. 임종국에 의해 『독서생활』(1976.11)에 소개되기도 했다. 마땅히 포함시킬 만한 곳이 없어 여기에 넣었다.

[976] 아래의 3편의 글은 일문을 번역해 놓은 것이다. 원문은 전집(2) 가운데 『이상시전작집』 화보에 실려 있으며, 소개말에 "낙랑의 벽에 쓴 이상의 낙서들. 그는 한잔 술을 마시며 이곳에서 울분을 달래었다"라고 적고 있다.

[977] 낙랑 : 이순석이 경영했던 까페 '낙랑파라'를 말한다. 낙랑파라에 대한 소개는 「낙랑파라의 새로움」을 참조.

[978] 교? : 원문에서 '교(敎)' 다음 글자는 잘려 나가서 분명하지 않지만, '室' 또는 '養'에 가까운 것으로 보이는데, 내용상 전자가 적합할 것으로 보인다.

[979] 첫 구절은 소설 「불행한 계승」의 첫 구절과 같은 내용이고, 이하의 내용도 같은 작품의 서문에 해당하는 단락과 깊은 관련을 갖고 있다. 이 구절들을 산문으로 확장하여 「불행한 계승」의 서문 단락으로 썼거나, 또는 후자를 축약하여 이 구절로 만들어 놓은 느낌을 준다.

동생 玉姬 보아라[980]
— 世上오빠들도보시오 —

李 箱

八月초하로ㅅ날 밤車로 너와 네愛人은 떠나는것처럼 나한테는 그래놓고 기실은 이튿날 아침[981] 車로 가버렸다.

내가 아무리 이社會에서 또 우리家庭에서 어른노릇을 못하는 변변치못한 人間이라기로서니 그래도 너이들보다야 어른이다.

「우리둘이 떨어지기 어렵소이다」

하고 내게 그야말로「强談判」을 했다면 낸들 또 어쩌랴. 암만

「못한다」

고 딱 拒絶했던일이래도 어머니나 아버지 몰래 너이둘 안동[982]시켜서 快히 餞送[983]할 내따는 理解도 雅量도 있다.

그것을, 나까지 속이고 그랬다는것을 네將來의 幸福以外의 아무것도 생각할 줄모르는 네큰오빠 나로서 꽤 서운이생각한다.

豫定대로 K가 八月초하로ㅅ날밤 北行車로 떠난다고, 그것을 일러주려 하로ㅅ날아침에 너와K 둘이서 나를 찾아왔다. 요전날 너이둘이 議論次로 내게 왔을때 말한바와같이 K만 떠나고 玉姬 너는 네 큰오빠 나와함께 K를 餞送하기로 한 것인데, 또 일의順序上 일은 그렇게하는것이 옳지않았드냐,

---

[980] 이 작품을 전집(1)은 「妹像」이라는 제목으로 소개하였다. 그리고 서신 중에 이상의 여동생 '玉姬'는 모두 '美卿'으로, 옥희의 연인 'K'는 모두 'B'로 고쳐 실었는데, 사적 비밀을 보호하는 차원에서 그렇게 한 것으로 풀이된다.
[981] 이튿날 아침 : 1936년 8월 2일.
[982] 안동 : 眼同. 길을 갈 때, 사람을 데리고 함께 감.
[983] 餞送 : 전별하여 보냄.

그것을 너는 어쩌면 그렇게 天然스러운 얼굴로
「그럼 오빠, 이따가 停車場에 나오세요」
「암! 나가구말구, 이따 게서 만나잣구나」
하고 헤여진것이 그게 사실로 내가 너이들을 餞送한모양이되었고 또 너이둘로서 말하면 너이끼리는 미리 그렇게 짜고 그래도 내게 作別모양이 되었다.

나는 고지식하게도 밤에 車時間을 맞휘서 비오는데 停車場까지 나갔겠다. 내가 속으로 미리미리 께림찍이 녁여오기를
「요것들이 必是 내앞에서 뻔지르르 하게 대답을해놓고 뒤꽁문이로는 딴 궁리들을 채렸지!」
했드니 아니나 다를까.
開札도 아직 안했는데 어쨰 너이둘 모양이 아니보이드라.
「이것 必是!」 하면서도 그래도 끝까지 기다려보았으나 終是 너이둘의모양은 보이지않고 말았다. 나는 그냥 입맛을 쩍쩍 다시고 집으로 돌아왔다.
와서는 그래도
「아마 K의 양복세탁이 어쩌니 어쩌니 하드니 그래저래 車時間을 못대인게지, 左右間에 무슨 通知가 있으렸다」
하고 기다렸다.
못갔으면 이튿날아침에 반드시 내게 무슨 通知고 通知가 있어야할터인데 亦是 잠잠했다. 허허-하고 나는 주춤주춤하다가 東京서온 친구들과 그만 夕陽판부터 밤새도록 술을먹고말았다.
勿論 玉姬 네 얼굴대신에 한통의 電報가왔다. 玉姬 함께 왔서도 근심말라는 K의 「獨白」이구나.
나는 電報를 받아들고 차라리 會心의 微笑를 禁할수없을 만하얐다. 너이들의 그런 利刀가 물을 베이는듯한 勇斷을快히역인다.

동생玉姬보아라

玉姬야! 내게만은 아무런 不安한 생각도 가지지마라!

다만 靑天霹靂처럼 너를 잃어버리신 어머니 아버지께는 마음으로 잘못했습니다고 謝罪하야라.

나 亦 집을나가야겠다. 열두해前 中學을나오든 열여섯살때부터 오늘까지 이 虛妄한慾心을 變함이없다.

자근 오빠는 어디로 또 갔는지 들어오지 않는다.

너는 國境을넘어 지금은 異域의人이다.

우리 三男妹는 모조리 어버이 공경할줄 모르는 不孝자식들이다.

그러나 우리들은 이것을 그르다고 생각하지는 않는다.

갔다와야한다. 갔다 비록 못돌아오는恨이[984] 있드라도 가야한다.

너는 네自身을 위하야서도 또 네愛人을 위하야서도 옳은일을 하얏다. 열두해를두고 별르나 남의맞자식된 恩愛의情에 이끌려선지 내爲人이 변변치못해그랬든지 지금껏 이따에 머물러 屈辱의朝夕을 送迎하는 내가 지금 차라리 부끄럽기 짝이없다.

너이들의戀愛는 勿論 내게만은 諒解된바 있었다. K가 그人物에비겨서 지금 不遇의身上이라는것도 나는 잘알고 있다.

多幸히 K는 밥먹을 걱정은 안해도 좋은집안에 태어났다. 그렇다고 밥이나 먹고지내면 그만이지 하는人間은 아니드라.

K가 내게 말한바 K의 理想이라는것을 나는 批判하지않는다. 그것도 人生의 한方途리라. 다만 그것이 어디까지든지 屈辱에서 벗어나랴는 一念인것이니 그렇다는理由만으로도 나는 認定해야하리라.

나는 차라리 그가 나처럼 남의맞子息임에도 不拘하고 집을 사뭇 떠나겠다는

---

[984] 恨이 : 전집(1)은 '限'으로 수정.

「述懷」에 贊成했느니라.

　허허벌판에쏠어저 까마귀밥이 될지언정 理想에 살고싶구나.

　그래서 K의말대로 三年, 가있다오라고 勸하다싶이 한것이다.

　三年 — 三年이라는 歲月은 相思의 두사람으로서는 좀 긴것같이 생각이들드라. 그래서 玉姬 너는 어떻게하고 가야하나 하는 問題가났을때 나는 —

　너이 두사람의 交際도 一年이나 가까워오니 그만하면 서로 充分히 서로를[985] 알았으리라. 그놈이 宰相材木이면 무엇하겠느냐, 네눈에안들면 쓸곳이없느니라. 그러니 내가 어쭙잖게 주둥이를 디밀어 이렇궁저렇궁 할階梯가못되는 일이지만 —

　나는 나流로 그저 이러는것이 어떻겠느냐는程度로 또 그래도 네 血族의한사람으로서 잠자코만 있을수도없고해서 —

　三年은 果然 너무기니 爲先 三年작정하고가서 한 一年있자면 웬만큼 生活의 터는잡히리라. 그렇거든 돌아와서 簡單히 結婚式을하고 데려가는것이 어떠냐. 지금 이대로[986] 結婚式을해도 좋기는좋지만 그것은 어째 結婚式을爲한 結婚式 같애서 안됐다. 結婚式같은것은 나야 그야 우숩게알았다. 하지만 어머니 아버지도계시고 사람들의눈도 있고하니 그저 그까진일로해서 남의嘲笑를 받을것도 없는일이요 —

　이만큼하고나서 나는 K와너에게 번갈라 또 意思를물었다.

　K는 내말대로 그러만다. 來年봄에는 꼭 돌아와서 남보기 흉하지않을程度로 結婚式을한다음 데려가겠다는것이다.

　그러나 네말은 이와 달르다. 즉 結婚式같은것은 언제해도 좋으니 가치 나스겠다는것이다. 살아도가치살고 죽어도가치죽고 해야 他域에가서 어떻 될는지도 모르는것을 그냥 입을 딱버리고 돌아와서데려가기만 기다릴수없단다. 그

985　서로를: 전집(1)은 '서로'로 한자 누락.
986　結婚式을 …… 이대로: 전집(1)은 누락.

러고 또 男子의마음 믿기도어렵고 — 우물안 개구리처럼 자라난 제가 苦生한번 해보는것도 좋지않으냐는 네決意였다.

아직은 이社會機構가 男子標準이다. 질거울때 가치질기기에 女子는좋다. 그러나 苦生사리에 女子는 자칫하면 男子를 結縛하는捕繩노릇을 하기쉬우니라. 그래서 어느만큼 자리가잡히도록은 K혼자 내어버려두라고 再三 네가 다시 忠告하얐드니 너도 OK 의 빛을 보이고 할수없이 承諾하얐다. 그리고 나는 너보는데서 K에게 굳게굳게 여러가지로 다짐을 받아두었건만 —

이제와서 알았다. 너이두 사람의愛情에 내 忠告가 낑기울 白紙두께의 틈사구니도 없었다는것을말이다. 또한 내마음이 든든하지않으랴.

三男妹[987]의 막내둥이로,[988] 내가 너무早熟인데 比해서 너는 엉석으로 자라느라고 말하자면 「晩熟」이었다. 學校時代에 仁川이나 開城을 先生님께 이끌려가본以外에 너는 집밖으로 十里를 모른다. 그런네가 지금 國境을넘어서 가 있구나생각하면 정신이 번쩍난다.

어린애로만 생각하든네가 어느틈에 그런 엄청난 어른이되었누.

父母들도 제따님들을 옛날 당신네들이 자라나든時節 따님대접하듯 했다가는 엉뚱하게 혼이 나실時代가 왔다. 오빠들이 어림없이 동생을 虛名無實하게 「取扱」했다가는 코떼인時代다. 나는 그렇게느꼈다.

나는 망치로 골통을 얻어맞은것처럼 어찔어찔한[989] 가운데서도 네가 집을나가지않으면 안된理由를 생각해본다.

---

987 三男妹 : 이상은 맏이였으며, 제매로는 동생인 운경과 막내인 누이 옥희 등 3남매였다. 김운경은 6·26때 행방불명됨.
988 막내둥이로 : 전집(1)은 '망내둥이로'로 수정.
989 어찔어찔한 : 전집(1)은 '어찔한'으로 두 글자 누락.

첫재 너는 네愛人의全部를 獨占해야하겠다는 생각이겠으니 이것이야 人力으로 左右되는일도 아니겠고 어쩔수도 없는일이다.

둘째, 父母님이 너이들의戀愛를 快히 認定하려 들지않은⁹⁹⁰ 까닭이다.

제子息들의 戀愛가 正當했을때 父母는 그戀愛를 認定해주어야할뿐만아니라 나아가서는 그戀愛를 좋게 指導할義務가 있을터인데 —

不幸히 우리어머니아버지는 늙으셔서 그러실줄을 모르신다. 네게는 이런父母를 說服할 心境의餘裕가 없었다. 그냥 行動으로 보여주는밖에는⁹⁹¹ 없었다.

셋째, 너는 確實치못하나마 生活이라는 認識을가졌다. 「女子에게도 職業이있어서 經濟的으로 언제든지 獨立해보일實力이 있어야만한다」 는것이 父母님마음에는 안드는点이었다. 「돈버는것도 좋지만 기집애 몸亡치기쉬우니라」 는것은 父母님들의 말슴이시다.

너 혼자힘으로 암만해도 여기서 就職이안되니까 京都가서 女工노릇을하면서 사는 네동무에게 편지를하야 그리가서 가치女工이되려고까지 한일이있지.

그냥 살자니 우리집은 네양말한켤레를 마음대로사줄수없을만치 가난하다. 이것은 네 큰오빠 내가 네게 다시없이 부끄러운일이다만 — 그러나 네가 한번도 나를 원망한일은 없는 것을 나는 고맙게 안다.

그런너다. K의捕繩이되기는커녕 足히 너도너대로 活動하면서 K를 도으라고 나는 믿는다.

已往 나갔다. 나갔으니 집의일에 戀戀하지 말고 너이들의 부끄럽지않은成功을 向하야 專心을써라. 三年아니라 十年이라도 좋다. 敗殘한꼴이거든 그 벌판에서 개밥이 되드라도 다시 故土를 밟을생각을마라.

나도 한번은 나가야겠다. 이흙을 굳게 지켜야할것도 잘 안다. 그러나 지켜야

---

990 들지않은 : 전집(1)은 '들지 않는'으로 수정.
991 보여주는밖에는 : 전집(1)은 '보여주는수 밖에는'으로 수정.

할職責과 나가야할職責과는 스사로 달를줄안다.

　네가 나갔고 자근오빠가 나가고 또 내가 나가버린다면 늙으신 父母는 누가 지키느냐고? 念慮마라. 그것은 맞子息된 내일이니 내가 어떻게라도하마. 해서안되면, ―

　爀爀한[992] 將來를 爲하야 不幸한 過去가 犧牲되었달뿐이겠다.

　너이들이 國境을 넘든밤에 나는 酒席에서 「올림픽」[993] 報道를 듣고있었다. 우리들은 이대로 썩어서는 안된다. 當當히[994] 이들과 列하야 똑똑하게 살아야하지않겠느냐.

　정신차려라!

　新堂里 버티고개[995] 밑 오동나뭇골 貧民窟에는 송장이다되신 할머님과 自由로起動도못하시는 아버지와 五十平生을 苦生으로 늙어쭈그러진 어머니가계시다.

　네 電報를보시고 이분들이 우시었다. 너는 날이면날마다 그먼길을 門안으로 내게 왔다. 와서 그날의 糧食거리를 타 갔다. 이제 누가 다니겠니.

　어머니는

　「내가 말(馬)을 잃어버렸구나. 이거 허전해서 어디 살겠니」

　하시드라. 그날부터는 내가 다떨어진구두를 찍찍 끌고 말노릇을하는중이다.

　이런것 저런것을 批判못하시는 父母는 그저 별안간 네가 없어졌대서 눈물이

992　爀爀한 : 전집(1)은 '赫赫한'으로 수정.
993　올림픽 : 1936년 독일 베를린에서 열린 올림픽(1936.8.1~8.16). 이 올림픽에서 손기정은 마라톤 우승, 남승용은 3위(1936.8.9)를 달성했다. 이상은 옥희가 국경을 넘은 8월 2일 밤에 올림픽 개막식 보도를 보았던 것이다.
994　當當히 : 전집(1)은 '堂堂히'로 수정.
995　버티고개 : 신당동 끝과 약수동이 이어진 부근에서 한남동으로 넘어가는 곳에 위치한 높은 고개. 원문은 '버터고개'로 오식.

비오듯하시드라. 그것을 내가

「아 왜들 이리 야단이십니까. 아 죽어 나갔단말입니까.」

이렇게 큰소리를해가면서 撫마 시켜드리기는했으나 나 亦 한 三年 너를 못보겠구나 생각을하니 갑자기 네가 그리웠다. 兄弟의 友愛는 떨어저봐야 아는것이 든가.

한三年 나도 공부하마. 그래서 이「노ー말」⁹⁹⁶ 하지못한 生活의屈辱에서 脫出해야겠다. 그때 서로 活潑한낯으로 만나잣구나.

너도 아모쪼록 成功해서 하로라도 速히 故鄕으로 돌아오너라.

그야 너는 女子니까 아모때 나가도 우리집안에서 나가기는 해야할사람이지만 일이너무 그렇게 急하게 되어놓아서 어머니아버지께서 놀라셨다뿐이지, 나야 어떻겠니.

何如間 이번 너의일때문에 내가 깨다른바 많다, 나도 정신차리마.

元來가 蒲柳之質⁹⁹⁷ 로 大陸의酷毒한氣候에 足히 견뎌낼는지 근심스럽구나. 特히 몸 조심을잊어서는안된다. 우리같은 가난한 階級은 이 몸둥이하나가 唯一 最後의資産이니라.

편지하야라.

理解없는 世上에서 나만은 언제라도 네편인것을 잊지마라.

世上은 넓다. 너를 놀라게할일도 많겠거니와 또 배울것도많으리라.

이글이 실리거든 「중앙」 한권 사보내주마. K와가치읽고 이큰오빠이야기를 더 잘 하야두어라.

祝福한다.

---

996 노ー말(normal) : 정상적.
997 蒲柳之質 : 냇버들의 잎이 가을에 제일 먼저 지므로 신체가 허약함을 이름. 그러므로 '허약한 체질'을 뜻함.

내가 畵家를꿈꾸든時節 하로 五錢받고「모델」노릇하야준 玉姬, 放蕩不孝한 이큰오빠의단하나 理解者인玉姬, 이제는 어느듯어룬이되어서 그愛人과함께 萬里異域사람이된玉姬, 네 將來를 祝福한다.

이틀이나 걸렸다. 쓴 이글이 頭緖를잡기어려울줄아나 世上의 너같은동생을 가진여러오빠들에게도 이글을읽히고 싶은마음에 敢히 發表한다. 내 衷情만을 사다고.

닷새날 아침

너를사랑하는 큰오빠 쓴다.

— 발표지면 : 『중앙』, 1936.9

私信(二)[998]

起林兄

仁川가있다가 어제왔오.

海邊에도 憂鬱밖에는없오. 어디를가나 이靈魂은 즐거워할줄을모르니 딱하구려! 田園도우리들의病院이 아니라고 兄은 그랬지만 바다가 또한 우리들의 藥局이 아닙디다.

讀書하오? 나는 讀書도안되오.

여지껏 家族들에게對한 恩愛의情을 참아 떼이기 어려워 집을 나가지못하였던것을 이번에 내아우가 職業을 얻은機會에 東京가서 苦生사리좀 하야볼作定이오.

아즉[999] 큰소리못하겠으나 九月中에는 어쩌면 出發할수 있을것같소.

兄 渡東하는[1000] 길에 서울 들러 부디 좀 맞납시다. 할이야기도 많고 이일저일 議論하고 싶소.

膏盲[1001]에든, 이文學病을――이溺愛의, 이陶醉의……이 굴레를 제발 좀 벗

---

998 이 사신들(사신(二)~(八))은 『여성』(1939.6~9)에 소개되었다. 이전 전집(1·2·3)은 『여성』(1939.6)에 실린 사신들(①-②-③-④)를 ①-④-②-③ 순서로 실었다. 『증보이상문학전집』(2009)에서는 ④-②-①-③ 순서로 배열하고 연번을 붙였었지만, 이번 개정쇄에서는 ①-④-②-③ 순서로 실었다. 1939년 6월호에 실린 사신에서 쓴 시기를 알 수 있는 것은 사신②-1936년 5월 15일, 사신③-1936년 10월초이며, 사신④-1936년 4월에서 6월 사이 등 3편이다. 사신①은 1936년 8월경으로 알려졌지만, 상황상 1936년 3월에 쓰여진 것(자세한 것은 주 14번 참조)으로 보인다. 그래서 이번 개정판 전집에서는 『여성』(1939.6) 사신들을 ①-④-②-③의 순서로 연번(二,三,四,五)로 다시 번호를 붙여 재배치하였다. 『여성』 1939년 9월호에 실린 사신은 모든 전집에서 순서대로 실었다.
999 아즉: 전집(3)은 '아직은'으로 한 글자 잘못 추가함.
1000 渡東하는: 동쪽으로 건너가는, 즉 일본으로 가는.
1001 膏盲: '膏肓'의 오식인 듯. '고(膏)'는 심장의 아랫부분, '황(肓)'은 횡격막의 윗부분을 뜻하는 말로, 사람 몸의 가장 깊은 곳을 이르는 말. 전집(1·2)는 '膏盲' 그대로 표기함.

고 飄然1002할수있는 제법斤量나가는 人間이 되고싶소. 여기서같은 環境에서는 自己腐敗作用을 이르켜서 그대로 煙化할것같소. 東京이라는곳에 오즉 나를 매질할 貧苦가 있을뿐인것을 너무 잘 알고있지만 컨디슌1003이 必要하단말이오. 컨디슌, 師表,1004 視野, 아니眼界, 拘束, 어째 適當한語彙가 發見되지않소만 그려!1005

泰遠1006은 어쩌다나1007 맞나오. 그君도 어째 世帶苦1008때문에 활개짓이 잘 안나오나봅디다.

芝溶1009은 한번도 못맞났오.1010

世上사람들이 다─제각기의 興奮, 陶醉에서 사는 판이니까 他人의 容喙1011은 不許하나봅디다.1012 즉 戀愛, 旅行, 詩, 橫財, 名聲──이렇게 제것만이 世上에 第一인1013줄들아나봅디다. 자─起林兄은 나하고나 握手합시다. 하, 하,

편지 부디 주기 바라오. 그리고 渡東길에 꼭좀 맞나기로합시다. 꿋빠이.1014

1002 飄然 : 바람에 나부껴 팔랑거리는, 모양이 가벼운, 홀가분하고 거침없는.
1003 컨디슌(condition) : 건강이나 정신 등의 상태.
1004 師表 : 학식과 덕행이 높아 남의 모범이 될 만한 인물.
1005 않소만 그려 : 전집(1)은 '않소그려'로 한 글자 누락.
1006 泰遠 : 朴泰遠(1909~1987). 소설가. 호는 몽보(夢甫)·구보(丘甫)·구보(仇甫) 등 다양하다. 1933년 구인회(九人會)에 가담한 이후 세태풍속을 착실하게 묘사한「소설가 구보(仇甫)씨의 1일」,『천변풍경(川邊風景)』등을 발표하여 한국 모더니즘 문학을 개척했다. 해방 후에는 조선문학가동맹에 가담함으로써 작가의식의 전환을 꾀한 바 있고, 6·25전쟁 중 서울에 온 이태준(李泰俊)·안회남(安懷南) 등을 따라 월북한 것으로 알려졌다.
1007 어쩌다나 : 전집(1)은 '어쩌다가'로 수정. '어쩌다가'와 같은 뜻.
1008 世帶苦 : 世帶는 가구, 가정을 뜻하는데, 그러므로 '세대고'는 '집안 살림의 어려움'을 말함.
1009 芝溶 : 鄭芝溶(1902~1950) 초기에는 모더니즘 계열의 작품을 쓰다가 1930년대에 들어 언어의 세련미를 추구하는 순수 서정시를 썼다. 섬세하고 독특한 언어를 구사하여 대상을 선명히 묘사, 한국 현대시의 신경지를 열었다. 시집으로『정지용 시집』이 있다. 한편, 그는 1933년『가톨릭 청년』의 편집고문으로 있을 때, 이상(李箱)의 시를 실어 그를 시단에 등장시켰기도 했다.
1010 맞났오 : 전집(1)은 '만나오'로 오식.
1011 容喙은 : 전집(2·3)은 음가에 따라 '容喙는'으로 수정. '容喙'는 말참견을 뜻함.
1012 봅디다 : 전집(1)은 '봅니다'로 수정.
1013 第一인 : 전집(1)은 '第一일'로 오식.
1014 김기림은『여성』1939년 6월호에 이상의 사신을 소개하면서 첫번째로 이 작품을 제시했다. 임종국은 전집(1)에서 "1936년 8월경의 서신"으로 소개했다. 이후 전집에서도 그의 견해를 받아

—발표지면 : 『여성』, 1939.6

들이고 있는 상황이다. 임종국이나 다른 연구자들이 8월 집필을 주장한 것은 "九月中에는 어쩌면 出發할 수 있을 것 같"다는 표현 때문일 것이다. 그런데 김기림이 도동한 시기를 염두에 둔다면 이 편지는 1936년 3월경에 썼을 가능성이 있다. 1936년으로 한정해볼 때 김기림은 1936년 4월 동북제대 입학을 위해 도동한 것과 여름방학 귀국하였다가 도동한 것을 상정할 수 있다. 이상이 김기림에게 "兄 渡東하는 길에 서울 들러 부디 좀 맞납시다"라고 한 것은 김기림이 동북제대 입학을 앞두고 고향(당시 고향인 함북 학성에 아내와 자식들, 그리고 아버지 형제들이 살고 있었다)을 방문하였을 터이고, 그래서 이상은 김기림이 일본 가기 전에 서울에 들러 만나자고 당부한 것으로 풀이된다. 이상은 자신을 형상화한 소설 「지주회시」(『중앙』, 1936.6)에서 "지난 봄에 뭇는 인천에 있었다"라고 하였는데, 이것은 "仁川 가있다가 어제 왔오"라는 내용과 동일한 경험을 말해주는 것으로 보인다. 아울러 김기림이 이 편지를 가장 앞에 제시한 것도 시기적으로 가장 앞서기에 그렇게 했을 가능성이 있다. 한편 김기림은 「고 이상의 추억」(『朝光』, 1937.6)에서 "지난해 7월 그믐께다. 아침에 황금정(町) 뒷골목 상의 신혼 보금자리를 찾았"다고 했는데, 1936년 여름방학을 맞아 귀국해서 이상한테 찾아간 것으로 보인다. 이상이 여름방학 때에 김기림을 만나려 했다면 일본으로 편지를 보냈을 것이며, 그렇다면 '도동(渡東)'길이 아니라 귀국길이 될 것이다. 그런 점에서 1936년 3월경 편지로 보는 것이 타당해 보인다.

私信(三)

起林兄

兄의 그「折れ釘みたいた字」[1015]로된 글을 땀을흘리며서[1016] 읽었오이다. 無事히 着席하였다니 내記憶속에「金起林」[1017]이라는 空席이 하나 決定的으로 생겼나보이다.

九人會[1018]는 그後로 모이지안핬오이다.[1019] 그러나 兄의 安着은 아마 그럭저럭들 다 아나봅니다.

事實 나는 兄의 雄飛를目睹하고「先手를打たれたやうな氣がして」[1020] 憂鬱했오이다.[1021] 그것은 무슨 한게집에對한 嫉妬와는比較할것이못될것이오. 나는

[1015] 折れ釘みたいた字 : 부러진 못 같은 글자. 전집(1)은 '折れ釘미따이나字'로, 전집(3)은 '折れ釘みたいな字'로 오식.
[1016] 흘리며서 : 전집(1·2·3) 모두 '흘리면서'로 수정.
[1017] 金起林(1908~?) : 한국의 시인·문학평론가, 본명은 인손(仁孫)이며, 필명은 편석촌(片石村)이다. '구인회'에 가담하여 활동했고, 주지주의 문학 이론을 소개하고, 또한 이미지즘 시를 창작하여 한국 모더니즘 문학을 개척하였다. 주요 시집으로『기상도』(1936),『태양의 풍속』(1939)과 시론집인『시의 이해』(1949)가 있다.
[1018] 1933년 8월 15일 창립한 문학단체. 처음 김유영·이종명·이효석·조용만·김기림·이태준·정지용·이무영·유치진 등이 결성하였으며, 얼마 후 이종명·김유영·이효석이 탈퇴하고, 박태원·이상·박팔양이 가입하였으며, 다시 유치진·조용만 대신에 김유정·김환태로 교체되어, 항상 9명의 회원을 유지하였다. 이들은 1934년 6월 30일 조선중앙일보 학예부의 후원아래 '시와 소설의 밤'이라는 제목으로 1차 강연회를, 1935년 2월 18일부터 5일간 '조선 신문예 강좌'라는 이름으로 2차 강연회를 열기도 했다. 2차 강연회에서는 박팔양의 '조선시사', 김상용의 '시의 제재', 이상의 '시의 형태', 김기림의 '시의 음향미', 정지용의 '시의 감상', 이광수의 '조선소설사', 김동인의 '장편소설론', '단편소설론', 이태준의 '소설의 제재', '소설과 문장', 박태원의 '소설의 기교', '소설의 감상' 등으로 이루어 졌다. 이상과 박태원이 중심이 되어『시와 소설』이라는 기관지를 1권 발간했다.
[1019] 않았오이다 : 원문은 '안핬오이다'로 됨. 전집(1)은 '않았오이다'로, 전집(2·3)은 '않았소이다'로 수정.
[1020] 先手を打たれたやうな氣がして : 선제 공격을 당한 것 같은 기분이 들어, 선수를 친 것 같은 기분이 들어.
[1021] 했오이다 : 전집(2·3)은 '했소이다'로 표현.

그렇게까지 내自身이미웠고 부끄러웠오이다.

　不幸히──或은 多幸히 李箱도 이달下旬頃에는 東京사람이될것같소. 그러나 그것은 어디까지던지 兄의 雄飛와는 區別되는것이오.

　아마 李箱은(도?)그「白白しい」[1022] 文學은 그만두겠지오.

「詩와小說」[1023]은 會員들이 모도게을러서 글렀오이다 그래[1024] 廢刊하고 그만둘心算이오. 二號는 會社쪽에 내面目이없으니까 내獨力으로 내趣味雜誌를 하나만들 作定입니다.

　그러던지「今からでも遅くはない」[1025]「すみやかに」[1026]原稿들을 써오면 어떤雜誌에도 지지않는 버젓한冊을 하나 만들作定입니다.

　氣象圖[1027]는 造版이完了 되었읍니다. 至今 校正中이오니 내눈에校了가되면[1028] 假本[1029]을만들어서 보내들이겠아오니[1030] 最後校正을하야 보내주시기 바랍니다. 同時에「詩와小說」도 몇卷한데보내드리겠오이다.[1031]

　그리고「거벼운글」原稿좀 보내주시오. 좀써먹어야겠오.[1032] 紀行文? 좋지! 좀써보내구려!

　비러먹을거──世上이 귀찮구려!

1022 白白しい : 속이 빤히 들여다보이는, 입맛 떨어지는.
1023 『詩와 小說』: 1936년 3월 창문사에서 발간된 구인회의 동인지. 이상이 구본웅의 도움으로 2호 발간에 노력하였지만 허사가 되고, 창간호가 종간호가 되고 말았다.
1024 글렀오이다 그래 : 전집(1·2·3)은 모두 '글렀오이다. 그래'로 보았다. 이상은 강조를 나타내는 '그려'를 '구려', '그래' 등으로 많이 썼다. 사신(八)의 '試驗때로군그래!'도 그런 것이다. 그래서 '글렀오이다 그래.'로 보는 것이 좋지 않을까 싶다.
1025 今からでも遅くはない : 지금이라도 늦지는 않다.
1026 すみやかに : 신속하게.
1027 『氣象圖』: 김기림이 1935년 『중앙』에 발표하였던 장시(長詩). 1936년 7월에 시집으로 발간.
1028 校了가 되면 : 교정이 완료되면.
1029 假本 : '假製本'의 준말. 정식 출간하기 전에 수정 원고를 편집 제본하여 만든 책, 최종판 이전에 미리 꾸며본 책.
1030 보내들이겠아오니 : 전집(2·3)은 '보내들이겠사오니'로 수정.
1031 보내드리겠오이다 : 전집(2·3)은 '보내들이겠소이다'로 수정.
1032 써먹어야겠오 : 전집(2·3)은 '써먹어야겠소'로 수정.

不幸이아니면 하로¹⁰³³도 살ㅅ수없는「그런人間」에게 幸福이오면 큰일나오. 아마 卽死할것이오. 狹心症¹⁰³⁴으로——

「一切誓ふな」¹⁰³⁵「一切を信じないと誓へ」¹⁰³⁶의 두마디말이 發揮하는 多彩한 파라독스를 弄絡하면서 혼자 微苦笑¹⁰³⁷를하야보오.

兄은 어디한번 크게되어보시오. 人生이 또한즐거우리다.

사날前에FUA¹⁰³⁸「薔薇新房」이란 영화를보았오.¹⁰³⁹ 充分이 좋습디다.「さゝやかなる¹⁰⁴⁰幸福」이 眞正의 黃金이란 タイトル¹⁰⁴¹는 アーノルドフアング¹⁰⁴² 映畵에서 보았고「さゝやかなる幸福」이 人生을 썩혀버린다는 タイトル는 薔薇의寢床에서보았오. 아―「哲學の限りなき無駄よ」¹⁰⁴³그랬오.¹⁰⁴⁴

「一切の法則を嗤へ」¹⁰⁴⁵?「それも誓ふな」.¹⁰⁴⁶ 나있는데 늘肉ドンブリ¹⁰⁴⁷를 사다먹는 僧侶가한분있오. 그이가 이런 ソクラテス¹⁰⁴⁸를 성가시게구는 論理學

1033 하로 : 에 맞게 '하루'로 수정.
1034 狹心症 : 심장부에 갑자기 일어나는 심한 동통(疼痛)이나 발작 증상.
1035 一切誓ふな : 일체 맹세하지 마라.
1036 一切を信じないと誓へ : 모든 것을 믿지 않는다고 맹세하라.
1037 微苦笑(びくしょう) : 엷은 쓴웃음, 가벼운 쓴웃음.
1038 FUA : 아마도 'UFA「薔薇新房」'의 오식인 듯. 후자는 Universum Film Aktien Gesellschaft의 약자로, 1917년 독일에서 주요 제작사들이 합병하여 설립된 거대한 영화회사. 그리고 전집(2·3)은 「FUA薔薇新房」으로 쓰고 있는데, 이는 전집(1)의 FUA「薔薇新房」의 오식인 듯. 만일 'UFA「薔薇新房」'이라면 UFA에서 만든 薔薇新房」이라는 의미인데, 이는 확인을 필요로 한다.
1039 보았오 : 전집(2·3)은 '보았소'로 수정. 이 편지에는 '…소'와 '…오'가 함께 사용되고 있는데, 전집(2·3)은 일부 '오'를 '소'로 고쳐 썼지만, 일부는 그대로 두었다.
1040 さゝやかなる : 아담한, 조촐한.
1041 タイトル(title) : 타이틀, 제목.
1042 アーノルドフアング : 음은 '아노르도 황'으로 독일 감독인 Arnold Fanck(1889~1974)을 의미하는 듯. 그는 1920년대 초 산악 기록영화를 만들어 냈으며, 나치당원이 되기를 거부하여, 한동안 일본·칠레에서 작업하다가 독일로 돌아와 주로 기록영화를 연출했다. 「피즈팔루의 하얀 지옥」(1929)이 유명하며,「사무라이의 딸」(1936)을 일본과 합작으로 만들기도 했다.
1043 哲學の限りなき無駄よ : 철학의 끝없는 헛됨이여.
1044 그랬오 : 전집(2)는 '그랬소'로 수정.
1045 一切の法則を嗤へ : 모든 법칙을 비웃어라.
1046 それも誓ふな : 그것도 맹세하지 마라.
1047 肉ドンブリ : 고기덮밥.
1048 ソクラテス : 소크라테스(Socrates, BC 469~BC 399) 고대 그리스의 철학자.

을내게 뗑겨¹⁰⁴⁹주는 것이오.

　小說을쓰겠오.「おれ達の幸福を神様にみせびらかしてやる」¹⁰⁵⁰ 그런駭怪망測한小說을쓰겠다는이야기요. 凶計지오? 가만있자! 哲學工夫도 좋구려! 退屈で退屈でならない¹⁰⁵¹ 그따위 一生도또한 死보다는 그래도좀 자미¹⁰⁵²가있지않겠오?¹⁰⁵³

　戀愛라도할까? 싱거워서? 심심해서? 스스로워서?¹⁰⁵⁴

　이편지를 보았을때 兄은 아마 뒤니어 氣象圖의 校正을보아야 될것같소.

　兄이여기있고 마음맞는 親舊끼리 모여서 조용한 「氣象圖의밤」을 가지고싶던 것이 퍽 遺憾되게되었구려. 우리 여름에할까? 누가 아—나?

　여보! 편지나좀하구려! 내孤獨과 鬱寂을 同情하고싶지는않소?

　자——運命에順從하는수밖에! 꾿빠—이¹⁰⁵⁵

六日 李 箱

—발표지면 : 『여성』, 1939.6

1049 뗑겨 : 기본형 '뗑기다'. '뚱기다'를 표준어로 삼음. 모르는 것을 일러주어 깨닫게 하다, 또는 좋아하는 마음이 일어나 저절로 끌리다.
1050 우리들의 행복을 신께 과시할 거야.
1051 退屈で退屈でならない : 따분하고 따분해서 못 견디겠다.
1052 자미 : 재미. 전집(2·3)은 '재미'로 표현.
1053 않겠오 : 전집(2·3)은 '않겠소'로 수정.
1054 스스로워서 : 기본형은 스스럽다. 정분이 그리 두텁지 않아 조심스럽다, 수줍고 부끄럽다.
1055 『시와 소설』 발간일인 1936년 3월 13일 이후 『기상도』의 발간일인 1936년 7월 8일 사이의 6일이니, 이 편지가 씌어진 시기는 1936년 4월 6일, 5월 6일, 6월 6일(7월 6일은 교정 중이니 산술적으로 어려울 듯) 가운데 하나일 것이다. 임종국은 이 편지가 '1936년 4월경의 서신'이라 하여 4월 6일 사신으로 보았다. 그런데 '땀을 흘리면서', '무사히 착석'(김기림이 1936년 4월에 동북제대에 입학했으니), '이상도 내달 하순경에는 동경사람이 될 것 같소' 등의 내용으로 보면, 1936년 5월 6일, 6월 6일 가운데 하나일 가능성이 있으며, 5월 6일이 아닐까 싶다. 만일 사신(二)가 6월 6일 쓰였다면 이 책에서 사신(二)와 사신(三)의 위치는 바뀌는 것이 맞다.

私信(四)

起林兄

어땠오?[1056] 거기도더웁ㅅ오?[1057] 工夫가잘되오?

氣象圖 되었으니 보오. 校正은 내가 그럭저럭 잘보았답시고 본모양인데 틀린데는 고쳐보내오.

具君[1058]은 한千部박아서 팔자고 그럽디다. 당신은 五十圓만내구 잠잘고[1059] 있구려. 어땠오?[1060] 그對答도 적어 보내기 바라오.

참 體裁도 고치고싶은대로 고치오.

그러고 檢閱本은 안보내니 그리아오. 꼭 所用이 된다면 편지하오. 보내드리리다.

이것은 校正刷니까 삐뚤빼뚤한[1061] 것은 간조[1062]에 넣지마오. 그것은 印刷할적에 바로잡아 할것이니까 염녀마오.[1063] 그러니까 두장이 한장세음이오. 알았오?

그리고 ノンブル[1064]는 아주 빼어버리는게 좋을것같은데 意見이 어떻소? 좀 メザワリ[1065]같지않소?

九人會는 人間最大의 怠慢에서 浮沈中이오. 八陽[1066] 脫會했오—— 雜誌二號

1056 어땠오 : 전집(1·2·3)은 '어떻소'로 수정.
1057 더웁ㅅ오 : 전집(1)은 '더웁소', 전집(2·3)은 '더웁오'로 수정.
1058 具君 : 具本雄(1906~1953) : 한국의 서양화가이며, 이상의 친구. 이상은 구본웅의 아버지가 경영하는 '彰文社' 교정부 직원으로 취직하여, 구본웅의 후원으로 구인회 동인지 「시와 소설」 창간호를 발간했다.
1059 잠잘고 : 잠자코.
1060 어땠오 : 전집(1·2·3)은 '어떻소'로 수정.
1061 삐뚤빼뚤한 : 전집(1·2·3) 모두 '삐뚤뻬뚤한'으로 씀. 자형상 '삐뚤빼뚤한'으로 보임.
1062 간조(かんじょう) : 계산, 전집(2)의 주 참조.
1063 염녀마오 : 전집(1)에서는 '염려 없오'로 잘못 수정.
1064 ノンブル(nombre 불) : 페이지 번호, 넘버.
1065 メザワリ : 눈에 거슬림, 꼴불견.
1066 八陽 : 朴八陽(1905~?). 시인. 필명은 금여수(金麗水), 여수(麗水)이다. 1926년 조선프롤레타리아예술동맹에 가담, 초창기 계급문학에 관심을 가졌다가 이후 예술주의적 동호인 그룹 구인

는 흐지부지요. 게을러서 다 틀려먹을것같소. 來日ㅅ밤에는 明月館에서 永朗詩集1067의 밤1068이있오. 서울은 그저 踏步中이오.

자조 편지나하오. 나는 아마 좀 더 여기있어야 되나보오.

참 내가 요새 小說을 썼오. 우습소? 자ㅡ그만둡시다. 李箱1069

─발표지면 : 『여성』, 1939.6

회(九人會)에 가담하는 등 다양한 문학적 편력을 전개했다. 해방 후에는 조선문학가동맹에 가담한 후 월북했다. 주요 시집으로 『여수시초(麗水詩抄)』, 『박팔양시집(朴八陽詩集)』 등이 있다.
1067 『永朗詩集』 : 1935년 11월 시문학사에서 발간된 영랑 김윤식(金允植)의 시집.
1068 永朗詩集의 밤 : 이헌구(『현대문학』, 1966.3)에 따르면, 1935년 5월 12일 밤 명월관에서 김진섭, 김영랑, 이승만, 정지용, 김광섭, 전성(全聲), 이하윤, 오희병(吳熙秉), 이헌구, 함대훈 박용철 등 20여명의 친우들이 모여 『영랑시집』 출판기념회를 가졌다고 한다. 그런데 「동서남북」,(『동아일보』, 1936.5.16)에는 영랑시집 출판기념회가 금일(1936.5.16) 오후 6시에 명월관에서 개최된다고 보도되었다. 이헌구의 기록은 시간이 많이 흐른 후의 기억이라 신문 기사가 더욱 정확할 것으로 보인다. 그렇다면 그 날짜는 5월 16일이 정확하다. 한편 이때 이상이 참여했는지는 현재로선 확인할 수 없으며, 기념 사진에 촬영된 12명 가운데에는 없는 것으로 보인다.
1069 이 편지는 '영랑시집의 밤' 개최 하루 전인 1936년 5월 15일에 쓰어진 것으로 볼 수 있다.

私信(五)

起林兄

兄의글 받었오. 퍽반가웠오.

北日本 가을에 兄은 참 儼然한存在로구려!

워—밍엎¹⁰⁷⁰이 다되었것만 와인드엎¹⁰⁷¹을 하지못하는 이몸이 兄을 몹씨 부러워하오.

지금쯤은 이李箱이 東京사람이되었을것인데 本町署高等係에서「渡航マカリナラヌ」¹⁰⁷²의 吩咐가 지난달 下旬에 나렸구려! 우습지않소?

그러나 지금 다시 다른方法으로 渡航證明을얻을 道理를 차리는中이니 今¹⁰⁷³ 中旬—下旬頃에는 아마李箱도 東京을 헤메는 白面의 漂客이되리다.

拙作「날개」¹⁰⁷⁴에對한 兄의多情한말슴 骨髓에숨이오.¹⁰⁷⁵

方今은 文學千年이 灰燼¹⁰⁷⁶에돌아갈 地上最終의 傑作「終生記」¹⁰⁷⁷를 쓰는中이오. 兄이나 부디 억울한 이內出血¹⁰⁷⁸을 알아주기바라오!

三四文學¹⁰⁷⁹ 한部 저 狐小路¹⁰⁸⁰ㅅ집으로 보냈는데 원 받었는지 모르겠구려!

1070 워—밍엎(warming-up) : 준비운동의.
1071 와인드엎(windup) : 결말, 끝장, 마지막 손질, 최후의 행위, 야구에서 피처의 투구 예비 동작.
1072 渡航マカリナラヌ : 도항 불가. 도항 불허.
1073 今 : 今 다음에 한 글자가 빠졌거나 인쇄가 안 된 것으로 보이며, 전집(1·2·3)은 '今月'로 수정.
1074 「날개」:『조광』1936년 9월호에 발표된 이상의 소설.
1075 숨이오 : 스미오.
1076 灰燼 : 재와 먼지.
1077 「終生記」: 이상의 사후인 1937년 5월『조광』에 발표된 일종의 유서 형식이다.
1078 內出血 : 혈관이나 모세 혈관에 의한 출혈이 체내 또는 피하(皮下)에서 일어나는 일. 피하 출혈(皮下出血). 여기서는 '피로 쓴 글'이라는 뜻.
1079 三四文學 : 1934년 9월 1일 창간된 순문예 동인지. 최초의 동인은 신백수(申百秀)·이시우(李時雨)·정현웅(鄭玄雄)·조풍연(趙豊衍) 네 사람이었으나 후에 장서언(張瑞彦)·최영해(崔暎海)·홍이섭(洪以燮)·황순원(黃順元)·한적선(韓笛仙) 등이 참여했다. 제2호는 1934년 12월에, 제3호는 1935년 3월에, 제4호는 같은 해 8월에, 제5호는 1936년 10월에 발간되었다. 아마

요새 朝鮮日報學藝欄에 近作詩「危篤」連載中[1080]이오. 機能語. 組織語. 構成語. 思索語. 로된한글 文字 追求試驗이오. 多幸히 高評을 비오. 요다음쯤 一脈의 血路[1082]가 보일듯하오.

芝溶, 仇甫[1083] 다 가끔 맞나오. 튼튼이들있으니 또한 天下는 泰平聖代가 아즉도 繼續될것같소.

煥泰[1084]가「宗橋禮拜堂」에서 結婚[1085]하였오.

「幽靈西へ行く」[1086]는 名作「洪吉童傳」[1087]과함께 映畵史上 屈指의[1088] ガラワタ[1089]입디다.[1090] ルネ・クレール・クソクラへ.[1091]

映畵時代[1092]라는雜誌가 實로 無報酬라는口實下에 李箱氏에게 映畵小說「白

계간으로 발간하려던 것이 사정이 여의치 않았던 것으로 보인다. 제6호는 1936년 12월에 도쿄에서 신백수가 발행한 것으로 보고되어 있으나, 이상의 「19세기식」이 『삼사문학』 1937년 4월에 발표된 것으로 알려져 있어 그 시기는 1937년 4월에 종간된 것으로 보인다. 그러나 아쉽게도 현재로선 6호의 존재를 확인할 수 없다.

1080 「위독」은 『조선일보』에 1936년 10월 4일부터 9일까지 연재된 연작시이다.
1081 狐小路 : 센다이시(仙台市)의 후쿠로마치(袋町)와 료카쿠인쵸(良覺院丁) 사이에 있다. 김기림의 숙소(집)가 있었던 곳으로 보인다. 주소로 宮城県 仙台市 青葉区 一番町 1丁目이며, 김기림이 다녔던 도호쿠대학(東北大學)에서 직선으로 500M 정도, 걸어서 7분 거리에 있다. 전집(2)에서는 '일본의 골목 이름인 듯'하다고 주석을 달았다.
1082 血路 : 곤란하고 위태로운 경우를 가까스로 벗어나는 어려운 고비의 길.
1083 仇甫 : 박태원의 필명.
1084 煥泰 : 金煥泰(1909~1944) 순수문학을 적극 옹호한 문학 평론가. 주요작품으로 「예술의 순수성」, 「순수시비(純粹是非)」, 「정지용론(鄭芝溶論)」 등이 있다.
1085 結婚 : 김환태는 박용철의 누이동생인 박봉자와 1936년 6월에 결혼식을 올렸다.
1086 幽靈西へ行く : 유령 서쪽으로 가다. 르네 클레르(Rene Clair, 1898~1981) 감독이 1935년에 만든 영화. 그는 눈부신 판타지 코메디들로 영화사상 가장 창의적인 스타일리스트라는 명성을 얻은 프랑스 감독이다.
1087 「洪吉童傳」: 전편은 김소봉이 감독으로 1934년에 경성촬영소에서 제작되었으며, 후편은 이명우 감독으로 1936년에 같은 곳에서 나왔다. 여기서는 아마도 「홍길동전」 후편을 말하는 것으로 보인다.
1088 屈指의 : 손가락을 꼽을.
1089 ガラワタ : 잡동사니, 가치 없는 잡다한 물건.
1090 입디다 : 전집(2·3)은 '입니다'로 수정.
1091 ルネ・クレール・クソクラへ : 르네 클레르, 똥이나 처먹어라.
1092 映畵時代 : 1931년 3월부터 1938년 1월까지 발간된 잡지이나 지금은 대부분 유실되었다. 이상이 실재 이 잡지에 작품을 실었는지는 알 수 없다. 그러나 이 자료가 발견된다면 우리 영화사뿐

兵」¹⁰⁹³을 執筆시키기에 成功하였오. ニウスオハリ.¹⁰⁹⁴

秋夜長! 너무 簫條하구려! 我黨萬歲! 꾿·나잍

午前四時半 李 箱¹⁰⁹⁵

―발표지면:『여성』, 1939.6

만 아니라 문학 연구에도 좋은 자료가 될 것이다.
1093 「白兵」: 칼집에서 뽑은 칼, 또는 칼·창 등 접근전에 쓰이는 무기. 여기서는 이상의 작품명이다.
1094 ニウスオハリ : 뉴스 끝.
1095 이상은 1936년 10월 17일(음력 9월 3일)에 일본으로 갔으니, 10월초의 편지로 보인다.

私信(六)

起林兄

期於코 東京 왔오. 와보니 失望이오. 實로 東京이라는데는 치사스런 데로구려! 東京오지않겠오? 다만 李箱을 맞나겟다는 理由만으로라도

三四文學同人들이 이곳에 여럿이있오.[1096] 그러나그들은 어디까지든지 學生들이오. 그들과 어우러지지 못하는것을보면 우리는 인제 그만하고 늙었나보이다.

三四文學에 原稿 좀 주어주오. 그리고 씩씩하게成長하는 새世紀의 英雄[1097]들을爲하야 貴下가 貴下의尊重한名聲을 暫間나추어 三四文學의 同人이되어줄意思는없는지 이곳 靑年들의 渴望입니다. 어떻소?

편지 주기바라오. 이곳에서 나는 貧窮하고 孤獨하오. 住所를잊어서 住所를알아가지고 편지하느라고 이렇게늦었오. 東京서 맞났으면 작히좋겠오?[1098] 兄에게는 健康도 富貴도 넘처있으니 편지끝에 常套로비(祈)를만한말을 얼른생각해내기가 어렵소 그려. 十四日[1099]

— 발표지면 : 『여성』, 1939.9

1096 있오 : 전집(2·3)은 '있소'로 수정.
1097 英雄 : 원문은 '雄英'으로 됨.
1098 좋겠오 : 전집(1)은 '좋겠소'로 수정.
1099 十四日 : 편지 원문에는 '十四日'만 적혀 있으나 전집(1)에서 "一九三六年 十一月 十四日의 書信"으로 설명을 다는 바람에 이후 전집에서도 '一九三六年 十一月 十四日'로 쓰고 있다.

私信(七)

起林大人

여보! 참반갑읍니다.^1100 鍛冶屋前町^1101 住所를 朝鮮으로물어서 겨우알아가지고 편지했는데 答狀이얼른오지않아서 나는 아마住所가또옴겨진게로군하고 嘆息하든차에 참반가웠소.

여보! 당신이 바―레^1102 選手라니 그 바―레팀인즉 내어리석은 생각에 世界最强팀인가싶소그려! 그래 이겼오?^1103 이길뻔 하다만 所謂惜敗를했오?

그렇나 저렇나 東京오기는왔는데 나는 至今 누어있오그려. 每午後^1104 면 똑 起動못할程度로熱이나서 성가셔서 죽겠오그려.

東京이란 참치사스러운^1105 都市ㅂ디다. 예다대면 京城이란 얼마나 人心좋고 살기좋은「閑寂한農村」인지모르겠읍니다.^1106

어디를가도 口味가댕기는^1107 것이없오그려! キザナ^1108 表皮的인 西歐의惡臭의 말하자면 그나마도 그저 分子式이 겨우여기輸入이되어서 ホンモノ^1109 行世를하는꼴이란참 구역질 날일이오.

나는참 東京이 이따위^1110 卑俗 그것과같은 シロモノ^1111 인 줄은 그래도몰랐

1100 반갑습니다 : 전집(1)은 '반갑습니다'로 수정.
1101 鍛冶屋前町 : 원문은 '鍛冶屋前丁'으로 되어 있으며, 전집(1)은 그대로 썼으나 전집(2·3)은 '鍛冶屋前町'으로 수정. 동경에 있는 동리의 이름.
1102 바―레(バレー, volleyball) : 발리볼. 배구.
1103 이겼오 : 전집(1)은 '이겼소'로 수정.
1104 每午後 : 전집(1)은 '每日 午後'로 수정.
1105 치사스러운 : 원문은 '치사그러운'이며, 전집(3)에서는 '치사스런'으로 오식.
1106 모르겠읍디다 : 원문은 '모르겠음디다'로 오식됨. 전집(1)은 '모르겠읍니다'로 수정.
1107 댕기는 : 전집(1)은 '땡기는', 전집(2·3)은 '당기는'으로 수정.
1108 キザナ : 같잖은, 아니꼬운.
1109 ホンモノ : 진짜.
1110 이따위 : 원문은 '이따워'로 오식되어 있다.
1111 シロモノ : 물품, 물건. 전집(3)은 'シナモノ'로 오식.

오. 그래도 뭐이 있겠거니했드니 果然 속빈강정 그것이오.

閑話 休題[1112] —— 나도 보아서 來달中에 서울로도루갈가 하오. 여기있댔자 몸이나 자꾸축이가고 兼하야 머리가 混亂하야 不時에 發狂할것같소. 첫째 이깨 솔링냄새 彌蔓[1113] セット[1114]같은 거리가 참 싫소.

何如間 당신 겨울放學때까지는 내若干의健康을獲得할터이니 그때는 부디부디 東京들러가기를 千번萬번 당부하는바이오. 왼만하거든 거기 女學徒들도 暫間 途中 下車를 시키시다[1115] 그려.

그리고 始終이如一하게 李箱先生께서는 プロレタリアート[1116]니까 軍用金[1117]을 톡톡이拏來[1118]하기바라오. 우리 그럴뜻하게 하로저녁 놀아봅시다. 東京 尖端女性들의물거품같은「思想」우에다 大陸의由緖깊은 千斤 鐵퇴를나려트려[1119]줍시다.

朝鮮日報 某氏論文[1120] 나도 그後에 얻어읽었오.[1121] 炯眼이足히 남의胸裏를 透視하는가싶습디다.[1122] 그렇나 氏의모랄에對한 卓見 는[1123] 勿論 具體的提示[1124] 도없었지만 — 若干愁眉[1125] 를 禁할수없는가도싶습디다.[1126] 藝術의氣品

1112 閑話休題 : 쓸데없는 이야기는 그만둔다는 뜻으로, 글을 쓸 때, 한동안 본론에서 벗어난 이야기를 써 내려가다가 다시 본론으로 돌아갈 때 쓰는 말.
1113 彌蔓 : 넘쳐흐르는 것.
1114 セット (set) : 도구나 가구 따위의 한 벌, 또는 영화, 텔레비전 드라마 따위의 촬영에 쓰기 위하여 꾸민 여러 장치. 전집(2)는 '彌蔓セット'를 '넘쳐흐르는 것 같은'으로 설명.
1115 시키시다 : '시킵시다'의 오식인 듯. 전집(1·2·3)은 '시킵시다'로 수정.
1116 プロレタリアート (Proletariat 독) : 프롤레타리아, 무산자.
1117 軍用金 : 원래 의미는 '군사적 목적에 쓰이는 돈'이지만, 여기서는 '유흥비'를 일컬음.
1118 拏來 : =拿來. 잡아오다, 가져오다.
1119 나려트려 : 전집(1·2·3)은 '나려뜨려'로 수정.
1120 朝鮮日報 某氏論文 : 『조선일보』(1936.11.31~12.7)에 실린 최재서의 「리얼리즘의 확대와 심화 – '천변풍경'과 '날개'에 관하여」라는 비평을 말한다.
1121 읽었오 : 전집(1)은 '읽었소'로 수정.
1122 싶습디다 : 전집(1)은 '싶습니다'로 수정.
1123 卓見 는 : 전집(1·2·3)은 '탁견에는'으로 수정. 원문 글자가 지워진 것으로 보이며, 의미상 '탁견에는'이 적당함.
1124 提示 : 기존 전집에서는 '指示'로 오류.
1125 愁眉 : 근심으로 찌푸린 눈썹. 곧, 근심에 잠긴 안색.

云云은氏의失言이오 톨스토이나菊池寬[1127]氏는 말하자면 永遠한大衆文藝(文學이아니라)에지나지않는것을 깜빡 이저버신듯[1128]합디다.[1129]

그리고 危篤[1130]에對하야도──

事實나는 요새 그따위 詩 밖에 써지지[1131] 않는구려. 차라리 그래서 撤底히 小說을 쓸決心이오. 암만해도나는 十九世紀와二十世紀틈사구니에끼워[1132] 卒倒하려드는無賴漢인 모양이오. 完全히 二十世紀사람이되기에는내血管에는 너무도많은 十九世紀의嚴肅한道德性의피가威脅하듯이 흘르고 있오그려.

이곳 三十四年代의英雄들은 果然 秋毫의汚点도없는 二十世紀精神의英雄들입디다. ドストイエフスキー[1133]는 그들에게는 오즉[1134] 先祖에지나지않는다는[1135] 것을 그들은 生理를 가지고 生理하면서 完璧[1136]하게 살으오.

그들은 李箱도亦是 二十世紀의スポーツマン[1137]이거니하고 誤解하는모양인데 나는 그들에게 落望을(아니幻滅)을 주지않게하기爲하야 그들과맞날때 오즉 二十世紀를 僅僅히 ポーズ[1138]를써維持해 보일수있을따름이로구려! 아! 이 마음의 아픈 갈등이어.

生── 그 가운데만 오즉 無限한 기쁨이 있는것을 너무도 잘 알기때문에 이

1126 싶습디다 : 전집(1)은 '싶습니다'로 수정.
1127 菊池寬(1888~1948) : 일본의 소설가·희곡작가. 그는 1920년 도쿄와 오사카의 두 일간지에 동시 연재된 『진주부인(眞珠夫人)』을 비롯한 50편에 이르는 장편 통속소설에 의하여 신현실주의문학(新現實主義文學)의 새 방향을 열었다.
1128 이저버신 듯 : '잊어버리신'에서 한 글자 누락된 듯. 전집(1·2·3)은 '잊어버리신'으로 수정.
1129 듯합디다 : 전집(1)은 '듯합니다'로 수정.
1130 「危篤」: 조선일보 1936년 10월 4일부터 9일까지 발표된 총 12수로 이뤄진 이상의 연작시.
1131 써지지 : 원문에는 '서지지'로 오식. 전집(1·2·3)은 '써지지'로 수정.
1132 끼워 : 전집(2·3)은 '끼여'로 수정.
1133 ドストイエフスキー : 도스또예프스키.
1134 오즉 : 전집(3)에서는 누락.
1135 않는다는 : 전집(1·2·3)은 '않는다는'으로 수정.
1136 完璧 : 전집(2)는 '完壁'으로 수정.
1137 スポーツマン(sportsman) : 스포츠 맨, 운동선수.
1138 ポーズ(pose) : 포즈, 자세.

미 ヌキサシナラヌ[1139]程 轉落하고만 自身을굽어살피면서

生에對한 勇氣, 好氣心[1140] 이런것이 날로 稀薄하야가는[1141]것을 自覺하오.

이것은 참 濟度할수없는悲劇이오! 芥川[1142]이나 牧野[1143]같은 사람들이 맛보았을상싶은 最後 한利那의心境은 나亦 어느[1144]瞬間 電光같이 짧게 그렇나 참 똑똑하게 맛보는것이 이즈음 한두번이 아니오. 帝展[1145]도보았소. 幻滅이라기에는 너무나 慘憺한 一場의 ナンセンス[1146]입디다. 나는 그 ペンキ[1147]의惡臭에 窒息할것같아 그만 코를꽉쥐고 뛰어나왔소.[1148] (中略)

오즉 가량 字典을 맨드러냇다거나 一生을 鐵硏究에 바쳤다거나 하는사람들만이 エライヒト[1149]ㄴ가싶소.

가끔 眞짜 藝術家들이 더러 있는 모양인데 이生活去勢氏들은 당장에 ドロネズミ[1150]가되어서 한二三年만에 老死하는모양입디다.

起林兄[1151]

1139 ヌキサシナラヌ : 빼도 박도 못할 정도, 꼼짝 못할 정도.
1140 好氣心 : 전집(1)은 '好奇心'으로 되어 있다.
1141 稀薄하야가는 : 원문에는 '하야稀薄가는'으로 오식됨.
1142 芥川 : 일본 소설가 아쿠타가와 류노스케(芥川龍之介 1892~1927) 주요 작품으로 「라쇼몽(羅生門)」(1915), 「어떤 바보의 일생」 등이 있다. 만년에는 프롤레타리아 문학의 대두 등 시대의 동향에 적응하지 못하여 회의와 초조와 불안에 싸여 드디어 심한 신경쇠약에 빠져서 '막연한 불안'을 이유로 자살하고 말았다.
1143 牧野 : 일본 소설가 마키노 신이치(牧野信一 1896~1936).
1144 어는 : 어느. 전집(1·2·3) 모두 '어느'로 수정.
1145 帝展 : '제국미술전람회'의 준말. 일본미술전람회의 전신. 1936년 10월 16일부터 11월 23일까지 동경부 미술관에서 개최됨.
1146 ナンセンス(nonsense) : 난센스.
1147 ペンキ(paint) : 페인트.
1148 나왔소 : 전집(1)은 '나왔오'로 수정.
1149 エライヒト : 훌륭한 사람.
1150 ドロネズミ : 시궁창의 쥐.
1151 『여성』을 보면 이 편지 역시 하나의 편지처럼 위 편지와 구분되어 있다. 아마도 전집(1)부터 이 편지를 위 편지에 연결하여 하나의 편지로 본 것은 위 편지 맨 끝에 따로 편지의 끝을 알리는 날짜나 굳바이, 이상과 같은 표지가 없어서인 듯하다.

이무슨 客적은 妄說을 늘어놓음이리오?[1152] 小生 東京와서 神經衰弱이 極度에 이르렀오![1153] 게다가 몸이 이렇게 不便해서 그런모양이오.

放學이 언제나될른지 그전에 편지 한번 더주기바라오. 그리고 올때는 到着時刻을調査해서 電報처주우. 東京驛까지 徒步로도[1154] 한十五分二十分이면갈수가있오. 그리고 틈있는대로 편지 좀자주 주기바라오

나는 이곳에서 외롭고 甚히 가난하오. 오즉 몇몇장편지가 겨우 이可憐한人間의命脈을 이워주는것이오. 당신에게는 健康을비는것이 亦是우습고 그럼 당신의러앤 아페어[1155]에 幸運이있기를비오. 二九日拜[1156]

─발표지면 : 『여성』, 1939.9

1152 놓음이리오 : 전집(1)은 '놓음이오'로 오식.
1153 이르렀오 : 전집(2·3)은 '이르렀소'로 수정.
1154 徒步로도 : 전집(1)은 '徒步로'로 오식.
1155 러앤 아페어(love affair) : 연애사건.
1156 二九日 拜 : 전집(1)에는 이 구절이 바로 윗 단락(……老死하는모양입디다) 끝에 잘못 위치하고 있으며, 전집(2·3)에는 이곳에 있다. 그리고 전집(1)에서는 '1936년 11월 29일 서신'으로 설명했는데, 여기에서의 29일은 11월 29일이 아니라 12월 29일로 봄이 타당하다. 왜냐하면 조선일보 최재서 논문(1936.11.30~12.7)을 언급하고 있기 때문이다.

私信(八)

起林兄

　궁금하구려! 內閣이여러번變했는데 왜편지 하지않소? 아하 요새 참 試驗때로군그래! 머리를 긁적긁적하면서 答案用紙를 이리뒤척 저리뒤척하는 당신의 ガラニモナイ[1157]風采가 짐짓 보고싶소그려!

　허리라는地方은 어떻게좀平定되었소?[1158] 病院通勤은 免했오?[1159] 당신은 スポーツ[1160]라는超近代的인政策에 マンマト[1161] 속아넘어갔소.[1162] 이것이 李箱氏의「起林氏バレーに進出す」[1163]에對한批判이오.

　오늘은 陰曆섯달그믐날[1164]이오. 鄕愁가擡頭하오. ○라는 內地人大學生과 コーヒ[1165]를먹고온길이오. コーヒ집에서 ラロ[1166]를한曲調듣고왔오. フーベルマン[1167]이란提琴家[1168]는 참너무나 耽美主義입니다. 그저限없이 キレイ[1169]하다뿐이지情緒가없오.[1170] 거기비하면 요전エルマン[1171]은 참놀라운人物입니다.

1157　ガラニモナイ : 격에 맞지도 않는.
1158　되었소 : 전집(1)은 '되었오'로 수정.
1159　免했오 : 전집(2·3)은 '免했소'로 수정.
1160　スポーツ(sports) : 스포츠.
1161　マンマト : 감쪽같이.
1162　넘어갔소 : 전집(1·2·3)은 '넘어갔오'로 수정.
1163　バレーに進出す : 배구에 진출하다.
1164　그믐날 : 전집(1)은 '그믐'으로 한 글자 빠짐.
1165　コーヒ(coffee) : 커피.
1166　ラロ : Victor Antoine Edouard Lalo(1823~1892) 스페인계 프랑스 작곡가. 대표곡으로는 바이올린 협주곡「스페인 교향곡」이 있다.
1167　フーベルマン(Bronislaw Huberman, 1882~1947) : 폴란드의 바이올리니스트.
1168　提琴家 : 바이올리니스트.
1169　キレイ : 멋짐, 내용은 하여튼 겉치레만 좋은 것.
1170　없오 : 전집(2·3)은 '없소'로 수정.
1171　エルマン(Mischa Elman, 1891~1967) : 우크라이나 출신의 바이올린 연주자. 깊고 풍부한 빛깔의 비브라토를 추구했던 엘만은 선풍적인 인기를 끌었고, 특히 그의 음색은 '엘만 톤'이라 하여 크게 환영받았다.

같은 ラロ 더욱이 最終樂章 ロンド[1172]의部를 그저 막헐어내서는 完全히 딴것을 맨들어[1173]버립니다.

　エルマン은 내가싫여하는提琴家였였는데 그의꾸준히 持續되는 聲價의原因을 이번實演을듣고 비로소알았오. 所謂エルマントーン[1174]이란무엇인지 斯道의門外漢李箱으로서 알길이없으나 그의セラブ[1175]的인 굵은線은 그리고 그奔放한デフォールマション[1176]은 驚嘆할만한것입니다. 英國사람인줄알았드니 나종에알고보니까 亦是イミグラント[1177]입디다.

　閑話休題── 次次 마음이즉 생각하는 것이變해가오. 亦是 내가固執하고있든것은 回避였나보. 胸裏에去來하는雜多한問題때문에 極度의不眠症으로 苦生中이오. 가끔血痰을吐하고 (中略) 體系없는讀書때문에 가끔發熱하오. 二三日식이불을쓰고門外不出하는수도있오. 작구自信[1178]을 잃어버리면서도 良心 良心 이렇게부르지저도보오. 悲慘한일이오.

　閑話休題 ── 三月에는 부디맞납시다. 나는지금참 쩔쩔매는中이오. 生活보다도 大體어떻게 했으면 좋을지를 모르겠오. 議論할일이한두가지가아니오. 맞나서結局아모 이야기도못하고 헤어지는限이있드라도 그저맞나기라도합시다. 내가서울을떠날때 생각한것은 참어림도없는 桃源夢[1179]이었오. 이러다가는 정말 自殺할것같소.

1172　ロンド (rondo 이) : 원무, 원무곡.
1173　맨들어 : 전집(2·3)은 '만들어'로 수정.
1174　エルマントーン (Elman-tone) : 엘만이 연주하는 섬세하고 아름다운 음색(音色).
1175　セラブ (Slave) : 동유럽에 분포하는 민족의 총칭. 인종적으로 코카소이드, 언어적으로는 인도유럽 어족의 슬라브어파에 속하는 민족으로서 러시아인·폴란드인·체코인·불가리아인·세르비아인 등이 이에 해당함. 전집(2)는 '세리프(serif)'로 보아, 'Serif. HI 등의 글자에서 볼 수 있는 상하의 가느다란 선'으로 설명.
1176　デフォールマション (déformation) : 변형, 왜곡.
1177　イミグラント (immagrant) : 이주민.
1178　自信 : 전집(2·3)은 '自身'으로 오식.
1179　桃源夢 : '도원'이란 사람들이 화목하고 행복하게 살 수 있는 이상향(理想鄕). 이상이 동경으로 떠날 때, 그의 의식 속에 동경은 '이상향'으로 자리했다는 것을 말함.

故鄕에는 모도들 벼개를나라니¹¹⁸⁰하야 墮眠¹¹⁸¹을繼續하고 있는꼴이오. 여기와보니 朝鮮靑年들이란 참寒心합디다. 이거참 썩은새끼 조차도 周圍에는 없구려!

進步的인靑年도몇있기는있오.¹¹⁸² 그렇나 그들 亦 늘 그저무엇인지不絶히 劫¹¹⁸³을내고지내는모양이不憫하기짝이없읍다.¹¹⁸⁴

三月쯤은 東京도 따뜻해지리다. 東京들르오. 散步라도합시다.

朝光二月號의「童骸」¹¹⁸⁵라는拙作보았오? 보았다면 게서 더큰不幸이없겠오. 등에서땀이 평평 쏟아질劣作이오.

다시 ヤリナホシ¹¹⁸⁶를할作定이오. 그리기¹¹⁸⁷爲해서는 當分間作品은¹¹⁸⁸ 쓸수없을것이오. 그야童骸도 昨年六月七日頃¹¹⁸⁹에쓴것이오. 그것을가지고지금의나를忖度하지¹¹⁹⁰말기바라오.

조곰어른이되었다고自信하오. (中略)

妄言妄言 葉書라도주기바라오.

음력除夜¹¹⁹¹ 李 箱

―발표지면 :『여성』, 1939.9

1180 나라니 : 나란히.
1181 墮眠 : 게으름을 피우며 잠만 잠, 빈둥거리면서 일하지 않음. 전집(1)은 '惰眠'으로 오식.
1182 있오 : 전집(2·3)은 '있소'로 수정.
1183 劫 : 겁내다, 겁을 먹다는 뜻의 한자는 '怯'이다. 그러므로 '劫'은 '怯'의 오식으로 보인다. 전집(1)은 '怯'으로 수정했다. '劫'은 일반적으로 '매우 길고 오랜 시간'을, '怯'은 '무서워하는 마음'을 뜻한다.
1184 없읍다 : '없읍디다'에서 한 글자 탈락한 듯. 전집(1)은 '없습니다'로 수정. 전집(2·3)은 '없읍디다'로 수정.
1185 「童骸」: 『조광』 1937년 2월호에 실린 이상의 소설.
1186 ヤリナオシ : 고쳐쓰기.
1187 그리기 : 내용상 '그러기'의 오식인 듯함. 전집(3)은 '그러기'로 수정.
1188 作品은 : 전집(1·2·3)은 '作品을'으로 수정.
1189 六月七日頃 : 전집(1·2·3) 모두 '六月 七月頃'으로 수정. 일반적으로 6월경, 또는 7월경이라고 쓰기 때문에 6월 7일경이라는 원문이 옳을 듯함.
1190 忖度하지 : 남의 마음을 미루어서 헤아리지.
1191 음력 1936년 12월 29일로 양력으로 하면, 1937년 2월 10일에 해당한다.

私信(九)

H兄[1192]

兄의 글 반가이 읽었읍니다. 저의 못난 여편네를 위하여 貴重한 하루밤을 夫人으로 하여금 虛費하시게 하였다니 어떻게 感謝해야 할른지 모르겠읍니다. 夫人께도 이 말씀 傳해주시기 바랍니다.

兄의「瞑想」[1193]을 잘 읽었읍니다. 唾棄할[1194] 生活을 하고 있는 現在의 저로서 啓發받은바 많았읍니다. 이것은 讚辭가 아니라 感謝입니다.

저에게 주신 兄의 忠告의 가지가지가 저의 骨髓에 맺혀 고마웠읍니다. 돌아와서 人間으로서, 아니, 사람으로서의 옳은 道理를 가지고 善處하라 하신 말씀은 참 등에서 땀이 날 만치 제 가슴을 찔렀읍니다.

저는 지금 사람 노릇을 못하고 있읍니다. 계집은 街頭에다 放賣하고 父母로 하여금 飢渴케하고 있으니 어찌 足히 사람이라 일컬으리까. 그러나 저는 知識의 乞人[1195]은 아닙니다. 七個國語 云云도 元來가 허풍이었읍니다. 살아야겠어서, 다시 살아야겠어서 저는 여기를 왔읍니다. 當分間은 모든 제[1196] 罪와 惡을 意識的으로 黙殺하는 道理外에는 길이 없읍니다. 친구, 家庭, 燒酒, 그리고 치사스러운 義理 때문에 서울로 돌아가지 못하겠읍니다. 여러가지를 생각하고 있읍니다. 어떻게 했으면 좋을지를 全然 모르겠읍니다. 저는 當分間 어떤 苦難과라도 싸우면서 생각하는 生活을 하는 수 밖에 없읍니다. 한篇의 作品을 못쓰는 限

1192 H兄 : 소설가 안회남(1910~?)을 의미. 이 편지는 이상이 안회남에 보낸 것이다.
1193「瞑想」:『조광』(1937.1)에 발표된 안회남의 단편소설.
1194 唾棄할 : 업신여기거나 더럽게 생각하여 침을 뱉듯이 버리고 돌아보지 않을.
1195 乞人 : 전집(2·3)은 '仡人'으로 되어 있다. 전자는 '거지', 후자는 '높고 큰 사람'이란 뜻의 조어인데, 어느 것이 정확한지 알기 어렵다. 내용상 '達人'을 의미하는 이상의 조어(仡人)인 듯하며, 편집과정에서 임종국이 '乞人'으로 수정한 듯 보인다.
1196 제 : 전집(2·3)에는 이 글자가 없다. 아마도 누락된 듯.

이 있드라도, 아니, 말라비뜨러져서 餓死하는 限이 있드라도 저는 지금의 姿勢를 抛棄하지 않겠읍니다. 到底이 「커피」한 잔으로 解決될 問題가 아닌 것입니다.

朝光 二月號의 「童骸」는 昨年[1197] 六, 七月頃에 쓴 冷汗三斛[1198]의 劣作[1199]입니다. 그 作品을 가지고 지금의 李箱을 「忖度[1200]하지 말아주시기 바랍니다.

過去를 돌아보니 悔恨 뿐입니다. 저는 제 自身을 속여 왔나봅니다. 正直하게 살아왔거니 하던 제 生活이 지금 와보니 卑怯한 回避의 生活이었나봅니다.

正直하게 살겠읍니다. 孤獨과 싸우면서 오직 그것만을 생각하며 있읍니다. 오늘은 陰曆으로 除夜입니다. 빈자떡, 수정과, 약주, 너비아니,[1201] 이 모든 飢渴의 鄕愁가 저를 못살게 굽니다. 生理的입니다. 이길 수가 없읍니다.

가끔 글을 주시기 바랍니다. 孤獨합니다. 이곳에는 친구삼을만한 사람이 없읍니다. 아직 發見하지 못했읍니다. 언제나 서울의 흙을 밟아볼른지 아직은 茫然합니다. 저는 健康치 못합니다. 健康하신 兄이 부럽습니다. 그러면 過歲 安寧히 하십시오.[1202] 夫人께도 人事 여쭈어주시기 바랍니다.

愚弟 李 箱[1203]

1197 昨年 : 전집(1)은 '作年'으로 오식.
1198 冷汗三斛 : 斛은 옛날에 곡식을 계량하던 10말[斗]들이 그릇이므로 '冷汗三斛'은 식은 땀 서른 말을 뜻함. 여기서는 식은 땀을 대단히 많이 흘렸다, 즉 대단한 정성을 들여 썼다는 뜻.
1199 劣作 : 보잘 것 없는 작품, 졸렬한 작품. 駄作.
1200 忖度 : 남의 마음을 미루어서 헤아림.
1201 너비아니 : 저미어 양념해서 구운 쇠고기.
1202 설을 안녕히 쇠십시오.
1203 전집(1)에는 이 편지 마지막에 "一九三六年陰十二月末日에 쓴 書信. 李鳳九氏 提供. 文責編者"라는 편집자의 주가 붙어 있다. 안회남에게 보낸 서신이 어떤 경로를 통해서 이봉구에게 건너갔는지 의문이다. 이 역시 양력으로 보면, 1937년 2월 10일에 씌어진 편지이다.

私信(十)[1204]

　어제東琳[1205]이 편지로 비로소 네가 就職되었다는 消息듣고 어찌 반가웠는지 모르겠다. 이곳에와서 나는하로도 마음이 편한날이 없이 집안걱정을하야 왔다. 울화가 치미는때는 너에게 不快한편지도썼다. 그렇나 이제는 마음을 놓겠다. 不憫한 兄이다. 人子의道理를 못밟는 이 兄이다. 그렇나 나에게는 家庭보다도 하야ヽ[1206] 할 일이있다. 아모쪼록 늙으신어머님아버님을 너의 정성으로 慰勞하야 드려라. 내 자세한 글, 너에게만은 부디 들려주고싶은자세한말은二三日內로 다시쓰겠다.[1207]

1204 이상이 아우(김운경)에게 자필로 보낸 엽서. 전집(1)의 제1권 창작집에에 사본이 실려 있다. 한편 이 엽서의 앞면에는 당시 이상의 일본 주소가 명기되어 있는데, 임종국은 이를 근거로 "東京市 神田區 神保町 三丁目 一○一의 四 石川方에 寄宿"(전집(1) 제3권 수필집, 318면)으로 기록하고 있다. 이상의 엽서 사본이 겹쳐져서 자세히 알 수는 없지만, 이상의 주소는 "東京市 神田區 神… 一○-四 石川方"으로 되어 있다. 즉 "…三丁目 10-4번지 石川方"임을 알 수 있다. 전집을 편한 임종국이 "10-4"를 "101의 4"로 오기한 것이다. 최근 직접 그 주소지를 방문한 적이 있는 권영민 교수는 이상의 주소를 "……三丁目 10-1번지 4호"로 추정하였다. 한편 이 숙소에 대해 김기림은 "구단 아래(九段下) 꼬부라진 뒷골목 이층 골방"으로, 김소운은 "진보쬬오(神保町) 뒷골목 햇살이 들지 않는 좁은 2층방"으로, 이진순은 "간다(神田)에 있는 이층 북향으로 다다미 넉장밖에 안되는 매우 초라한 것"으로 설명하였다. 한편, 김운경은 6·25때 행방불명이 됨.
1205 東琳 : 본명은 卞東琳. 화가·수필가. 구본웅의 이복 동생으로 이화여전을 다녔으며, 1936년 이상과 결혼하여 황금정에서 동거한 것으로 알려져 있다. 필명은 김향안으로 이상과 그녀와의 삶은 「〈마로니에의 노래〉와 인터뷰의 봉변」에서 「이상이 남긴 유산들」(『문학사상』 1985.10~1987.1)에 이르기까지 5편의 글에 정리되어 있다.
1206 하야ヽ : 'ヽ'는 동일 글자 반복을 뜻하며, 그러므로 '하야야'.
1207 전집(1)에는 "一九三七年二月八日 季氏 (金雲卿氏)에게 보낸 葉書. 未發表. 이것이 그가 故國에 보낸 最後의 書信이 되고 말았다"는 편집자의 설명이 붙어 있다. 만일 이 날짜가 음력이라면 이상의 마지막 편지일 것이나, 양력이라면 1937년 2월 10일에 기림과 회남에게 각각 보낸 편지(사신(7)·(8))가 있으므로 위의 설명은 잘못이다. 참고로 이 날짜가 음력이면, 양력으로는 37년 3월 20일이 된다.

권두언 1[1208]

◇ 楕圓形의 스탠드에 충만해 있는 觀衆은 그것들의 전체가 형성해가고 있는 楕圓形에 대하여 의식하고 있는 경우는 드물다.

◇ 個個의 觀衆은, 個個의 존재를 의식하고 있을 뿐이다.

◇ 전체를 보기 위해서는 觀衆으로서의 입장을 내던지지 않으면 안된다.

◇ 거기에는 異狀兒를 찾아내는 天才의 出現이 있다. 이 異狀兒여, 이미 觀衆은 아니다.

◇ 우리들은 그것에 유의하지 않으면 안된다.

1932. 6. R

— 발표지면 : 『朝鮮と建築』, 1932.6

[1208] 『조선과 건축』지에 이니셜 R로 총 13회에 걸쳐 권두언이 실렸다. 『문학사상』(1976.6)에 번역 소개되면서 널리 알려졌다. 당시 R이 필명으로 된 12작품(총 13편인데 「총명보」는 제외)과 H.R이 필명으로 된 1작품 등 모두 13편을 내용 중의 제목을 발췌하여 소개했고, 전집(2·3)도 별다른 설명 없이 싣고 있다. 문학사상자료조사연구실은 R이 이상의 이니시얼이라고 추정되는 이유로 첫째, 이 권두언이 실린 호부터 李箱이 잡지 편집에 직접 간여했다는 사실과 그 권두언이 끊긴 제12집 12호가 李箱이 그 편집에서 손을 뗀 시기와 일치한다는 점, 文體·語彙·思想, 그리고 메타포가 그 무렵에 발표한 그의 日文詩와 동일하다는 점, 建築誌이면서도 권두언 내용이 藝術文學 등에 관한 것이라는 점, 이 아포리즘이 뒤에 독립된 시로 쓰여진 흔적을 발견할 수 있다는 점 등을 들고 있다. 그러나 이상의 글이 아닐 가능성이 있으며, 앞으로 이에 대한 텍스트 확정이 엄격히 요구된다. 『문학사상』 번역본을 저본으로 원문의 표기 및 배열방식을 참조하여 실었으며, '권두언7'은 따로 발굴·번역하여 실었다. 참고를 위해 기존 번역과 원문의 저자 이니셜을 같이 싣기로 하였고, 번호는 임의로 게재된 순서대로 붙인 것이다.

권두언 2

◇ 기본적인 形體, 혹은 色彩는 절대로 우리들의 創造로는 태어나지 않는다.
◇ 幾千幾萬年부터 全 人類의 原經驗의 堆積이다.
◇ 그렇지만 그것들이 조합되는 곳에, 우리들은 創造의 경지를 찾아낸다.
◇ 鑑賞의 範圍와 스스로 결정된 것, 만약 건축 속에서 鑑賞的 態度가 허용된다면…….

1932. 7. R

― 발표지면 : 『朝鮮と建築』, 1932.7

권두언 3

◇

8월은 스포츠 속에서 저문다. 전 生物의 왕성한 成長 가운데.

◇

스포츠가 단지 勝敗를 목표로 할 때 그것은 인류에 아무런 기여도 하지 않는다.

◇

그러나 전 生物의 進化의 요인으로서 生存競爭을 든다. …………그것은 뒤에 그것의 결과로서의 陶汰에 改書[1209]를 한데 지나지 않는 것이지만.

◇

그것 뿐이라면 우리들은 다만 이기기만 하면 된다.

◇

그렇다면 敗者는 생존권을 잃고 마는가.

결코 잃지 않는다. ………… 下等한 生物들 사이에서라도…………

◇

敗者는 敗者로서의 生存過程을 形成해가고 있는 중이다. ………… 轉位, 變形 ………… 말하자면 어느 민족이 滅失 減少했다고 우리는 믿고 있다. 그러나 그것이 生存競爭, 淘汰에 기인한다고 생각한다는 것은 잘못이다. 그것들은 適應의 원리에 의해 變形, 轉位한데 지나지 않는다.

生物이 高等하게 되면 될수록, 생존경쟁 ………… 淘汰는 生物의 進化에 있어 何等 중요성을 갖지 않는다.…………(8. 1932. R)

― 발표지면 : 『朝鮮と建築』, 1932.8

1209 改書 : 새로 고쳐 씀.

권두언 4

　　　　　×

모호리- 나기이[1210].....................

　　　　　×

최초의 不分明한 原經驗으로부터 계속적 증가로 생활전체가 생기고.......... 基礎經驗이 발전하고 변형하여 정신적으로 되고 다른 여러 경험과 관련하여..............건축에까지 도달한다.

　　　　　×

敎育問題........................

　　　　　×

부채꼴의 人間 .... 原始人은 혼자서 獵師, 工藝家, 建築師, 醫師를 겸했다............現代人은 그중 하나를 선택한다.

　　　　　×

미래는 전적인 人間을 요구한다.

　　　　　×

對照에서는 인간은 목적이다.

　　　　　×

人間에서 性慾을 控除[1211]하는 것,
인간에게 繁殖을 停止하는 것,
인간은 어느 것을 희망하는가?

　　　　　×

[1210] 모호리-나기이 : Moholy Nagy(1895~1946) 헝가리 출신의 세계적 조형주의자이자 사진작가.
[1211] 控除 : 받을 몫에서 일정한 금액이나 수량을 뺌.

그것을 우리들은 잊어버리고 있는 것 같다.

×

1932.·········9.···········R

― 발표지면 : 『朝鮮と建築』, 1932.9

권두언 5

×

다시……모호리−, 나기이……………

感覺的 訓練.

觸覺 練習

材料의 經驗, 構造, 組織, 組成, 集合體.

創作活動의 방법으로서의 生物工學.

………原則………責任………形式者의 自由.

×

裝飾.

古代에 있어서는 오나멘트[1212]란 이따금 기능과 融合해 있었다.

平面編成.

콤포지션.[1213]

콘스트락션.[1214]

傳說.

古典美의 公理.

아카데미 敎育.

예술은 上部構築을 한다.

1932.………10.………R

— 발표지면 : 『朝鮮と建築』, 1932.10

1212 오나멘트(ornament) : 장식.
1213 콤포지션(composition) : 구성, 구도, 합성.
1214 콘스트락션(construction) : 구조, 건축양식, 입체예술.

권두언 6

이봐. 누가 좀 불을 켜주게나

더듬거리면서 겨우 여기까지 왔네그려

이렇게 캄캄해서야

이젠 아주 글렀네. 무서워서 한 발자국인들 내놓을 수 있겠는가

이봐. 누가 좀 불을 켜주게나.

1932. ....11. ....R

― 발표지면 : 『朝鮮と建築』, 1932.11

권두언 7[1215]

총명보(聰明譜)

미래를 아는 것을 총(聰)이라 한다.

과거를 아는 것을 명(明)이라 한다.

　　　(관자내업)················귀와 눈이 총명하다.[1216]
　　　(역　　경)················옛 총명[1217]

　　　　　　　　1932·········12·········R

— 발표지면 :『朝鮮と建築』, 1932.12

1215　이 글은 동일한 R의 작품인데도 불구하고 전집(2·3)은 누락.

1216　원문은 '(管子內業)················耳目聰明'으로『管子』〈內業〉의 '耳目聰明 四肢堅固'(귀와 눈이 총명하고 사지가 견고하다)의 준말이다.

1217　원문은 '(易經)················古之聰明'으로『易經』의 '古之聰明叡智, 神武以不殺者乎'의 줄임이다. 그것은 '총명과 예지를 갖춘 성인, 신무해서 사람을 죽이지 않은 자란 말인가'라는 의미이다. 그리고 여기에서 미래와 과거를 안다는 것은 바로『역경』의 '미래를 예지하는 영묘함과 과거를 포용하는 영지를 대체 어떤 자가 자기 것으로 할 수 있단 말인가(神以知來 知以藏往 其孰能與於此哉)'를 가져온 것으로 풀이된다.

권두언 8

創造……………………
한 面으로는 直觀을 요하며………………
다른 面으로는 直觀을 培養하는 것의
科學的 기초를 요한다.
그것이 예술인가 非藝術인가는 문제가 아니다.
일을 해가고 있는 者에게는……
創造하는 것만으로 足하다.……………R

― 발표지면 : 『朝鮮と建築』, 1933.5

권두언 9

우리들은 猿類로부터 進化하여, 하나의 原理에 이끌리어
살아왔다는 觀點,

우리들은 太陽과 地球의 어느 특정한 상태에 적응하여
原形質이 생명화하여 그뒤 순간순간에 적응해가며
살아왔다는 觀點이

지금 우리들 안에서 混亂해 있다.……………………………R

― 발표지면 : 『朝鮮と建築』, 1933.6

권두언 10

어떻게든 하지 않으면 안된다
라는 의지만이라도 키워가고 싶다.
그것들이 集積될 때
우리들의 全經驗이 협력하여 발전적인 知識을
형성한다.……………………………………
………………건축의 발전단계에 있어 요구되는
바의 지식은 建築的인 경험만으로는
不充分하다.

昭和 8. 7. 21 R.

— 발표지면 : 『朝鮮と建築』, 1933.7

권두언 11

모호리—·나기—

精力學的 리듬만이, 예술의 요소가 될 수 있다는 에지프트[1218] 시대로부터 생겨난 수천년의 오류로부터, 우리들은 해방되지 않으면 안된다.

우리들은 時間感覺이 根本形式으로, 藝術의 가장 주요한 요소는, 활동적 리듬이란 것을 宣言한다.

생물적 구성은 生命의 현상상태이며, 모든 인간적 및 宇宙的 전개의 原則이다.

(昭和 8. 8. 21 R.)

— 발표지면 : 『朝鮮と建築』, 1933.8

1218 에지프트 : 이집트.

권두언 12

「자꾸 무시무시한 壓力으로 밀어닥치고 있으니」라고 그는 말하면서 한 발자국 한 발자국 後退해 간다.

그가, 그것에 대해 對抗할 만한 力量도 없지만, 대항하려드는 의지조차 보이지 않는다.

그는 後退해가고 있는 것에 눈치조차 채지 못하고 있는 것 같다. 혹은, 事實 전연 그렇지 않을는지도 모른다. 우리가 후퇴해 가고 있다고 보는 것은, 실은 새로운 평화의 步道를 택한 것인지도 모른다.

어쨌든 그의 시비는 此後에 남겨진 問題지만, 그가 말하는 무시무시한 壓力에 대하여서는 여러 가지 의미에서, 지금은 그냥 禮讚해 두자.

昭和 8. 10..........................R

― 발표지면 : 『朝鮮と建築』, 1933.10

권두언 13

經驗主義를 排擊하라

그리하여 技術의 道로 돌아가라.

技術이란.........全科學의...

...........社會에의...............

媒劑이다..........................

............................昭和 8. 11. R.

― 발표지면 : 『朝鮮と建築』, 1933.11

권두언 14

×

과거를 돌아보기 위해서
또는 장래를 생각하기 위해서만
歲末의 意義가 있다.

×

一週, 一個月, 一個年,
다같이 하나의 「포인트」를 구할 수 있다.
그러나 확실한 「포인트」는 一週로서는 모자란다.
一個月에도, 一個年에도, 五個年에도, 10個年에도 다같이 不足하다.

×

이런 상태로 진행되면 확정적인 「포인트」는 죽을 때일 것 같다

×

아니면 그것마저도 不可能할는지 모른다.

×

원래 人生에 結論을 부여한다는 것부터가 부질없는 일인지도 모른다.

×

永劫인 流轉 가운데 終始를 구할 수 있겠는가.

×

그러나 어떤 말[齣]은 하나를 잡아보아도 그것은 확실한 역사이긴 하다.

×

그러기 때문에 인생 가운데, 억지로 「포인트」를 찾자면

×

어느 瞬間도 확실한 「포인트」가 된다.

································昭和 8 歲末················H.R.[1219]

— 발표지면 : 『朝鮮と建築』, 1933.12

[1219] H.R : 이것은 두 사람의 이니셜로 보이며, R뿐만 아니라 H도 쓴 것이 되기 때문에 이럴 경우 두 사람의 공동 집필로 간주해야 되는데, 어디까지를 R의 글로 볼 것인가 하는 문제가 남게 된다. 참고로 R은 계속하여 다른 사람들과 공동으로 권두언에 글을 올리고 있다.

現代美術의搖籃[1220]

金海慶

 時代는 藝術의엇썬 한『왜-송』[1221]의搖籃時代이거나 或은 그것의爛熟時代이거나 그것도저것도아니면 그中間이거나中의엇썬것하나만을 한사람或은 그사람과[1222]가치사는 民衆에게늣기게한다 人生은짤ㅅ고藝術은길다[1223] 即藝術은人類와함께길기가限이업는것이지만 人生은그와反對로너무짤분까닭이겟다 고만한것을늣기게하는것이나마 其實은 그엇썬것의하나의도[1224]몃分의一일것이지만—

 一九三五 — 今日

 人口의尨大한數字가 藝術이업는 藝術이關係하지안는生活에서生活하고잇슴에도不拘하고 人類는亦是 藝術을死守하고잇다 거의恐怖에갓가운時代不安을一身에負擔하는 人口의엇썬層은 至今 刻一刻으로歸屬의 方向明示를肉迫당하고잇스면서 그最後의避難處를 藝術에차즈려든다 그러나 그自身이生理하는解消性은 種種의意味로그들로하야금 藝術에의告別을强制한다 한『왜-송』의藝術의 末期的繁榮 이아니면全혀새로운한『왜-송』의藝術의誕生

1220 문학사상자료조사연구실의 발굴로 『문학사상』(1977.6)에 재수록되었다. 소개 당시 저자를 '李箱(金海卿)'으로 소개하였으며, 전집(2·3)은 별다른 설명없이 이 글을 전집에 포함시켰다. 저자의 이름은 '金海慶'이다 이것이 단순히 金海卿의 오식인지, 아니면 다른 인물인지 원전확정이 요구되어 여기에 실어둔다.

1221 왜-송(fashion) : 유행이나 사조, 방식 등을 말함. 전집(2·3)은 '중세의 예수의 탄생으로부터 수난·승천·죽음·승천에 이르기까지를 연극화한 것(受難劇), 또는 예수의 수난사를 다룬 곡(曲)'으로 설명.

1222 사람과 : 원문은 '사삼과'로 오식되어 있다.

1223 人生은짤ㅅ고藝術은길다 : 의학의 창시자 히포크라테스의 말. 원래 이 말은 '의학적인 기술을 배우는 데는 오랜 시간이 걸리지만 인생은 지극히 짧다'라는 의미로 쓴 것인데, 훗날 사람에 의해 예술의 위대성은 영원하지만 인생은 짧다는 의미로 바뀌어 쓰이고 있다.

1224 하나의도 : '하나에도'의 오식인 듯. 전집(2·3)은 후자로 수정.

一九三五年은 엇썬『예―숭』의 爛熟이냐, 搖籃이냐, 이것은 南山松林속에업드려그것이南山인지北岳인지를識別하랴드는것과가튼일일것이다 現代人은벌서現代人이라는理由에서 現代에近視아닐수업다

近視는勿論먼데것을 ― 過去或은未來 ― 보지못한다. 그럼으로먼데것을보려들지안는다.

그것은볼必要가업는까닭이다.

藝術에는永遠性이라는것이適用되지아니함으로.

管仲鮑叔[1225]의生活이 우리에게엇써케緊急하게關係되는가. 或은二千年後의世界의우리는『모던샢―이』될수잇슬가.

藝術이라는名目속에包括되는一切의藝術은그形式이그內容이그意義그目的이時代에쌀아서너무나달은까닭에 個人或은社會의모든觀念을달니하는다른時代에잇서서全혀다른意味로成立된다 그것은그러기에쇄썰어진過去와쇄썰어진未來어느것에도關係하지안는그時代만의것일것은勿論이다.

歷史의必然性 ― 그것은生成하는人類만이가지는創造的 意志에全혀支配될 ― 에서만 藝術의永遠性업는永遠性은 어렴풋이觀念된다.

이것은卽 人類가存續하는限 藝術이人類에게서失滅될것을想像할수업다는同意다 그러나 우리의百代後의子孫들이 엇던藝術을엇던社會環境에서엇더케享有할것인가는勿論推測할수업는일이다

人類는生成한다 人類만이가질수잇는創造의意志로하야 우리는그러기에 우리가領屬하는時代에서 우리의다음에오는우리가領屬할새로운時代를創造할 義務를負擔한다 歷史와博物館 우리는여기서 여러가지를 배홀것이다 배호는法을自覺한다

藝術史로整理하는것 藝術의 한『예―송』을처음나은時代의 社會的背景 前時代

[1225] 管仲鮑叔: 管仲(?~BC 645)은 춘추시대 제(齊)나라의 재상(宰相)이며, 주요 저서로는 『관자(管子)』가 있다. 가난했던 소년 시절부터 평생토록 변함이 없었던 포숙아(鮑叔牙)와의 깊은 우정은 '관포지교(管鮑之交)'라 하여 유명하다.

로부터흘너오는思潮 現代와關聯하면서가지는意義 個人과生活에잇서엇써케接觸하는가하는吟味이런것들을會得[1226]하는것은 다음時代다음에오는藝術을意志的으로創造하는데 그런意味로서의歷史的[1227] 必然性을誘致하는原動力이될것이다

個人으로서 時代로서 創造的意志의發動이업는 努力이업는人類와時代는 中世紀暗黑時代에匹敵할것이다

明日의藝術을創造하기爲한今日의努力 今日에絡繹되는[1228] 昨日 昨日에서今日로 이것을한創造의意志를基礎로한歷史로하야 嚴密한檢討는 明日의藝術을創造하기爲한 今日의努力의하나일것이며 거기서 어들수잇는 가지가지의暗示는 明日의藝術을誕生하는 媒介와方法이될것이다그리하야 모롱직이[1229] 그런데 그칠것이다 그것을 오늘우리가 希臘과앗시리아의昔日을보듯키劃然하게[1230]하는것은 百年後 或은千年後의 文明批評家의손에 맛길일이다

一九三五 ─ 美術 混沌한時代不安과藝術自體의 不安가운데서 今日의美術은 우리에게 너무나暗澹한約束밧게는하야주지안는다 이不吉한豫感에焦燥하면서[1231] 明日의美術創造工作에着手한다 여기한장의立體派以後의奇拔한畫面이잇다 從來의美學의尺度로는 會得할수업는새로운價値發生을究明하기爲하야延하야는[1232] 明日의美術에의指針이 잇기爲하야努力한다

現代美術의搖籃이 어듸서흔들넛나 거기서부터 차곡차곡 整理하는方法의體驗은 明日의美術에의한줄血路[1233]를 엇는[1234] 賢明한努力일것이다 混頓[1235]

1226 會得 : 사물의 이치나 뜻 따위를 분명히 이해함.
1227 歷史的 : 전집(2·3)은 '歸史的'으로 오식.
1228 絡繹되는 : 사람이나 수레의 왕래가 끊이지 않는.
1229 모롱직이 : 모름지기.
1230 劃然하게 : 기본형, 획연하다. 구별이 매우 분명하다.
1231 하면서 : 원문은 '야면서'로 오식되어 있다.
1232 延하야는 : 延은 멀리까지 이르다는 뜻이므로, '延하야는', '더 나아가서'란 의미.
1233 血路 : 곤란하고 위태로운 경우를 가까스로 벗어나는 어려운 고비의 길.
1234 엇는 : 전집(2·3)은 '잇는'으로 적고 있다. '엇는'을 오식으로 본 것인데, 이것은 오늘날 표기로는 '얻는'이니까 오식으로 보이지 않는다.
1235 混頓 : 混沌의 오식으로 보임.

한現代美術가운데에서 우리는드듸어美術의正路를喪失한가도싶다 或은우리는數三步의後退를不得已할는지도모른다 그러나그것은 百步前方에잇는明日의 正路를獲得하는目的에하는意識的인것이아니면안될것은勿論이다

「에스프리·누보-」[1236]

藝術은작고만藝術아닌것으로 傾向한다 그것은今日의藝術이今日의藝術이기 爲하야는차라리 昨日의藝術인데서만藝術일수잇는藝術에는 告別하는싸닭이다 從來의藝術을尺度하든市民은 이것을藝術의自己解消性으로憶測한다

巴里에서오는 한장의複製版에서 우리는 우리가오늘 急行列車와 얼마나힘든競走를하고잇는가를自覺식힌다 자칫하면우리는 現代라는[1237]機關車에서 千里뒤써러지ㅈ아니하면 아니되는 恐怖째문에 威脅당한다 그것은明朗한暗黑時代다

에스푸리누-보-

그것은두번째의 『르넷상스-』를胚胎하는 精神의危機다

現代美術의搖籃

그것은勿論 — 現代的覺醒과現代的生活을몬저한것이 西洋이니까 — 西洋의 文藝復興에서 그根源을依賴할수밧게업다 文藝復興은 現代人이가지는세가지의 큰人間의自覺을 一時에混頓히內含하면서發生하야 漸次로 하나式하나式을完成하야간全體다 理想主義現實主義主觀主義 昨日까지가이主成分되는 세가지의 思潮의實踐史의 延長이엿슬는지도모른다 왜?今日 우리는이쐐길다란文藝復興 以後의 歷史의너무만흔 言海로하야드듸여 黑紙化하야버린 그리하야白紙化 하야버린 文藝復興最終의『페-지』에서 새로운文藝復興을促進하는機運을 濃厚히보는싸닭이다

1236 에스프리·누보(esprit nouveau) : 새로운 정신.
1237 現代라는 : 원문은 '現代하는'으로 오식되어 있다.

세가지의思潮는發展하되 必然的인歷史的순서를밟는다 勿論어느年代에도 그세가지의思潮가倂存한다 그러기에다만 그年代에잇서서 그思潮의勝利를意味할짜름이다

遊牧民『고-트』族¹²³⁸이西歐에 그勢力地域을安定하얏슬째 그들은政治의한 手段으로基督敎를 接近하얏다 그러나그들의慓悍한¹²³⁹蠻性을鎭撫¹²⁴⁰한것은 意外에도 亦是基督敎엿다 그들은頹廢文化人『라틴』族과結合하야가면서 能히 그들自身의文化를成就할수잇섯다 『로마네스크』¹²⁴¹와『고틱』¹²⁴² 이것은비록 王侯貴族과 敎權直接의意志發動에서成就된것은아니라고볼수잇스나 쇄오랜동안 그들은그들의血管에基督敎의피를經營하면서 中世紀를거첫다 『로마네스크』와『고틱』으로하야 希臘『로-마』의 傳統에서볼수업든 主觀的인伸長과飛躍을特徵으로하는쇄革命的인民族性을가진 『고-트』族도西歐에 『라틴』과『고-트』族 의結合인 民族分布狀態로보게되게까지 쏘十字軍의遠征으로意外에어든 東方先進『콘스탄치노-풀』¹²⁴³을中心으로하는文化의輸入이잇기까지『로-마』에本山을둔基督敎僧徒의 王權과結託한온갓 宗敎의獨裁專政 아래서不得已希臘『로-마』의 古典傳統을異端視하면서 中世紀的暗黑을걸어오지아니하면아니되엿다 그러나十字軍의遠征에서바든 宗敎的失望은 民衆에게잇서컷다 王權과敎權은漸次離乘¹²⁴⁴하야 法王廳威嚴失墜로 말매암은 民衆의開明과自覺이 基督敎

1238 고-트族(Goths族) : 타키투스시대(55~120경)에 바이크셀강(江) 하류에 정주하던 동(東)게르만계(系)의 부족.
1239 慓悍한 : 기본형, 표한하다. 날쌔고 사납다. 전집(2·3)은 '標悍한'으로 오식.
1240 鎭撫 : 난리를 일으킨 백성들을 진정시키고 어루만져 달램.
1241 로마네스크(Romanesque 프) : 11~12세기 전반에 유럽의 라틴계 각국에서 일어났던 미술 건축상의 양식.
1242 고틱(Gothic) : 로마네스크에 이어 르네상스까지 프랑스를 중심으로 하여 유럽에서 유행하던 미술 양식. 원문에는 '고틕'과 혼용.
1243 콘스탄치노-풀 : 현재의 이스탄불이며, 터키 최대의 도시. 옛 이름은 콘스탄티노플(Constantinople)이며, 그리스시대에는 비잔티움(Byzantium)이라고 하였다.
1244 離乘 : '離乖'의 오식. 전집(2·3)은 '離乖'로 수정.

만이 精神的文化의唯一의典據아님을알게하얏슬뿐아니라 從來 敎權으로하야抑壓되엿든希臘『로마―』의古典文化가운데 얼마나人間本然의精神生活이橫溢하고잇는것을發見하자 새삼스러히놀내며一方깃버하얏다

그리하야中世紀的束縛인 禁慾的인것 神秘的인것을極端으로 排擊하며 自由奔放한現世的인것 自然的인것 樂天的인것인 古典의再認識에로 그들의발길은 옴겨갓다 沈蔚[1245]陰森한僧院을 脫出하야 明朗華麗한世界로― 卽새로운意味로의 聖母와基督 이것을獲得하며表現하며崇拜하는것이 그들의理想이오 現實이오主觀이게되엿다. 이人間性의解放 그러기爲한古典의再生 이것이文藝復興이오 現代的인것으로의壯嚴한出發이엇다.

現代的인것으로의 發展 ― 그것은우리들의 昨日까지에絡繹된다.[1246] 가장賢明한過程을 밟으면서 人間完成을工作한다.

理想主義에서 現實主義로 ― 그리하야主觀主義로 이럿케明白의두번째의 文藝復興을豫想하면서或은豫想지아니하면서 分業的으로 ― 表面 ― 徐々히成就한다.

基督敎의桎梏에서 脫出하면서 自覺한이세가지의 現代的思潮의要素는쐐길다란實踐[1247] 이잇슨後 오늘그歷史의整理에서 우리에게明日의世界― 藝術에의 飛躍伸張을督捉[1248]한다.

理想主義

좀더技巧的인意味에서의古典主義와浪漫主義가여기包括된다 理想主義는勿論 現實主義에對稱된다 또다른意味에서主觀主義와도背馳된다 그러나文藝復

1245 沈蔚 : '沈鬱'의 오식인 듯.
1246 絡繹된다 : 사람이나 수레의 왕래가 끊이지 않고 이어지다.
1247 實踐 : 원문은 '實賤'으로 오식.
1248 督捉 : '督促'의 오식으로 보인다.

興以後의現代的인要素의큰하나로서평美術[1249] 우에남긴足跡은重大하다 勿論 古典主義는 그것이너무造型的이고技巧的인古典의 追從이엇는理由에서浪漫主義만큼爛慢하게꼿피지는못하얏스나 浪漫主義에잇서서는 後日文學上或은一般造型藝術運動에新浪漫主義의盛히宣傳되는데도비초여[1250] 美術史上 文學과 一般藝術上에도 勿論歷史的意義는

루이다뷔-드[1251]

『나폴레옹』의宮廷畵家 『루이다뷔-드』는古典派初期의第一人者이엿다. 佛蘭西革命째에는『로베스쎄에르』[1252]의部下엿고 後에宮廷畵家의首班으로登用되엿고 一生을『나폴레옹』讚仰과描寫에그칫다. 그는늘『希臘에들어가서希臘을超越한다』고自負하얏다한다. 果然 그는希臘彫刻을典據로하야 그것을當時의特色으로取扱하얏다. 그러나그것은오즉造型的外觀에만그친것이엿고 決코希臘의思想精神을理解한것은아니엿다. 그것은全혀 希臘彫刻의『만넬리즘』[1253]이엇다. 肉體의自由로운 姿勢와動作의表現 姿勢와動作에서오는感情의自由로운表現 이런것이업는 提示된構圖를 그대로빌녀온雜然한排列의說明畵에지나지안는것이엇다 그것은마치 現代『아메리카』映畵의엇썬것에서볼수잇는壯嚴華麗한單彩色의『파노라마』的敍事劇의한場面을보는것과갓흔늣김을준다『나폴레옹』과 『조세퓌느』[1254]의戴冠式을그린그의有名한傑作을一見에果然『나폴레옹』의즐거워함즉한黃金빗虛榮의 充滿橫溢하는畵面이다 이런類의看板式構圖는오늘英國

1249 펑美術 : 퓐(Fyn)미술.

1250 비초여 : 비추어

1251 루이 다뷔-드 : Jacque Louis David(1748~1825) 프랑스의 화가로 19세기 초 프랑스 화단에 군림하였던 고전주의 미술의 대표자.

1252 로베스쎄에르 : Maximilien Franois Marie Isidore de Robespierre(1758~1794) 프랑스 혁명기의 정치가.

1253 만넬리즘(mannerism) : 매너리즘, 일정한 기법이나 형식 따위가 습관적으로 되풀이되어 독창성과 신선한 맛을 잃는 일, 또는 그러한 경향.

1254 조세퓌느 : Joséphine de Beauharnais(1763~1814) 프랑스 황제 나폴레옹 1세의 최초의 황비(皇妃). 파리의 사교계에서 미모로 이름을 드날렸다.

『아카데미』¹²⁵⁵에서도흔히볼수잇는千古의範을『다뷔-드』는創設하얏다는데 그의功績을認定할는지그러나그의全歐를震¹²⁵⁶식히든 名聲에도不拘하고 그가 한낫古典의皮相의模倣者에지나지안앗는것은勿論이다.

『다뷔-드』의弟子『즈앙그로-』는『세-느』¹²⁵⁷江에投身한 古典을理解하는데잇서 오히려師『다뷔-드』보다優秀한畵家엿다. 人物의性格的인活躍과情景의어느程度의深度를보혀준等 浪漫主義와一脈相通하는點이업지안타.『아이라우』戰爭을訪問하는『나쌀레옹』『아부씨-르』¹²⁵⁸의海戰等 그의 傑作이다. 그러나 一死로써時代의犧牲이된그도亦是 『나쌀네옹』讚仰을表現하는데天職을찻는愚昧를免치못하얏든것은勿論이다.

즈앙·앙그르¹²⁵⁹

차라리그는新古典派에屬할것이다『다뷔-드』門下로『다뷔-드』가『希臘에 들어가 云云』하면서오히려『로-마』彫刻에依據하얏슴에反하야그는希臘彫刻에서 優秀한表現을攝取하얏다『그것은全혀그에게對하야는神이엇다』이러케 『베네짓드』는말하얏거니와 그는또이런驚嘆으로『라ᅁ엘』¹²⁶⁰을硏究하얏다 正確冷嚴한 『심메추리』¹²⁶¹한構圖에서 人體에서오는 感情的인 美를表現할수잇섯든『앙그르』의偉大는 그가希臘彫刻의端念¹²⁶²한硏究한편 文藝復興特히『라ᅁ엘』硏究의德澤에잇겟다 感情的인 美-이것을發見한데서그는冷酷하고乾燥

1255 아카데미 : 원문에서 아카데미, 아케데미가 혼용되어 표기.
1256 震 : '震駭(몸을 벌벌 떨며 놀람)'의 오식인 듯.
1257 세느(Seine) : 프랑스 북부를 흐르는 강. 부르고뉴, 샹파뉴에서 시작하여 파리 분지를 거쳐 영국 해협으로 흘러 들어가며, 프랑스에서 세 번째로 긴 강이다. 길이는 780km.
1258 아부씨-르 海戰 : 1798년 나일강 입구의 아부키르만에 있었던 해전. 넬슨 제독이 이끄는 영국 함대가 나일강 입구 아부키르만에서 나폴레옹의 이집트 원정함대를 상대로 대승을 거두었다.
1259 즈앙·앙그르 : Jean Auguste Dominique Ingres(1780~1867) 프랑스의 화가. 루이 다비드에게 사사하였으며, 19세기 프랑스의 고전주의를 대표하는 화가. 원문에서는 '즈앙그르', '앙그르' 등의 표기 혼용.
1260 라ᅁ엘 : Sanzio Raffaello(1483~1520) 이탈리아의 화가·건축가. 레오나르도 다빈치, 미켈란젤로와 함께 르네상스의 고전적 예술을 완성한 3대 천재 예술가의 한 사람.
1261 심메추리(symmetry) : 대칭, 균형, 균형미, 조화미, 균정(均整).
1262 端念 : 바른. 조어이거나 무언가 한 글자 오식일 수 있다.

하고 生命업는擬古典에서免할수잇섯다 그곳에後日『모로-』[1263] 等이 發展식힌 新古典主義와新浪漫主義의根源을볼수잇다 『에듸-보스』[1264]『스핑크스의 수ㅅ썩기를 풀음』이라는作品은 그의『로-마』留學時代의制作으로 肉體表現에 조곰도希臘模倣의域을 버서나지는못하얏스나 全體에흘으는印象과感情은 차라리古典主義라는이보다도 文藝復興을徑由[1265]한浪漫主義라고 認定된다 그러나佛蘭西는그를理解하지안앗다 그가녯날그림冊이나 或은 波斯[1266]印度等의 『미네츄-르』[1267]갓흔것을주물느고잇는것을보고 사람들은 그를『고틱』或은『촤이나』[1268] 라고불넛다 後世길이裸體畵의範을나린『오다리스끄』[1269]를 『살롱』[1270]에出品하얏슬째 『쎠도업고살도업고피도업고生命도업고부피도기피도업다』고하야極端으로흉잡혓스나그의『泉水』라는題의有名한正面裸體畵와함께 그의美에對한理解와理想을如實히말하는同時에 現實의人體를大膽히그대로寫實로서提示한데現代人의意識과共鳴되는點을보여준다 그는쏘각금『라싸엘』의模寫와恰似한作品도남겻다『루이十三世의宣誓』의上半은全혀 『라싸엘』의製作을再現하얏슬쓴아니라 『루이』十三世가이것을無條件으로讚仰하는것으로보이게한것은도로혀作者自身이亦是그럿타는것을如實히 말하고만다 거기그려진두

1263 모로- : Gustave Moreau(1826~1898) 프랑스의 화가. 주요 작품으로는 「외디푸스와 스핑크스」(1864), 「오르페우스」(1867) 등이 있다.

1264 에듸-보스(Oedipus) : 그리스 신화에 등장하는 도시 테바이의 왕이다. 어머니는 이오카스테이고, 아버지는 라이오스이다. 오이디푸스란 이름의 뜻은 '부은 발을 가진'이다. 라이오스와 이오카스테가 오이디푸스를 버릴 때, 어린 오이디푸스의 발목을 묶어서 버렸고 따라서 오이디푸스란 이름을 얻게 되었다. 그는 아버지를 죽이고 스핑크스를 물리치고 그 어머니와 결혼하여 왕이 되지만 나중에 그 사실을 알고 눈을 찔러 소경이 되어 각지를 떠돌며 외롭게 살다 가게 된다. '에듸-보스 스핑크스의 수ㅅ썩기를 풀음'은 오이디푸스의 삶을 그린 작품명.

1265 經由한 : 거친.

1266 波斯 : 페르시아.

1267 미네츄-르(miniature) : 세밀화(細密畵), 소화상(小畵像), 세밀화법, 채식(彩飾), 채식화.

1268 촤이나(China) : 중국. 여기서는 '중국식'을 말하는 듯.

1269 오다리스끄(Odalisque 프) : 터키 궁정에서 시중을 들던 여자 노예 또는 총희(寵姬). 여기서는 그것을 그린 앵그르의 작품명.

1270 살롱 : 원문은 '실롱'으로 오식.

사람의 天使는 全혀 『라아엘』 自身의것이엇다

　그가 徹頭徹尾 舊時代에 基礎를두고 古典의世界에서 새로운世界를바라본態度의誤謬가 드듸어그의作品으로하야금 今日의見地에서 全혀生氣와躍動이업고 [1271]볼수밧게업는 平凡한典型的의 인境地를 免치못하게한것이아닌가한다 그러나 그의美術史의位置가놉히評價될것은勿論이다

新浪漫主義

유제느·둘ㅅ로아[1272]

　外交官을父親으로 帝政時代의將軍을祖父로한 富裕한家庭에태여난그는 드듸여 浪漫主義의一新生面을開拓하야 近代美術史上에 큰功績을남겻다

　『다뷔―드』一派가 外形만의整備와確寫에 너무焦燥하야 形體의躍動[1273] 特히그것을色彩上의抑揚의配合에依하야生氣를表現하지못한데反하야 그는色彩主義로써 浪漫主義의本領을充分히 發揮할수잇섯다 浪漫主義의先驅 『제리쇼―르』[1274]와는일즉부터 親知의사이엇다하며 그에게서啓示된바만흔것으로보아 그의弟子라고도볼수잇다 『제리쇼―르』가早世[1275]하자 그의뒤를니어 浪漫派의先頭가된것은勿論이다 『제리쇼―르』가죽기前 年 『단쎄』와 『봐―질』이라는 作品을 『살롱』에出品하야 爀々한世評을어덧다 題材로 쏘는 그詩的이고 華麗하고威勢조흔 더욱이 그卓越한想像力에依한非現實的인內容의現實의表現갓흔 모든點으로 浪漫主義의眞髓에充分接觸한것을볼수잇다. 뒤를니어 獨特한

1271 躍動이업고 : 전집(2·3)은 '약동이 없다고'로 수정. 한 글자 누락된 듯.
1272 유제느·둘ㅅ로아 : Ferdinand victor Engene Delacroix(1798~1863) 프랑스의 화가. 제리코의 영향을 받았으며, 낭만주의를 확립. 본문에는 '들라ㅅ로아'로도 씀.
1273 形體의躍動 : 전집(2·3)은 '형체와 약동'으로 오식.
1274 제리쇼―르 : Theodore Gericault(1791~1824) 프랑스의 화가. 19세기 프랑스의 대표적인 화가로 낭만주의 회화의 창시자.
1275 早世 : 일찍 죽음. 제리코는 33세의 이른 나이에 죽었다.

人物活躍華美한色彩配合에依한數만흔作品을精力的으로 製作하얏고 一八三一 年『防戰』一作에이르러드듸어浪漫主義의새로운傾向을보여주게되엿다. 그것 은 一八二八年事件을그대로劇的으로取扱描寫한것으로『제리꼬―르』의『筏』과 는달나서 中心人物은全혀肖像처럼 顔面服裝等모도實物에依據하얏다. 그러나 陳頭에自由의女神을配置한것은亦是그의浪漫主義의特徵을表象한다. 그러나이 와가치 作中人物等을實物에依據한것은確實히 浪漫主義로서쇄 社會性을씌워 가는機運을엿볼수잇는 即理想主義에서現實主義로기우러지려는歷史的好例일 것이다. 그러나浪漫主義는亦是古典派의畫家들과함께 傳統과技巧의域을버서 나지못한 即客觀的對象에對한態度와方法이極히 明確치못한 個性의自覺과主 觀强調以前의 實生活에서遊離 가장槪念的인感覺[1276]의刺戟을塗糊하는데서一 步를나갈수업섯든것은事實이다. 娛樂的인劇의情景의取扱等當時그들의生活意 識에서는不得已한일々것이다. 『들라꼬로아』는 쏘文學音樂에도 깁흔敎養을가 젓섯다하며 冷靜明快한그의批評은當時에도훌융한것이엿다한다. 그들契機로 徐々히現實에눈쓰랴는一群이 英國佛闌西에擡頭한것만은否定할수업는일일것 이며 時代가陶醉夢幻가운데만停頓한데서一條의光明을誘致한그의業績은現代 에의한큰寄與라하겟다.

『라파엘』前派

時代는 이제急轉直下[1277]한다. 『쿠―르베』[1278]의 寫實主義에서 『마네 ―』[1279]의印象主義로 그리하야다시主觀主義藝術의完成으로 ― 그러나이새에 『마독스부라운』[1280]을先驅로하는英國의『라파엘』前派의一群이 거의時代와는

1276 感覺 : 전집(2·3)은 '感受'로 오식.
1277 急轉直下 : 사정이나 형세가 걷잡을 수 없을 만큼 급작스럽게 전개됨.
1278 쿠―르베 : Gustave Courbet(1819~1877) 프랑스의 화가. 그의 사실적 작풍은 19세기 후반의 젊은 화가들에게 많은 영향을 끼쳤다.
1279 마네 : Edouard Manet(1832~1883) 프랑스의 화가. 인상파의 길을 열어 '인상주의의 아버지'로 불린다. 주요 작품으로 「풀밭 위의 점심」, 「올랭피아」 등이 있다.
1280 마독스부라운 : Ford Madox Brown(1821~1893) 영국의 화가. 주요 작품으로 「영국의 최후」, 「노동」 등이 있다.

沒交涉인 虛幻의꿈을쑬수잇섯다. 이것은勿論主潮的인것은 못되고 한傍流의奇現象에지나지안는다하야도 그絢爛眩耀[1281]한趣味는 足히浪漫主義의本領을發揮하야不足함이업섯다고볼수잇다. 『워즈워―드』[1282] 『콜―릿치』[1283] 『소―시―』[1284] 이詩人들의뒤를니여 『바이론』[1285] 『쉘리―』[1286] 『킷―쓰』[1287] 이런浪漫派詩人들의架構虛幻의理想耽美의 傾向에잇슬니여그들 『라애엘』前派도그에 雷同하야 그런浪漫主義의熱情을發揮하야본것이나아닌가한다 그러나그런不自然非本質的인人工的技巧는 英國民性에適合하는것은아니엿다. 차리리後에잇슬 『컨스테―불』[1288] 『타―너』[1289] 等 自然主義의인데로의過程에잇슨 一時的現象이겟다. 그러나이것이意外에도길고컷다.

英國이佛蘭西의影響에共鳴하게된것은 主로政治運動을相伴한다. 거기다 『라스킨』[1290] 의文化的社會主義提唱이加鞭하얏다. 老幻想家 『웰니암쌔레이크』[1291] 를 中心으로하는 七人의 『그룹』[1292] 이意圖하는것은藝術의徹底한意識의作爲[1293] 엿다. 自然模倣을排擊하는 人工美와夢幻을創造하는것이엿다 그러

1281 絢爛眩耀 : 현란은 '눈부시게 빛나고 아름다움'을, 현요는 '눈이 부시도록 빛남'을 의미한다. 그러므로 '대단히 빛나고 아름다움'을 의미.
1282 워즈워―드 : William Wordsworth(1770~1850) 영국의 시인. 콜리지와 더불어『서정민요집』(1798)을 출간하여 낭만주의의 선봉이 되었다. 주요 작품으로『서곡』(1805)이 있다.
1283 콜―릿치 : Samuel Taylor Coleridge(1772~1834) 영국의 시인, 평론가. 워즈워드와 함께 낭만주의를 부흥시켰으며, 낭만주의적인 작품을 주로 썼다.
1284 소―시 : Robert Southey(1774~1843) 워즈워드, 콜리지와 같은 시대에 활약한 영국의 시인.
1285 바이론 : 6th Baron Byron(1788~1824) 영국의 낭만파 시인.
1286 쉘리 : Percy Bysshe Shelley(1792~1822) 영국의 낭만파 시인.
1287 킷―쓰 : John Keats(1795~1821) 영국의 시인. 주요 작품으로『나이팅게일에게』(1818)가 있다.
1288 컨스테―불 : John Constable(1776~1837) 영국의 풍경화가.
1289 타―너 : Joseph Mallord William Turner(1775~1851) 영국의 화가. 인상파에 커다란 영향을 끼쳤으며, 대표적인 작품으로「전함 테메레르」(1838)가 있다.
1290 라스킨 : John Ruskin(1819~1900) 영국의 비평가, 사회사상가.
1291 웰니암쌔레이크 : William Blake(1757~1827) 영국의 시인, 화가. 원문에서는 쌔레이크, 불레익크, 불래이크 등으로 혼용 표기.
1292 그룹 : 원문은 '그굽'으로 오식.
1293 作爲 : 전집(3)은 作威로 오식.

나一八四九年[1294]에열닌그들의 展覽會는『라스킨』을除한 全部의批評家의惡罵를 總身에集中하는外에所得이업섯다.

新浪漫主義 其他

十九世紀는現實主義가눈쓰기 始作한時代라고할수는잇스나 亦是浪漫主義 全盛時代엿다 唯一의 現實主義者『쿠ー르베』는世人의嘲笑에견딜수업섯고『도ー미에』[1295]에現實을한낫諷刺로써踏晦[1296]하야버렷다 十九世紀 中葉以後에는 도로혀英國『라샤엘』前派運動에呼應하야 佛蘭西 獨逸에 特殊한運動이잇섯다 『에밀초라』[1297]『모ー팟상』[1298]『보ー들레ー르』[1299]『베를레ー느』[1300] 等이登場 하는佛蘭西의文學은 帝政이廢棄되고다시共和政으로그리하야 普佛戰爭에 이르 기까지의現實의絶望 짜라서오는陶醉의인極彩色[1301]과豊滿한人體感 이런것을 滿足식히는平板的裝飾的인 畵家와倂行하야 時代를風靡하얏다『샤뱡느』[1302] 『모로ー』『베클린』[1303] 等 그러나 그들과近似하면서좀달은獨逸의新浪漫派의 畵家들은 임이『쉐ー테』[1304]에서볼수잇는 이國民特有의深刻陰森한感을주는 차라리神秘主義象徵主義의一群에編入하는것이妥當한가한다『라틴』族과背馳

1294 一八四九年: 전집(2·3)은 '一八九四年'으로 오식.

1295 도ー미에: Victorin Honore Daumier(1808~1879) 프랑스의 화가, 판화가. 주요 작품으로「세탁하는 여인」,「3등열차」등이 있다.

1296 踏晦: 밟아 감추다. 조어라기보다는 '韜晦'(드러내지 않고 감추다)의 오식으로 보인다.

1297 에밀초라: Emile Zola(1840~1902) 프랑스의 소설가. 주요 작품으로『목로주점』(1877),『나나』(1880) 등이 있다.

1298 모ー팟상: Guy de Maupassant(1850~1893) 프랑스의 소설가. 주요 작품으로「비계덩어리」,『여자의 일생』(1883) 등이 있다.

1299 보ー들레ー르: Charles-Pierre Baudelaire(1821~1867) 프랑스의 시인. 대표작으로『악의 꽃』(1857)이 있다.

1300 베를레ー느: Paul Verlaine(1844~1896) 프랑스 상징주의 시인.

1301 極彩色: 아주 정밀하고 짙은 채색. 화려한 복장이나 장식.

1302 샤뱡느: Pierre Puvis de Chavannes(1826~1898) 모로와 거의 동년배였으며, 그의 새로운 개념과 구성감각으로 아카데미즘과 상징주의를 연결시켰던 화가.

1303 베클린: 근대의 독일 화가. 낭만주의적 신비를 주로 그림.

1304 쉐ー테: Johann Wolfgang von Goethe(1749~1832) 독일의 시인이자 소설가로 유명한 작품으로『젊은 베르테르의 슬픔』,『파우스트』등이 있다.

되는그들의儼然한特色은 後日의表現派의重要한要素를임이內包하얏스며 現代
新興藝術에對하야 意義잇섯다는것을 우리는이즐수업다

現實主義

『크롬웰』의政治革命 十九世紀初葉의産業革命 『밀』[1305] 『스펜사ー』[1306]의經
濟學『짜ー윈』[1307]의進化論 이온간實際問題解決에 沒頭한英國은 藝術에잇서서
도 現實主義의覺者든[1308]것은勿論이다 英國은여기저기 一千年以上의古建築을
가질뿐만아니라 『로ー마』時代以後『고ㅅ틱』文藝復興의 藝術도[1309]繼承하면서
그러나『엘리사베트』王朝에『쉑스피어』의劇과 그에附隨되는藝術의얼마가잇
슴以外에 繪畫彫刻共히 오랜동안發達을볼수업섯다. 그後十八世紀에이르러『쭈
란다ー』影響의風景畫와 風俗畫가存在하얏든것과쇄獨特한肖像畫가잇섯는데
不過하다. 十九世紀에들어가서도오히려舊來의傳統을追從하얏슬뿐인가운데
『불레익크』갓흔存在는全혀偶然이라고볼수밧게업다. 그러나『타ー너』『컨스
테ー불』等自然派의畫家들은도로혀大陸藝術에影響을끼처서特記할만한地位
를保全[1310]하얏다. 이와함께經兆浮薄[1311]한初期佛蘭西藝術에不滿을품은 佛蘭
西의田園畫家들은 英國의影響을바더『뽄쎙불로ー』[1312] 森林에閑居하면서 浪漫
的自然主義의藝術을그들의生活과함께完成하얏다. 그들의 現實主義라느니보

1305 밀 : John Stuart Mill(1806~1873) 영국의 경제학자·철학자·사회과학자·사상가. 『자유론』
(1859)을 썼다.
1306 스펜사 : Herbert Spencer(1820~1903) 영국의 철학자. 주요 저서로『종합철학체계』가 있다.
1307 짜ー윈 : Charles Robert Darwin(1809~1882) 영국의 생물학자. 주요 저서로『종의 기원』(1859)
이 있다.
1308 覺者든 : 전집(2·3)은 '覺者라는'으로 수정.
1309 藝術도 : 전집(2·3)은 '藝術로'로 오식.
1310 保全 : 전집(2·3)은 '보존, 즉 '保存'으로 오식.
1311 輕兆浮薄 : '輕佻浮薄'으로 오식인 듯.
1312 뽄쎙불로ー : 파리 교외에 있는 지역으로 궁전과 숲이 유명. 원문에는 뽄쎙불로, 퐁쌩부로가 혼
용되어 표기.

다 차리리一種現實에對한 『에모-쇼낼리즘』[1313]이 藝術에對하야쇄새로운傾向을보힌것은顯著한일이다.

『컨스테-불』

그效果가 니어오는 『쑤르베-』를通하야佛蘭西現代畵 特히印象派에게直接的인影響을줄수잇는 이畵家는英國『사포-크』田園에出生하야『로얄아카데미』學生으로倫敦近郊 『햄스텟드』에居住하면서 樹林牧場을主題로하는風景畵를만히그럿다後에『아케데미』會員으로까지推薦되엿스나一生그는公衆으로부터는먼곳에잇섯다차리리佛蘭西에서는그를歡迎하얏고『둘라스로아』는그를激讚한한사람의하나엇다 그것은어데까지든지英國的本質의堅實한것과正確된것에잇다 特히그의 綿密周到한 自然을自然대로描寫하는 忠實한態度와 거기選擇되는技巧와色彩가自然의眞實을虛構지안케하기에努力한것等 英國人에게잇서는 차리리一般的인조곰도神奇로울것이업는것이엇슴으로 차리리이런自然의模寫를보는이보다는自然自體를보는것이賢明하다는理由에서 優美華麗하게誇張된『라얘엘』 前派[1314]와佛蘭西의浪漫派古典派가훨신그들에게歡迎바닷슬것은明白한일이다그러나그와反對로佛蘭西에서는古典派浪漫派等의理想的으로 美化된[1315]特殊觀照的藝術은長久時日에魅力을이저버렷기싸문에 거기서脫却하야自然風光에接近하려는慾望이漸次로 擡頭하기始作하얏다 그리하야英國에서는 『로셋틔』[1316] 等의芬馥[1317]異常한藝術이 彌漫하는동안에 佛蘭西에서는『바르비종』一派[1318]의靜穩幽邃[1319]한自然과人間의交涉을 表現한藝術이發生하얏다. 그

1313 에모-쇼낼리즘(Emersonianism): 에머슨주의, 초월주의. 미국의 평론가·시인·철학자인 에머슨(Ralph Waldo Emerson, 1803~1882)이 추구했던 사상적 경향.
1314 라얘엘前派: 19세기 중엽 영국에서 일어난 예술운동으로, 라파엘로 이전처럼 자연에서 겸허하게 배우는 예술을 표방한 유파.
1315 美化된: 원문은 '美한化된'으로 오식. 전집(2·3)은 '美化된'으로 수정.
1316 로셋틔: Dante Gabriel Rossetti(1828~1882) 영국의 화가, 시인.
1317 芬馥: 매우 향기로움.
1318 바르비종 一派: 19세기 중엽 프랑스에서 활동한 풍경화가의 집단. 주요한 화가로는, '바르비종의 일곱 별'이라 불리는 밀레, 루소, 코로, 뒤프레, 디아스데라페냐, 트루아용, 도비니 등이 있으

가中年以後光線作用으로 부터오는樹木風物의色彩的變化에 興味를늣기게되자 從來刺繡와가치綿密精緻하든畵面은 漸次光線의 反射에依하야物象의 外廓이朦朧하여가면서 明快한色調淸新한氣分이全畵面을占領하게되엿다. 後日印象派의意圖가여기서出發한다.

『타-너-』

『컨스테-불』이어데까지든지 平凡한英國人인데反하야『타-너』는『카-라일』[1320] 『불래이크』 갓흔變型이라고볼수잇다 前者가堅實과光線의變化硏究로現代에 寄與하엿다면後者는朦朧과空氣表現에特色을보여준다 十五歲째임이『아카데미』에水彩畵를出品한그는 一八一九年前後三回에伊太利旅行時代부터 佛蘭西風景畵家『쑤로-드롤랑』[1321] 의明朗한色調에私淑[1322] 하얏다 그러나 漸次그는그의精細한寫生의態度를버리고 英國特有의空氣를 日光으로하야瞥間的[1323]으로 可變하는情景의印象을刹那的으로捕捉하려는것이엇다 一切의細部描寫를抛棄하고 物體보다도 雰圍氣를濛々한[1324] 水蒸氣를 거기淨動하는[1325] 物體의變幻模樣을描寫하기始作하얏다 그리하야그極端의瞬間把握表現은 드듸여暴風雨中을疾走하는急行列車의寫生에까지이르럿다 여기에이르러는後日의 印象派와도相通할쑨아니라 未來派의精神에도呼應된다 以上두사람이意識的으로는아니엿다하드라도 梗塞固定한舊來의傳統을버서나서 참으로自然을客觀

며, 여기에 쿠르베, 유에 등도 가끔 참가하였다.

1319 靜隱幽邃 : 고요하고 은밀하며 그윽하고 깊숙함.

1320 카-라일 : Thomas Carlyle(1795~1881) 영국의 비평가, 역사가.

1321 쑤로-드롤랑 : Claude Lorrain(1600~1682) 클로드 롤랑. 프랑스의 풍경화가. 본문은 '쑤로-드를랑'으로 오식.

1322 私淑 : 옛사람이나 멀리 있는 사람의 덕을 사모하여 직접 가르침은 못받아도 그 사람을 표본으로 자기의 인격을 수양해 가는 것.『맹자』〈이루편(離婁篇)〉에 "孟子曰 予未得爲 孔子徒也 予私淑諸人"이라 한 데서 나온 말이다.

1323 瞥間的 : 눈 깜짝하는 사이.

1324 濛々한 : 기본형, 몽몽하다. 비, 안개, 연기 따위가 자욱하다.

1325 淨動하는 : '浮動하는'의 오식인 듯. 전집(2·3)은 '浮動하는'으로 수정.

하는 純粹한態度를 보여준것은 今日의美術에의 顯著한 示安[1326]을주엇다

「바르비종」一派

革命을거친後의佛蘭西의三十年間은 作爲的의古典主義와英雄崇拜의浪漫主義가 激情에넘치면서 風靡하얏다 그러나이런激情에실증난사람들의一群은 自然의靜寂과安息과平和와敬虔한勞作에서人間의本然인것을차즈려하엿다 『퐁쎙부로-』森林갓가이『바르비종』村에모인 畵家들은 『푸랑다-』派와가치 文藝復興趣味에서도 花國自然派와가치個人의嗜好에서도아닌 全혀自然에對하야 慊한[1327]態度로 即自然에對하야純客觀態度로率直[1328]如實히表現하려는것이엿다 그러나그들의自然觀照의態度에는 아즉도眞實한意味의現實主義者로서의明確한無關心이不足하얏다 어느程度까지의古典的傳統과浪漫的情緒에支配된다 싸라서物質的인自然의本質에徹底하려는이보다도 거기에傳統 或은情緒로부터오는趣味情感 — 即自然으로의感傷性에支配되여서는 그것을自然의本質로表現하얏 後에오는現實主義者들에比較하야그들은 自然讃美者自然渴仰者[1329]요 一種의浪漫的宗教的古典主義者인데不過하얏. 이派의七星. 『룻소-』[1330] 『쏘르-』[1331] 『데이아스』[1332] 『듀-부레』[1333] 『쓰로와이용』[1334] 『도-비니』[1335] 『밀레-』[1336] 對像讃美에서對像에의自我와의對立으로 — 그리하야自我로對像

1326 示安: '示唆'의 오식인 듯. 전집(2·3)은 '示唆'로 수정.
1327 慊한: '謙虛한'의 오식인 듯. 전집(2·3)은 '謙讓한'으로 오식.
1328 率直: 원문은 '卒直'으로 오식.
1329 渴仰者: 전집(2·3)은 '喝仰者'로 오식.
1330 룻소-: Henri Rousseau(1844~1910) 프랑스의 화가.
1331 쏘르-: Jean-Baptiste-Camille Corot(1796~1875) 프랑스의 화가. 주요 작품으로 「샤르트르 대성당」,「회상」등이 있음. 인상파 화가의 선구적 존재.
1332 데이아스: 이는 라페냐를 잘못 쓴 것으로 보인다. 디아스데라페냐(1808.8~1876)는 바르비종파의 일원이며, 에스파냐계 프랑스의 화가이다. 주요 작품으로 「퐁텐블로의 가을」,「젊은 집시의 예언에의 경청」(1848) 등이 있다.
1333 듀-부레: (1811~1889) 프랑스의 풍경화가.
1334 쓰로와이용: Constant Troyon(1810~1865) 프랑스의 화가.
1335 도-비니: (1817~1878) 프랑스의 풍경화가.
1336 밀레-: Jean Fransois Millet(1814~1875) 프랑스의 화가. 주요 작품으로「씨 뿌리는 사람」

을征服하는데까지―

準唯物主義

그觸手로社會를만저보앗슬쑨아니라 들어가서그病弊를解剖하려든『도우미에』는 그觀察이冷靜하기前에 主觀的으로嘲笑하얏다 現實에對한洞察의深度에 잇서『쿠르베―』보다一步의長이잇스면서 오히려 그가한낫어릿광대에지나지안는感을주는것은 그의이이러한態度에基因할것이다 그點에잇서比較的純粹徹底한唯物的現實主義者의第一人을『쿠르베―』라고指摘할수잇슬것이다 革命과그反動의幻滅이許多한曲折을격거서『샹시몽』[1337] 繼承되는『꽁쓰』의實證哲學 獨逸의『포이엘빠하』[1338] 그리하야드듸어『맑스』[1339]의出現은自然科學의發達과아울너現代의社會生活人間生活에最重要한問題를招來한다 『타―너―』는 亦是 氣分表現이엇고『밀레―』는 宗敎情調가 先行하는것이엇스나『쿠르베―』에 이르러서 보는것을보이는대로 表現하려는데까지 到達하얏다 或者는그를社會主義者라고도본다 그러나그時代에잇서 그가 얼마나한程度의實行的인社會主義者일수잇섯는지는別問題로하고라고[1340] 何如間그는現實을現實의事象만으로觀照하려努力하얏스며觀照하얏다 趣味도感傷도信仰도理想도가지ㅅ안은 드듸여藝術이라는데滿足할수업게까지된 現代美術의搖籃을흔들은 너무나重要한『규스따―브[1341]쿠르베―』는一八一九年佛蘭西『오르낭』이라는村落에出하야 처음에는法律家가되려하얏다가十九歲째에 巴里에나와서『루―불』博物館

  (1850), 「이삭줍기」(1857), 「만종」(1859) 등이 있다.
1337 샹시몽 : Duc de Saint-Simon(1675~1755) 프랑스의 작가, 정치가.
1338 포이엘빠하 : Ludwig Andreas Feuerbach(1804~1872) 19세기 독일의 철학자. 주요 저서로는『종교의 본질』(1845)이 있다. 그의 철학은 후일, 마르크스와 엥겔스에 의해 비판적으로 계승되었다.
1339 맑스 : Karl Heinrich Marx(1818~1883) 독일의 공산주의자, 혁명가, 경제학자. 주요 저서로『자본론』이 있다.
1340 하고라고 : 전집(2·3)은 '하고라도'로 수정. 한 글자 오식된 듯.
1341 규스따―브 : 전집(2·3)은 '뮤스따브'로 오식.

에模寫갓흔것도[1342]하얏스며 諷刺畵도그렷다한다 이點만은 저『도-미에』와 恰似하다 그러나『도-미에』와가티 主觀的嘲笑가오기前에이럿케말한다

『理想이라는것은大抵愚昧한것이니라. 그리기에歷史畵갓흔것은愚가아니면 狂 全혀時代의社會狀態와矛盾되며 宗敎畵도亦是現代思潮에는背馳된다 眞實한藝術家는自然에對하야感謝하야[1343]올흘것이오 그럼으로自然을 讚美하여야할것이다 寫實이라는것은結局理想의 否定이니라 사람은다만본것가치잡은것가치 그려야할것이니 그것은사람이 그릴수잇는것은(寫)視覺과觸覺에 依하야 感覺할수잇는것外에는 업는까닭이다』라고 그는藝術에對하야뿐만아니라 社會에對하야서도이런態度를取한다 現實만이眞實일수잇다 一八五○年『살농』[1344]에出陳된『石手』一作은 그의代表作일뿐만아니라實로現實主義藝術運動우에한『에폭크』[1345]를지엇다고할수잇겟다 그外에도『오르낭의午後』『市場에서도라오다』等 勞働者或은農民을題材로한것이다. 『잘잇섯나『쿠르베-君!』이라는 旅裝을한自畵像에故鄕의友人을 廣野를背景으로配置한것『오르낭의葬式』갓흔것은 多少間浪漫主義的傾向이업지안타 또그의 그러한社會意識과는 別로 關聯업시『사슴의鬪爭』『溪谷의사슴』或은『바다』갓흔 纖細한自然描寫의作品에서 그 單純한한사람의畵家로서도 얼마나雄輝한筆才[1346]의所有者인가를 보여주고도 남는것이잇다 이런種類의理由에서 그를一言으로 唯物論的인現實主義者라고할수는업슬뿐만아니라 그에게잇서서도多分히엿볼수잇는劇的動機 興味中心的인點等 『나폴레옹』時代畵家들의英雄崇拜나 神話를主題로하든것과 五十步[1347]의差異를볼수잇을샌이겟다

1342 이후 몇 개의 '도'자가 '노'자의모양을 하고 있는데, 이는 자형이 무디어져 그런 것으로 보인다.
1343 感謝하야: '感謝해야', 또는 '感謝하여야'가 옳을 듯. 전집(2·3)은 전자로 수정.
1344 살농(saloon): 미술 전람회장. 원문에서는 살농, 살롱이 혼란스럽게 표기.
1345 에폭크(epoch): 신기원. 새로운 시대의 시작.
1346 筆才: 원문은 앞 글자를 제대로 확인할 수 없다.
1347 五十步: 전집(2·3)은 원문을 '五十一'로 읽고 '51'로 썼다. 그러나 '步'자가 무디어져 '一'자처럼 보일 뿐이다. 『맹자』의 〈梁惠王章句上〉에 나온 50보 100보 비유를 가져온 것이다.

『生命잇는藝術을創造하는것 이것이나의目的이다』 이러케 絶叫한畵家로서의그 는 오히려 한사람의『악쇼니스트』[1348]로 더놉히評價될것이 妥當치아니할는지『악 쇼니스트』라는 點에잇서 『레오나-드다-빈치』[1349] 以後의잇슨[1350] 단하나라는 或者의見[1351]은首肯될수도잇슬것이다

同年輩에[1352]獨逸의『멘첼』『윌헬름』帝의戴冠式의作者『아돌프멘첼』은感覺 에잇서 多少間 『쿠르베-』에서썰어질것이나 獨特한才能을보혀준現實의傾向 의畵家다 九十年이라는 生涯를不眠不休 그만큼[1353] 大作과多作을한사람도現代 에는속[1354]드물것이다[1355] 百三十人의實在人物을排列한前記戴冠式作品外에 『鐵工場』은 그리至大至高의能力을 보혀준代表作의하나로光焰과煙霧와日光에 번적이는金屬과混亂이如實히 描寫되여잇다 『멘첼』[1356]과同年代에 伊太利의落 幸한高原畵家『죠반니세간티니』는獨特한點描의乎法[1357]으로『모사이크』갓흔 畵面效果로『마로야』의高原을野外에서寫生하얏다는데서客觀主義의一面을볼 수잇스나亦是理想主義의浪漫主義者에지나지는안는다『제임스휫슬러』[1358]는 米國이나은 가장新鮮한音樂의色調로서自由스러히 寫生한奇異한畵家다 그는 後에오는印象派畵家들과도 交友가잇섯스며 種々의大膽한試驗을하얏다 그러나

[1348] 악쇼니스트(actionist) : 행동파.
[1349] 레오나-드다-빈치 : Leonardo da Vinci(1452~1519) 르네상스 시대의 이탈리아를 대표하는 천재적 미술가, 과학자, 기술자, 사상가. 대표작으로「모나리자」, 「최후의 만찬」이 있다.
[1350] 以後의잇슨 : 전집(2·3)은 '이후에 있는'으로 수정.
[1351] 或者의見 : 혹자의 의견, 또는 견해.
[1352] 同年輩에 : 전집(2·3)은 '同年輩의'로 수정.
[1353] 그만큼 : 원문은 '그만큰'으로 오식.
[1354] 속 : 전집(2·3)은 '좀'으로 수정. '좀'의 파자이거나, 글자 모양으로 보면 '석=썩'의 오식일 것으로 보인다.
[1355] 전집(2·3)은 '九十年이라는 …… 드물것이다'라는 한 문장 전체가 빠져 있다. '그만큼'은 원문에 '그만큰'으로 오식.
[1356] 멘첼 : Adolf von Menzel(1815~1905) 독일의 화가. 주요 작품으로「상 수시궁전에서의 플루트 연주회」(1850), 「프리드리히 대왕전(傳)」(1840) 등이 있다.
[1357] 乎法 : 전집(2·3)은 '手法'으로 수정. 아마도 '수법'의 오식인 듯하다.
[1358] 제임스휫슬러 : James Abbott Mcneill Whistler(1834~1903) 19세기에 문학운동의 일환으로 시작된 유미주의 대표적 화가.

이들의現代에까지미치는餘震[1359]은 그다지큰것은아니라고보아도조흘것이다
『쿠르베-』의不徹底하나마 純客觀主義에서 一八七〇年代의『마네-』의出現에依하야主觀的客觀主義로 그리다가『세상느』[1360]의차라리 客觀的主觀主義로 그리하야現代藝術의純主觀主義로 이럿케進展한다.

一八七〇年代의所謂印象派의 勃興은 從來美術에의革命이오 現代美術의黎明이다.

産業革命을契機로한商工階級의急激한發展에隨伴되는民衆勢力의膨脹 따라서民衆의思想과生活의狀態 藝術에對한態度 要求等에變化가왓다 假量 大規模의裝飾畵보다도日常生活을그린것 그것도鈍重한것보다도輕快한것을歡迎하게되엿다. 作爲 技巧 特히人物의誇張된表現보다도 自然物自體의如實한描寫로 傾向을옴겨갓다

그곳에는種々의媒介와刺戟이 잇섯스니 西班牙『베라스케스』[1361]의影響 日本版畵의影響等이다 一八五七年『만최스터』[1362]에서展覽會가잇섯슬째『베라스케스』의作品이만히出陳되엿섯다 英佛의平凡한畵風에比하야 出色[1363]의異端者的趣味가 當時의畵家들에준影響은컷다 그러나 그보다도 一八六七年巴里大博覽會에 멀니東方神秘와憧憬의나라日本으로부터出品된美術品에接할수잇섯슬째 그들紅毛人[1364]의驚愕은자못컷다 就中沈滯한 畵壇에新局面打開에努心하든 當

1359 餘震 : 큰 지진이 있은 뒤에 이어서 일어나는 작은 지진.
1360 세상느 : Paul Cezanne(1839~1906) 프랑스의 화가. 야수파와 입체파에 큰 영향을 주었으며, 근대회화의 아버지로 불린다. 주요 작품으로 「목맨 사람의 집」(1872), 「에스타크」, 「목욕하는 여인들」 등이 있다. 그리고 원문에서 세잔느는 '세사느', '세상느', '세산느' 등 여러 표기가 혼용되어 쓰이고 있다.
1361 베라스케스 : Diego Rodriguez de Silva Velazquez(1599~1660) 에스파냐의 화가. 주요 작품으로 「시녀들」, 「직녀(織女)들」(1657) 등이 있다. 원문에서 벨라스케스는 '베라스케스', '베라스쎄스' 등으로 혼용되어 표기.
1362 만최스터(Manchester) : 영국 잉글랜드 랭커셔 주 남동부에 있는 상공업 도시.
1363 出色의 : 눈에 띌 만큼 특출나게 뛰어난.
1364 紅毛人 : 머리털이 붉은 사람이라는 뜻으로, 서양 사람을 낮잡아 이르던 말.

時『영거-제너레-슌』¹³⁶⁵은이遠來의新奇한藝術에 絶大한魅力을늣긴다.¹³⁶⁶ 『공꾸-르』¹³⁶⁷의北齋¹³⁶⁸ 廣重¹³⁶⁹歐麿의硏究이곳에서남기는遺産을攝取하며 印象派는成長한다

勿論 印象派의始作은이보다조곰압슨다 一八五九年『쌍라쓰-르』等이 落選 畵展覽會를열엇슬때 임의그熱과力은巴里靑年藝術家群에飛火되엿다 그들은 쏘니여서 『쑤르베-』를中心으로하는 反『아카데미』運動을이르켯고『마네-』 도『휫슬너-』『루그로』等과連袂하야¹³⁷⁰이『그룹』에加盟하얏다 그들이巴里 『바치뇨-르』街 까웨『게르보아』에모혀藝術上의理論鬪爭을거듭하고잇슬때에 그들의背後에낫하난『에밀초라』의影響은 文學上의그것에지지안케 佛蘭西靑 年畵家에게큰악한心的動搖를가저왓다『초라』가 一八六六年 이들을 가르쳐『리 얼리스트』라고불너서 世人의 注意를 쓸엇스나 『마네-』가印象派에屬하는 作 品을 처음公表한것은 거기四年압스는 一八六三年落選畵展覽會에出陳된 『草 上의午餐』이엿다. 그이듬해에『오리쎄아』를發表하매 그의意圖는거이確實하야 지는同時에 時代에對한反抗的 新主張이라는것이 民衆에게漸次알려지게되엿 다.『쎄사로』¹³⁷¹ 『모네-』¹³⁷² 等도그들과結束되며一八七○年에는 一般으로 外光派¹³⁷³로認定되는宣言을發表하얏다

1365 영거-제너레-슌(younger generation) : 젊은 세대.
1366 늣긴다 : 원문은 '늣견다'로 오식되어 있다. 전집(2·3)은 '느꼈다'로 수정.
1367 공꾸-르(concours) : (음악·미술·영화 등을 장려하기 위하여 여는) 경연회(競演會).
1368 北齋 : 葛飾 北齋(1760~1849) 일본 에도 시대 화가.
1369 廣重 : 安藤 廣重(1797~1858) 일본 에도 시대 화가.
1370 連袂하야 : 행동을 같이하여.
1371 쎄사로 : Camille Pissarro(1830~1903) 프랑스의 화가. 본문에는 '피사로'로 사용.
1372 모네 : Claude Monet(1840~1926) 프랑스의 인상파 화가. 주요 작품으로 「인상·일출(日出)」, 「루앙대성당」, 「수련」 등이 있다.
1373 外光派 : 근대 프랑스에서 발생한 회화상의 한 경향과 그 유파. 태양광선 아래서 자연을 묘사한 화가들, 즉 실내광선이 아닌 야외의 자연광선에 비추어진 자연의 밝은 색채효과를 재현하기 위해 야외에서 그림을 그린 화파(畵派)의 총칭이다.

『人工照明의畫室로부터나오라 灰褐[1374]의彩色에서解放되라. 爀々[1375]한日光밋흐로나오라』고.

一八七四年『나다-르』展覽會에 그들藝術革命家의自作이陳列되엿슬쌔 처음으로印象派라는名稱이人口에膾炙[1376]하기始作한다. 『모네-』의『日出의印象』이라는畫題에서濫觴[1377]하얏다고도하나何如間 世人은이들을가르처不識間에印象派라고불으게되엿다.

에드와-르마네-

出生地巴里. 歐洲各國을巡遊하야伊太利에도갓고 그間그의海軍時代에어든 ─ 그는少年時代에海兵이엇다 ─ 海洋의記憶을이즐수업는 쌔 外光派的인作品을『살농』에出品하야入選한일도잇섯다. 『베라스쎄스』의影響이만앗스며 그의色彩는從來에 鳶色[1378]에서銀灰色의階調를採用하는데로進展한다. 『草上의午餐』은 現實로서裸體를取扱하얏고各人物에게自由스러운姿勢를준것等 對象에對한解釋에全혀새로운意味를보혀준다. 그는文學上『초라』와달니 차라리『쯔로-벨』[1379]에갓갑다 하겟스며 業蹟의大部分이 習作임에도不拘하고그의一生의 眞摯한光線硏究는印象派의完成에의 至大한鞭撻이엿다 印象派의完成을보지못하고 朦朧한太陽아래에서世上을쎠난그『마네-』그의瀟酒飛鳥와갓흔數만흔遺作은近代美術史上에白銀으로빗나는 一大星座다

1374 灰褐 : 회색을 띤 갈색, 또는 회색과 갈색.
1375 爀々한 : 赫赫한. 밝게 빛나는.
1376 膾炙 : 원문은 '膾災'로 오식. 널리 사람의 입에 오르내림을 뜻함.
1377 濫觴 : 양쯔 강과 같은 큰 강물도 그 시초는 잔을 띄울 만큼 가늘게 흐르는 시냇물이라는 뜻에서, 사물의 시초. 기원(起源). 근원(根源).
1378 鳶色 : =茶褐色. 붉은 기운보다 검은 기운이 더 많은 갈색.
1379 플로베르 : Gustave Flaubert(1821~1880) 프랑스의 소설가. 대표적인 작품으로 『보바리 부인』 (1857)『감정교육』(1869) 등이 있다.

第二「에포크」[1380]

끌로-드모네-

　物體의本質究明에到達치못하고 하마傳統에서窒息한『마네-』의뒤를니어 光의分解와光의時間의變化와의兩面에서科學的研究態度를固持하면서 唯物的인『테크닉』[1381]를完成한『모네-』의 壯嚴한一生 數年前그의素朴한葬儀를[1382]報導하는新聞記事를우리는分明히記憶하고잇다『부-당』[1383]의影響을바덧스며 巴里에와서『쿠르베-』의寫實主義『그룹』의한사람으로몸을던것다 太陽光線을『스펙터』[1384]로分解하야原色을찾고 그光輝잇는强烈한色彩로畵面效果를어드려하엿다 그結果그는 드듸여刹那的인光을그리는畵家로서 印象派의向路를指示하얏다.『마네-』는形象에依하야光을그리려하얏스나 그는光에依하야形象을그리려하얏다 形象은光의『심볼』[1385]이다 그에게잇서서는 光이 모든거의全部다 印象派以後喧騷한[1386]巴里畵壇을멀니써나印象派에最後의頁紙[1387]를亦是自己손으로덥흔 그의一生은 同時에印象派自身의歷史다 畵布우에섯든客觀의太陽은 그의壯嚴한終焉과함께日沒하얏다

　第二의『에포크』

　우리는『쿠르베-』를境界로하야 以後의美術에서 實證이고 客觀的이고 唯物的인特質을보앗다. 그『쿠르베-』로浪漫主義에서現實主義로의『에폭크메이

1380　에포크(epoch) : 신기원. 원문에는 '에폭크'도 쓰임.
1381　테크닉(technic) : 기교, 기술.
1382　葬儀를 : 전집(3)은 '蔡儀'로 오식. 장례를.
1383　부당 : Boudin(1824~1898) 프랑스의 화가이며 쿠튀르, 밀레, 쿠르베, 코로 등과 교유하였다. 주요 작품으로는 「투르빌의 해안」, 「로테르담 풍경」 등이 있다.
1384　스펙터(spectrum) : 가시광선 등의 빛을 분광기로 분해했을 때 얻게 되는 성분.
1385　심볼(symbol) : 상징.
1386　喧騷한 : 뒤떠들어서 소란한.
1387　頁紙 : 面紙. 위패에 쓴 죽은 사람의 이름을 가리는 오색 종이, 또는 책의 앞뒤 표지 안쪽에 있는 지면. 본문 용지보다 두꺼운 용지를 사용한다.

커』¹³⁸⁸를삼는다면 이제現實的客觀主義에서 主觀主義로의『에폭크메이커』를
『세사느』로한다.

  이『세사느』는現代美術로의 最後의고개엿다.『세사느』— 너무나存在큰時代
의旗手다.

  『세사느』以前 그네들이 無意識的誤謬로가젓든 客觀에對한受動的主觀을 主
觀이客觀에對立하는데서부터 主觀이客觀을支配하도록까지 意識的으로能動하
얏다. 主觀內의客觀『세사느』는그强烈한主觀的性格으로부터 謙遜하되忠實히
對像에對한受動的觀照에依한描寫에서一步 그自身의主觀으로서 積極的으로對
像을凝視하며 對像에向하야自我를作用케하며 나아가對像을征服支配하야 表
現하게되엿다. 그리하야 그를 筆頭로 後期印象派의各『멤버-』¹³⁸⁹는 모도 對
像보다도 作者自身의內容이主가되여 對像은차라리그것을表現하는手段쏘는道
具로서만 그以上을認定지안앗다 卽從來의作者가늘對像으로부터 支配밧는
位置에잇든것을 밧고아表現하고저하는것이作者의內面의主觀이오 다만그手段
으로作者가對像을도로혀 能히支配하게하야버럿다 그것은드믄價値의顚倒를意
味한다 그리하야 藝術은客觀을描寫하는것에서主觀을表現하는것으로進步하얏
다. 卽藝術이現實主義的客觀主義에서主觀主義로 急轉直下한것이다. 立體派 未
來派 表現派 構成派等 그後에오는모든現代美術의簇生的¹³⁹⁰現像은 다가치藝術
이主觀主義化하는種々相에지나지안는것이다 野獸主義의一群은 後期印象派에
조곰뒤지면서 亦是藝術至上主義的主觀主義의陶醉境에最後的으로繁華한踏步
跡을남긴다. 그들가운데에서 立體派의先驅가되며 立體派를만든이가낫스니
新興藝術과의共通點을許多보것만 차라리後期印象派에類聚될것이며 겨우現
代美術의搖籃을마즈막흔들은過渡期的功績을 新興美術에遺産한다.

  쌘울세상느(一八三九 — 一九〇六)

1388 에포크메이커(epoch maker) : 새 시대를 연 사람. 획기적인 일을 한 사람.
1389 멤버-(member) : 구성원, 회원.
1390 簇生的 : 뭉쳐서 함께 나오는, 일시에 많이 나는.

오늘우리가가장새로운美術을指示할째『마치스』¹³⁹¹以後라는말을適切하게 쓴다. 한째前『세상느』以前이라는말은한째前의그것을指示하는데亦是適切 하얏다우리만하드라도畵筆을잡기始作하는데정말入門時代를겨우거치기만하 면『세상느』의靜物한장을模寫하지안코는『세사니즘』을理解하지안코는畵筆을 前進식힐수업는것인줄로만알앗든그만큼그는現代美術을論爲하는데除外할수 업는根本的存在다 그의그數업는 南佛風景畵와오늘常識化한靜物畵의 그모도 未完成에갓가운藝術을作品으로서너무놉히評價하는것이올코그른것은不問하 고卄世紀에들어서야 겨우發覺된 『세상느』의繪畵哲學에接觸理解가업시는오 늘藝術家되며오늘藝術을云々할수업는것만은事實이다南佛『쌕로봥스』에誕 生하야一八六二年처음으로巴里에왓고 故鄕에서 專攻하든法律을버리고그째부 터 全혀畵筆에親하얏다『루-불』에다니며『그레꼬』¹³⁹²『베네치아』派等의 作 品을 섯툴니模寫하다가『에밀초라』를 거처서 처음으로『마네-』를알앗다 그 와함께『쑤르베-』에게단일째 거기서現實主義의洗禮를바든것만은 事實일것 이며쏘意味깁다 그가 唯物的인科學主義의傾向을갓게된것은『피사로』의影響이 컷다하겟다 그러나그가本質的으로 남에게影響밧거나하기에는그의性格은너 무나 主觀的이고强烈하얏다 그後에印象派展覽會에도出品하면서 이『그룹』의 重要한鬪士가되엿스나 巴里의輕薄한藝術家生活이 그의가장嫌惡하는 바되여 一八七九年四十歲째에 그는巨岩과 갓흔憂鬱을 가슴에진히고 드듸어故鄕으로 도라가버렷다 社會의名聲을 冷膽히 등진그의 이로부터二十年동안沈思點考의 畵生活은 果然오늘新興美術의『父』로서欽慕되는大業과地盤을完成하얏다 그리 하야立體派의誕生을거의胚胎하는데까지到達할수잇섯다 그의말을그대로빌면 球圓錐 圓筒으로된三次元의 表出로서의空間存在를主張하며 한畵面가운데에서 그各々이 부피 넓히等의順序로의確한各自의位置를要求하는 即그의말과가치

1391 마치스 : Henri Matisse(1869~1954) 프랑스의 화가.
1392 그레꼬 : Emilio Greco(1913~1995) 이탈리아의 조각가.

圓과 圓錐와 圓筒쏟만으로된것으로까지 還元하면 繪畵는 爲先成立한다는것이 그의[1393] 團塊的容積描寫의理論이엿다 이와갓흔 立體感의暗示는 新興藝術에의큰 寄與요 貢獻이엿다 立體派는 結局이런 『세사니즘』의 追及擴充의完成에지나지안는다 그와 立體派와는 쇄相距가 잇겟스나 거긔슨키어려운 必然的인 連繫가잇는 것이다 그러나 이러한 容積의表現이 亦是 『세산느』 自身의 强烈한 自我性과 冷徹한 主觀의 發顯이엿다는것을 이저서는안된다 新興藝術의基礎로서의 그는 움즉이는 時代情勢의한 象徵[1394]이요 또 同時에 그라는 特殊한 人格의出現으로 말미아마 時代情勢에 한 急激決定的인 屈折을주며 그곳에 새로운 『에폭크』가 生成하얏다고 볼수잇다 新興藝術이 出火하기一瞬前 『세산느』의 存在는 그 마즈막 引火爆藥으로 너무나 意義가 크지안을수업다(完)

— 발표지면 : 『每日申報』, 1935.3.14~3.23.

1393 것이 그의 : 전집(2·3)은 '것이다. / 그의'로 오식.
1394 한象徵 : 전집(2·3)은 '象徵'으로 '한' 누락.

現代美術의搖籃   319

원문 일문
수필 기타

낙서 기타

鷄卵カラ産レタ鷄カラ産レタ
鷄卵カラ…アー又カ!
　　　　　李箱

これで樂浪はこ都のヴァガがボンド達の敎?[1]となりました, 疑ふものに空腹あれ。
　　　　　　　　　　　　　　　　　金海卿

眞夏の晝の衢に 私に叛いて人一人ゐない, 嘆きは深い。がをさういふ時にも私は樂しい山・海のあることに氣づく, これはより大きい悲しみであらう。
　　　　　　　　　　　　　　樂浪祭の日 李箱

— 발표지면:『이상시전작집』(갑인출판사, 1978)의 화보

これはこれ札つきの要視察猿トキドキ人生の檻ヲ脫出スルノデ園長さんが心配スルノデアル

— 발표지면:『田園手帖』(金星堂, 1934)의 속표지

1　敎?: 원문에서 '敎' 다음 글자는 잘려 나가서 분명하지 않지만, '室' 또는 '養'에 가까운 것으로 보이는데, 내용상 전자가 적합할 것으로 보인다.

樂浪パーラの新らしさ

何んと云ふ古臭い中世紀趣味だろうと,腑に落ちない所も多々あつたが,出來上つて先づ成程と思つた 何は兎もあれマスター李君は夢の持主であるし,その夢は又實は他愛のない夢であるし,その癖現實的には大變な苦勞人である。時偶深更まで彼と向ひ合つて語り乍,何時とはなしに彼の夢の中に卷込まれてしまふと,意外に樂しい人が己が夢にさへ孤獨を感づるとなるとそれは寂しいに違ひない。樂浪!これは彼の寂しい夢のほんの小さな顯れであると同時に 彼が色々な人の夢に向かつて握手を求めることであらう あの細長いポインテツド,アーチの下に潤んだ眼の樣にペブメントを覗かせている窓を見たら誰でも彼に握手をしてやりたくなる皆してやるそして各々別々な意味で他愛のない夢を見るそして何が忘れ物をして歸つて行く。さう云ふ點で樂浪は純粹でいし,奧床しい魅力となつて何時までも好きになれるのだと思ふ。―箱―

― 발표지면:『朝鮮學報』, 1991.10

무제3

モウリス デコブラ作 武林無想庵訳「首斬りセレナーデ」ヨリ

「シカシ私ハ今日只今カラ 貴下ガ 御自分ノ生活ヘ日毎ニヨリ新しイ美チル実的ニ見出シテ行カレンコトヲ希望シマス サモナイト
私ノ希望ハ悉ク裏切ラレテシマイマス 自殺ハ畢竟 不幸者達ニトッテノ慰籍ニ過ギマセン 私ハアナタニ不幸者ニナツテ欲シクナイノデス
或ル尠クトモ若シ貴下ガ幸福中ニアツテ不幸デアルナラバソレハ ソノ東洋ノプリンス即チ十一枚ノ蒲團ヲ重ネテソノ下ヘ誰カガ
忍ビ込マセタ小石ノ固サヲ感じる東洋のぷりんす, 例ノくぱりす 人ソツクリデショウヨ」

---

2 이 작품과 뒤의 「무제4」는 조연현 소장 일문 유고 노트에서 아직 번역되지 않은 부분으로, 이번에 임의로 제목을 붙여 소개한다.

무제 4

（フリウトノ音ハキレイダ）フリウト吹キノ人ガ云フニハ
―人ノ呼吸かコンナ□□³音ニナルンデス―
恰モ犬ノ呼吸ガ　（サウダナ）　何ニモ出来ナイ様ニ

ココニ二ツノ景色ガアル
一、公會堂ニ音楽会ガアル、入場料ハトテモ高イ ソコデケチナ当局者ハ会場
　　ヲ密閉シタ
　　ソノ硝子窓越ニ見エル場内ノ景色デアル 楽師（テノール）か口ヲ開ケタ
　　リシボメタリ スルソノ時ノ聴衆ノ表情デアル。

二、或ル喫茶店ノ二階ハ或ル蓄音機トレコード商ノ二階ト向合ツテイル レコー
　　ド商ノ階下ハ普通ノ店舗ニナッテイルガ二階ノ試聴室ヘト来テ一ツ一ツ小
　　サナ室ニ仕切ッテアル。ソノ各室ニ腹ノ大変出張ツテイル 金満家トカ 楕円
　　形金ブチ眼鏡ヲカケテイル淑女か クライスラー エルマン カルゾート聴キ
　　試シテイル淑女ガリキュルチイハダメダ トデモ云フノデアラウ ソノ無礼
　　ナ表情デアル。（彼等ハベトーベンハダメダト云ッテモイルノデアル）
ココ 又 二ツノ問答ガアル。
一、餘リ変ランデシャウ。
　　大分違ヒマス
二、大分違フデシャウ
　　餘リ変ランデス

3　□□ : 문맥이나 자형상 'イイ'로 보임.

卷頭言(一)

◇ 楕圓形スタンドに充滿してゐる觀衆は、その全體が形成しつゝある楕圓形に就て、意識してゐる場合は少ない。
◇ 個々の觀衆は、個々の存在を意識してゐるのみだ。
◇ 全體を見取る爲めには、觀衆としての立場を抛擲せねばならない。
◇ 其處に異狀兒を見出す、天才の出現だこの異狀兒よ、既に觀衆ではない。
◇ 我々は、其處に留意しなければならない。

1932. 6. R

— 발표지면 : 『朝鮮と建築』, 1932.6

卷頭言(二)

◇ 基本的な形體、或は色彩は、決して我々の創造では、生れない。

◇ 幾千、幾萬年かの全人類の原經驗の堆積である。

◇ けれども夫等が組合されるところに、我々は、創造の境地を見出す。

◇ 鑑賞の範圍と、自ら決定され樣 若し建築のうちに、鑑賞的態度が 許るされるならば。

1932. 7. R

— 발표지면 : 『朝鮮と建築』, 1932.7

卷頭言(三)

◇

8月は、スポーツに暮れた。

◇

全生物の盛んな成長のうちに。

◇

スポーツが單に勝敗を目途とする間人類に何等寄與しない。

◇

しかし全生物の進化の要因として生存競爭を掲げた。…………それは後に夫れの結果としての淘汰に書き改められたけれども……

◇

これだけならば吾々は勝てばよいことになる。

◇

夫れでは敗者は生存權を失ふか
決して失なはない…下等な生物のうちでも…………

◇

敗者は敗者としての生存過程を形成しつゝある……………轉位，變形…………例へば或る民族が滅失減少したと吾々は信じでゐるそして夫れが、生存競爭、淘汰に基因すると考へることは間違ひである、夫れ等は適應の原理により變形、轉位したに止まる。
生物が高等になればなるほど、生存競爭…………淘汰は生物の進化の上には何等の重要性も認められない。…………(8. 1932. R)

― 발표지면：『朝鮮と建築』, 1932.8

卷頭言(四)

×

モホリー ナギイ……………………

×

最初の不分明な原經驗から繼續的增加で生活全體が生じ…………基礎經驗が發展し變形して精神的となり他のあらゆる經驗と關聯して……………建築にまで到達する。

×

敎育問題………………

×

扇形の人間……………原始人は一人で獵師・工藝家・建築師・醫師を兼ねた……………現代人はその一つを選む。

×

未來は全的な人間を要求する。

×

對照では人間は目的である。

×

人間から性慾を控除すること。
人間から繁殖を停止すること。
人間は何れを希望するか。

×

そのことを吾々は忘れてゐるかの樣だ。

×

1932.⋯⋯⋯9.⋯⋯⋯⋯R

― 발표지면:『朝鮮と建築』, 1932.9

卷頭言(五)

ふたゝび……モホリー、ナギイ………………

感覺的訓練。

觸覺習練。

材料の經驗、構造、組織、組成、集合體。

創作活動の方法としての生物工學。

………原則………責任………形式者の自由。

裝飾。

古代にあつては、オーナメントは、しばしば機能と融合して居た。

平面編成。

コンポヂション。

コンストラクション。

傳說。

古典美の公理。

アカデミイ敎育。

藝術は上部構築をなす。

1932. ………10. ………R

— 발표지면 : 『朝鮮と建築』, 1932.10

卷頭言(六)

おい 誰れか灯をつけ呉れよ
手さぐりで ようやく 此處もで來たんだ
こんなに 眞暗らじや
もう駄目だ 恐ろしくつて足が出ないや
おい 誰れか灯をつけて呉れよ。

            1932. ……… 11. ……… R

         ― 발표지면 : 『朝鮮と建築』, 1932.11

卷頭言(七)

　　　聰明譜

知未來謂之聰。

知過去謂之明。

　　　　(管子內業)……………… 耳目聰明。
　　　　(易　　經)……………… 古之聰明。

　　　　　　　　　　　　1932……….12……….R

　　　　　　　　　— 발표지면 :『朝鮮と建築』, 1932.12

卷頭言(八)

創造……………
一面に於て直觀を要し……………
他面に於て 直觀を培養するところの
科學的基礎を要する。
そのことが 藝術であるか 非藝術で
あるかは問題でない。
仕事をしつゝあるとのにもつては……
創造することのみで充分だ。……………R

― 발표지면: 『朝鮮と建築』, 1933.5

卷頭言(九)

吾々は猿類から進化し、一つの原理に引摺られて
生きて來たと云ふ觀方と

吾々は太陽と地球の或る特定の狀態に應じて原形
質が生命化し、その後刹那刹那に適應しつゝ生き
つづけて來たと云ふ觀方とか

今吾々のうちで混亂してゐる……………………………R

― 발표지면 :『朝鮮と建築』, 1933.6

巻頭言(十)

どうにかせねばならない
そう云ふ意志だけでも助長したい
それの集積されるとき
吾々の全經驗が協力して發展的な智識
を形成する……………………………
…………建築の發展段階に於て要求す
ろところの知識は建築的な經驗のみで
は不充分だ。

昭和 8. 7. 21 R.

― 발표지면 : 『朝鮮と建築』, 1933.7

卷頭言(十一)

モホリー・ナギー

靜力學的リズムのみが、藝術の要素たり得ると云ふエヂプト時代から存する數千年來の誤謬から、我々は解放されねばならない。
我々は時間感覺の根本形式として、藝術の最も主要な要素は、活動的なリズムであると云ふことを宣言する。

生物的構成に生命の現象形態であり、あらゆる人間的及び宇宙的展開の原則である。

(昭和 8. 8. 21 R.)

— 발표지면 : 『朝鮮と建築』, 1933. 8

卷頭言(十二)

『どんどん すばらしい壓力で押して來るもんだから』つて彼は言ひ乍ら一歩一歩後退して行く。

彼が、夫れに對抗し得る力量もないのだが、對抗し様と云ふ意志さへ見えない。

彼は後退してゐることには氣付かぬかの様だ、或は、事實は全くそうなのかも知れない、吾々に後退してゐると見えるのは、實は新し、平和な步道を撰んだのかも知れない。

とにかく彼の是非は今後に殘された問題だが、彼の云ふそのすばらしい壓力に對しては種々の意味で、今は禮讃して置かう。

昭和 8.10..........................R

― 발표지면 : 『朝鮮と建築』, 1933.10

卷頭言(十三)

經驗主義を排擊せよ
そして技術の本道に還れ
技術とは........全科學の...
............社會への.............
媒劑である......................
　　　　　　　　　　　　　　............................昭和 8. 11. R.

　　　　　　　　　　　— 발표지면 : 『朝鮮と建築』, 1933.11

卷頭言(十四)

　過去を省る爲めに
　また將來を慮る爲めに
　こそ歳末の意義を認める。

　一週、一箇月、一箇年、
　同樣に一つの「ポイント」を求め得られる
　しかし確かな「ポイント」は一週では足らない
　一箇月でも、一箇年でも、五箇年でも、十箇年
　でも同樣に不足だ。

　この調子で進めば、確定的な「ポイント」は死
　ぬ時であるらしい。

　或はそれさへ不可能かも知れない。

　元來人生に結論を與へ様と云ふことが、無意義
　なのかも知れない。

　永劫なる流轉のうちにいかにして終始を求める
　ことが出來るか。

　けれども、どの一齣をとつてもそれは確かな歷

史ではある。

夫れ故に、人生のうちに、強いて「ポイント」
を求むるならば。

どの瞬間も確かな「ポイント」なのである。
　　　………………………………………昭和8歳末………………H.R.

　　　　　　　　　　　　　― 발표지면 : 『朝鮮と建築』, 1933.12

연보로 보는 이상

백부의 집

연도	1910년 (1세)	1912년 (3세)	1917년 (8세)	1921년 (12세)
경력 및 활동 관련	• 9월 23일(음력 8월 20일) 서울(경성부) 북부 순화방 반정동 4통 6호에서 아버지 김연창(이상의 누이 김옥희에 따르면, 김영창)과 어머니 박세창 사이의 장남으로 태어남. 본명 김해경(金海卿). 본관은 강릉.	• 백부인 김연필의 집에 양자로 감. 이곳에서 24세까지 생활.	• 신명학교(4년제)에 입학(4월). 그림 그리기를 좋아함.	• 신명학교를 졸업하고 동광학교에 입학함.
발표 작품				

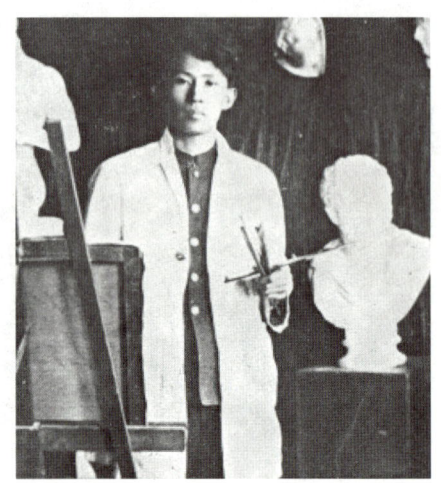

경성고등공업학교
실습실에서의 이상

연도	1922년 (13세)	1924년 (15세)	1926년 (17세)	1927년 (18세)
경력 및 활동 관련	• 동광학교가 보성고등보통학교에 합병되면서 보성고보 4학년에 편입되었으며, 이헌구, 임화, 원용석 등과 동기가 됨. • 현미빵을 팔며 고학을 했다고 함.	• 교내 미술전람회에 유화 「풍경」을 출품하여 입선하는 등 미술에 뛰어난 재능을 발휘.	• 보성고보를 졸업(3월 5일)하고 경성고등공업학교 건축과에 입학. 재학시 줄곧 뛰어난 성적을 유지.	• 경성고공 회람지 『난파선』의 편집을 주도하였으며 여기에 시작(詩作)을 발표함.
발표 작품				

  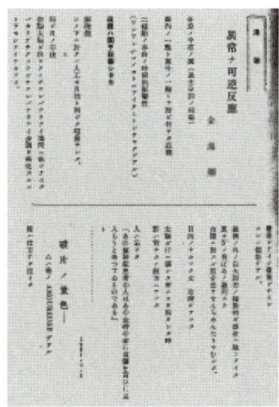

표지 도안 1등(1930.1) 당선작 　　『12월 12일』의 첫회 (『조선』, 1930.2) 발표본 　　일문시「이상한 가역반응」

연도	1929년 (20세)	1930년 (21세)	1931년 (22세)	1932년 (23세)
경력 및 활동 관련	• 경성고공을 졸업(3월)하고 조선총독부 내무국 건축과 기수(4월)로 일하다가 조선총독부 관방회계과 영선계 기수(11월)로 옮겨 근무.	• 장편「12월 12일」을 『조선』에 연재. • 여름에 첫 각혈을 한 것으로 알려짐. • 『조선과 건축』 표지 도안 현상 모집에 1등과 3등으로 당선.	• 일문시「이상한 가역반응」,「조감도」 등을 『조선과 건축』에 발표. • 조선미술전람회에「자상」이 입선.	•「지도의 암실」을 발표. • 백부 김연필이 뇌일혈로 사망(5월 7일).
발표 작품		• 소설 : 12월 12일	• 시 : 이상한 가역반응, 파편의 경치, ▽의 유희, 수염, BOITEUX ×BOITEUSE, 공복, 조감도(연작), 삼차각설계도(연작)	• 소설 : 지도의 암실, 휴업과 사정 • 시 : 건축무한육면각체(연작).

「혈서삼태」

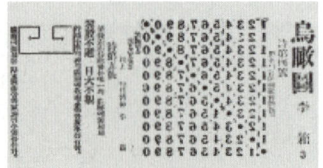
「오감도 시제4호」

「소설가 구보씨의 1일」의 삽화

「날개」의 삽화

연도	1933년 (24세)	1934년 (25세)	1935년 (26세)	1936년 (27세)
경력 및 활동 관련	• 총독부 기수직을 사임(3월). • 각혈로 한때 배천온천에 요양하였으며, 이때 금홍을 만나 상경하여 다방〈제비〉를 개업. • 가톨릭청년지에「꽃나무」,「이런 시」등 한글시를 발표.	•〈구인회〉에 가입하였으며, 박태원, 이태준, 정지용, 김기림 등과 친교가 이루어짐. •『조선중앙일보』에「오감도」를 발표하였으나 독자의 항의로 15회로 연재가 중단됨. • 박태원의 소설「소설가 구보씨의 일일」에 삽화를 그림.	• 금홍과 3년 동거 생활을 접고 마침내 결별. •〈제비〉를 폐업하고, 연이어 카페〈쓰루(鶴)〉,〈69〉,〈무기(麥)〉등의 사업 실패로 경제적 어려움이 가중됨. • 인천 성천 등지를 기행. • 김소운이 발행하던 아동잡지『신아동』에「배의 역사」를 싣고,「목마」에 표지 삽화를 그리고, 또한 송경과 더불어 세계 동화(7편)를 번역함.	• 창문사에 근무하며, 9인회 동인지『시와 소설』창간호를 편집하여 발간(3월)하였으며, 김기림의 시집『기상도』의 장정을 맡아서 발간. • 소설「날개」를 발표(9월)하여 일약 문단의 총아로 떠오름. 이때 시, 소설, 수필 등 다양한 작품 활동을 함. • 변동림과 결혼하였으며, 10월 중순경에 동경행. 동경에서 34문학 동인들과 교유. • 김기림과 서신 교유.
발표 작품	• 시 : 꽃나무, 이런시, 1933.6.1, 거울.	• 소설 : 지팡이 역사(轢死) • 시 : 보통기념, 오감도(연작), 소영위제 • 수필 : 혈서삼태, 산책의 가을	• 시 : 정식, 지비 • 수필 : 문학을 버리고 문화를 상상할 수 없다, 배의 역사, 산촌여정	• 소설 : 지주회시, 날개, 종생기 • 시 : 지비, 역단, 가외가전, 명경, 위독(연작), I WED A TOY BRIDE • 수필 : 나의 애송시, 서망율도, 편집후기, 조춘점묘, 여상4제, 내가 좋아하는 화초와 내 집의 화초, 약수, EPIGRAM, 동생 옥희 보아라, 아름다운 조선말, 행복, 가을 탐승처, 추등잡필

「종생기」(『조광』, 1937)

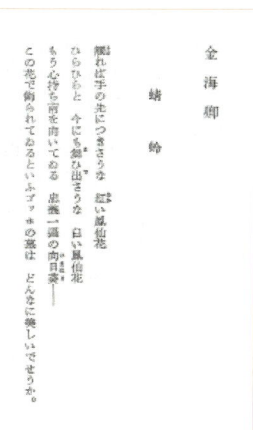

「蜻蛉」

연도	1937년 (28세)	1938년 (사후 1년)	1939년 (2년)	1940년 (3년)
경력 및 활동 관련	• 고국에 있는 문우인 김기림, 안회남, 동생인 김운경에게 서신 보냄. • 2월 중순 일본 경찰에게 '불령선인'으로 체포되어 니시간다서(西神田署)에 수감되었다가 건강악화로 보석(3월 중순)되었으나 4월 17일 동경제대 부속병원에서 생을 마감. • 이상이 죽기 전날(4월 16일)에 그의 조모와 친부가 별세. • 길진섭이 이상의 데드마스크를 만든 것으로 알려져 있으며, 시신은 화장되어 아내 변동림이 그 유해를 가지고 귀국(5월 4일). • 김유정(3월 29일 사망)과 함께 부민관 소집회실에서 합동 추도식(5월15일)이 열렸고, 유해는 6월 10일 미아리 공동묘지에 안장됨.		• 『청색지』(5월호)에 정인택의 「축방」과 함께 이상의 「자화상」이 소개.	• 김소운이 『젖빛구름』에 이상의 작품 「오감도 시 제1호」, 「파첩」 등을 일역하여 소개. 특히 여기에는 이상의 산문을 줄여서 시로 만든 「한 개의 밤」, 「청령」도 포함.
발표 작품	• 소설 : 동해, 황소와 도깨비, 공포의 기록, 종생기 • 시 : 파첩 • 수필 : 19세기식, 권태, 슬픈 이야기, 오감도 작자의 말	• 소설 : 환시기 • 시 : 무제 • 수필 : 문학과 정치	• 소설 : 실화, 단발, 김유정 • 시 : 무제, 실낙원(연작), 최저낙원 • 수필 : 병상 이후, 동경	• 시 : 一つの夜, 蜻蛉

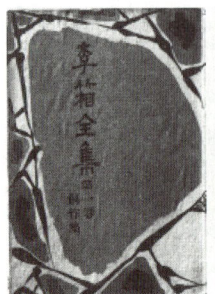
『이상전집』 제1권

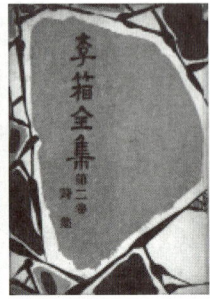
『이상전집』 제2권

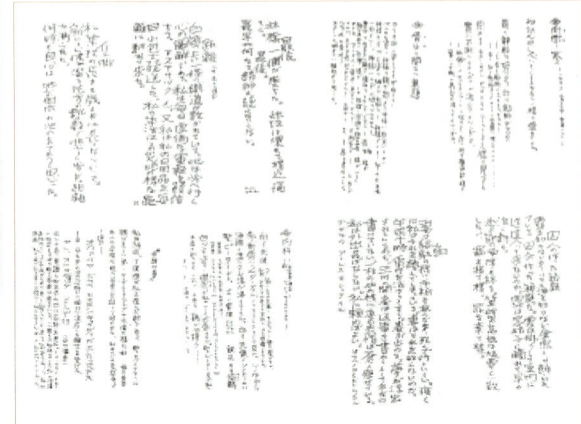
이상 유고시

연도	1949년 (12년)	1956년 (19년)	1957년 (20년)	1960년 (23년)
경력 및 활동 관련	• 김기림에 의해 『이상선집』이 백양당에서 간행.	• 임종국에 의해 『이상전집』이 태성사에서 간행. 전집에는 『조선과 건축』에 실린 일문시들이 번역 소개되었고, 이상의 사진첩에서 발견된 유고 9편과 넘겨받은 사신 9편(김기림에게 보낸 편지 7편, 안회남에게 보낸 편지 1편, 동생 운경에게 보낸 편지 1편)도 수록.	• 『국제신문』, 『경향신문』, 『서울신문』, 『연합신문』, 『평화신문』 등에 이상 20주기 글이 실림. • 『평화신문』에는 이상의 자화상이 실림.	• 조연현에 의해 이상의 일문 원고 노트가 발굴되어 『현대문학』에 소개되기 시작.
발표 작품	• 『이상선집』	• 시 : 척각, 거리, 수인이 만들은 소정원, 육친의 장, 내과, 골편에 관한 무제, 가구의 추위, 아침, 최후 • 수필 : 사신 9편(2~10) • 『이상전집』 총 3권 발행.		• 시 : 유고, 무제, 1931년 • 수필 : 얼마 안 되는 변해, 무제, 이 아해들에게 장난감을 주라, 모색, 무제

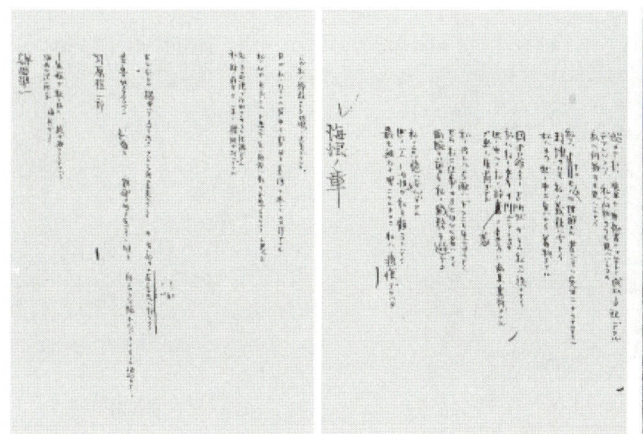

일문 유고시   『문학사상』 창간호(1972.10.1)

연도	1961년 (24년)	1966년 (29년)	1972년 (35년)	1974년 (37년)
경력 및 활동 관련			• 구본웅이 그린 이상의 초상화가 『문학사상』 창간호(10월)에 실림.	• 고은이 『이상평전』을 민음사에서 상재.
발표 작품	• 시 : 구두, 습작 쇼윈도우 수점 • 수필 : 어리석은 석반	• 시 : 悔恨の章, 애야, 무제, 황		

연보로 보는 이상   349

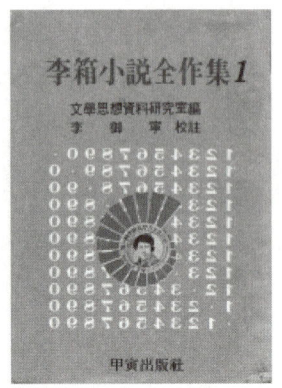 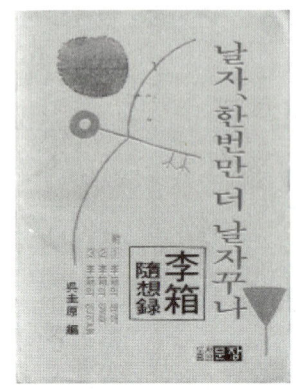

『李箱小說全作集』1(문학사상자료연구실 편, 이어령 교주, 갑인출판사, 1977) 표지 　　　『날자, 한번만 더 날자꾸나』

연도	1976년 (39년)	1977년 (40년)	1978년 (41년)	1980년 (43년)
경력 및 활동 관련	• 조연현에 의해 이상의 일문 원고 노트가 『문학사상』에 소개되기 시작. • 『문학사상』(3월)에 이상의 유품 파이프 소개. • 『독서생활』(11월)에 이상의 자화상(원래는 쥘 르나르의 『전원수첩』(동경: 금성당, 1934)의 속표지에 그려졌던 것)과 낙서가 번역 소개	• 이어령에 의해 갑인출판사에서 이상문학전작집이 간행되기 시작. • 이상(李箱)이 남긴 문학적 업적을 기리며, 이상(李箱)의 작가정신을 계승하고 한국 소설계의 발전을 위해 문학사상사(文學思想社)가 이상문학상을 제정하여 제1회는 김승옥(金承鈺)의 『서울의 달빛 0장』이 선정.		• 오규원에 의해 이상 문학집이 문장에서 간행되기 시작.
발표 작품	• 소설: 불행한 계승 • 시: 단장, 회한의 장, 황의 기, 작품 제3번, 여전준일, 월원등일랑, 각혈의 아침 • 수필: 첫번째 방랑,	• 『이상소설전작집』 2권 및 『이상수필전작집』 간행.	• 『이상시전작집』	• 『날자, 한번만 더 날자꾸나: 이상 수상록』

『이상시연구』

『이상연구』

『제13의 아해도 위독하오』

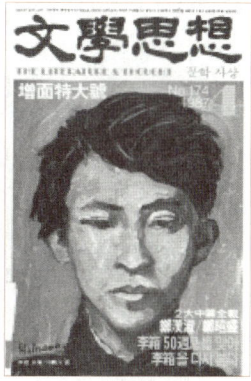
이상 50주기 특집호
(『문학사상』 174호, 1987.4)

연도	1981년 (44년)	1982년 (45년)	1986년 (49년)	1987년 (50년)
경력 및 활동 관련		• 김승희에 의해 『제13의 아해도위독하오 - 이상시전집』이 문학세계사에서 발간.	• 『문학사상』(10월)에서 조연현 선생이 보관중이던 이상 미발표 유고를 부인 최상남이 번역 공개.	• 『문학사상』(4월)에서 이상 50주기 기획특집호를 마련하고, 김옥희 대담과 조용만의 「이상 시대, 젊은 예술가들의 초상」을 실음. • 김윤식의 『이상연구』가 문학사상사에서 출간. • 이승훈의 『이상시연구』가 고려원에서 출간.
발표 작품	• 『거울속의 나는 외출중 - 이상 시전집』		• 시 : 단상 • 수필 : 공포의 기록, 공포의 성채, 야색	

연보로 보는 이상

「이상문학전집-시」

보성고등학교에 세워진 이상의 문학비

연도	1989년 (52년)	1990년 (53년)	1991년 (54년)	1992년 (55년)
경력 및 활동 관련	• 이승훈에 의해 문학사상사에서 이상문학전집(시)이 발간. • 이영지 저술 『이상 시 연구』(양문각) 발간.	• 5월 26일 보성고등학교 교정에 이상의 시비 및 기념비가 건립.	• 김윤식에 의해 문학사상사에서 이상문학전집(소설)이 발간. • 『조선학보』(10월)에 이상의 글 「낙랑파라의 새로움」이 소개됨.	• LA문화원에서 문예특별호로 발간한 *Korean Culture*에 Walter K.Lew에 의해 「오감도」 10편(오감도 시제 6호, 8호, 11호, 12호, 14호 제외)이 영역되어 실림.
발표 작품	• 『이상문학전집-시』		• 『이상문학전집-소설』 • 樂浪パーラの新らしさ	

이진우의 『오감도』   「날개」 영역   「오감도」 영역

연도	1993년 (58년)	1994년 (59년)	1995년 (58년)	1997년 (60년)
경력 및 활동 관련	• 이진우가 이상의 삶을 소재로 한 장편 「오감도」를 발표.	• Walter K.Lew에 의해 Lingo에 「오감도」의 시 제1호, 3호, 4호, 5호, 7호 및 「지비」, 「소영위제」가 영역되어 소개.	• Walter K.Lew에 의해 Muae에 「오감도」 시 제2호, 4호, 5호, 13호, 15호, 「거울」, 「명경」, 「지비」, 「꽃나무」, 「매춘」, 「절벽」, 「소영위제」 등의 시와 소설 「몽별기」, 「날개」(서두), 수필 「혈서삼태」(일부)가 영역되어 소개. • 천재 시인 이상과 야수파 꼽추 화가 구본웅, 그리고 기생 금홍의 삼각관계의 로맨스를 그린 시대극 「금홍아 금홍아」를 태흥영화사에서 제작.	• 『문학사상』(10월)이 지령 300호 기념으로 이상 60주기를 맞아 이상 문학을 집중 재조명함.
발표 작품	• 『이상문학전집—수필』			

연보로 보는 이상   353

『이상문학연구60년』

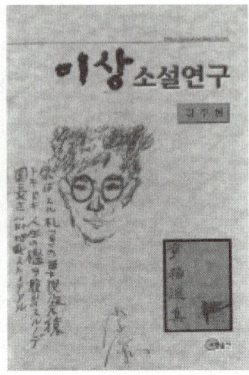
『이상소설연구』

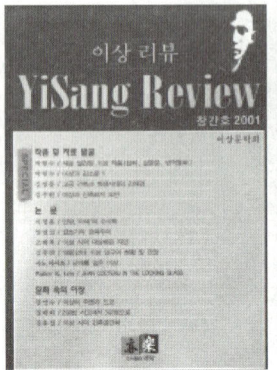
『이상 리뷰』 창간호

『꾿빠이 이상』

연도	1998년 (61년)	1999년 (62년)	2001년 (64년)	2002년 (65년)
경력 및 활동 관련	• 권영민 편저 『이상문학연구 60년』, 이문학사상사에서 간행.	• 이상(李箱)의 시에 얽힌 살인사건을 추적하다가 일제의 음모를 밝혀내는 과정을 그린 영화《건축무한육면각체의 비밀》을 지맥필름에서 제작. • 김주현의 『이상소설연구』 발간.	• 이상문학회에서 연간지 『이상리뷰』 창간. 박현수에 의해 『배의 역사』 및 번역동화 7편 소개. • 김연수에 의해 이상의 유실된 데드마스크와 가상의 시를 토대로 한 『꾿빠이, 이상』이 창작.	• 이상이 살았던 집이 매물로 나와 팔릴 위기에 처하자 김수근 문화재단에서 매입하여 이상의 기념관으로 꾸밀 계획. • 김보나에 의해 이상 대표작 선집 (50편의 시와 「날개」)이 불역되어 윌리엄 블레이크사에서 발행. • 김태화의 『이상의 줌과 이미지』 발간.
발표 작품			배의 역사	

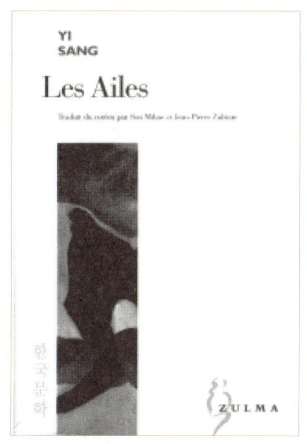
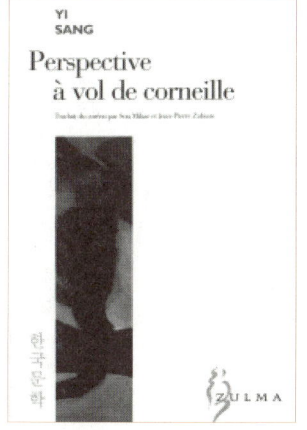

| | Les Ailes | Perspective vol de corneille | 『정본 이상문학전집(1)』 |

연도	2003년 (66년)	2004년 (67년)	2005년 (68년)	2006년 (69년)
경력 및 활동 관련	• 3월 2일 혜화동 대학로 극장에서 「이상의 날개」 연출. • 박황배에 의해 이상 시 「오감도」 등 98편을 스페인어로 번역한 『오감도와 다른 시들』이 베르붐 출판사에서 간행.	• 김종년에 의해 가람기획에서 『이상전집』 전2권이 발행. • 손미혜와 Jean-Pierre Zubiate에 의해 「날개」(「날개」, 「봉별기」, 「실화」)가 불역되어 프랑스 쥘마 출판사에서 발행. • 김유중 김주현 공편으로 이상 지인들의 이상 회고담을 담은 『그리운 그 이름, 이상』이 발행. • 이상의 부인이던 변동림(수필가 김향안) 별세(2월 29일).	• 손미혜와 Jean-Pierre Zubiate에 의해 이상시전집 『오감도』가 불역되어 프랑스 쥘마 출판사에서 발행. • 김주현에 의해 『정본 이상문학전집』(전3권)이 간행.	• 일본어 이상선집인 『李箱作品集成』이 도쿄 작품사(作品社)에서 발간. • 신범순 편 『이상문학 연구의 새로운 지평』(역락) 발간.
발표 작품	• A vista de cuervoy otros poems	• 『이상전집1』, 『이상전집2』 • Les Ailes	• Perspective vol de corneille • 『정본 이상문학전집』 총 3권.	• 『李箱作品集成』

   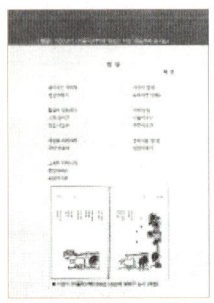 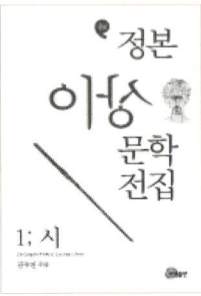

『이상의 무한정원 삼차각 나비』 　 『이상 전집(1)』 　 『이상텍스트연구』 　 『목장』 　 증보『정본 이상문학전집(1)』

연도	2007년 (70년)	2008년 (71년)	2009년 (72년)	2010년 (73년)
경력 및 활동 관련	• 신범순 저술 『이상의 무한정원 삼차각 나비』(현암사) 출간. • 신범순 편 『이상의 사상과 예술』(신구문화사) 발간.	• 이상문학회에 의해 『이상 소설 작품론』(역락) 발간.	• 이상문학회에 의해 『이상 시 작품론』(역락) 발간. • 권영민 편저 『이상전집』(전4권)이 뿔(웅진)에서 출간. • 권영민 저 『이상텍스트연구』(뿔) 발간. • 김주현에 의해 『증보 정본 이상문학전집』(전3권)이 소명출판에서 출간. • 신범순 편 『이상문학연구의 시로운 지평』(역락) 발간.	• 김윤식 저술 『이상의 글쓰기론』(역락) 발간. • 조수호 저술 『이상 읽기』(지식산업사) 발간. • 조영남 저술 『이상은 이상 이상이었다』(한길사) 발간 • 이상문학회에 의해 『이상수필작품론』(역락) 발간. • 일본 동경 무사시(武藏)대학에서 이상 탄생 100주년 기념 국제학술심포지엄 개최(2010.7.16~17).
발표 작품			• 『이상전집』 총 4권 간행. • 「목장」(『가톨릭少年』, 1936.5)이 『문학사상』(2009.11)에 발굴 소개됨.	

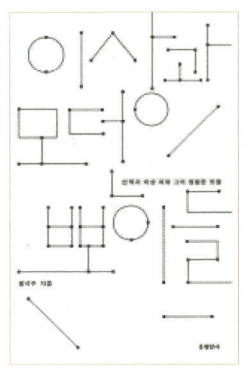
『이상과 모던뽀이들』

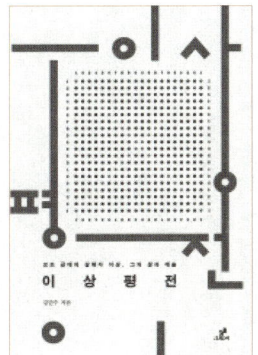
『이상평전』

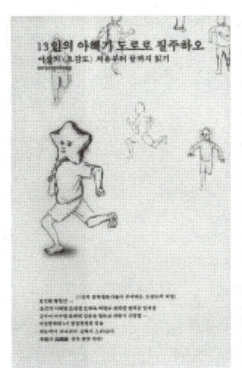
『13인의 아해가 도로로 질주하오』

『실험과 해체 – 이상문학연구』

연도	2011년 (74년)	2012년 (75년)	2013년 (76년)	2014년 (77년)
경력 및 활동 관련	• 장석주 저술 『이상과 모던 뽀이들』(현암사) 발간.	• 권영민 저술 『이상문학의 비밀 13』(민음사) 발간. • 김민수 저술 『이상평전』(그린비) 출간	• 신범순 저술 『이상문학연구』(지식과교양) 발간. • 권영민 편저 『이상전집』(전4권)이 태학사에서 출간. • 이상문학회에 의해 『13인의 아해가 도로로 질주하오』(수류산방) 발간.	• 김주현 저술 『실험과 해체 – 이상문학연구』(지식산업사) 발간. • 송민호 저술 『이상이라는 현상』(예옥) 발간.
발표 작품			• 『이상전집』 총 4권 간행.	

『이상 문학의 방법론적 독해』　　『이상평전』　　『이상 문학의 재인식』　　『이상 시 전집: 꽃속에 꽃을 피우다 1』

연도	2015년 (78년)	2016년 (79년)	2017년 (80년)	2018년 (81년)
경력 및 활동 관련	• 방민호 저술 『이상문학의 방법론적 독해』(예옥) 발간.	• 이보영 저술 『이상평전』(전북대출판문화원) 발간.	• 권영민 저술 『이상문학대사전』(문학사상) 발간. • 문학과사상연구회 편 『이상문학의 재인식』(소명출판) 발간. • 신범순 원본주해 『이상 시 전집 : 꽃속에 꽃을 피우다 1』(나녹) 발간.	• 박소영 저술 『이상 시의 비극적 에로티시즘』(보고사) 발간. • 박상준 저술 『한국 모더니즘과 이상, 최재서』(소명출판) 발간.
발표 작품				

『이상 문학의 환상성』

『僕は李箱から文学を学んだ』

『Yi Sang : Selected Works』

『이상 시문학의 미적 근대성과 한국 근대문학의 자장들』

연도	2019년 (82년)	2020년 (83년)	2021년 (84년)	2022년 (85년)
경력 및 활동 관련	• 배현자 저술 『이상문학의 환상성-세계 통찰의 문학적 발현』(소명출판) 발간.	• 윤이형 외, 古川綾子 외역, 『僕は李箱から文学を学んだ』(クオン) 발간.	• 이상 선집 번역서 『Yi Sang : Selected Works』(2020)이 현대언어학회(MLA) 주관 '알도 앤 잔 스칼리오네상' 번역문학 부문에 수상.	• 이성혁 저술 『이상 시문학의 미적 근대성과 한국 근대문학의 자장들』(국학자료원) 발간.
발표 작품				

연보로 보는 이상　359

『이상시의 문체 연구』

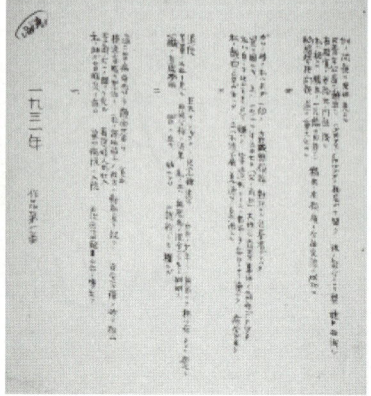
『일문 유고 노트』

『개정 정본 이상문학전집(2)』
(개정판)

연도	2023년 (86년)	2024년 (87년)	2025년 (88년)	
경력 및 활동 관련	• 조해옥 저술 『이상시의 문체 연구』(소명출판) 발간.	• 조연현 소장 일문 유고 노트 국립한국문학관 기증.	• 김주현에 의해 『개정 정본 이상문학전집』(전3권)이 소명출판에서 발간.	
발표 작품			• 「무제3」, 「무제4」가 『개정 정본 이상문학전집3』(소명출판)에 실림.	